钢塔吊装

通航孔桥钢箱梁安装

墩台安装

墩台安装

Gangzhuao Daqiao Santa Xielaqiao yu Zhuangpeishi

港珠澳大桥三塔斜拉桥与装配式

Feitonghang Kongqiao Shigong Jishu

非通航孔桥施工技术

广东省长大公路工程有限公司　编著

人民交通出版社股份有限公司
China Communications Press Co.,Ltd.

内 容 提 要

本书是关于装配式跨海桥梁建设关键技术的一本专著,主要内容包括江海直达船航道和深水区非通航孔桥梁建设技术。全书从研究及应用的角度详尽地介绍了各分项工程所涉及的主要施工技术;各章内容相互衔接,又相对独立。本书可作为桥梁工程领域研究、应用和教学的参考用书。

图书在版编目(CIP)数据

港珠澳大桥三塔斜拉桥与装配式非通航孔桥施工技术 / 广东省长大公路工程有限公司编著. —北京:人民交通出版社股份有限公司, 2017.4

ISBN 978-7-114-13358-9

Ⅰ. ①港… Ⅱ. ①广… Ⅲ. ①单索面斜拉桥—跨海峡桥—桥梁施工 Ⅳ. ①U448.25

中国版本图书馆 CIP 数据核字(2016)第 232833 号

书　　名: 港珠澳大桥三塔斜拉桥与装配式非通航孔桥施工技术
著 作 者: 广东省长大公路工程有限公司
责任编辑: 刘永芬
出版发行: 人民交通出版社股份有限公司
地　　址: (100011)北京市朝阳区安定门外外馆斜街 3 号
网　　址: http://www.ccpress.com.cn
销售电话: (010)59757973
总 经 销: 人民交通出版社股份有限公司发行部
经　　销: 各地新华书店
印　　刷: 北京市密东印刷有限公司
开　　本: 787 × 1092　1/16
印　　张: 16.25
彩　　页: 2
字　　数: 379 千
版　　次: 2017 年 4 月　第 1 版
印　　次: 2017 年 4 月　第 1 次印刷
书　　号: ISBN 978-7-114-13358-9
定　　价: 70.00 元

《港珠澳大桥三塔斜拉桥与装配式非通航孔桥施工技术》

编写委员会

主　　　编:刘刚亮

副　主　编:王中文　陈儒发　余立志　刘宏波

李志生　荣国城　谭　昱

主要编写人员:罗永传　罗锦鸿　李　斌　彭修权

谭逸波　刘红胜　杨富发　唐　维

汤　明　彭小亮　何振东　邓庆明

陈永青　余玮玮　曾新宏　邓奕泉

Preface
前 言

我国于2013年提出了"一带一路"经济体合作新模式战略构想,旨在改善我国与周边新兴经济体的基础设施环境,为我国与周边新兴经济体开辟新的合作机制。为此,加快公路、铁路、航空的互联互通是实现构想的第一要务。

桥梁建设是基础设施建设的重要组成部分。形成与国际接轨的管理目标、核心建设理念、建造技术是我国跻身桥梁强国之列的首要任务,是实现中国"桥梁出海"的生命之源。自东海大桥建成以来,中国桥梁建设实现了从跨江、跨河到跨海的跨越。由粤、港、澳三地政府联合规划投资建设的港珠澳大桥又将使这一跨越得以升华。

港珠澳大桥东接香港特别行政区,西接广东省(珠海市)和澳门特别行政区,是国家高速公路网规划中珠江三角洲地区环线的组成部分和跨越伶仃洋海域的关键性工程。主要包括两项内容:一是海中桥隧工程,二是粤港澳三地口岸及连接线。海中桥隧工程全长约35.6km,其中香港段长约6km。粤港澳三地共建主体工程长约29.6km,采用桥隧结合方案,穿越伶仃西航道和铜鼓航道段约6.7km采用隧道方案,其余路段约22.9km采用桥梁方案。

大桥设计者秉承"大型化、标准化、工厂化、装配化"的设计思路,将高度装配化建造理念全面引入桥梁建设中。装配式桥梁建设是桥梁工程领域的重大变革,与传统施工方法相比,装配式桥梁建设产业链条长,分支众多,能够催生结构部件及专用设备等诸多生产企业,带动企业专业化、精细化发展。发展装配式桥梁亦是桥梁工程业绿色发展、循环发展、低碳发展的主要内容,是稳增长、促改革、调结构的重要手段。

广东省长大公路工程有限公司承建的主体工程桥梁工程CB04合同段全长7.154km,主要包括江海直达船航道和深水区非通航孔桥两部分。在项目建设过程中,取得了多项技术创新成果,其中最具代表性的内容包括:①开创性的提出了装配式柔性止水帷幕法安装桥梁预制墩台施工技术;②全球范围内首次实现了斜拉桥百米级重型异形钢索塔整体制造、一体化安装技术。

本书编者将江海直达船航道和深水区非通航孔桥建设技术作为主要内容,形成了系统的装配式跨海桥梁建设关键技术专著。各章内容如下:

第1章介绍了港珠澳大桥的工程概况、技术标准及建设环境条件;

第2章对大直径超长钢管复合桩基础施工技术做了详尽的描述，主要从复合桩钢管的制造与打设、长寿命海工高性能混凝土材料设计、大直径超长桩成孔工艺技术等方面展开叙述；

第3章主要阐述了江海直达船航道桥群桩基础承台施工技术；

第4~6章所述内容是具有自主知识产权的原创性施工技术之一——整体式重型异形钢索塔安装技术，主要包括：工艺原理、工艺流程及关键控制要点、测量监控技术、吊装过程仿真分析及安全性能评估等内容；

第7章主要介绍了江海直达船航道桥钢箱梁架设施工技术，主要分为塔处梁段吊装、大节段钢箱梁吊装及小节段悬臂拼装等多项复合工法；

第8章针对深水区非通航孔桥预制墩台技术，从预制厂地建设、大型全自动液压模板设计、构件预制工艺等诸多方面做了详尽介绍；

第9章、第10章所述内容是具有自主知识产权的原创性施工技术之二——装配式柔性止水帷幕法安装桥梁预制墩台关键技术，主要介绍了柔性止水帷幕的构建、止水胶囊与GINA止水带的研制及预制墩台安装过程振动监测与限制分析等内容。

全书详尽地从研究及应用的角度介绍了各分项工程所涉及的主要施工技术，各章内容既相互衔接，又相对独立。本书可作为桥梁工程领域研究、应用和教学的参考用书。

作　者

2016.9

Contents

目 录

第1章 绪 论

第1节 工程概况

1.1.1 项目背景

20 世纪 80 年代以来，香港、澳门与内地之间的运输通道，特别是香港与广东省珠江三角洲东岸地区的陆路运输通道建设取得了明显进展，有力地保障和推进了香港与珠江三角洲地区经济的互动发展，但是香港与珠江西岸的交通联系却一直比较薄弱。1997 年亚洲金融危机后，香港特区政府为振兴香港经济，寻找新的经济增长点，认为有必要尽快建设连接香港、澳门和珠海的跨海陆路通道，以充分发挥香港、澳门的优势，并于 2002 年向中央政府提出了修建港珠澳大桥的建议。

2003 年 7 月，内地与香港有关方面共同委托研究机构完成了《香港与珠江西岸交通联系研究》，研究结果表明修建港珠澳大桥连通三地具有重大的政治及经济意义，需要尽早安排建设。

2003 年 8 月，国务院批准开展港珠澳大桥项目前期工作，并同意成立由香港特区政府作为召集人，粤港澳三方组成的“港珠澳大桥前期工作协调小组”。2004 年 3 月，协调小组办公室成立，全面启动港珠澳大桥各项建设前期工作。

为进一步加快港珠澳大桥项目的前期工作，2006 年 12 月，经国务院批准，成立了由国家发改委牵头的“港珠澳大桥专责小组”，负责项目前期工作中重大问题的协调。

6 年多来，在中央的高度关注和支持下，以及“专责小组”和“前期工作协调小组”的推动下，粤港澳三地协作配合，确定了大桥两端的登陆点、跨珠江的主要线位和技术方案、口岸设立模式和大桥融资方案等重大问题，保障了项目前期工作的顺利开展。

1.1.2 项目建设意义及必要性

港珠澳大桥东接香港特别行政区，西接广东省（珠海市）和澳门特别行政区，是国家高速公路网规划中珠江三角洲地区环线的组成部分和跨越伶仃洋海域的关键性工程，将形成连接珠江东西两岸新的公路运输通道。

珠江三角洲地区是我国改革开放的先行地区和重要的经济中心区域，依托毗邻港澳的区位优势，在全国经济社会发展和改革开放大局中具有突出的带动作用和举足轻重的战略地位。珠江三角洲在快速发展的同时，珠江两岸发展的差距也在逐步拉大，珠江西岸经济发展明显滞后于东岸，与香港交通联系不便是影响珠江西岸经济发展的重要因素之一。受珠江阻隔，珠江西岸与香港之间的陆路需绕行虎门大桥，水路交通受天气影响较大且运行时间较长,现有交通基础设施难以满足珠江两岸经济社会发展和交通运输的需要。

香港是全球重要的国际经济、金融、商业、贸易和航运中心,对周边地区既发挥重要的辐射和聚集作用,同时又依托周边地区的丰富资源。改革开放以来,香港与珠江东岸地区经济联系日趋紧密,香港经济保持持续繁荣,珠江东岸地区率先建立起开放型经济体系,成为我国外向度最高的经济区域和对外开放的重要窗口。澳门以旅游和金融保险为支柱产业,澳门和香港之间长期以来形成的产业分工和社会格局,使得两地的经济社会联系十分紧密。尽快构建港珠澳交通大通道,增强香港及珠江东岸地区经济辐射带动作用,充分挖掘珠江西岸发展潜力,便捷港澳及珠江两岸之间的交通联系,已成为三地共同的愿望。

综上,为完善国家和粤港澳三地的综合运输体系和高速公路网络,密切珠江西岸地区与香港地区的经济社会联系,改善珠江西岸地区的投资环境,加快产业结构调整和布局优化,拓展经济发展空间,提升珠江三角洲地区的综合竞争力,保持港澳地区的持续繁荣和稳定,促进珠江两岸经济社会协调发展,建设港珠澳大桥是必要的,也是十分迫切的。

1.1.3 工程概况及主要内容

港珠澳大桥工程包括三项内容:一是海中桥隧工程,二是香港、珠海和澳门三地口岸,三是香港、珠海、澳门三地连接线。根据达成的共识,海中桥隧主体工程(粤港分界线至珠海和澳门口岸段,下同)由粤港澳三地共同建设;海中桥隧工程香港段(起自香港石散石湾,止于粤港分界线,下同)、三地口岸和连接线由三地各自建设。

海中桥隧工程采用石散石湾—拱北/明珠的线位方案,路线起自香港石散石湾,接香港口岸,经香港水域,沿23DY锚地北侧向西,穿(跨)越珠江口铜鼓航道、伶仃西航道、青州航道、九洲航道,止于珠海/澳门口岸人工岛,全长约35.6km,其中香港段长约6km;粤港澳三地共同建设的主体工程长约29.6km。主体工程采用桥隧结合方案,穿越伶仃西航道和铜鼓航道段约6.7km采用隧道方案,其余路段约22.9km采用桥梁方案。为实现桥隧转换和设置通风井,主体工程隧道两端各设置一个海中人工岛,东人工岛东边缘距粤港分界线约150m,西人工岛东边缘距伶仃西航道约1800m,两人工岛最近边缘间距约5250m。

大桥采用桥隧结合方案(图1-1-1),海中桥隧主体工程采用双向六车道高速公路标准建设,设计速度采用100km/h,桥梁总宽33.1m,隧道宽度采用2×14.25m、净高采用5.1m。全线桥涵设计汽车荷载等级采用公路-Ⅰ级,同时应满足香港《Structure Design Manual for Highways and Railways》中规定的活载要求,大桥的设计使用寿命120年。其他技术标准应符合原交通部颁发的《公路工程技术标准》(JTG B01—2003)中的规定。通航标准按交通运输部《关于港珠澳大桥通航净空尺度和技术要求的批复》(交水发[2008]97号)执行。

CB04合同段起止里程桩号K22+083~K29+237(图1-1-2),全线包括:①东侧大跨径钢箱梁非通航孔桥(K22+083~K27+253)跨径组合:7×(6×110m)+5×110m=5170m;②江海直达船航道整体式钢结构索塔钢箱梁三塔斜拉桥(K27+253~K28+247)跨径组合:110m+129m+258m+258m+129m+110m=994m;③西侧大跨径钢箱梁非通航孔桥(K28+247~K29+237)跨径组合:5×110m+4×110m=990m。

1.1.4 江海直达船航道桥

江海直达船航道桥采用中央单索面三塔钢箱梁斜拉桥(图1-1-3),两个中跨和次边跨布

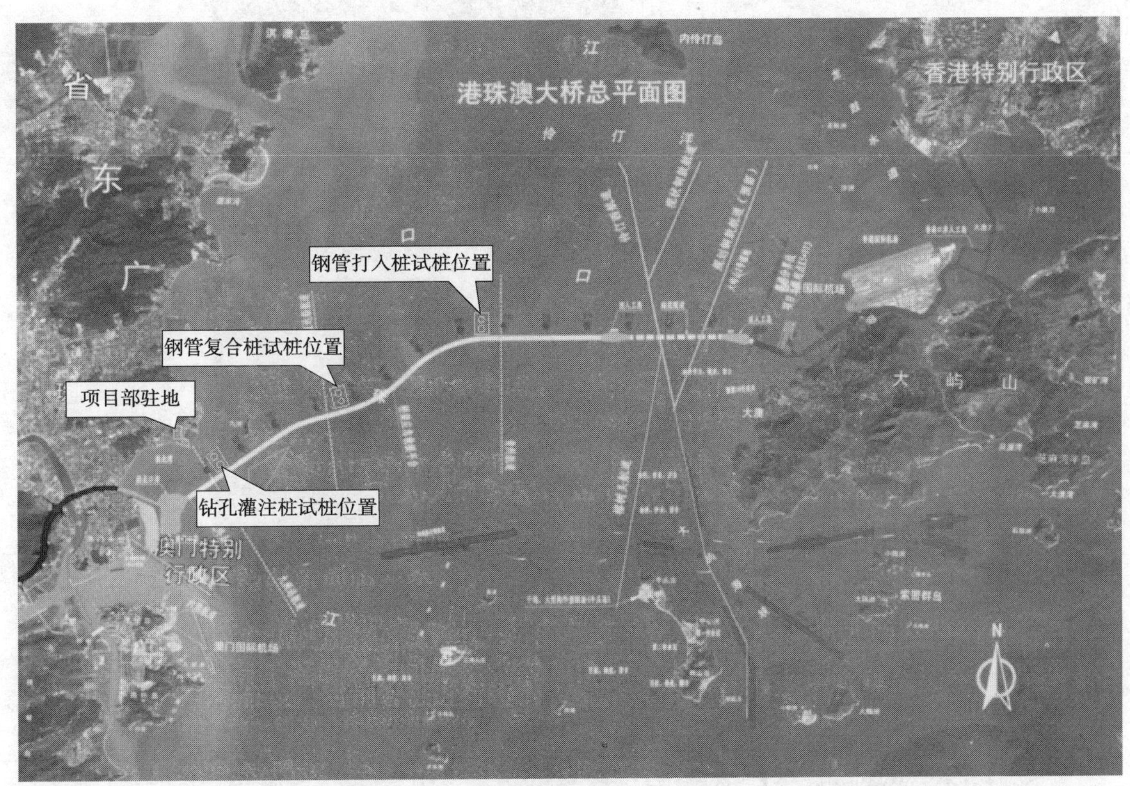

图 1-1-1 港珠澳大桥总平面图

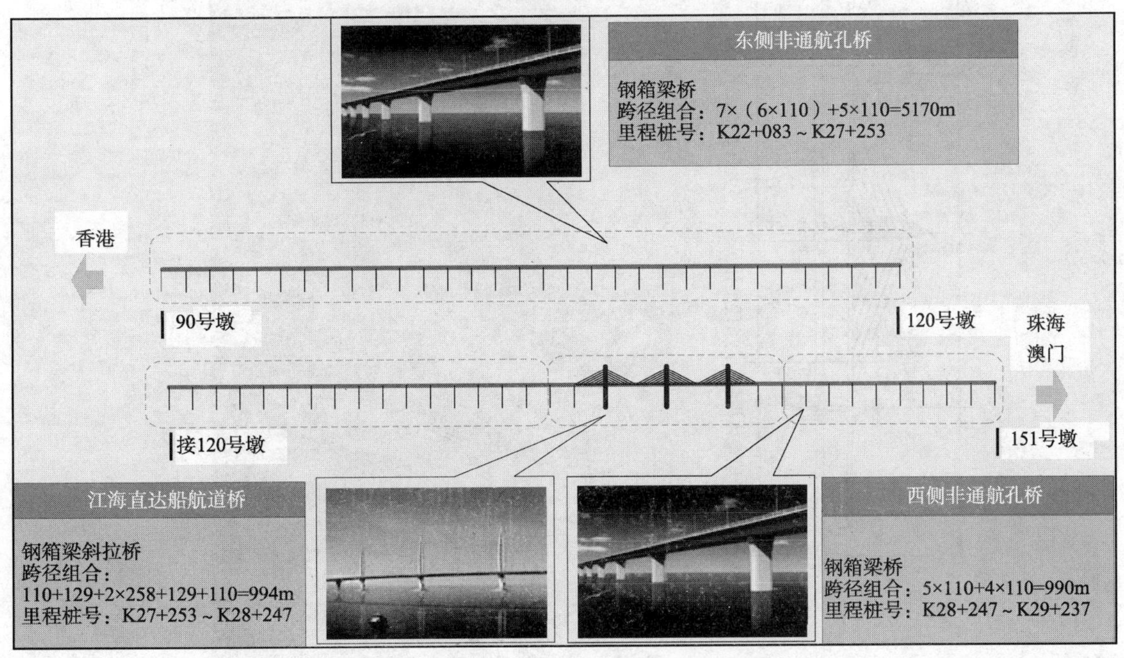

图 1-1-2 CB04 合同段桥型布局

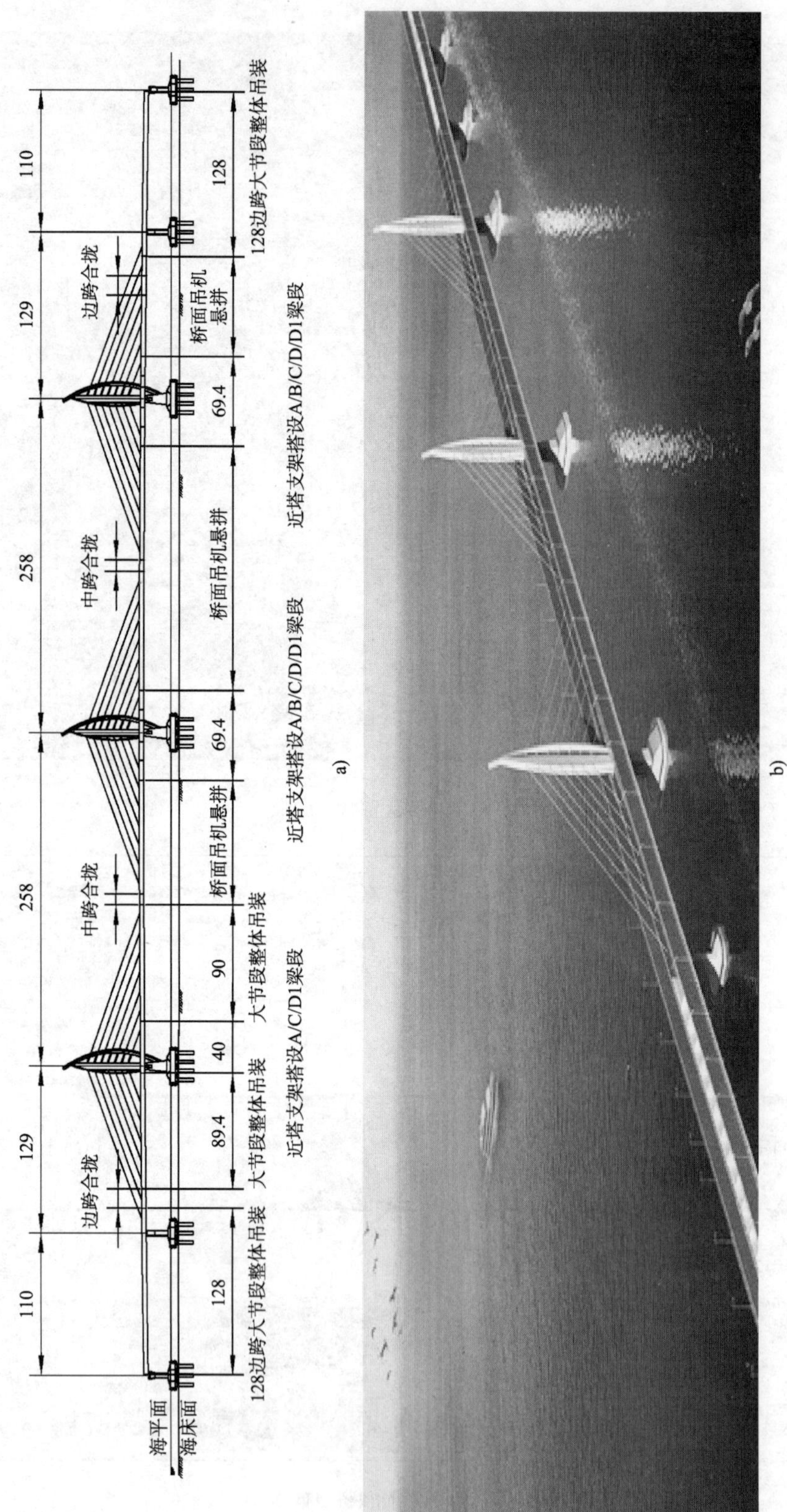

图1-1-3　江海直达船航道桥桥型布局(尺寸单位:m)

设斜拉索。钢塔为“海豚”全钢结构(图1-1-4),主塔柱受力部分由下至上共分为Z0～Z12十三个节段,其中138号、140号墩总高度108.5m,139号墩总高度109.756m。Z0节段高度均为3.5m,质量489t,单独安装,Z1～Z12节段整体吊装。

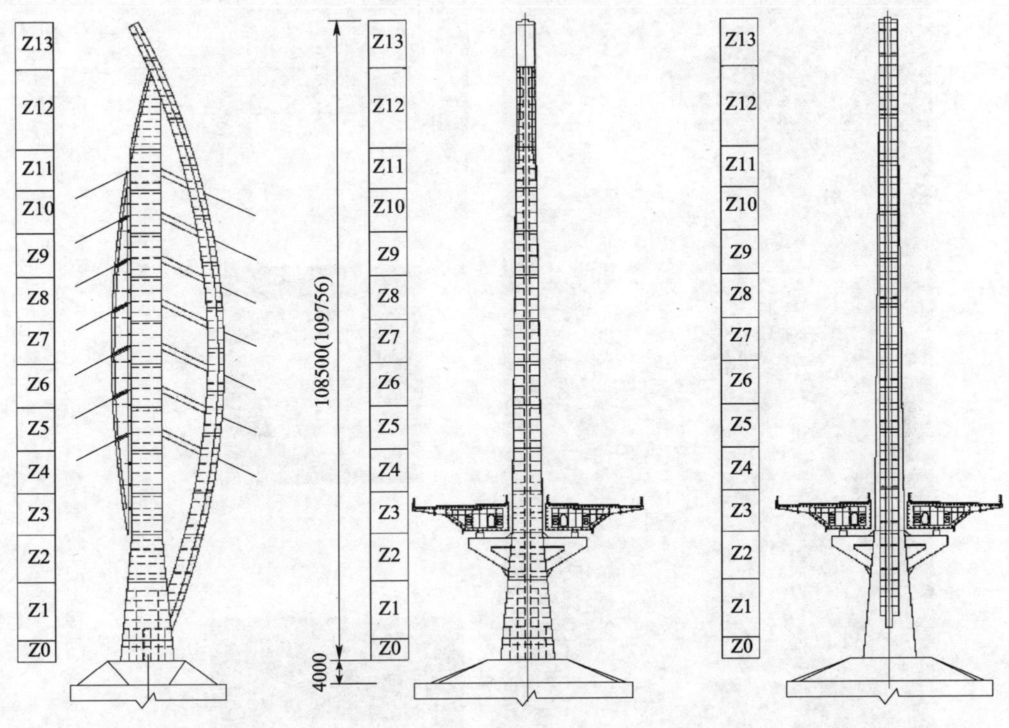

图1-1-4　钢塔一般构造图(尺寸单位:mm)

1.1.5　非通航孔桥

深水区非通航孔桥上部结构采用110m跨钢箱连续梁(图1-1-5),以通航孔桥为界,东侧里程桩号为K22+083～K27+253,跨径组合7×(6×110m)+(5×110m)=5170m,西侧里程桩号为K28+247～K29+237,跨径组合5×110m+4×110m=990m。基础采用钢管复合桩,单墩桩基根数为6根,其中90号～131号、147号～151号墩共47个墩桩径D2m/1.75m,桩长39～125m;132号～135号、143号～146号墩共8个墩桩径D2.2m/1.95m,桩长50～105.4m。

承台为六边形,其中90号～131号、147号～151号墩承台边缘顺桥向宽为10.3m,中心顺桥向宽11.1m,横桥向长14.8m,高4.5m;132号～135号、143号～146号墩承台边缘顺桥向宽为11.2m,中心顺桥向宽12.0m,横桥向长16.0m,高5.0m。承台与墩身采用预制安装,90号～129号、148号～150号墩承台与墩身整体预制安装,吊装质量2829.6～3024.8t;130号～135号、143号～147号、151号墩墩身分两节预制安装,承台加底节墩身吊装质量2270.7～2854.8t,顶节墩身吊装质量680～1496t。

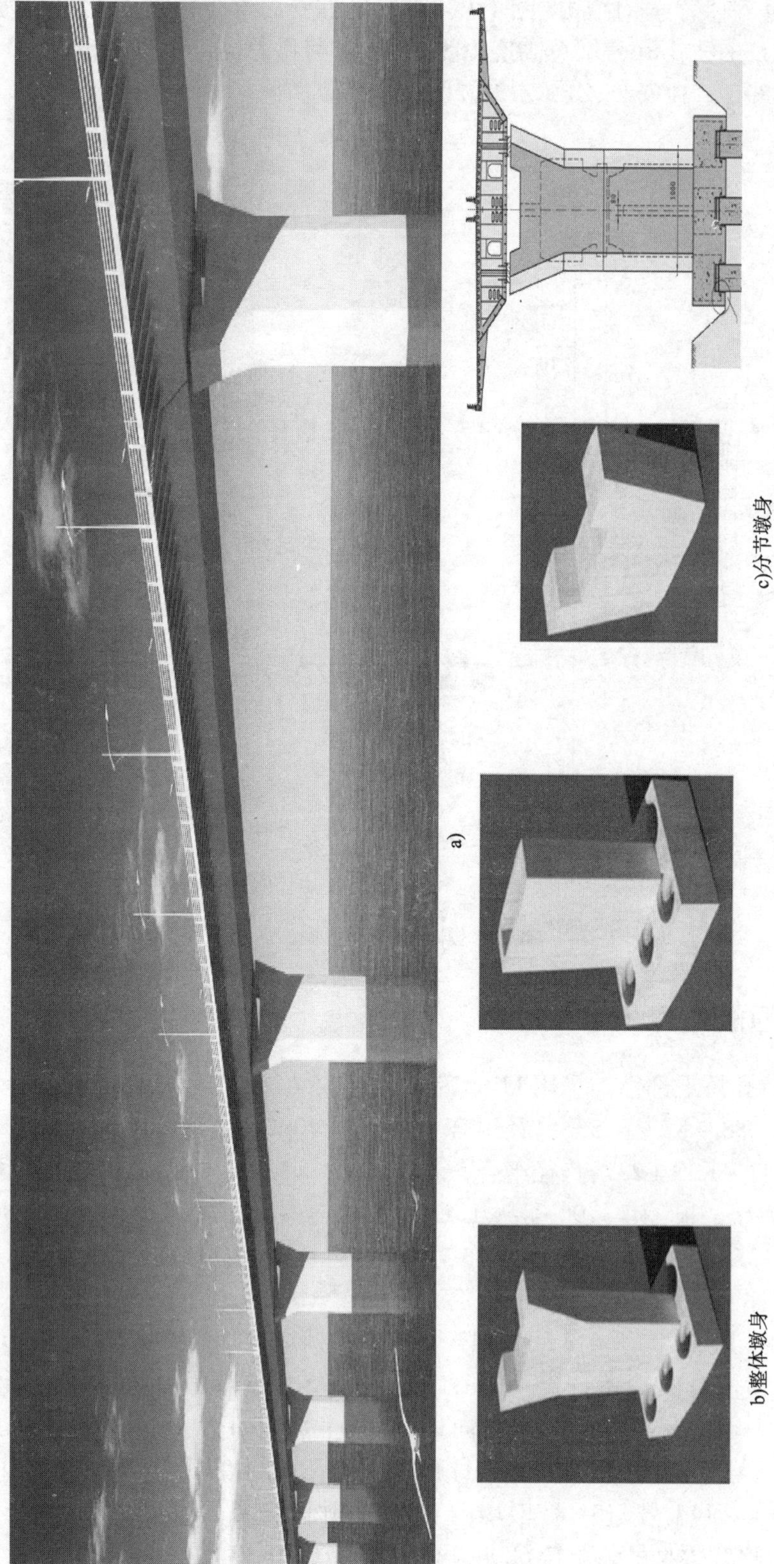

图1-1-5 深水区非通航孔桥桥型布置

第2节　设计技术标准

(1)公路等级:高速公路。

(2)设计速度:100km/h。

(3)行车道数:双向六车道。

(4)设计使用寿命:120年。

(5)桥梁标准横断面总宽度:33.1m。

(6)最大纵坡:3.5%(主体工程桥梁工程)。

(7)桥面横坡:2.5%。

(8)设计荷载:按现行交通运输部颁发的《公路桥涵设计通用规范》(JTG D60—2004)第4.3.1条规定的汽车荷载提高25%用于本项目设计计算。按香港《United Kingdom Highways Agency's Departmental Standard BD 37/01》规定的汽车荷载进行计算复核。

(9)设计水位:

设计最高通航水位:3.52m;

设计最低通航水位:-1.18m;

设计最高水位:3.82m;

设计最低水位:-1.63m。

(10)抗震设防标准:抗震设防烈度为7度,采用如下的抗震设防标准:

工作状态地震作用重现期:120年;

极限状态地震作用重现期:600年;

结构完整性状态地震作用重现期:2400年。

(11)抗风设计标准:

运营阶段风速重现期:120年;

施工阶段风速重现期:30年;

与汽车荷载组合的风荷载:桥面处风速25m/s。

(12)船舶撞击力:

深水区非通航孔桥墩船舶撞击力横桥向取5MN,顺桥向取2.5MN。

(13)平面坐标采用港珠澳大桥管理局测量控制中心建立的桥梁工程坐标系,高程采用1985国家高程基准。

第3节　桥址环境条件

1.3.1　地形、地貌及地质

桥址区域为伶仃洋西滩,海底高程-5.91~-4.72m,海底地形平坦,地质结构主要为4层:软土+黏性土+砂层+基岩,下伏基岩主要为花岗岩,仅少部分区段揭示为混合片岩,全、强风化基岩埋深33~90m,中风化岩层面埋深50~130m。

1.3.2 气象特征

本项目属南亚热带海洋性季风气候区,桥位区处于热带气旋路径上。

1)热带气旋

热带气旋具有强度大、频率高、灾害重等特点,是影响工程建设最具威胁的

自然灾害之一。据统计资料,1949—2003年(55年)在广东中部一带沿海地区登陆的热带气旋有101个(其中达到台风量级的49个),年平均1.84个,其中13个年份达3个以上,最多的1999年达6个,正面袭击桥位或对桥位会产生严重影响的台风有19个。台风影响最早时间为4月19日,最晚时间为12月2日。

2)风速与风向

工程区年盛行风向以东南偏东和东风为主,实测大风情况如图1-3-1所示。珠海气象站和澳门站年平均风速分别为3.1m/s和3.6m/s,香港横澜岛测风站因位于珠江口外的海岛上,年平均风速达6.3m/s。最大阵风香港天文台记录为71.9m/s,香港横澜岛为65.0m/s,珠海站44.6m/s,澳门站为58.6m/s。

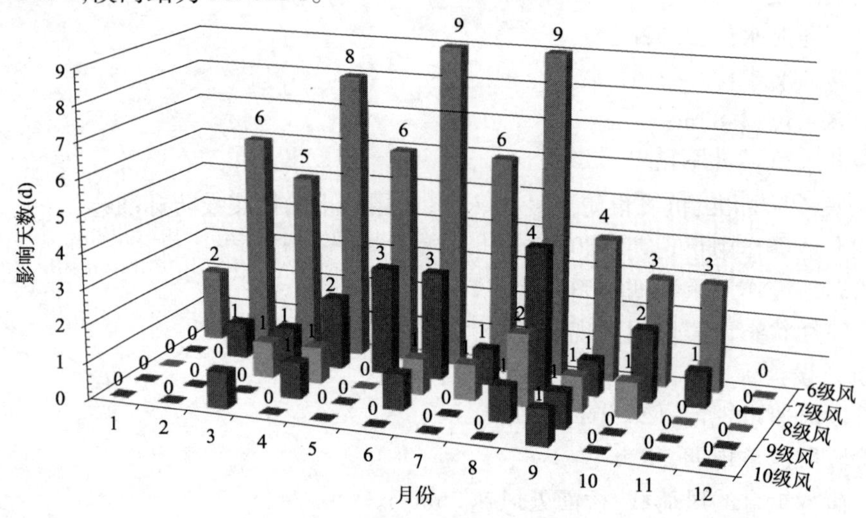

图1-3-1 桥区年平均大风天气统计

3)降水情况

三地年平均雨量在1870~2300mm之间,最多的年份可达3343.0mm。年内雨水主要集中在汛期(4~9月),占全年雨量的83%~86%;冬半年(10~翌年3月)降水只占全年的14%~17%。年平均降水日数(日降水量≥0.1mm)140d左右。年平均小雨以上(日降水量≥10mm)降水日数44~49d,中雨以上(日降水量≥25mm)降水日数22~28d;年平均暴雨(日降水量≥50mm)日数9~13d。

1.3.3 水文特征

潮汐类型属于不规则的半日潮混合潮型(表1-3-1),日不等现象明显,其中大潮期间日潮现象较明显,小潮期间半日潮现象显著,中潮介于两者之间。本海区浅水效应较为显著,具体表现在涨、落潮流的不对称性及涨、落潮历时不等较明显。潮流基本为沿槽线走向的周

期性往复流，内伶仃岛以内流向以 NNW ~ SSE 向为主，内伶汀岛以外流向转为 S ~ N 向。全年常浪向为 S 向，出现频率为 17.79%，次常浪向 SSW，出现频率为 13.14%；强浪向为 SSW 向，实测最大有效波高(Hs)3.64m，周期(T)为 5.3s。

潮汐特征统计

表 1-3-1

测站 / 潮汐特征值	香港内伶仃	澳　门	珠　海
最高潮位(m)	1.74	3.52	2.51
最低潮位(m)	-0.87	-1.24	-1.28
平均高潮位(m)	1.10	1.05	1.05
平均低潮位(m)	-0.07	0.00	-0.20
最大潮差(m)	2.51	3.50	3.04
最小潮差(m)	0.13	0.02	0.11
平均潮差(m)	1.16	1.06	1.24
平均海平面(m)	0.44	0.54	0.48

第2章　大直径超长钢管复合桩基础施工技术

第1节　地质条件

桥址区域地质情况见第1章第3节，其各层分布情况如表2-1-1所示。

工程地质特征表　　表2-1-1

层号	岩　性	分布情况	空间分布	厚度(m)	均匀性
1	淤泥	厚层、普遍	连续、稳定	20.6～29.7	均匀
2	黏土/细粉砂	薄层、局部	断续、不稳定	1.2～6.8	不均匀
3	淤泥质黏土/粉质黏土夹中砂	薄层、普遍	连续、稳定	3.1～14.7	不均匀
4	粉砂、细砂、中砂、粗砂、砾砂	厚层、普遍	连续、稳定	21.15～50.75	不均匀
5	花岗岩风化层	厚层、普遍	连续、起伏较大	16.5～58.9	不均匀

软土：软土具高含水率、高孔隙比、低强度、高压缩性，低承载力的特性。部分土层还具有高灵敏度、易触变、欠固结，在8度地震作用下①1、①2存在震陷可能的特性，为特殊性岩土。在工程中如不注意其特性易引发不良地质问题。该层对桩基的影响主要有缩径、黏钻、器具易跑偏，部分土层如受到上覆附加压力、水位降低会引起不均匀沉降，对基础来说因其欠固结可能产生负摩阻力。因其在本桥段发育很厚，应引起足够的重视。

黏性土：灰色、褐灰色，流塑，土质较均匀，含少量贝壳碎片和腐殖质，混少许粗砂颗粒。该层分布稳定，本合同段桥位区均有分布。

沙层：灰色，饱和，一般稍密，局部为松散或中密；成分主要为石英和长石，颗粒级配不良；含云母、贝壳碎屑。局部夹粉质黏土薄层，多呈透镜体状分布。

基岩：基岩风化层呈灰黄色、灰白色、蓝灰色、灰绿色，岩石结构基本破坏，除石英及部分长石外其他矿物已风化成土状，岩芯呈含砾黏性土状，手掰易碎，遇水易崩解，干钻可钻进。

第2节　钢管复合桩设计

钢管复合桩按支承桩设计，钢管与钢筋混凝土共同组成桩基础结构主体，共同受力。整个桩身由2部分组成：有钢管段、无钢管段。有钢管段的长度根据地质条件、结构受力、沉桩能力、施工期承载等综合确定。

2.2.1　江海直达船航道桥

江海直达船航道桥共计112条嵌岩桩，均为D2.5m/D2.15m钢管复合桩，桩底均嵌入中风化岩深度不小于1.5倍桩径(3.225m),其中3个主墩各为20条,桩底高程为-81.5~-119.5m,平均桩长100m;2个辅助墩各13条,桩底高程为-76.5~-116m,平均桩长96m;2个过渡墩各13条,桩底高程为-89.5~-116m,平均桩长103m。

2.2.2　深水区非通航孔桥

深水区非通航孔桥90号~131号、147号~151号墩共47个墩钢管复合桩基础直径为D2m/1.75m,嵌入中风化岩石持力层不小于4m;132号~135号、143号~146号墩共8个墩桩基直径为D2.2m/1.95m,桩基础嵌入中风化岩石持力层不小于5m;钢管桩最大桩长达76m,最大质量约100t,钻孔深度最长达140m以上。

第3节　海工混凝材料设计研究

海工混凝土是指在海滨、海水中或受海风影响的环境中服役,长期受海水或海风侵蚀的混凝土。它是在常规材料、常规工艺的情况下,采用低水胶比、适当掺加活性掺和料,通过严格的质量控制措施制作的具有高的抗氯离子渗透性和较高强度以及良好工作性能的混凝土。

2.3.1　原材料控制

1)细集料

不得使用海砂和人工砂作为细集料,应选用级配良好,颗粒坚硬、强度高、耐风化的中粗河砂(不得使用细砂),在混凝土配制时应综合考虑砂的细度模数和级配情况。同时应满足《港珠澳大桥混凝土耐久性质量控制技术规程》(HZMB/DB/GD/1)要求,试验应按《公路工程岩石试验规程》(JTG E41—2005)进行。

所选用的海工桩基混凝土细集料为II区级配的中砂,细度模数为2.6~3.0,2.36mm筛孔的累计筛余量不大于15%,0.3mm筛孔的累计筛余量在85%~92%范围内,无潜在碱集料反应活性,符合《建筑用砂》(GB/T 14684)等技术要求。

2)粗集料

粗集料选用粒径小于25mm的连续反击破碎石非活性骨料,质地应均匀坚固,粒形和级配良好、吸水率低、空隙率小,碎石中氯离子含量≤0.02%。骨料品质符合《港珠澳大桥混凝土耐久性质量控制技术规程》(HZMB/DB/GD/1)的规定要求。共4种级配组成:(1)5~25mm连续级配,(5~16mm:16~25mm=30%:70%);(2)5~20mm连续级配,(5~10mm:10~20mm=40%:60%);(3)5~25mm连续级配,(5~10mm:10~20mm=20%:80%);(4)5~16mm连续级配。

3)胶凝材料——水泥

配制高性能海工耐久混凝土不得使用立窑水泥,应避免使用早强、水化热较高和高C3A含量的水泥;水泥中C3A含量宜控制在8%以内,水泥细度不宜超过380m^2/kg,游离氧化钙不宜超过1.5%,氯离子含量应低于0.03%。本项目高性能海工混凝土选用水泥为:(1)中材亨达,P.Ⅱ42.5;(2)华润水泥,P.Ⅱ42.5。

4)胶凝材料——粉煤灰

本项目高性能海工混凝土选用的粉煤灰为质量符合现行国家标准《用于水泥和混凝土中的粉煤灰》(GB/T1596)的规定。细度(45μm 方孔筛筛余)不大于 12%、烧失量不大于 5%、需水量比不大于 100% 的准Ⅰ级粉煤灰。

5)胶凝材料——矿渣粉

本项目采用 S95 级矿粉,符合国家标准《用于水泥和混凝土中的粒化高炉矿渣粉》GB/T 18046—2008 中相关规定,其中比表面积控制在 400 ~ $500m^2/kg$。

6)外加剂

本项目选用减水剂品种有:(1)山东华伟,NOF-AS 聚羧酸系高性能(缓凝型);(2)马贝,SX-C16 聚羧酸系高性能(缓凝型);(3)山东华伟,NOF-AS 聚羧酸系高性能(非缓凝型)

2.3.2 配合比设计

配合比设计应遵循以下基本规定:

(1)在满足混凝土单位体积胶凝材料最低用量要求的前提下,尽可能降低硅酸盐水泥用量,使用大掺量优质粉煤灰、磨细矿粉等矿物掺和料,以降低混凝土水化热温升和提高混凝土抗氯离子渗透性。

(2)在满足混凝土强度要求和工作性要求的前提下,最大限度地减少胶凝材料的用量及浆体率,提高混凝土体积稳定性,如配合比超出最大胶凝材料用量,应综合考虑混凝土强度与耐久性,要求对配合比进一步优化。

(3)对于承台、箱梁、湿接头等容易开裂的大体积混凝土宜选用具有缓凝效果的高效减水剂,以推迟和削减水化热温峰(表 2-3-1)。

强度等级 C35 海工桩基混凝土配比设计 表 2-3-1

部位	序号	材料用量(kg/m^3)						
		水泥	粉煤灰	矿渣	砂	碎石	水	减水剂
桩基	1	241①	132	66	766	1027①	158	4.39①
	2	204②	134	107	766	1039②	147	4.45①
	3	204②	134	107	766	1050②	147	3.78②
	4	242②	132	66	743	1050③	154	4.40①

注:材料用量后缀为材料品种。

第 4 节 大直径复合桩钢管制作技术

2.4.1 复合桩钢管制作工艺流程

复合桩钢管制作工艺流程如图 2-4-1 所示。

1)开卷、上卷、送板、校平

钢卷通过主机两侧的驱动轮进行展开。由主机副驱动将母材送至校平辊,通过实时调整校平辊,使母材的平面度在 2mm 之内(图 2-4-2)。

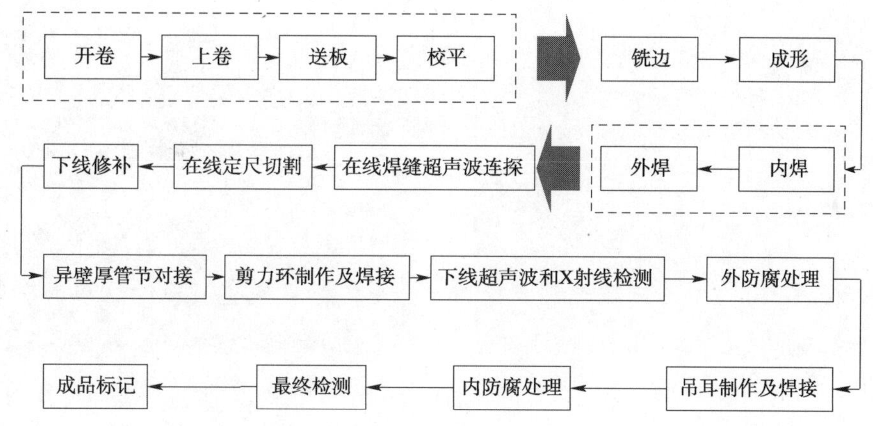

图 2-4-1　复合桩钢管制作工艺流程图

图 2-4-2　开卷、上卷、送板、校平

2）铣边

主机上配套有专门的制管铣边机，确保板宽一致，坡口、铣边符合工艺要求，为焊接质量和制管的直度打下基础（图 2-4-3）。

3）成形

成形过程中主要是保证管周长和直度，通过调整成形轮位置和背轮位置，实时测量并微调，确保符合要求（图 2-4-4）。

4）内（外）焊

内外焊接采用交直流串列三丝埋弧自动焊，一次成型（图 2-4-5）。

图 2-4-3　铣边

图 2-4-4　成形

a)外焊

b)内焊

图 2-4-5　内(外)焊

5)在线焊缝超声波连探

采用全自动在线检测系统实施在线超声波 100% 检测。如发现缺陷系统自动记录并在钢管相应位置进行标记(图 2-4-6)。

6)在线定尺切割

采用等离子进行在线切割,测量长度使之在 ±20mm 之内,管端平整度≤2mm(图 2-4-7)。

图 2-4-6　在线超声波检测

图 2-4-7　钢管桩在线切割

7)下线修补

将钢管桩放置在滚轮架上,用手工焊对标记的缺陷部位进行返修,对外观质量不合格的部位进行打磨、补焊修顺。

8）下线超声波和X射线检测

钢管桩下线修补后，对返修部位进行超声波复查合格后，对整条钢管桩按照要求进行X射线探伤检测（图2-4-8）。

a)

b)

图2-4-8　钢管桩下线超声波检测及X射线拍片

2.4.2　异壁厚管节对接及剪力环制作

由于钢管桩为外径相同，板厚不同的管节对接而成，为了保证两管节对接后的共轴线（图2-4-9），主要注意以下几点：

（1）调整滚轮架的测线和母线，使对接两管的中心线在同一平面上。

（2）通过平口工序确保相对接的两根管节的管端平整度符合要求，以提高钢管的直线度。

（3）由于板厚不同，按设计要求制作焊接坡口和厚管节的过渡坡口，这样既保证了弯曲度，又能保证焊接质量。

剪力环采用螺旋钢管制管工艺根据母管规格制管并修补后按照设计要求采用火焰切割将其切成梯形环状（图2-4-10），然后用气体保护焊将其按工艺焊接在钢管体内。焊接后用磁粉检测法对角焊缝进行检验，用焊接检验尺测量焊缝高度及焊脚，并测量剪力环之间距离。在剪力环焊接过程中，为了使焊接应力分散，采取分点装配，分段多次焊结的操作方法，以确保钢管在经过大量焊接工序后管体弯度、圆度等物理尺寸仍能符合要求。

图2-4-9　异壁厚管节对接

图2-4-10　剪力环焊接

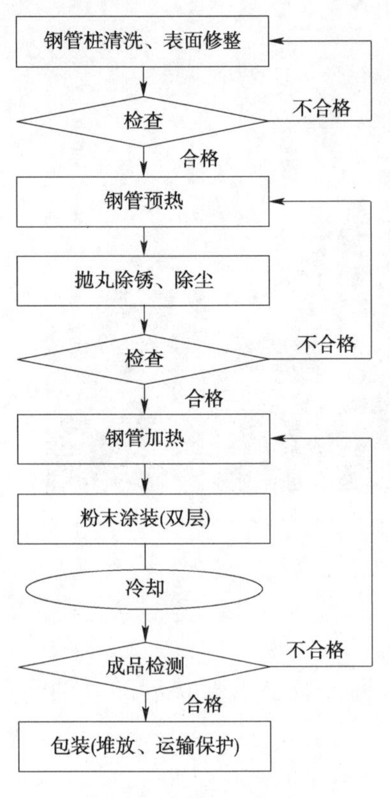

图 2-4-11　钢管外防腐流程图

2.4.3　复合桩钢管防腐涂装

钢管外壁采用双层环氧粉末涂层,内壁采用无溶剂液体环氧涂层进行防腐涂装,其所用涂料性能及涂层质量需满足设计及规范要求。

1)钢管外防腐工艺(图 2-4-11)

(1)进管前准备:对进入进管平台管架的钢管桩表面焊缝高度、摔坑、腐蚀坑、坡口损伤、桩端圆度、桩体弯度进行检查。

(2)外表面除锈前预热:管体温度应大于露点温度 3℃,生产时要加热到 40 ~ 60℃。

(3)钢管桩外表面抛丸除锈:除锈等级达到 Sa2.5 级、锚纹深度 40 ~ 100μm 后进入涂敷生产线。

(4)中频加热:采用无污染的中频感应电加热方式,快速均匀地将钢管桩即将喷涂的部位加热到 232℃ 左右。

(5)粉末喷涂:采用内置式静电喷枪,分两组,第一组喷涂内层粉末,第二组喷涂外层粉末。

(6)水冷:布置有两套大流量的水冷系统,保证钢管桩外防腐完成后出桩温度不大于 90℃。

(7)涂层质量检测:包括涂层外观质量、涂层总厚度、底层厚度、面层厚度、漏点和留端长度等(图 2-4-12,表 2-4-1)。

钢管外壁复合双层涂层质量要求　　表 2-4-1

序号	试验项目	复合普通双层涂层质量指标	复合加强双层涂层质量指标
1	外观	平整、色泽均匀、无气泡、开裂及缩孔,允许有轻度橘皮状花纹	
2	24h 或 48h 阴极剥离(mm)	≤4.0	≤2.0
3	底层断面孔隙率(级)	1 ~ 2	1 ~ 2
4	底层黏结面孔隙率(级)	1 ~ 2	1 ~ 2
5	15 天附着力(级)	1 ~ 2	1 ~ 2
6	耐磨性(CS-10,1kg,1000 转)mg	≤40	≤30
7	抗 15J 冲击(23℃ ±3℃)	—	无针孔
	抗 10J 冲击(23℃ ±3℃)	无针孔	—
8	抗 15°弯曲性(0℃ ±3℃)	—	无裂纹
	抗 2°弯曲性(0℃ ±3℃)	无裂纹	—
9	黏结强度(5 个内层样品的平均值)(MPa)	≥65	≥65
10	电气强度(MV/m)	≥35	≥35
11	体积电阻率(Ωm)	$\geq 1\times10^{14}$	$\geq 1\times10^{14}$

续上表

序号	试验项目		复合普通双层涂层质量指标	复合加强双层涂层质量指标
12	耐化学性能，增重率（60℃浸泡 15 天）（%）	蒸馏水	≤3.0	≤3.0
		3.5% NaCl	≤2.0	≤2.0
13	50kg 耐划伤性能（μm）		—	≤400
	30kg 耐划伤性能（μm）		≤250	—

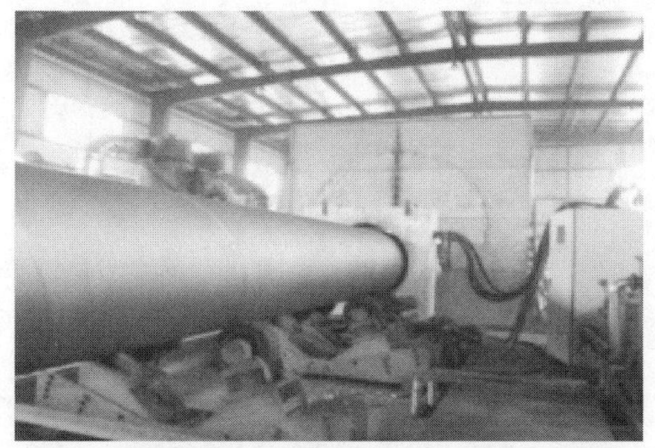

a)预热

b)抛丸除锈

c)中频加热

d)粉末喷涂

e)水冷冷却

d)质量检验

图 2-4-12　钢管外防腐

2）钢管内防腐工艺（图2-4-13）

（1）内表面喷（抛）射除锈处理：采用大流量工业吸尘器将砂粒、尘埃、锈粉等微尘清除干净。

（2）钢桩内壁高压无气涂敷：涂层应平整、无流挂、无划痕。

（3）修补与重涂：防腐层有漏点、漏涂等缺陷时应进行修补。

（4）钢桩内防腐涂层质量检验：包括涂层外观、厚度、漏点、管端预留长度检测（表2-4-2）。

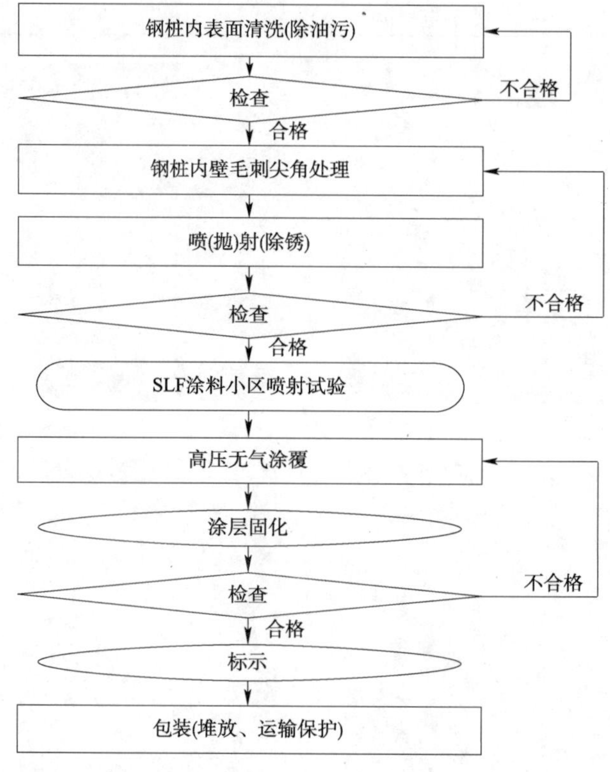

图2-4-13　钢管内防腐流程图

钢管内壁无溶剂液体环氧涂料性能指标　　表2-4-2

序　号	检测项目	单　位	技术指标要求
1	外观	—	铁红色泽均匀、无结块
2	固体含量	%	≥90
3	表干时间（常温）	h	≤4
4	实干时间（常温）	h	≤20
5	密度	g/cm^3	1.3～1.6
6	抗3.0J冲击性（-30℃）	—	无裂纹
7	耐磨性（CS10砂轮，1kg，1000r）	mg	≤40
8	15天附着力（橇剥法，90℃）	级	1～2
9	黏结强度（5个样品的平均值）	MPa	≥35

续上表

序　号	检测项目		单　位	技术指标要求
10	阴极剥离(65℃，-1.5V,48h)		mm	≤5.0
11	电气强度		MV/m	≥35
12	体积电阻率		Ωm	≥1 * 1014
13	耐化学性能,增重率(60℃,浸泡 15d)	蒸馏水	%	≤3.0
		3.5% NaCl		≤2.0

第 5 节　大直径复合桩钢管高精度施沉技术

2.5.1　复合桩钢管沉桩精度要求

钢管桩打设精度要求为:倾斜度≤1/250,钢管复合桩中心平面位置允许偏差≤100mm。

2.5.2　复合桩钢管沉桩关键设备

1)IHCS-600 液压打桩锤

IHCS-600 液压打桩锤体尺寸 12.5m×1.5m,最大适应桩径 3.5m,锤击能力 600kJ(图 2-5-1)。为双作用冲击锤,能满足本工程中最大桩径(2.5m)需求,液压锤打击能量无级调节,打击能量大且无损失,锤击达 2g 加速度,处于国际先进水平,施工效率高;采用液压驱动,较之传统的柴油锤,空气污染小,噪声小,施工作业时对白海豚等鱼类的影响较小,满足环保要求。

2)“长大海基”打桩船

“长大海基”打桩船船体尺寸为 74.75m×27m×5.2m,最大植桩直径 3.2m,额定植桩质量 150t,桩架高度 100m,最大植桩长度为 85m + 水深,桩架作业变幅 ±18.5°(图 2-5-2)。桩架采用可变幅形式,在船的四角安装传感器,设有船舶纵、横倾限时报警,采用全球双频 RTK-GPS 定位系统,实时定位精度高,可较好控制打桩垂直度。

图 2-5-1　IHCS-600 液压打桩锤

图 2-5-2　100m 桩架打桩船

2.5.3 复合桩钢管沉桩工艺流程

复合桩钢管沉桩工艺流程如图 2-5-3 所示。

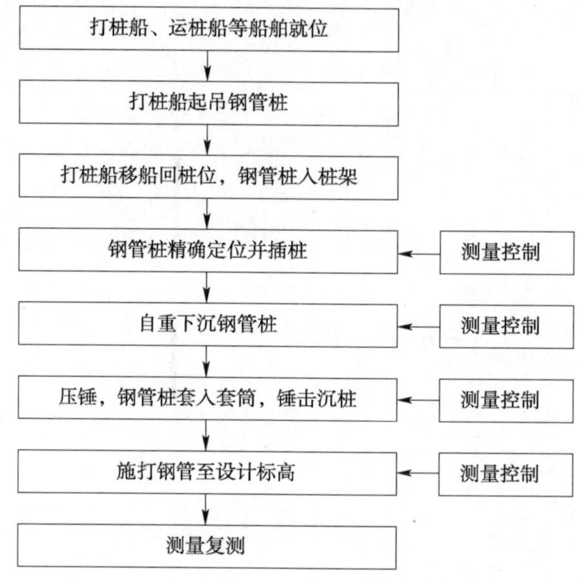

图 2-5-3　大直径复合桩钢管施沉工艺流程图

1)船舶就位

钢管复合桩为直桩,桩位对船位的影响不大,打桩船的布置主要考虑打桩顺序及水流变化的影响。运桩平驳船沿东西向垂直于潮流方向。打桩船抛全方位锚,布置在运桩平驳船的左侧并垂直于驳船(图 2-5-4)。

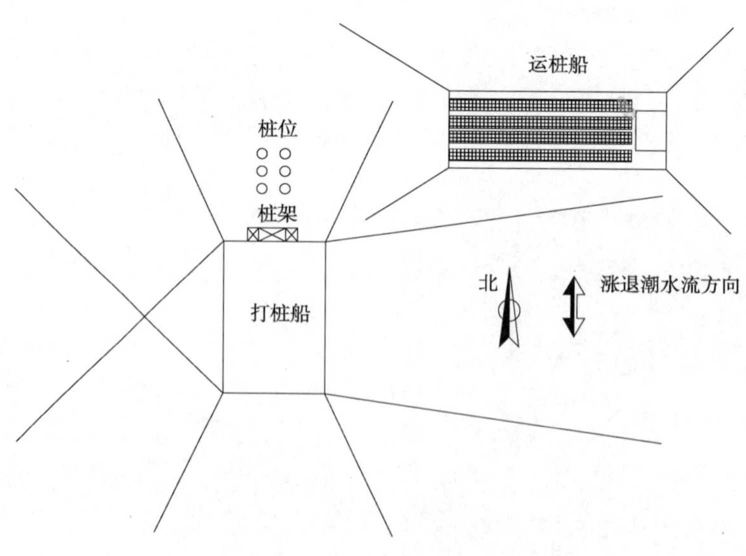

图 2-5-4　打桩船平面位置布置图

2）钢管复合桩起吊

打桩船移至运桩平驳船一侧，桩架前倾，下放主副吊钩与钢管桩上吊点连接，提升吊钩使桩脱离驳船。打桩船移回桩位，准备立桩。

主体结构钢管桩吊点设计：采用 5 点吊，钢管桩吊点设计（图 2-5-5）。

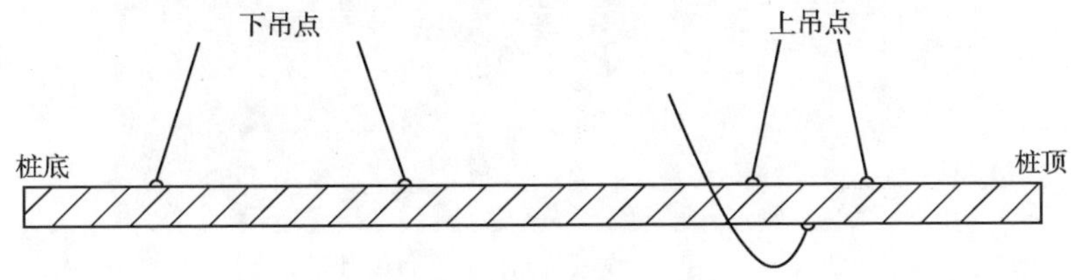

图 2-5-5　钢管桩吊点布置示意图

3）立桩入桩架

主吊钩上升，副吊钩下降，使钢管转成设定的姿态；调节桩架倾斜度，送打桩锤替打至桩顶，启动抱桩器抱桩并锁定，调节桩架至设定的角度（图 2-5-6）。

a)

b)

图 2-5-6　钢管复合桩立桩

（1）管桩精确定位

采用打桩船自带的 GPS 定位系统进行定位。GPS 接收机及船体测倾仪安装设计图如图 2-5-7 所示。由三台固定在打桩船上的 GPS 流动站以实时动态即 RTK 模式实时控制船体的位置、方向和姿态，同时配合固定在船上的免棱镜测距仪等算出桩身在设计高程上的实际位置，并显示在系统计算机屏幕上。打桩前，首先将打桩船 GPS 定位系统与港珠澳大桥 GNSS 连续运行参考站系统（HZMB—CORS）进行连接，然后将钢管桩参数输入 GPS 定位系统，直接显示所有要沉入的钢管桩图形。根据沉桩方案选定要沉的钢管桩编号，同时根据 GPS 定位系统显示的数据，移动打桩船，使其到达指定位置，直至桩位满足规范要求后，下桩开打。

为检验校核海上沉桩测量定位系统的正确性，确保钢管桩定位精度满足要求，保证打桩船沉桩位置的正确性，在开始打设前，须制定相关检验校核措施，对测量定位系统进行校核（图 2-5-7）。

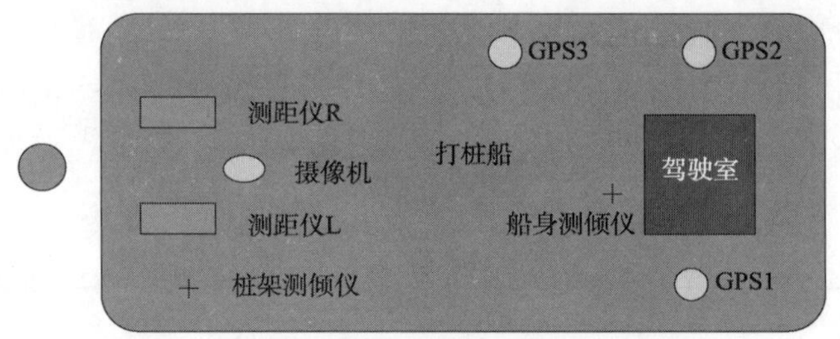

图 2-5-7　GPS 接收机及船体测倾仪安装设计图

(2)插桩

松紧锚缆，微调船位，使桩到达指定的位置；检查船身倾斜度等无异常后，慢慢下放吊钩，使钢管桩在重力作用下自动插桩，逐步解除副钩吊点。过程中须监控桩位，如有误差过大，需马上停止下沉，起吊桩重新定位；下沉完毕后，打开抱桩器。

4)锤击沉桩

松紧锚缆调整钢管桩至设计位置，慢慢下放吊钩，并解除副钩。过程中监控桩位，如偏差过大，则停止下沉，起吊桩重新定位。下沉完毕后，复测沉桩精度。

解除上吊点，打桩锤压锤稳桩，打开离合器，开始锤击沉桩。开始阶段要轻打，以防溜桩，正常后再逐步加大冲击能量，直至桩达到设计高程（图 2-5-8）。

图 2-5-8　钢管桩锤击沉桩

主体结构钢管复合桩停锤标准：打至设计高程，可停锤。

钢管复合桩振打前，由中华白海豚观察员对施工船舶周围半径 500m 范围内的海域进行观测，如连续 5min 内没有发现中华白海豚，方可进行打桩作业。打桩过程中一旦发现中华白海豚出没，立即停止施工作业。

2.5.4　复合桩钢管沉桩质量控制措施

钢管复合桩沉桩精度主要从气象环境、通航限制、测量技术等方面入手。

1)气象窗口的选择

恶劣的气象水文条件是对沉桩精度影响最大的因素，根据港珠澳大桥主体桥梁工程试桩工程的实践经验，采用以下措施来保证尽量减少气象水文条件对沉桩精度的影响：

(1)与气象部门签订服务协议，实时掌握天气状况，合理安排工序，选择风浪较小的条件下进行沉桩施工。

(2)打设时应避免风浪过大情况,参照《2012 年潮汐表》选择潮差起落速度相对较慢时进行钢管桩打设。

2)通航限制

打桩过程中对附近海域进行通航限速,以减少高速客船及其他高速船舶高速航行时产生的水流、波浪对钢管桩沉桩的影响。

3)测量控制

选择精度较高的 GPS 设备及实时显示系统,利用打桩船的 GPS 定位系统与港珠澳大桥 GNSS 连续运行参考站系统(HZMB-CORS)进行连接,控制钢管复合桩的平面位置。高程测量控制采用高精度数字水准仪;垂直度测量采用测斜仪。

(1)设备精度控制

测量采用 RTKGPS 接收机,标称精度:

静态测量:平面 ±5mm +0.5ppm,高程 ±5mm +1ppm。

RTK 测量:平面 ±10mm +1ppm,高程 ±20mm +2ppm。

(2)制定严格的测量控制体系

沉桩过程中对钢管桩的精度进行严格控制,在钢管桩自重下沉初期、入土 5m、10m、自重沉桩完成及液压锤完成时,对钢管桩精度进行复测,满足要求后方能继续进行,对不能满足要求的钢管桩重新打设。对钢管桩进行锤击之前,未能达到精度要求时,立即停止下沉作业。

第6节 江海直达船航道桥钻孔平台设计

江海直达船航道桥含 3 个主墩(138 号 ~140 号)、2 个辅助墩(137 号、141 号)和 2 个过渡墩(136 号、142 号)(图 2-6-1)。根据钢管复合桩基础布置、承台平面尺寸及施工平台功能分布要求,拟投入 7 个钻孔施工平台(图 2-6-2 ~ 图 2-6-4),平台之间搭设通行栈桥。主墩平台尺寸为 48m × 74.6m,其中生活区平台尺寸为 48m × 17m,钻孔区平台尺寸为 48m × 57.6m;边辅墩平台尺寸为 40.5m × 57m;栈桥高程 +5.0m,标准宽为 6.0m,单跨跨径为 15m。根据使用功能分为生活区平台、桩基施工平台区及辅助平台三类,平台面高程为 +5.0m,平台设计抗台风等级 12 级。

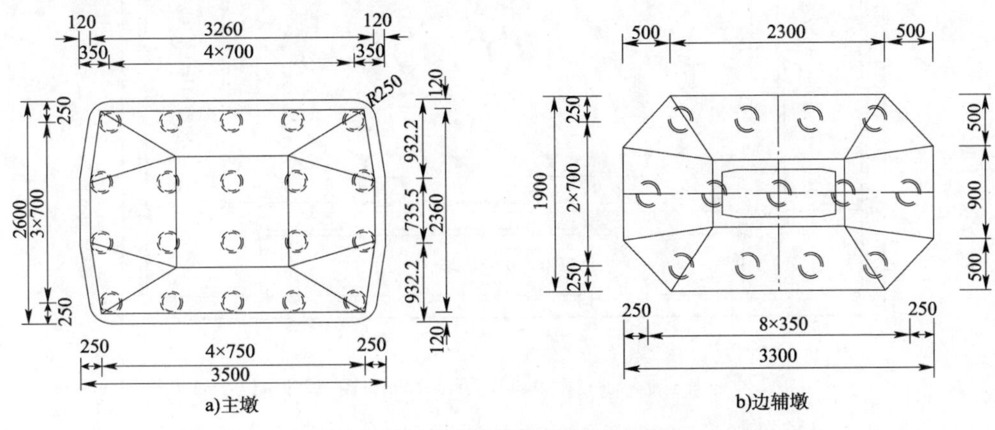

图 2-6-1 江海直达船航道桥主墩及边辅墩基础布置图(尺寸单位:cm)

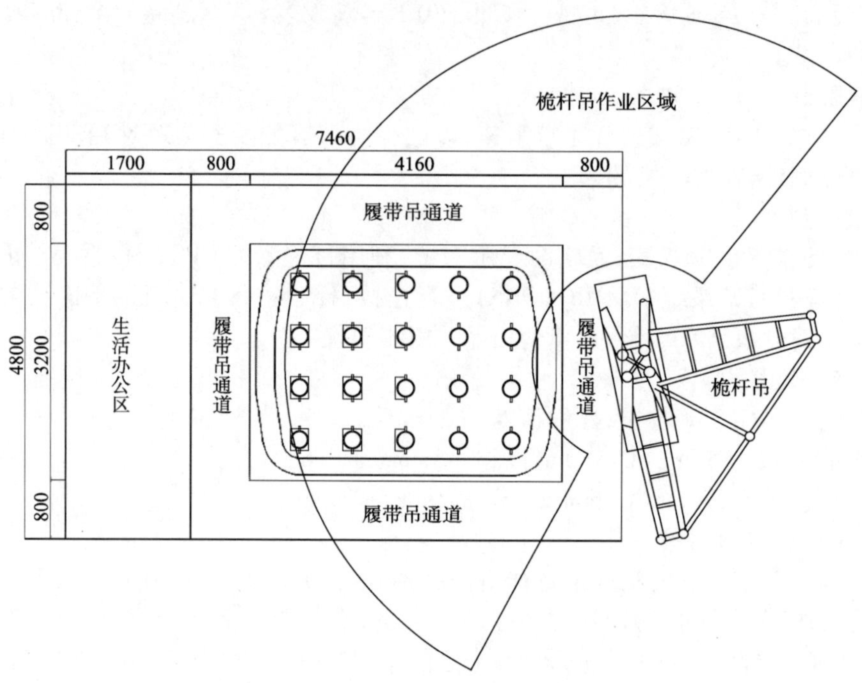

图 2-6-2　江海直达船航道桥主墩平台功能布置图(尺寸单位:cm)

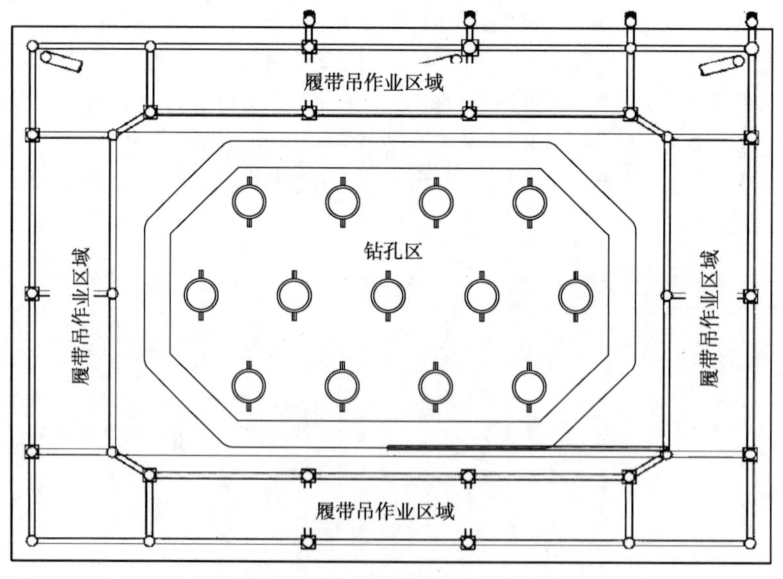

图 2-6-3　江海直达船航道桥边辅墩平台平面布置图(尺寸单位:cm)

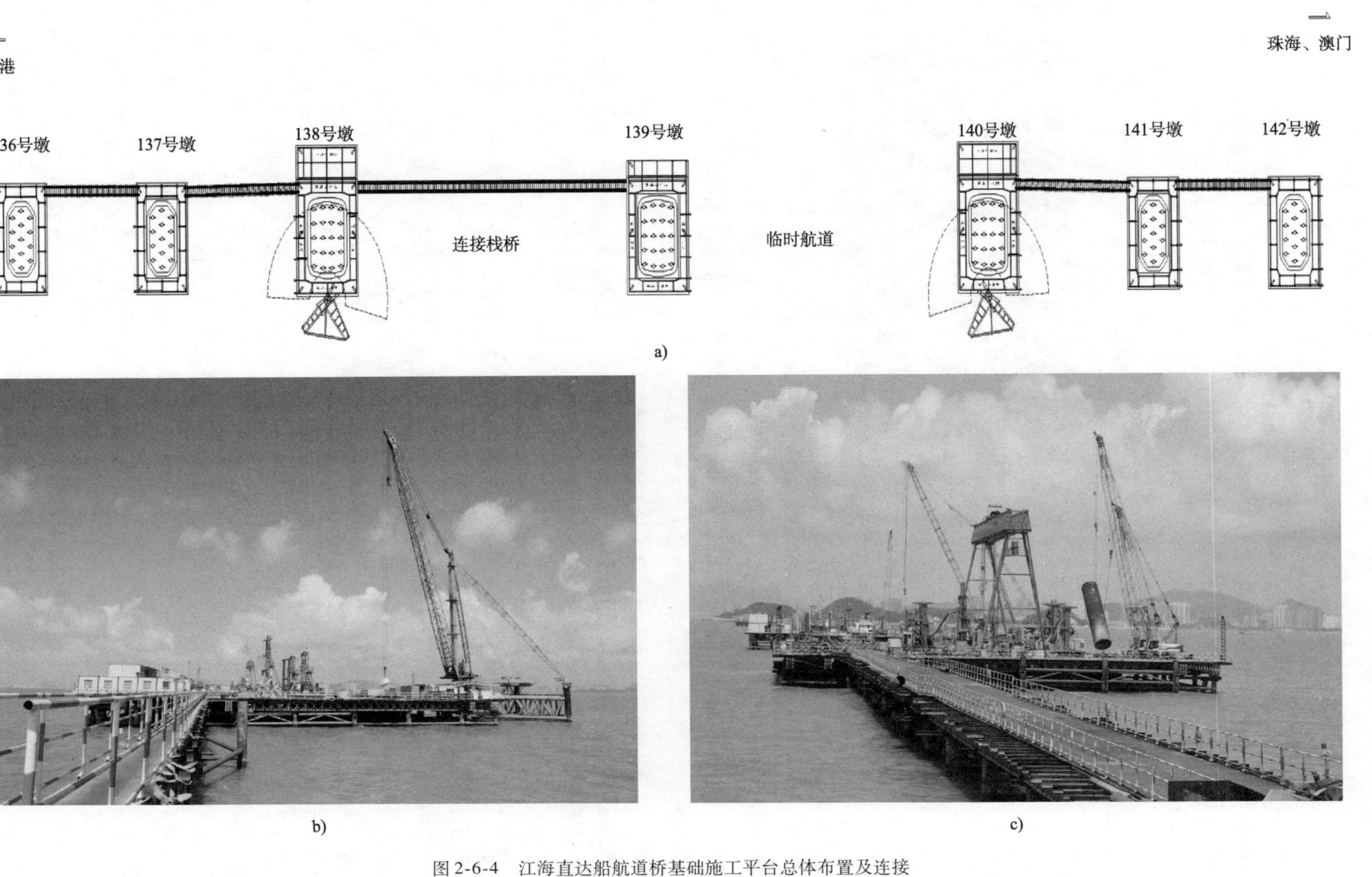

图 2-6-4　江海直达船航道桥基础施工平台总体布置及连接

第7节　深水区非通航孔桥装配式平台设计

港珠澳大桥桥梁工程 CB04 标非通航孔桥采用 110m 跨钢箱连续梁，基础采用双排六根钢管复合桩基础(图 2-7-1)，基础施工采用可拆卸周转使用的整体式装配化钻孔平台，以缩短海上平台搭设及拆除作业时间。

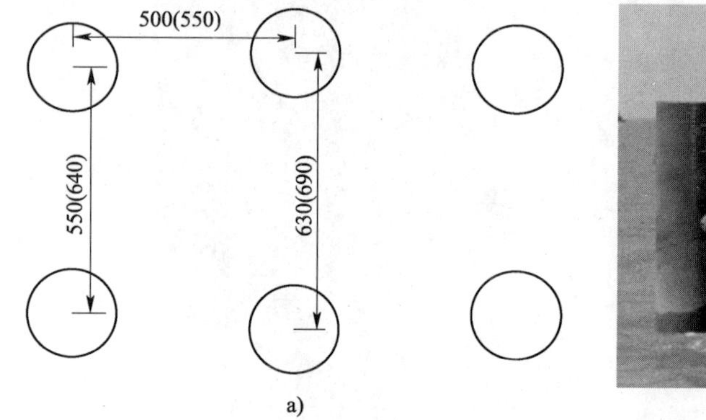

a)

b)

图 2-7-1　非通航孔桥桩基础布置(尺寸单位:cm)

其中 90 号～131 号、147 号～151 号墩共 47 个墩桩基直径为 D2m/1.75m；132 号～135 号、143 号～146 号墩共 8 个墩桩基直径为 D2.2m/1.95m。钢管桩最长桩长达到 76m，最大质量约 100t。

装配式平台平面尺寸为 32.8m×20m，总质量约 140t。平台由 6 根主体钢管桩及 6 根临时支撑桩支撑，桩基础施工重型构件(如钻机、钻杆及履带吊等)的吊装由浮吊完成，其余构件吊装(如钢筋笼下放、提钻头、钻渣等)由平台上的 50t 履带吊完成。装配式平台立面图如图 2-7-2 所示。

单个平台的施工周期约为 5 个月，时间较短，主要进行桩基础成孔、钢筋笼下放、混凝土浇筑等施工作业工序，平台顶设计高程为 +5.0m。

平台功能设计考虑满足一台钻机施工、一台 50t 履带吊起重吊装、供电设施及作业工人生活等功能。每台钻机配备一台 600kW 箱式发电机；每个平台配备一台 75kW 发电机，当大型设备不开启时，作为作业工人的生活用电，以节约成本。

单台钻机配置 6～7 人，同时考虑机修及电工 2 人，因此作业工人生活按 16 人进行配置。管理人员考虑 1～2 人，同时考虑下放钢筋笼、浇筑混凝土过程中监理的住宿、休息，因此管理人员按 4 人进行配置。合计 20 人。

装配式平台采用型钢焊接组拼而成平面结构。根据各功能区荷载大小，对生产区及生活区结构进行分开设计。生产区主梁采用 2H582mm×300mm×12mm×17mm 型钢，分配梁采用 I25 工字钢(间距约为 60～80cm)，次分配梁采用 I12.6 工字钢(间距约为 30cm)，面板为 6mm 花纹钢板。

生活区及供电区主梁采用 H582mm×300mm×12mm×17mm 型钢，分配梁采用 I25 工字钢(间距为 100cm)，面板为 6mm 花纹钢板。各种型钢布置为上下叠放，在翼板位置进行焊接而成。

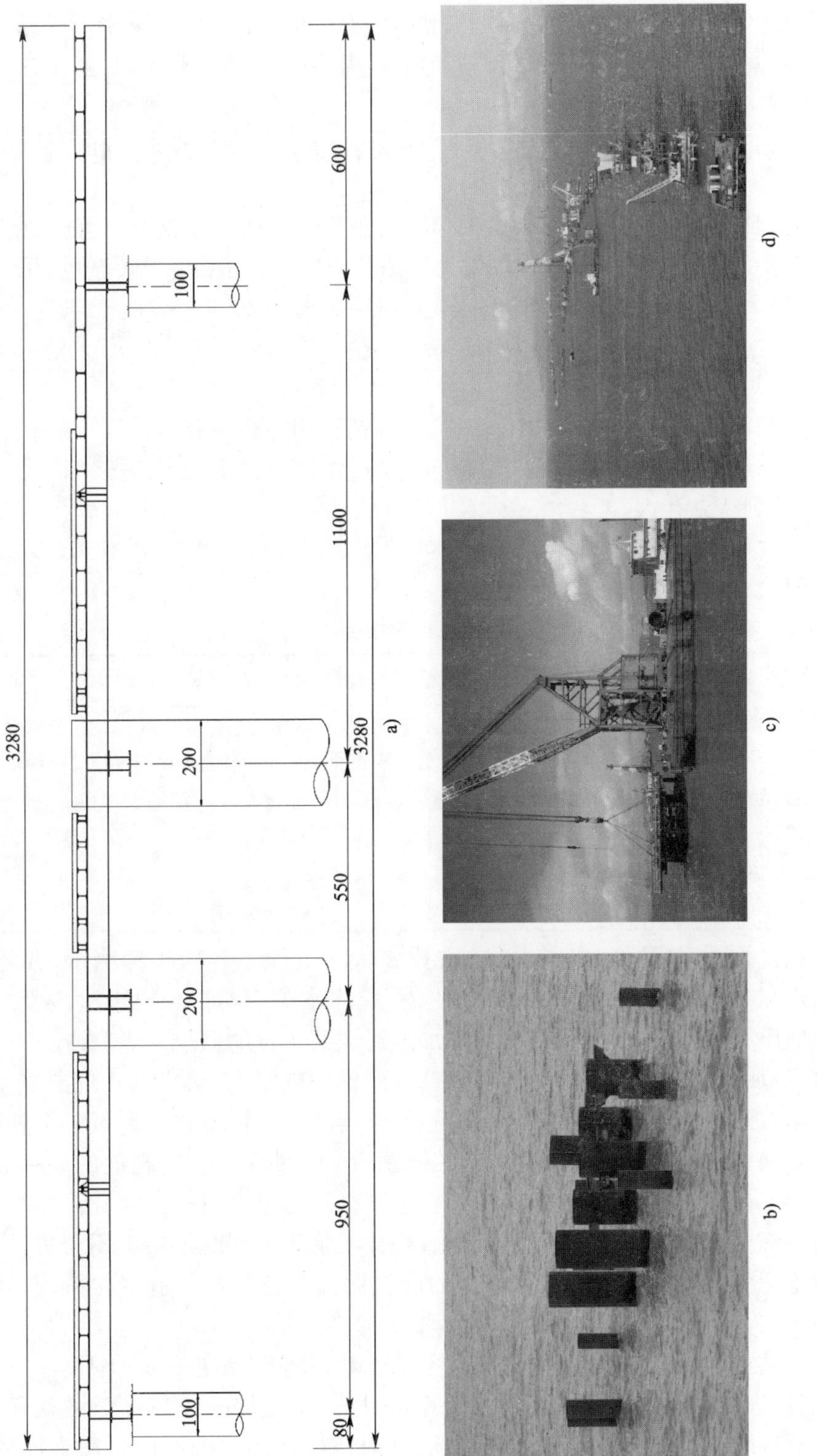

图 2-7-2　装配式施工平台立面图(尺寸单位:cm)

平台由6根主体钢管桩及6根临时支撑桩支撑,另设置4根靠船桩用于材料设备转运及人员上下,靠船桩由两排桩组成的靠船结构,每排桩由1根直桩及1根斜桩通过平联管连接而成,两排桩间通过直桩间的平联管进行连接。靠船区可满足≤1000t船舶的靠泊。

第8节　大直径超长钢管复合桩成桩施工

针对桩基础桩径较大(D2.5m/D2.15m)、桩长较长、地质情况复杂的特点,桩基采用KTY3000B型钻机成孔。钻机采用动力头驱动钻杆,钻杆带动钻头回转钻进,采用空气反循环排渣方式,最大钻孔深度为125~130m,最大扭矩均大于200kN·m。

2.8.1　泥浆系统

桩基施工采用轻质环保化学泥浆。泥浆在待钻孔相临孔内制备,泥浆制备采用原状土,适量添加纯碱和纤维素CMC提高泥浆性能。通过泥浆泵进行孔内泥浆循环,泥浆配置好后,用泥浆泵抽到待钻孔内。

钻孔泥浆选用护壁效果好、成孔质量高的泥浆。泥浆性能指标必须符合港珠澳大桥专用技术规范要求,指标要求如表2-8-1所示。

泥浆性能指标　　表2-8-1

钻孔方法	地层情况	泥浆性能指标							
		相对密度	黏度(Pa·s)	含砂率(%)	胶体率(%)	失水率(ml/30min)	泥皮厚(mm/30min)	静切力(Pa)	酸碱度(pH)
反循环	一般地层	1.02~1.06	16~20	≤4	≥95	≤20	≤3	1~2.5	8~10
	易坍地层	1.06~1.10	18~28	≤4	≥95	≤20	≤3	1~2.5	8~10
	卵石层	1.10~1.15	20~35	≤4	≥95	≤20	≤3	1~2.5	8~10

对于钻孔过程中泥浆质量的控制,需安排专人负责泥浆各项指标测试,并做好相关记录。主要测定泥浆的比重、黏度、含砂率、pH值、胶体率等。不符合要求时应及时调整。特别是从一种地质层进入另一种地质层时,要加强对泥浆指标的监控,当钻孔至粉砂及砂砾等易塌地层时,应加大泥浆比重,黏度及胶体率,以确保护壁厚度,防止塌孔现象发生。钻进过程中必须严格按照施工工艺要求保证泥浆质量,不得随意更换造浆材料及配合比,采用其他造浆材料时必须得到试验室和工段负责人的同意后方可使用。在终孔前的2~3d必须按照清孔泥浆的要求控制好各项指标,如达不到要求则必须通过换浆达到清孔泥浆指标;桩基在终孔的前一天应通知试验人员检测泥浆性能,终孔泥浆达不到既定指标不得拆钻杆;在进行下一条桩基施工前必须按照需试验室提供的配合比提前备足各种造浆材料,造浆材料不足禁止开钻。

不同土层钻进速度控制:在硬塑的黏土层钻进时,要慢速钻进,泥浆浓度小一点,以避免糊钻;在砂层钻进时,泥浆比重要适当加大,慢速钻进,防止塌孔。在每个钻孔开始前,根据相应的地质资料绘制每根桩预计的土层情况,并对该桩作出明确的以高程为控制的泥浆性能指标。不同地质层泥浆性能参考指标如表2-8-2所示。

成孔各阶段泥浆性能指标　　表 2-8-2

编号	地层	黏度(s)	相对密度	含砂率(%)	胶体率(%)	pH 值	泥皮厚(mm)
1	试验室	20.5	1.17	2.0	98	9	0.87
2	淤泥、淤泥质土	16 ~ 20	1.10 ~ 1.15	1 ~ 2	>93	6 ~ 7	1.10 ~ 1.5
3	粉质黏土、黏土	20 ~ 40	1.15 ~ 1.30	1.5 ~ 6	>95	6 ~ 7	1.5 ~ 2.5
4	粗砂、残积土	25 ~ 35	1.20 ~ 1.30	5 ~ 8	>95	6 ~ 7	1.0 ~ 2.0
5	中风化花岗岩	20 ~ 25	1.15 ~ 1.26	1 ~ 6	>95	6 ~ 7	1.0 ~ 1.5
6	清孔后	19.2	1.10	<1	98	7	1.0

全桥桩基采用气举反循环方法成孔。泥浆循环系统主要由空压机和气管、钻杆和水龙头、泥浆管、泥浆桶、泥浆泵、泥浆船和泥浆净化器组成。

钻机成孔过程中，一边钻进一边利用泥浆孔内配制的优质泥浆置换。置换时，带有钻渣的泥浆由钻杆中心被吸出，泥浆进入泥浆桶排渣滤网后，将其中大颗粒钻渣过滤，泥浆流入泥浆桶进行沉淀，进一步过滤泥浆中较大颗粒，一部分泥浆通过回浆管流回孔内，一部分泥浆通过泥浆泵输送至泥浆净化器，除砂净化回流孔内。钻进过程中，通过泥浆泵调节钻孔泥浆面高出孔外水面约 2m。根据施工的实际情况与机械设备的配套情况，每台钻机采用一套独立的泥浆循环系统（图 2-8-1）。

图 2-8-1　ZX-250 泥浆净化器

2.8.2　成孔工艺

成孔过程中，结合地质情况和桩径的变化，为防止钢管壁黏附泥土，所以在钢管桩内使用直径与钢管桩径相当的刮刀钻头，在钢管桩以下更换为滚刀钻头（图 2-8-2）。

a)

b)

c)

图 2-8-2　刮刀钻头与滚刀钻头

钻孔操作要点如下：

（1）钻机安装就位后，调整底座并保持平稳，以保证在钻进和运行中不产生位移及沉陷。

(2)钻孔前,测量组检查、验收桩位平面位置,绘制钻孔地质剖面图,钻孔作业采用减压钻进,根据不同土层选择与之相适应的进尺和转速,根据取样要求在泥浆池中捞取钻渣样品。具体要求为:松散地层每一地质层取样一件(原状);全风化岩石每米取样一件(原状);强风化岩石0.5m取样一件(岩石粒径不小于0.5cm);中风化、微风化岩石1m取样一件(岩石粒径大于0.5cm)。查明渣样并记录,以便与地质剖面图核对。对于淤泥质土层,采用低档慢速、大泵量、稠泥浆钻进,以免发生先扩孔后缩孔现象;对于亚黏土层,采用低档慢速、优质泥浆、大泵量钻进的方法钻进;对于黏土层采用中等钻速、大泵量、稀泥浆钻进;对于砂层,采用轻压、低档慢速、大泵量、稠泥浆钻进,以免孔壁不稳定,发生局部扩孔或局部坍孔,并充分浮渣、排渣,以防发生埋钻现象;对岩层,采用轻压、低档慢速、优质浓泥浆钻进,确保护壁厚度以及充分浮渣。

(3)钻进时应细心检查排渣口出渣情况及孔内有无漏气现象发生。如果排量减少,孔内并有翻浆现象,这是钻杆断裂或钻杆连接有问题,应及时拆杆检查。

(4)升降钻头应平稳,尤其是当钻头处于护筒底口位置时,必须谨慎操作、防止钻头钩挂护筒,避免冲撞钢护筒扰动钻孔孔壁;当钻进至接近钢护筒底口上下1~2m左右时,须采用低钻压、低转速钻进,并控制进尺,以确保护筒底口部位地层的稳定;当钻头钻出护筒底口2~3m后,再恢复正常钻进状态。

(5)钻进过程中需经常注意护筒内水位的变化,随时准备泥浆泵进行补浆,保持护筒内水位高出自然水位的1~2m,以保持孔内水压,稳定孔壁。

(6)钻进过程中,若钻头卡死,溢流阀泄油,应立即提高钻杆,再缓慢下放改为轻钻压慢钻进,排除故障后方可钻进。若发现斜孔时,应采用扫孔办法,纠正才能再钻进。

(7)钻孔内严禁掉入铁件,防止螺母、螺栓、拧缸工具等掉入孔内。接长钻杆时,须将钻杆提升30cm左右,先停止钻头旋转,再送风10min以上,将孔底钻渣吸尽再放下钻头进行拆杆作业,以免钻渣沉淀发生埋钻事故。钻杆连接时,连接螺栓要拧紧,并装上防转销,同时认真检查密封圈,以防钻杆接头漏水漏气,使反循环无法正常工作。

(8)钻孔作业应分班连续进行,不得中途长时间停止,尽可能缩短成孔周期。因故停止钻进时,严禁钻头留在孔内,以防埋钻。钻孔过程中要及时、详细、真实、准确地填写施工记录,同时做好交接班工作。

(9)钻进过程中要保证护壁泥浆的各项性能,经常对钻孔泥浆进行试验,不合要求时,及时调整。

(10)定期测量河床面,当河床冲刷严重时,及时采取抛填砂袋或石笼的办法进行冲刷防护,以确保钢护筒有足够的入床深度和钻孔平台的整体稳定及安全。

(11)要经常检查水龙头的转动情况和密封状态,发现漏气现象时,及时更换密封圈,并向轴承加入润滑脂。为消除水龙头单侧排渣胶管偏载对水龙头密封装置不良影响,以及对法兰盘中心轴线偏位,可用双向螺栓进行调整。

(12)采取钻头加配重块保证垂直度的措施。钻孔达到一定深度后,上提钻杆,将导向架安装在钻杆相应位置;导向架应安装牢固,防止脱落。

2.8.3 清孔及成孔质量检测

当孔深达到设计高程后,经监理认可后采用气举反循环进行清孔。清孔时在钻头四周安装刷子,将附着于护筒壁的泥浆清扫干净,特别注意清理干净内剪力环上下附着的泥浆,然后清除孔底钻渣及泥浆等沉淀物,直至泥浆满足港珠澳大桥专用技术规范和设计图要求为止;具体为:比重1.03~1.10,黏度17~20Pa·s,含砂率<2%(实际控制为一次清孔含砂率<0.5%),胶体率>98%,孔底沉渣厚度<5cm。必要时,用指标达到要求的泥浆进行孔底换浆(临孔淡水造浆),严禁使用超钻加深钻孔的方法代替清孔。

成孔质量检测中,孔深采用测绳测量,检测前首先用钢尺检查测绳尺寸误差,确保孔底高程准确;孔径采用探孔器测量(表2-8-3)。

钢管复合桩实测项目(mm)　　表2-8-3

项次	实测项目		规定值或允许偏差	检查方法	权值
1	混凝土强度(MPa)		在合格标准内	按招标文件技术规范	3
2	填筑混凝土底面高程		±50	查浇筑前记录	1
3	填筑混凝土顶面高程		±50	用水准仪检查	1
4	孔径		不小于设计值	查浇筑前记录	3
5	孔深	摩擦桩	符合设计要求	查浇筑前记录	3
		支承桩	超深设计深度不小于50		
6	桩位		100	单桩用GPS定位或用全站仪、经纬仪检查纵、横向	2
7	钻孔倾斜度		满足承台安装精度要求,但不得大于1/200	查浇筑前记录	3
8	沉淀厚度		不大于50	查浇筑前记录	2
9	凿桩头后桩顶高程		±10	用全站仪或水准仪检查	1
10	钢筋骨架底面高程		±50	水准仪:测每桩骨架顶面高程反算	1

2.8.4　钢筋笼制作与下放

钢筋笼采用直螺纹套筒连接。为确保钢筋笼的整体垂直度和主筋连接精度,结合加工场地空间,拟采用60m长的钢筋笼主筋定位模具施工。先在模具上整体加工总长为60m的钢筋笼,每节钢筋笼有序编号,然后把前几节钢筋笼按节断开移走,将尾节钢筋笼换到第一节位置,在胚模上继续接长加工剩余部分钢筋笼,依此往复直到把整根桩钢筋笼制作完毕。

定位模具采用厚10mm钢板制作成半圆型,坎位既能固定钢筋也不会影响钢筋笼脱模,每个坎位按顺序编号。模具基础为混凝土基础,底梁面需精确测量抄平。每条生产线设30个间距为2m的定位模具,模具安装纵向偏差不大于10mm。

模具定位后,将下料主筋按设计尺寸要求往模具第一节的位置上摆放,待半圆部分钢筋主筋安装完毕,调整加劲箍筋位置,并焊上加劲箍。接着把上部分主筋摆放固定在加劲箍上,并焊接固定。然后盘上螺旋箍筋,螺旋箍筋与主筋采用铁丝绑扎方式固定(但每圈须不少于4点于主筋点焊)。注意,第一节钢筋笼前端要用挡板挡住,使前端平齐,声测管穿过挡板。桩基检测管和抽芯管均匀设置在钢筋笼内侧,5根通长,检测管与钢筋笼的主筋通过"U"形卡焊接固定。通过直螺纹套筒连接按同样方法进行下节钢筋笼制作。整体钢筋笼制作完毕后,焊接固定混凝土圆环形保护层块,然后松开直螺纹套筒连接,将各节钢筋笼分解,在每节钢筋笼上挂上标志牌,写明墩号、桩号、节号,把每节钢筋笼按连接顺序编号吊到成品堆放场统一堆放。钢筋笼加工过程中,要确保钢筋笼垂直度及主筋直螺纹套筒连接的精度,以利于钢筋笼顺利接长下放(表2-8-4)。

桩基础钢筋笼制作与安装质量标准　　表2-8-4

项　目	允许偏差	项　目	允许偏差
主筋间距(mm)	±10	中心平面位置(mm)	20
箍筋间距(mm)	±20	顶端高程(mm)	±20
外径(mm)	±10	底面高程(mm)	±50
保护层厚度(mm)	±20		

为防止钢筋笼运输安装过程中的变形,在钢筋笼加劲箍设置"Δ"型内撑(用二级Φ28螺纹钢筋制作)。为保证钢筋笼下放接长时相临主筋不会错位,每节钢筋笼靠顶端加劲箍采用两道并排。

制作好的钢筋笼,没有套筒的一端套上塑料保护帽保护螺牙,并按安装要求分节、分类编号,统一堆放,并将钢筋笼用枕木垫高以避免黏上泥土及变形。同一条桩钢筋笼堆在一起。分层堆放时,两层之间用枕木加垫。

桩基净保护层设计厚度为60mm,保护层垫块根据试验室提供配合比后自行制作,其强度等级与桩基混凝土强度等级相同。钢筋笼保护层分为两种:钢护筒以下钢筋笼用与桩基混凝土同强度等级的砂浆制作,垫块为圆形,直径为Φ14cm,厚5cm,中间开直径Φ20mm孔,垫块用Φ16mm钢筋穿过焊接在主筋上;由于桩径变化,钢管复合桩内钢筋笼与孔壁间距增大至17.5cm,在钢护筒内用Φ16mm钢筋制作成U形支撑骨架,穿混凝土垫块后焊接在主筋上。钢筋笼保护层垫块布置如图2-8-3所示。

桩基成孔,经初次验孔合格,即可开始下放钢筋笼。钢筋笼用WD120桅杆吊及50t履带吊起吊逐节下放。钢筋笼起吊时,为保证骨架不变形,宜采用两点吊。

钢筋笼下放时(图2-8-4),按制作时既定的顺序依次安装,对接需人工扭打钢筋直螺纹螺母,同时接长声测管(挤压接长,每个接头处缠胶带以防漏水渗浆)和抽芯管(套管焊接接长),抽芯管从距离桩底1m位置处开始布设,采用10mm钢筋作为定位筋焊接在钢筋笼加劲箍与主筋上,防止变形弯曲,每隔2m间距设置一道定位筋;且每下放一节接长钢筋笼,可利用钢筋笼转置的空余时间,给声测管、抽芯管灌水,检验管内有是否漏水情况,以防其压裂、变形或渗浆。此措施可提前预检声测管的安装质量,及时消除不良隐患。由于桩顶与钢管桩顶有一段距离,所以声测管和抽芯管都要接长至孔顶处并密封好。钢筋笼下放时速度放慢,防止碰撞孔壁,做到"提快、下慢"。

2.8.5　混凝土导管下放及二次清孔

导管选用无缝钢管制作,管内直径为35cm,底节长4m,标准节长2.51m,另准备0.5m、1.0m、1.5m长辅助管各一节。导管接头使用螺旋接口,以防止在混凝土浇筑过程中,导管接头卡住钢筋笼。导管水密性和抗拉性能都需符合施工要求,在桩基混凝土浇筑前进行水密性试验。

导管下放前检查每根导管是否干净、畅通以及止水"O"形密封圈是否完好。导管逐段吊装接长、垂直下放，导管底部至孔底保持 25 ~ 40cm 空间，导管接长时通过两根工字钢加工而成的活动卡悬挂。导管使用前应涂油漆、进行编号，以保证灌注混凝土过程中不漏水、不破裂。导管下放时要严格按照编号顺序，每下一节都必须记录，导管下放时，卡板不能长时间打开，避免导管掉入孔内。

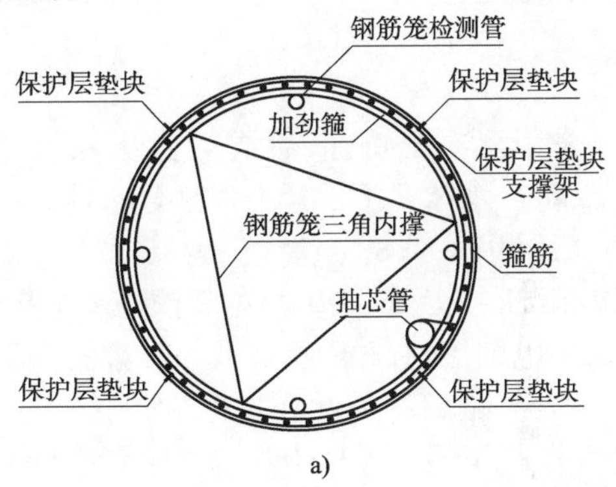

a)

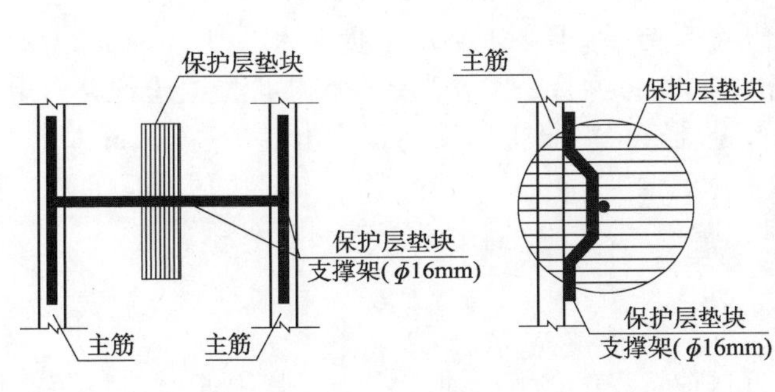

b)　　　　c)

图 2-8-3　垫块布置

a)　　　　b)

图 2-8-4　钢筋笼下放

导管下放完毕后，若测得的沉淀大于5cm则应进行二次清孔。桩径较大清孔时可摇动导管，改变导管在孔底的位置进行清孔，直到孔底沉渣厚度小于5cm。清孔到位后需停泵半个小时左右再量测沉淀厚度，若满足要求则再次开启空压机，返浆半小时后即可开盘浇筑混凝土。二次清孔前后都要认真测量孔深，以控制沉淀厚度。

2.8.6 混凝土灌注施工

灌注水下混凝土的分水球采用混凝土块件，做成圆台状，上圆直径为33cm，下圆直径31cm，高为30cm。浇筑混凝土前，将分水球置于导管上口。分水球上垫两片沥青纸，起密封作用，并用足够强度的铁线吊住，一般采用4股8号铁线。为保证第一批混凝土灌注后导管埋管1m以上，应依次将漏斗、储料斗装满混凝土后（约12m^3）剪断铁线灌注首批混凝土，并持续灌注。

桩基混凝土混合料的拌和采用电脑控制，并配有试验人员监控混凝土的工作性能，严格按施工技术规范保证混凝土的温度、含气量及和易性等指标，控制好混凝土坍落度，并充分做好准备，保证混凝土的连续供应。在混凝土灌注过程中设专人测量孔深并记录，用两套测锤在不同方向量测，同时测锤重量要加大一点，做好每下一盘料的测量与记录，准确掌握混凝土面上升高度，严格控制导管埋深在2～6m之间，防止埋管过深提不起来或埋管过浅脱空产生的断桩事件发生。导管埋深达到6m后开始拆一节导管，但必须满足导管埋入混凝土2m以上。拆除导管前，必须测量准确混凝土灌注高度，同时每拆管一次前都要同搅拌船混凝土搅拌方量进行复核，以推算埋管深度是否合理。如此循环直至混凝土顶面高程高出设计高程1m以上（此段为桩头挖凿部分）。高出部分待混凝土达到强度后用人工进行凿除，确保桩头质量良好。灌注过程中随时将翻起的泥浆抽入相邻护筒备用，多余的泥浆由泥浆船外运外排。

2.8.7 桩基检测

桩基混凝土强度达到要求后，即可进行超声检测和抽芯检测。其中通航孔桥每个墩按照2根进行抽芯。根据《建筑桩基检测技术规范》（JGJ 106—2003）和《钻芯法检测混凝土强度技术规程》（CECS03:2007），对全桥桩基进行抽样钻芯检测。采用液压钻机，抽芯芯样直径选择为50mm，钻头采用金刚石钻头。钻机设备安装必须周正、稳固、底座水平。钻机立轴中心、天轮中心（天车前沿切点）与孔口中心必须在同一铅垂线上。应确保钻机在钻芯过程中不发生倾斜、移位，钻芯孔垂直度偏差≤0.5%。钻机平台直接利用桩基施工平台，钻机安装就位后逐根接长钻杆，直至桩底1m位置以上处（即抽芯管管底），即可进行钻进抽芯。取芯应深入至混凝土与基岩接触面以下1000mm处。钻取的芯样应由上而下按回次顺序放进芯样箱中，芯样侧面上应清晰标明回次数、块号、本回次总块数；对芯样和标有工程名称、桩号、钻芯孔号、芯样试件采取位置、桩长、孔深、检测单位名称的标示牌的全貌进行拍照。取芯完成后然后进行基桩质量及沉淀厚度验证，验证合格后灌注M40水泥砂浆密封。

桩基检测顺序为先超声检测，再抽芯检测。超声波检测前，要测量相应声测管外壁间净距离，将各声测管内注满清水，检查声测管畅通情况，换能器应能在全程范围内正常升降。发射与接收声波换能器应以相同高程或保持固定高差同步升降，测点间距不应大于250mm，收集测量资料进行组合，分别对所有检测剖面完成检测。在桩身质量可疑的测点周围，应采用加密测点或采用斜测、扇形扫测进行复测，进一步确定桩身缺陷的位置和范围。超声波检测合格后每根钢管均需压浆（M40水泥砂浆）封实。

第3章　江海直达船航道桥群桩基础承台施工技术

第1节　承台工程概述

江海直达船航道桥为三塔斜拉桥，三个主墩编号为138、139和140，采用群桩基础，每个主墩下设20根Φ250cm钢管复合桩。承台为六边形圆倒角整体式承台，承台尺寸为35×26×9m，一级承台顶高程+3.8m，封底混凝土底高程-3m，封底厚度1.8m。承台C45海工混凝土6120m³，封底C25混凝土1410m³。承台混凝土分二级承台，一级承台分三次浇筑，第一次1.5m，第二次2m，第三次1.5m；二级承台分两次浇筑，第一次浇筑2m，第二次浇筑2m。封底分两次，第一次采用水下封底1.4m，第二次干封0.4m。

边辅墩编号为136、137和141、142，采用群桩基础，每个主墩下设13根直径Φ250cm钢管复合桩。承台为六边形倒角整体式承台，承台尺寸为33m×19m×7.5m，一级承台顶高程+3.8m，封底混凝土底高程-1.2m，封底厚度1.5m。承台C45海工混凝土2780m³，封底C25混凝土865m³。承台混凝土分二级承台，一级承台第一次1.75m(1009m³)，第二次1.75m(1009m³)，二级承台一次浇筑，浇筑高度2.5m。封底混凝土分两次，第一次封底1.1m，第二次封底0.4m。

通航孔桥承台套箱与防撞相结合设计，采用双壁钢套箱，由内、外围壁、底板、顶板、箱内加劲、护弦等板架构件组成。防撞套箱平面长度41.7(39.1)m、宽度32.1(24.7)m、顺桥向两侧套箱宽度2.2(2)m，横桥向两侧套箱宽度2.5(2.2)m，型深8.3(6.5)m，套箱侧板共分12(10)节段，分块间采用不锈钢高强螺栓连接方式连接。(括号内为边、辅墩参数)。

为延长防撞套箱的使用寿命，采用防蚀涂料对防撞套箱侧板的内外表面及其钢构件的表面进行防腐涂层处理。防撞套箱侧板外表面和内表面及构件涂装设计要求防腐期限为30年。防撞套箱侧板平面布置如图3-1-1和图3-1-2所示。

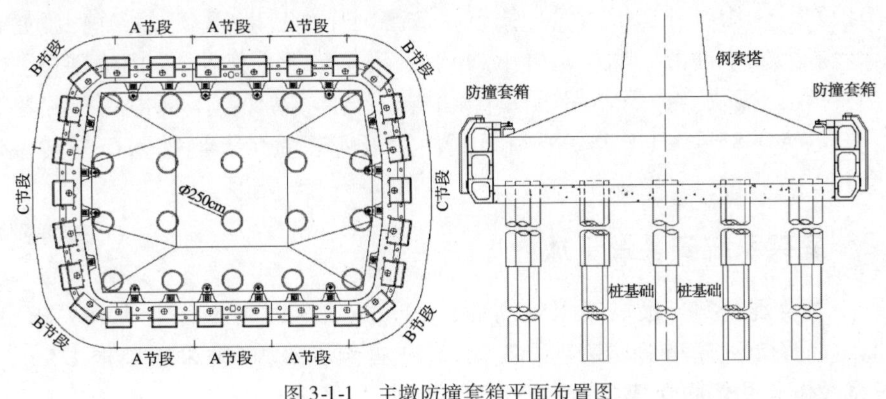

图3-1-1　主墩防撞套箱平面布置图

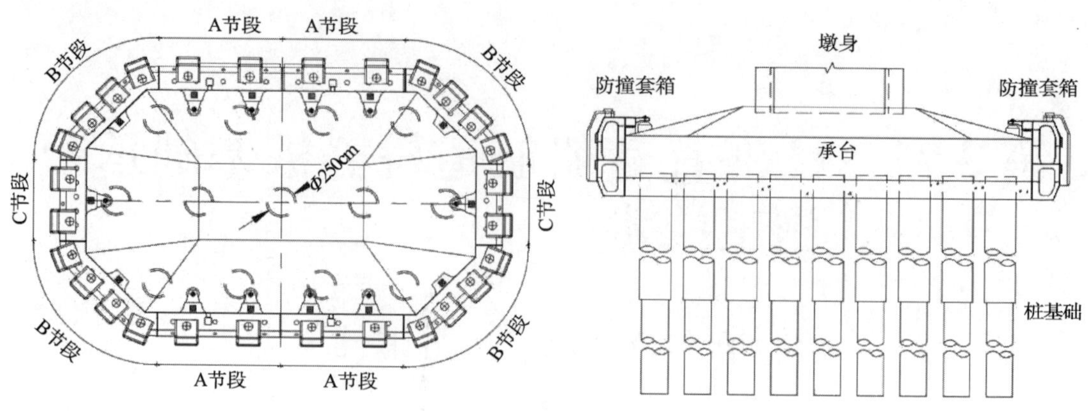

图3-1-2　边、辅墩防撞套箱平面布置图

第2节　承台施工工艺

3.2.1　牺牲阳极安装

承台底架控制高程为 -3.5m,考虑牺牲阳极安装,河床面清淤后高程不得高于 -4m(图3-2-1)。承台外围区域采用长臂钩机清淤,平台中部区域,受钩机臂长限制,采用抓斗清淤,清淤完成后进行深度复测,未达要求的需及时补挖。

图3-2-1　承台区域清淤施工

牺牲阳极安装采用半开口形式沿护筒壁下放至河床面(图3-2-2),需确保牺牲阳极安装位置不与承台底架发生冲突。牺牲阳极下放到位,潜水员下水作业,对牺牲阳极张开部位进行螺栓连接,并在阳极块与护筒之间采用电焊方式连接。以护筒上部电位检测是否合格为标准(检测电位:-0.85 ~ -1.10V)来判断牺牲阳极安装质量。牺牲阳极安装关键是潜水员作业安全和安装质量。

3.2.2　底架系统安装及下放

根据潮汐表及现场实测最高潮水位高程(+1.5m),同时考虑作业空间要求,底架拼装临时牛腿拟定高程为 +2.0m(贝雷梁底以下1m左右)。临时牛腿采用单根I25a工钢,焊接要求:顶部翼缘板和两侧腹板满焊,焊脚尺寸不得小于12mm。

a)

b)

图 3-2-2　牺牲阳极安装

底架采用分块预制和安装工艺（图 3-2-3），承台底架大致分为 7 块，单个底架质量约为 10t，尺寸分别为 32.2m × 2.5m（共 1 块）和 10m × 14m（共 6 块）。底架安装顺序：先中间后外侧。采用 120t 桅杆吊吊装作业。底架下放就位后，需根据护筒与底架之间间距（不小于 10cm）调整底架精确就位。底架安装完成后各底架之间采用 H482 型钢满焊对接，对于对接型钢长度不足的采用 16mm 钢板两侧贴焊以连接相邻两块底架，焊脚尺寸不小于 15mm。

a)

b)

图 3-2-3　吊点及底板安装

吊点采用 2[20b 槽钢焊接，每个护筒焊接 4 个吊点，底架外侧按照设计图纸要求安装。2[20b 槽钢与底架主梁采用满焊连接，焊脚尺寸不小于 12mm。

底板分 75 块安装，底架每个框架区域对应一块底板（钢护筒区域和四个角除外）。底板采用 8mm 钢板和[16a 槽钢焊接而成，槽钢布设间距为 30cm，焊接在底板上方，[16a 槽钢与底板采用跳焊方式连接，焊缝间距不小于 30cm，每道焊缝长度不小于 30mm，焊脚尺寸不小于 12mm，确保以抵抗承台混凝土对底板传递的自重和施工荷载。同时底板（[16a 槽钢和钢板）与底梁之间均需采用焊接连接，焊接要求同底板与[16a 槽钢焊接一致。

反力架采用 2I36a 工钢，单个护筒采用十字反力架。由于反力架提前在后场加工，精轧螺纹钢预留孔洞已提前焊接完成，反力架安装和卡槽开口时应确保预留孔洞与底架上的吊耳能够在同一竖直线上，使精轧螺纹钢只承受垂直荷载。反力架与护筒外侧之间采用加劲板加强，每根 I36a 工钢底部设一块 20cm × 20cm × 1cm 三角形加劲板，连接位置采用满焊方式连接，焊脚尺寸不小于 12mm。

精轧螺纹钢下料时不得使用氧割或电焊，只能采用切割机切割下料，避免材料性能发生变化。精轧螺纹钢安装时，在底部吊点位置上下各紧固一个精轧螺母，并在底部焊接限位板（防止底架晃动导致精轧螺母脱落）；吊耳与反力架之间预留一块钢板和一个螺母（用于牛腿焊接完成后体系转换时使用）。

根据设计图纸要求，每侧选择两个钢护筒焊接套箱下放导向（图3-2-4），每侧底板上焊接两个限位。导向外侧贴8cm厚橡胶皮。导向每侧预留空间为5cm，限位每侧预留空间为3cm。底板上沿横桥向布置三根泄水管，泄水管底板切割成网筛型（有利于后期封堵），泄水管高度为3m。

a)

b)

图3-2-4 导向及泄水管安装

紧固螺纹钢后，需对底板高程进行复测，根据复测结果对底架进行局部调整。底架调整基本水平后，对精轧螺纹钢打设标记点，搭设点间距为10cm，以便底架下放时参考使用。

承台底架下放（图3-2-5）采用16个吊点，下放高度5m，下放耗时1天。底架下放前，对所有作业人员进行技术交底，明确各岗位职责、下放口令和注意事项。准备工作就绪后，统一指挥下放，下放行程控制在10cm，最大不超过20cm，每下放一个行程需经技术员和带班人员检查，无异常情况时可进行下个行程下放，确保底架能够同步下放，避免局部底架下放速度较慢导致下放吊点受力过大。

图3-2-5 底架同步下放

3.2.3 钢套箱安装

钢套箱由起重船整体起吊安装（图3-2-6），套箱下放到达设计高程位置后，调整套箱平面位置、垂直度、高程。测量复核相关数据，如不合要求则利用千斤顶调整；如符合精度要求，于上导向和套箱内壁处打上木楔，同时在上导向所在钢护筒与套箱内壁之间及套箱内撑及其附近底架吊带型钢之间通过焊接[16a 槽钢固定。确保套箱能承受水流及波浪作用。同时将另外封底增设的暂时未受力的吊点（包括平台四周的吊点）螺母拧紧，准备封底混凝土施工。

a)　b)　c)　d)

图 3-2-6　整体式钢套箱安装

3.2.4　首层封底浇筑

浇筑平台（图 3-2-7）采用 H582 型钢作主梁，主梁搭设于护筒上，2I25a 工钢为分配梁，分配梁摆设需考虑储料斗的摆置空间。

图 3-2-7　浇筑平台

整个承台封底共设置32个浇筑点，浇筑前提前安装好导管及固定导向架（相邻间距不小于4.5m），浇筑方案采用桩基混凝土浇筑工艺（图3-2-8），首盘混凝土采用剪球方式，导管提空高度不大于30cm，储料斗剪球后进行连续浇筑，由于混凝土存在一定的流动性，从导管下放后能够不断向外侧扩散，当该点导管埋管深度达到50～60cm时，可撤除储料转运至下一个浇筑点。

a)

b)

图3-2-8　封底浇筑

3.2.5　上层封底浇筑

根据潮汐表和现场实际潮水涨落情况，在潮水位退出泄水管顶部时，对泄水管进行堵塞，并进行压浆灌注。泄水管全部堵塞完成后（速凝水泥凝固时间2h），开始套箱内抽水，由于首层封底采用水下灌注工艺，封底面存在较多的浮浆，套箱内积水抽干后，需采用水泵对封底面浮浆和杂物进行清理，以露出干硬的水泥面为准。

抽水完成后，对封底面高程复测，在管桩周边的精轧螺纹钢上打点（－1.2m高程），对局部明显高出部分进行高程复测。对局部封底面高程超出设计底面高程部位进行清凿（图3-2-9），以能安装和焊接体系转换牛腿为基准。并进行钢护筒外壁海生物清理。随后进行2I36a体系转换牛腿焊接。

a)

b)

图3-2-9　封堵泄水孔及首层封底顶面清洗

待将体系转换至2I36a牛腿后，进行精轧螺纹钢切割，切割采用砂轮锯，不得采用电焊或氧割方式。由于精轧螺纹钢在转换体系前均承受荷载，切割时精轧螺纹钢会出现竖直方向反弹现象，作业人员应注意安全。

随后进行上层封底混凝土浇筑，浇筑布料杆放料集中区域，不宜过分扩大区域，边浇注边振捣，循序渐进，避免局部混凝土过早凝固无法振捣整平。

3.2.6　钢板条切割

钢护筒外径2.5m，钢护筒预留长度为从封底面上去2.47m（以上部位可整体切除），单根管桩板条切割总数量28个。考虑纵横向钢筋布设间距，先在护筒上标示出28根板条中心线，然后以各中心线为基准，标示出板条切割边线，再进行切割；板条宽度为100mm，两边各延伸50mm宽度锯齿。距离封底顶面预留40cm不进行切割（图3-2-10）。

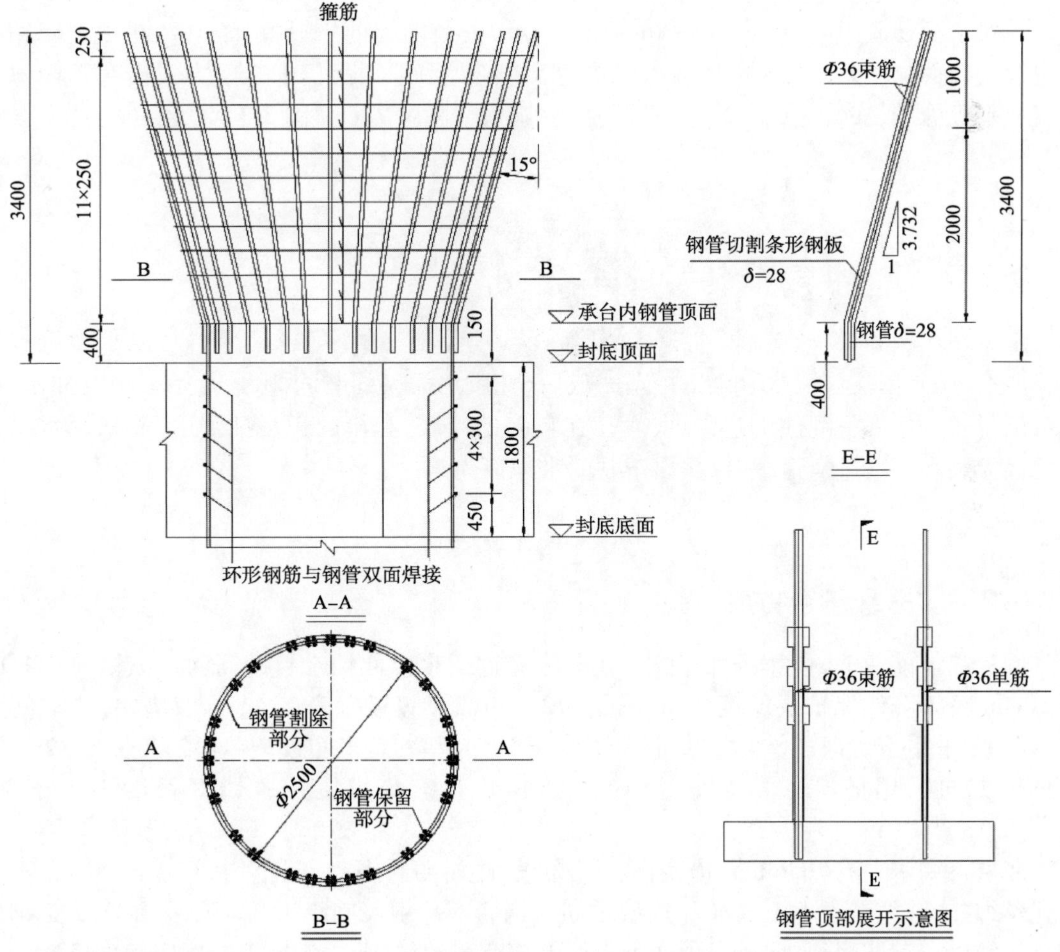

图3-2-10　钢板条设计（尺寸单位：mm）

钢板条切割完成后，采用氧割方式高温灼烧钢板条底部，待底部可弯曲时向外侧掰弯，钢板条与垂直方向角度呈15°时停止，在钢板条内外两侧安装并排B36钢筋，底部需伸入桩头内侧40cm（图3-2-11）。

a)

b)

图 3-2-11　钢板条切割施工照片

3.2.7　平板橡胶安装

单块平板橡胶尺寸 20mm × 1000mm × 5800m，安装前提前搭设操作平台，在预定套箱内侧位置安装 M16 × 45mm 螺栓，沿高度方向呈 6 排布设，采用吊机配合的方式沿套箱内侧边缘安装平板橡胶，安装完成后橡胶顶部距离套箱顶部高度 70cm（图 3-2-12）。

图 3-2-12　平板橡胶安装施工

3.2.8　一级承台首层

网片铺设前清理封底面淤积沉渣，并凿除渠道引水以便抽水。钢筋网片纵横向绑扎间距 20cm，底部设计保护层厚度 8cm，采用 I12.6 工钢（腹板宽度 7.4cm）做垫块，垫块间距 3m × 3m。采用不锈钢扎丝绑扎，绑扎率不少于 50%，呈梅花形布设。单根钢筋长度 12m，钢筋长度方向采用搭接方式连接，搭接长度不小于 35d，搭接位置错开长度不小于 1m（图 3-2-13）。

底层不锈钢主筋（B36mm）横桥向并排布设，顺桥单排布设，间距均为 20cm。采用不锈钢扎丝绑扎，绑扎率不小于 50%。底层主筋与钢筋网片中心间距为 32cm，采用 I25a 工钢作为垫块铺设在钢筋网片垫块的上方（可确保上部荷载的传递）。钢筋安装顺序为先横桥向后纵桥向，为便于钢筋安装，先把该层上部的顺桥向钢筋下移一根钢筋在垫块顶部，作为横桥向钢筋的支撑梁。

由于承台钢筋长度变化较复杂，钢筋下料长度提前考虑，采用不锈钢螺纹套筒连接，搭接位置需均匀错开布设（图 3-2-14）。

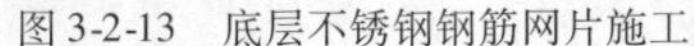

图 3-2-13　底层不锈钢钢筋网片施工

图 3-2-14　底部不锈钢主筋施工

底层不锈钢主筋安装完成后,考虑竖筋弯头较大(有 40cm 长度),需在该层提前完成安装。按图纸要求,弯头需挂在底层钢筋网片底部,并与封底部保持有相应的保护层厚度,不得直接落于封底面上,弯头钢筋与底层不锈钢主筋交错位置采用电焊方式连接固定。布设间距 60cm×60cm(桩基范围内无需安装)。

随后开始承台外围不锈钢箍筋的安装,水平和高度方向间距分别为 20cm。水平方向箍筋采用不锈钢螺纹套筒连接,高度方向采用单根钢筋安装,交叉位置采用不锈钢扎丝绑扎,绑扎率不小于 50%。外围箍筋安装高度不低于首层混凝土浇筑高度 1.5m。

承台内部采用普通钢筋(C36mm),横桥向并排布设,顺桥单排布设,间距均为 20cm。采用普通扎丝绑扎,绑扎率不小于 50%。普通钢筋高度方向间距为 20cm,呈 4 层布设,采用 I12.6 工钢或 I25a 工钢(对半开)作为垫块支垫,布设间距为 3m×3m,布设于下层垫块顶部,并与普通钢筋焊接(图 3-2-15)。钢筋安装顺序为先横桥向后纵桥向,为便于钢筋安装,先把该层上部的顺桥向钢筋下移一根钢筋在垫块顶部,作为横桥向钢筋的支撑梁。

由于承台钢筋长度变化较复杂,钢筋下料长度提前考虑,采用不锈钢螺纹套筒连接,搭接位置需均匀错开布设。

冷却水管规格 $\Phi48\times3.5$m 不锈钢管,接头采用直套管或弯头套管连接。首层混凝土布设一层冷却水管,高度在封底顶面 75cm,位于第一层与第二层普通钢筋之间。安装完成后通水检测水管连接的严密性(图 3-2-16)。

图 3-2-15　首层普通钢筋施工照片

图 3-2-16　冷却水管布置及安装

底层 4 层普通钢筋安装完成后,需安装已经安装好的弯头钢筋上部的普通钢筋,对应不锈钢筋安装位置安装,布设间距 60cm×60cm。竖向钢筋(考虑斜坡位置高度渐变,下料长度和对应的安装位置需提前考虑)安装应竖直,并保持间距均匀,以便于后期上部竖向钢筋安装。钢筋绑扎完毕后，进行混凝土浇筑，混凝土浇筑前抽除积水，混凝土浇筑高度 1.5m(图 3-2-17)。

混凝土浇筑完成后，及时采用冷却水管通水冷却，混凝土表面采用洒淡水养生，养生时间不小于 7 天。混凝土初凝后对表面进行凿毛。凿毛以凿除表面浮浆，凿到新鲜混凝土骨料为准(图 3-2-18)。

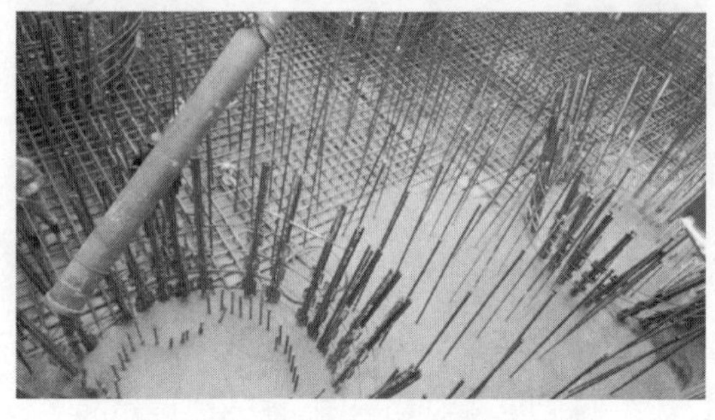

图 3-2-17　一级承台首层混凝土浇筑

图 3-2-18　一级承台首层顶面凿毛

3.2.9　一级承台第二层

外围不锈钢箍筋水平和高度方向间距分别为 20cm。水平方向箍筋采用不锈钢螺纹套筒连接，交叉位置采用不锈钢扎丝绑扎，绑扎率不小于 50%。外围箍筋安装高度不低于第二层混凝土外侧浇注高度 1m。中间水平钢筋(B20mm)呈纵横向交错布置，间距均为 60cm，交叉点位置布设在竖向钢筋位置，采用普通钢筋绑扎。

冷却水管为规格 $\Phi48\times3.5$m 不锈钢管，接头采用直套管或弯头套管连接。该层混凝土共布两层冷却水管，间距间隔 1m，布设于第一层与第二层普通钢筋之间。安装完成后通水检测水管连接的严密性。

定位支架预埋件采用 2I25a 工钢，下料长度不小于 1.4m，安装后顶部高程为 +3.2m。经测量放样后，根据点位精确安装预埋件(图 3-2-19)。

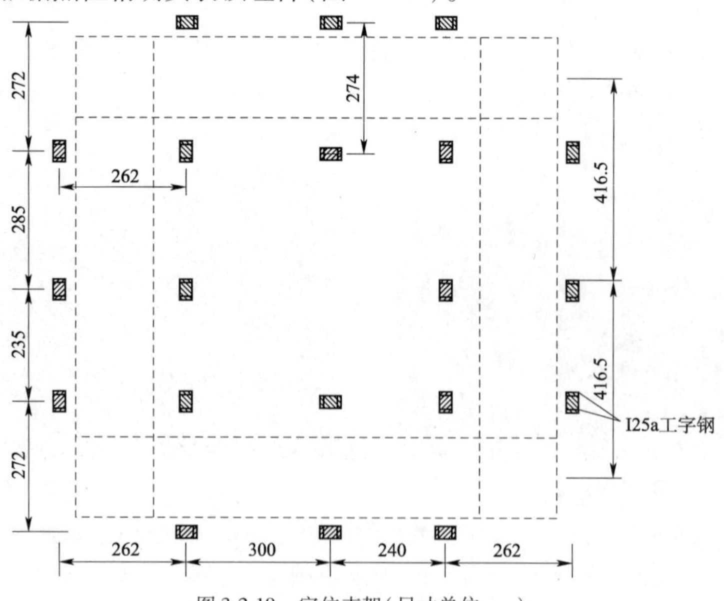

图 3-2-19　定位支架(尺寸单位：cm)

为便于二级承台钢筋绑扎，第二层混凝土浇筑厚度为外侧1m，中央部分(14.6m×14.6m)为2m。在外侧用木夹板模板围挡(图3-2-20)，模板外围四周用B36mm钢筋连接作为模板箍筋，沿高度方向分2层布设，侧面间隔1.2m焊接撑杆(底部与混凝土面上的竖筋底部焊接牢固)。

图3-2-20　一级承台钢筋绑扎

钢筋绑扎完毕后，混凝土浇筑前抽除积水，中央外侧混凝土浇筑高度1m。每根布料杆配置4台振动棒，作业人员站立在水平钢筋顶部沿浇筑方向逐一振捣。

外侧混凝土浇筑完成后需停止浇筑，待外侧混凝土达到初凝时间后，再浇筑中央内侧混凝土，混凝土浇筑高度1m，浇筑过程中需观测模板是否存在胀模或爆模情况。

在混凝土达到初凝后进行凿毛(包含中央混凝土面及侧面)。凿毛以凿除表面浮浆，凿到新鲜混凝土骨料为准。混凝土浇筑完成后，及时采用冷却水管通水冷却，混凝土表面采用洒淡水养生，养生时间不小于7天。

3.2.10　一级承台第三层

外围不锈钢箍筋水平和高度方向间距分别为20cm。水平方向箍筋采用不锈钢螺纹套筒连接，交叉位置采用不锈钢扎丝绑扎，绑扎率不小于50%。外围箍筋安装高度低于一级承台顶面高度8cm。

锚垫梁安装前根据测量放样高程，在预埋件对应位置按照I25a工钢支撑锚垫梁。锚垫梁安装就位后，继续安装定位支架(安装前需对支撑型钢顶部高程进行精确放样)，定位支架就位后通过吊机和千斤顶配合调整，精确定位后，底部与预埋件进行焊接固定。

然后对锚垫梁进行调位，采用千斤顶调整，通过边调整边测量的方式对锚垫梁的位置进行精确定位，后与预埋件焊接固定，调整后锚垫梁底部高程为+2.718m。

定位支架就位固定后(图3-2-21)，为确保作业安全，需在顶部四周安装护栏，空洞位置需挂设安全网。高强螺杆采用吊机配合安装，安装高度以顶部高程(+10.9m)控制为主，底部伸出长度控制为辅。

一级承台剩余混凝土浇筑为外围2.5m，中央高度1.5m。索塔底部锚固钢筋分上下两部分，每部分分8层钢筋网片布设，考虑混凝土浇筑厚度，为便于混凝土面凿毛，此次钢筋网片绑扎3层即可，剩余5层待二级承台第一层时绑扎。

图3-2-21 定位支架安装照片

二级承台底部钢筋伸入一级承台1.5m，为便于钢筋绑扎，根据钢筋下料长度及二级承台斜面坡度，搭设钢筋支撑架（图3-2-22）。

图3-2-22 二级承台钢筋支撑架及钢筋安装

一级承台顶面水平钢筋（B20mm）呈纵横向交错布置，间距均为60cm，交叉点位置布设在竖向钢筋位置，采用普通钢筋绑扎。一级承台顶面不锈钢箍筋共7道，布设与一级承台顶面水平钢筋网上，采用不锈钢套筒连接，交叉点采用不锈钢扎丝绑扎，间距为20cm。二级承台顶部钢筋网（C32mm）位于顶部钢筋下方第三层，高度位于定位支架中间部位，可直接搭设在支架中间的I25工钢上部，呈纵横向交错布设，间距均为20cm，采用普通扎丝绑扎，绑扎率不小于20cm（图3-2-23）。

二级承台顶部普通钢筋（C32mm）与底部钢筋网在高度方向间距20cm，可采用I12.6工钢作为垫块支垫（图3-2-24）。呈纵横向交错布设，间距均为20cm，交叉点位置采用普通扎丝绑扎，斜面位置采用螺纹套筒连接接长，接头位置错开长度1m。

图3-2-23 二级承台顶部钢筋网安装

图3-2-24 二级承台顶部普通钢筋安装

斜面位置采用C32mm普通钢筋做箍筋，沿斜面坡度方向间距为20cm，采用螺纹套筒连接，交叉点位位置采用普通扎丝绑扎。

二级承台顶部不锈钢钢筋(B32mm)与底部普通钢筋在高度方向间距20cm，可采用I12.6工钢作为垫块支垫(图3-2-25)。呈纵横向交错布设，间距均为20cm，交叉点位置采用不锈钢扎丝绑扎，斜面位置采用螺纹套筒连接接长，接头位置错开长度1m。斜面位置采用B32mm不锈钢钢筋做箍筋，沿斜面坡度方向间距为20cm，采用螺纹套筒连接。为避免安装误差造成对接困难，考虑备用1m长度相同型号的不锈钢钢筋作为搭接时候用，交叉点位置采用不锈钢扎丝绑扎。

图3-2-25 二级承台顶部不锈钢筋安装

冷却水管规格$\Phi48 \times 3.5$m不锈钢管，接头采用直套管或弯头套管连接。该层混凝土布设一层冷却水管，高度在一级承台顶面下去75cm。安装完成后通水检测水管连接的严密性。

在已经安装好的普通钢筋上部对应安装不锈钢筋弯头或普通钢筋竖向钢筋，布设间距60cm×60cm。对因对接造成高度不符合的，可采用搭接错位焊接的方式安装，以确保不锈钢弯头钢筋能够挂于顶部不锈钢钢筋上部。

连接座钢筋均为不锈钢筋，部分钢筋需提前安装至一级承台顶部，采用不锈钢扎丝绑扎。主墩承台共需安装32个连接座钢筋。

在外围靠近套箱距离1.2m位置，混凝土浇筑完成后进行初次收面，待混凝土达到初凝时及时再次收面，并及时洒水覆盖养生。

对于二级承台底部对应混凝土面进行凿毛。凿毛以凿除表面浮浆，凿到新鲜混凝土骨料为准。混凝土浇筑完成后，及时采用冷却水管通水冷却，混凝土表面采用洒淡水养生(一级承台外围收面部位采用土工布覆盖养生)，养生时间不小于7天。

3.2.11 二级承台首层

承台斜坡处的竖筋弯头部分不锈钢筋对应钢筋竖筋部位采用螺纹套筒对接接长，弯头钢筋直接挂在二级承台顶部钢筋上。

一级承台内已安装3层索塔底部锚固钢筋，该层需安装塔底下部剩余5层锚固钢筋网片，间距为高度方向15cm，水平方向20cm，采用普通扎丝绑扎，绑扎率不小于50%。

冷却水管规格$\Phi48 \times 3.5$m不锈钢管，接头采用直套管或弯头套管连接。该层混凝土布设一层冷却水管，高度在一级承台顶面上方100cm。安装完成后通水检测水管连接的严密性。钢筋绑扎完成后，在二级承台南侧、高程 +4.8m 位置安装耐久性检测系统（图 3-2-26），数据电路需引申至二级承台顶面直至桥面，在模板安装完成后再次对其安装位置进行调整，以确保安装精度。

图 3-2-26　耐久性检测系统施工照片

模板安装到位后进行混凝土浇筑施工，浇筑高度 2m，整体分 2 层浇筑（图 3-2-27 和图 3-2-28）。

图 3-2-27　模板安装

图 3-2-28　二级承台首层混凝土浇筑

混凝土浇筑完成后，及时采用冷却水管通水冷却，表面采用洒水养生，养生时间不小于 7 天。并对第二层底面部位进行凿毛处理。

3.2.12　二级承台第二层

承台斜坡处和二级承台顶部的竖筋弯头部分不锈钢筋对应钢筋竖筋部位采用螺纹套筒对接接长，弯头钢筋直接挂在二级承台顶部钢筋上。安装剩余 8 层塔底锚固钢筋网片，间距为高度方向 15cm，水平方向 20cm，采用普通扎丝绑扎，绑扎率不小于 50%。

对于外露于二级承台顶部的螺杆定位支架，沿二级承台顶部钢筋面割除，拆除时须考虑支架的稳定性，防止支架在拆除过程中对螺杆产生侧向拉力。当单台吊机无法平衡吊装时，可采用 2 台吊机配合匀速平衡起吊。

二级承台顶部需预埋零号块支架预埋钢板（共 4 块）和 Z0 节段安装限位导向和支撑钢管预埋钢板（共 12 块）。

钢板安装前通过测量放样（放样后应用卷尺再次复核），准确安装预埋钢板位置，预埋钢板应落在钢筋顶面，在混凝土浇筑完成后再对应相对位置凿除表面混凝土（后期再对凿除孔位进行修补混凝土），预埋钢板顶部按照设计图纸在相应位置穿孔安装钢筋。

冷却水管规格 Φ48 ×3.5m 不锈钢管,接头采用直套管或弯头套管连接。该层混凝土布设一层冷却水管,位于一级承台顶面下方 100cm。安装完成后通水检测水管连接的严密性。

模板打磨清理干净后涂刷脱模剂以备吊装,模板和加劲肋分开独立安装。模板安装完成后,采用 2[16 槽钢作为横向加劲安装在模板外侧,分 3 层布设,最大间距为 150cm。因二级承台斜面底部处工作空间狭小,无法焊接拉杆,下面 1 层拉杆与提前预埋在混凝土内的预埋钢筋连接。

拉杆采用 H 形螺母连接,拉杆采用 Φ28mm 圆钢,间距为 1m,内侧拉杆设置弯钩焊接在竖向钢筋与混凝土面接触的底部,焊缝满焊满,外侧拉杆通过螺母将模板紧固。

在承台顶面钢筋上测量放样,焊接高程带,间距为 2m,以保证混凝土浇筑高程满足要求。混凝土整体分 2 层浇筑,每次浇筑厚度达 1m,浇筑完成待初凝后对索塔承压板压浆部位处表面浮浆和高出部位进行凿除。浇筑完成后,及时采用冷却水管通水冷却,混凝土表面采用土工布覆盖养生,养生时间不小于 7 天。

第4章　整体式重型异形钢索塔安装技术

第1节　钢索塔安装工艺原理

整体式钢索塔浮运至吊装现场后，采用双起重船实现其由水平姿态向垂直姿态的竖转（图4-1-1），索塔上吊点设计全回转悬臂销轴式结构吊具（图4-1-2），通过主起重船的提升与变幅，配以辅起重船提升、前移、变幅及下放等一系列动作实现竖转施工。过程中控制辅起重船的轴线路径摆动幅值及其船体位移值，实时监测主起重船各吊钩高程变化、高差幅值及其吊重变化。注意确保各吊点同步提升、受力均衡，钢塔姿态稳定变换。竖转到位的钢塔由主起重船独立吊运至钢塔底节上方进行匹配，钢塔底节设置多点外导向装置。下放过程中将钢塔顺利引导下放至设计位置，继而进行临时匹配件的连接，快速将结构变成稳定体系，最后进行钢塔整体节段与底节的高强螺栓连接施工。

图4-1-1　双起重船抬吊竖转

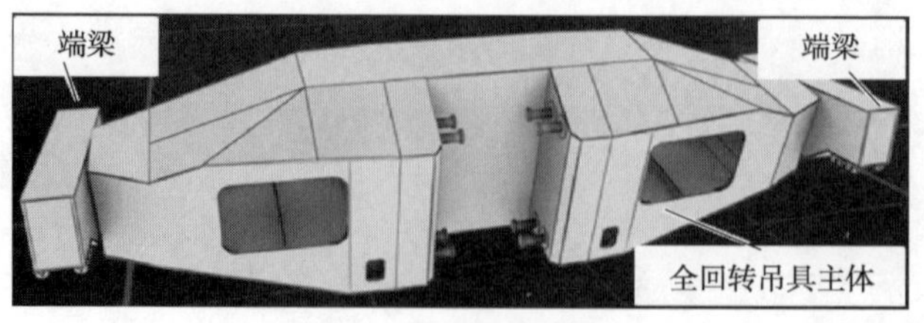

图4-1-2　全回转悬臂销轴式重载吊具

第2节　钢索塔安装工艺流程

4.2.1　工艺流程图

整体式重型异形钢索塔安装工艺流程如图4-2-1所示。

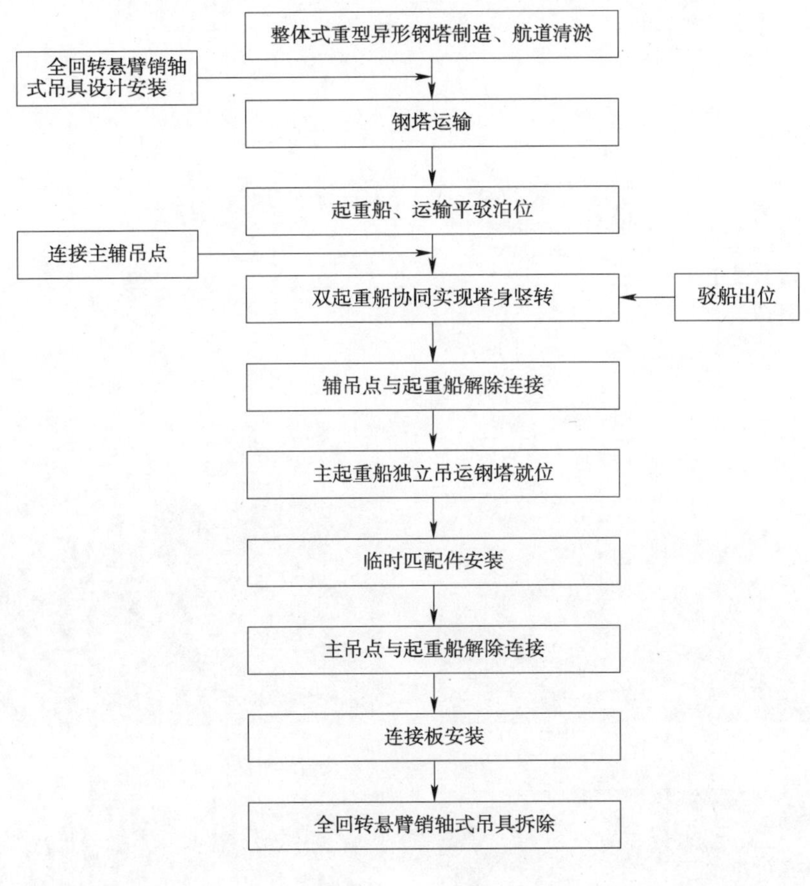

图4-2-1　工艺流程图

4.2.2　施工准备

(1)根据施工水域需要,对起重船吊装水域基床进行扫测,确保水深测值大于起重船最大吊重状态下的吃水深度,并有足够的富余量;对不满足上述条件的区域进行基床清淤。

(2)钢塔在预制码头采用组合式运梁液压车滚装上船并加固,安装主辅吊具,运输至桥位处。如图4-2-2所示。

(3)起重船泊位顺序:主起重船→辅起重船→运塔平驳船;锚位布置如图4-2-3所示。

(4)Z0节段安装外导向装置及临时匹配件,如图4-2-4所示。

图 4-2-2　钢塔滚装上船及运输

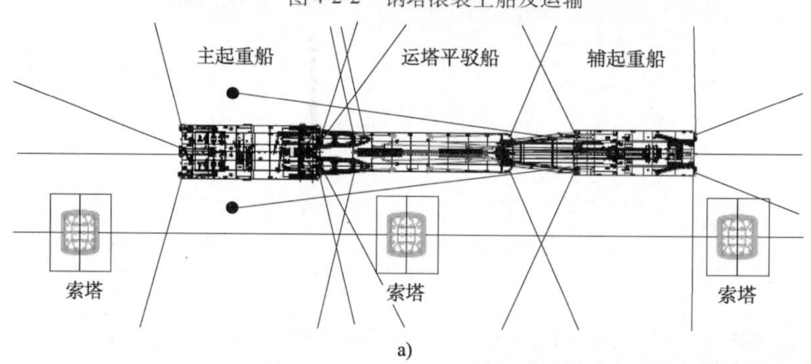

a)

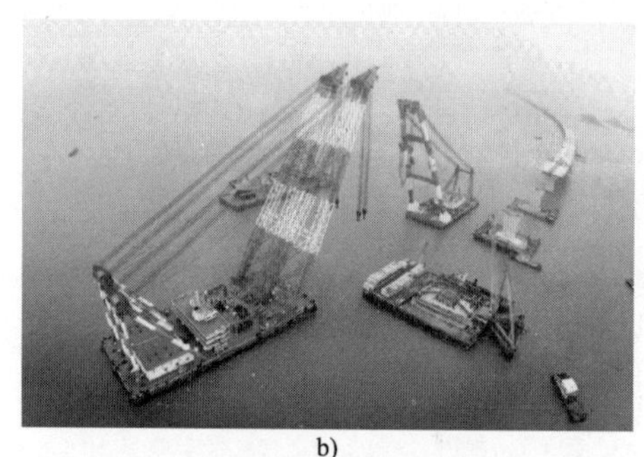

b)

c)

图 4-2-3　船舶系参考泊位及锚位布置

图 4-2-4　船舶系参考泊位及锚位布置

4.2.3　施工工艺

1)吊点连接

船舶系统泊位完成后,连接主起重船主钩与吊具间的高性能钢丝绳圈,并连接辅起重船吊点,如图4-2-5所示。由于主吊点至塔尖距离略小于主起重船船舷外幅度,为确保吊钩处于竖直状态,以及船舶系统预留足够的活动空间,主起重船臂架达不到其最佳起重仰斜角度65°,此时主辅起重船臂架仰斜角度分别为60.5°和60°(主起重船船舷外幅度增量约8m)。

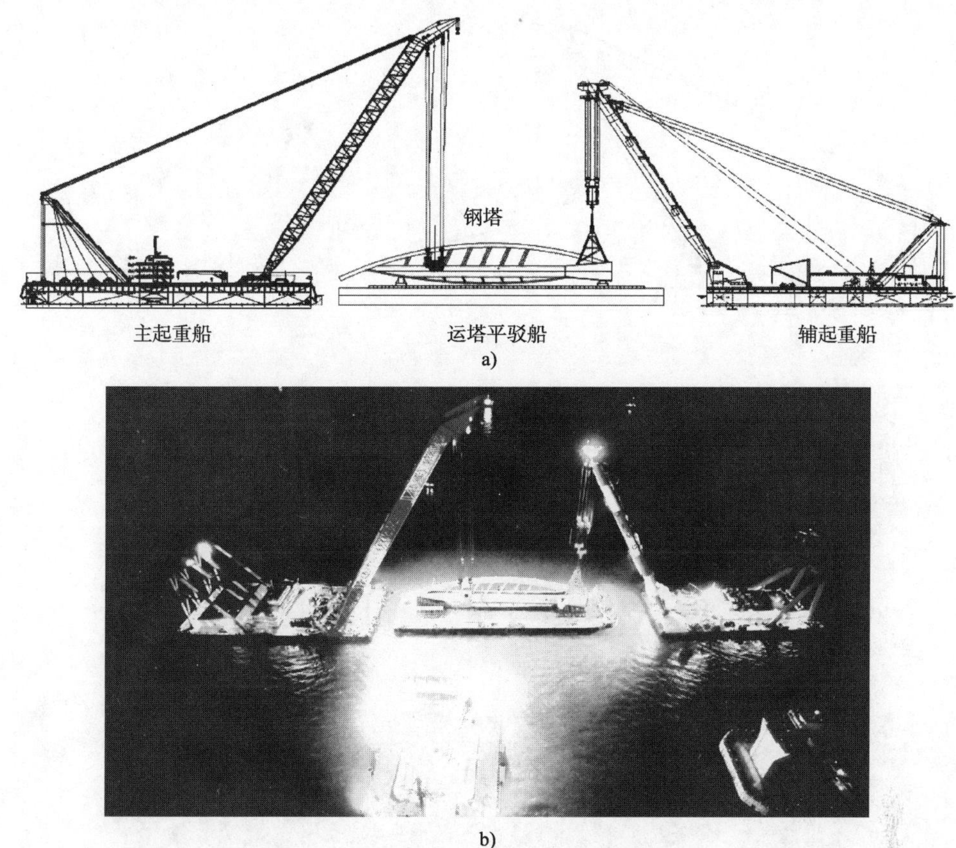

图4-2-5　主辅吊点连接示意图

2)塔身竖转

(1)初始提升阶段

初始提升至运塔平驳船甲板面垂直高度 $H_1=0.5$m(设运塔平驳船空载吃水深度 H_2,载重吃水深度 H_3,则钢塔理论提升净高为 $H=H_3-H_2+H_1$),静置20min,无异常后,方可进入后续作业。

(2)同步水平提升阶段

该阶段主起重船和辅起重船整体同步提升主塔,使其最底部距离运塔平驳船甲板面10m,并进行实时观测。提升高度变化1m停顿观测一次。同时运塔平驳船收回桥轴线侧锚,并背离桥轴线绞锚撤离。

(3)主起重船独立提升阶段

受钢塔结构、高度及起重船提升高度限制,钢塔竖转过程塔尖需穿入主起重船两臂架之间,如图4-2-6所示。受主起重船双臂架间距限制,钢塔塔尖穿入臂架过程是安全风险源控制的关键要素。该阶段初始状态主辅吊点未处于同一水平线上,主起重船独立提升过程引起吊钩索具状态变化为:竖直状态→倾斜状态→竖直状态。故本阶段的控制要点:①塔尖进入主起重船臂架时应控制体系稳定性,避免钢塔与臂架发生碰撞;②吊钩索具由竖直到倾斜再回到竖直状态的变化过程需控制其产生的水平力小于500kN。

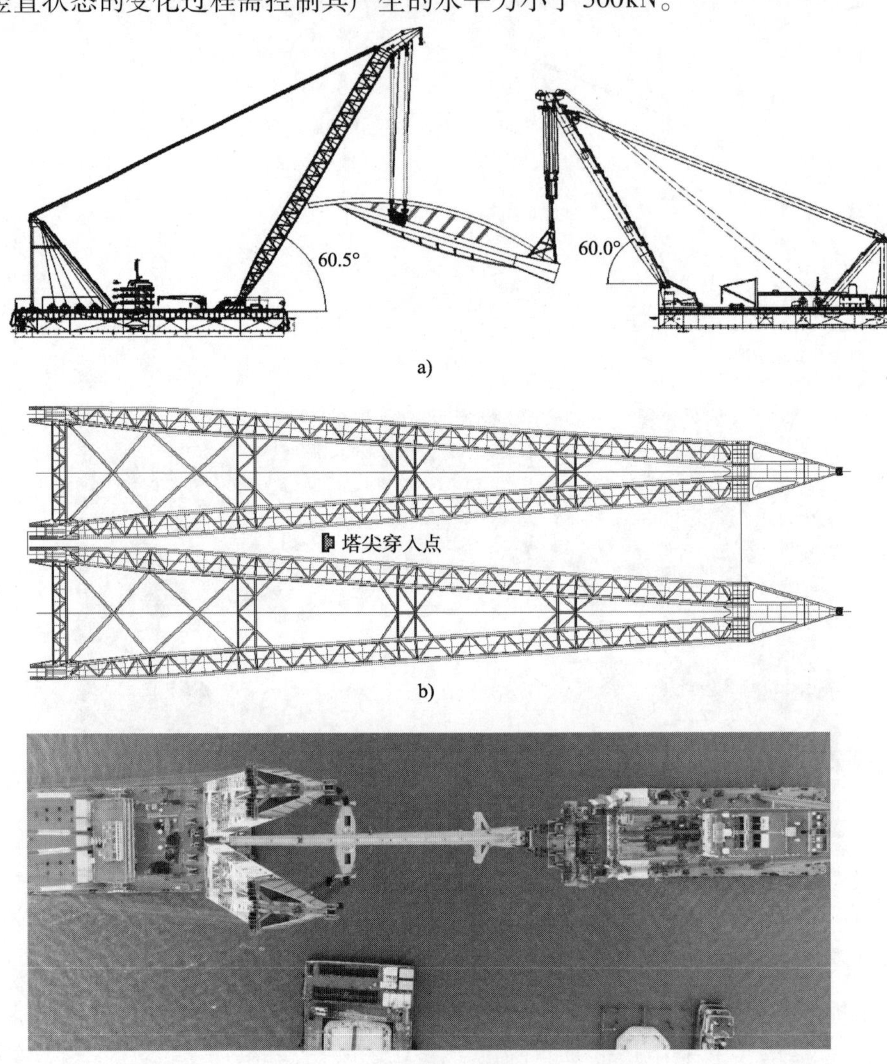

图4-2-6 钢塔竖转塔尖穿入主起重船臂架

(4)主辅起重船变幅阶段

该阶段主起重船仰斜角度需由60.5°调回至最佳起重状态65°,变幅步幅为1.5°/步,各步幅调整速率均控制为1°/15min(图4-2-7)。辅起重船需做相应的变幅动作以抵消过程中产生的水平力,即其变幅步幅需配合主起重船步幅变化过程中水平力控制条件进行确定($F_{水平力\max}$<500kN)。此阶段选择辅起重船通过变幅取代移船来抵消水平力,以良好的控制体系的稳定性。

(5)主起重船独立提升配以辅起重船前移阶段

辅起重船前移相等步距,分三步完成前移相应距离,同时主起重船吊钩提升相应高度;主起重船钢丝绳提升速度为1m/min。

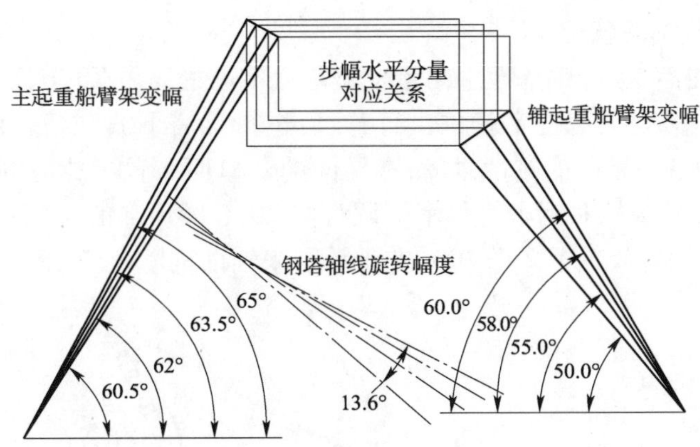

图 4-2-7　变幅提升阶段主辅起重船步幅变化

(6)辅起重船前移配以吊钩下放阶段

辅起重船下放吊钩并前移,配合完成钢塔绕上吊点转体。辅起重船吊钩下放相应高度,再前移相应的步距,完成钢塔的转体。

(7)辅吊点解除及牵引索安装

如图 4-2-8 所示,钢塔重心线与钢塔轴线存在 2.7°夹角,故为保证钢塔轴线处于竖直状态,需在钢塔底部与主起重船之间设牵引索以调直钢塔姿态。同时解除辅吊点,此时钢塔由主起重船独立承载。

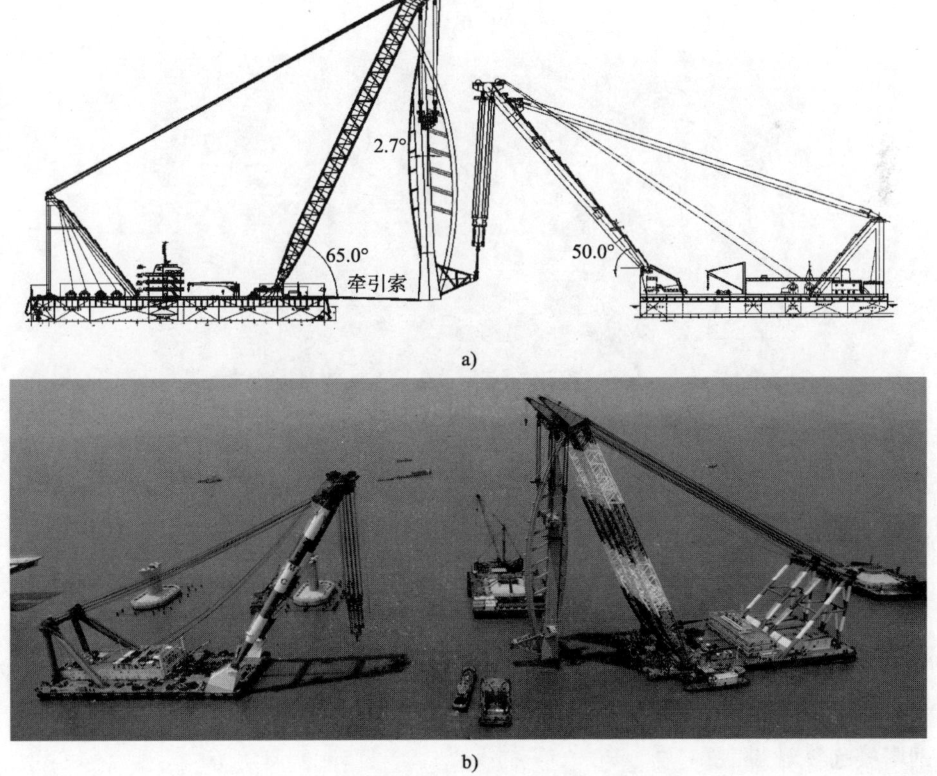

a)

b)

图 4-2-8　钢塔竖转完成状态

3）主起重船吊装钢塔就位

牵引索安装完成后，提升钢塔至上吊点使钢塔底端高程高出 Z0 节段外导向装置顶高程 1m；主起重船绞锚前移至钢塔指定就位位置，然后进行钢塔下放和精确就位。钢塔底部通过导向（为了防止钢塔与导向的刚性碰撞，在导向的开口面布置了相应的橡胶垫片）和主起重船甲板两侧的 40t 卷扬机对钢塔进行牵引调直与 Z0 节段顶部的对位；为了保证钢塔的顺利下放，在顺桥向两侧各放置了 2 个 100t 的千斤顶来辅助钢塔精确就位（图 4-2-9）。

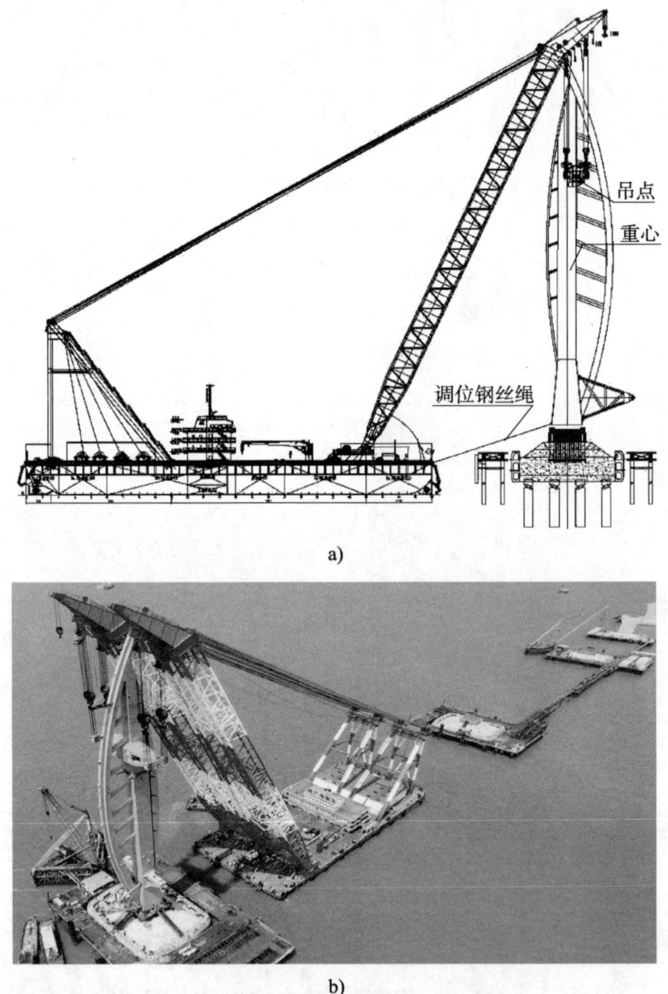

a)

b)

图 4-2-9 钢塔竖转完成状态

4）临时匹配件锁定

钢塔就位后，在 Z0 和 Z1 节段间采用 20 套临时匹配构造连接。每个匹配件在 Z1 端安装千斤顶（图 4-2-10），利用千斤顶顶进插销，并在插销下端安装卡板。匹配件应该采用对角安装的原则，匹配件安装后浮吊可以解钩。继而进行连接板及高强螺栓安装，完成 Z0 节段与整体段的连接。

5）钢塔姿态变化路径

图 4-2-11 给出了钢塔姿态变化路径。

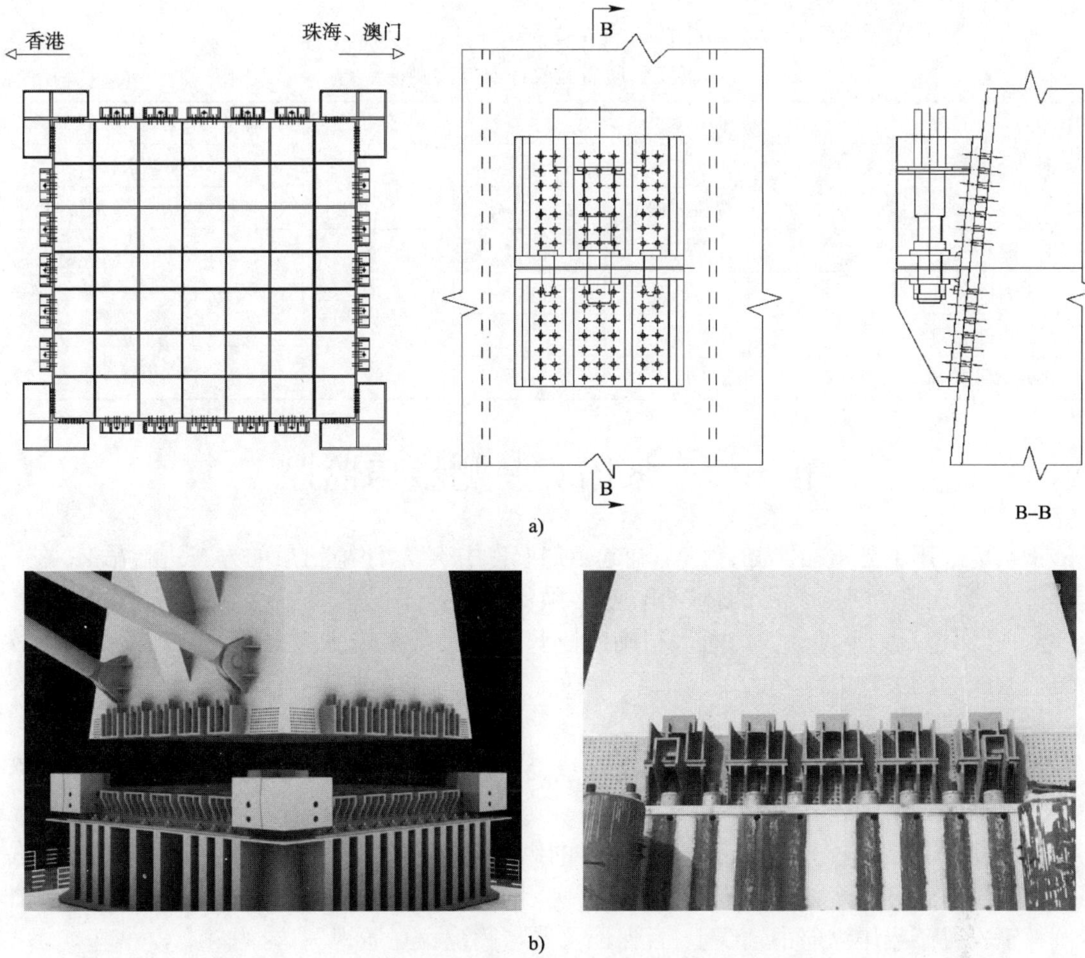

香港　珠海、澳门

B

B

a)　B-B

b)

图 4-2-10　临时匹配件布置及其构造

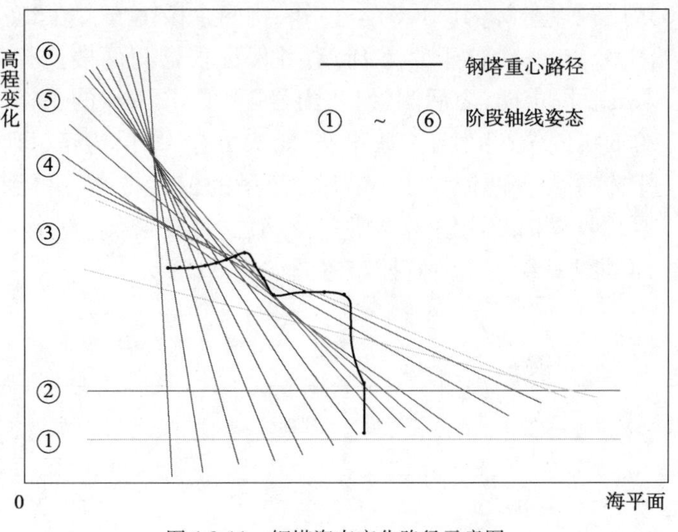

图 4-2-11　钢塔姿态变化路径示意图

6)钢塔安装质量验收标准

钢塔安装质量验收标准与实测值如表 4-2-1 所示。

钢塔安装质量验收标准与实测值　　　　表 4-2-1

<table>
<tr><th rowspan="3">测 点 位 置</th><th colspan="3">平面位置(mm)</th><th colspan="3">垂直度</th></tr>
<tr><th rowspan="2">限值</th><th colspan="2">实测值</th><th rowspan="2">限值</th><th colspan="2">实测值</th></tr>
<tr><th>纵桥向偏位</th><th>横桥向偏位</th><th>横桥向</th><th>纵桥向</th></tr>
<tr><td>塔顶</td><td>28</td><td>往大里程 21</td><td>往南 5</td><td rowspan="4">1/4000</td><td rowspan="2">1/6638</td><td rowspan="2">1/6423</td></tr>
<tr><td>副塔柱底</td><td>—</td><td>—</td><td>往南 5</td></tr>
<tr><td>主塔柱中部北侧</td><td>—</td><td>往大里程 13</td><td>—</td><td colspan="2">综合垂直度</td></tr>
<tr><td>主塔柱中部南侧</td><td>—</td><td>往大里程 11</td><td>—</td><td colspan="2">1/4638</td></tr>
</table>

第 3 节　索塔安装测量与监控

钢索塔采用主起重船“海升号”与辅起重船“正力号”双浮吊抬吊的方式进行吊装,在吊装过程中,为了避免外拉斜吊的情况出现,必须保证两浮吊的轴线一致,浮吊主钩的起升高度一致,并保持吊具平衡。如何通过精确的监测手段进行上述三个方面的施工监测是本次吊装能否成功的关键。

1)浮吊轴线监测

钢索塔吊装时,两浮吊与驳船在一条直线上,为了避免出现歪拉斜吊的情况,吊装过程中必须保证两浮吊轴线一致。

吊装前先将“海升号”与“正力号”浮吊的纵向轴线用油漆标记在船上,两船抛锚就位后,测控人员将 TS30 全站仪架设到“海升号”船头位置,且位于船舶纵向中轴线上;将一个徕卡圆棱镜安置于船尾纵向中轴线上,且保证仪器与棱镜相互通视。选择平潮、浮吊基本无晃动的时刻,对中整平仪器。利用全站仪测距功能,测量出测站点 A 与后视点 B 间距 $x1$,设置测站点坐标为(0,0),后视点坐标为($x1$,0)。另外,将两个棱镜安置在“正力号”浮吊的纵向轴线上,一个位于船头 C 点,一个位于船尾 D 点,并保证仪器与两棱镜相互通视。钢塔起吊后,驳船退出,测控人员后视定向,之后测量“正力号”上 C、D 两点的坐标($x2$,$y2$),($x3$,$y3$)。Y 值即为“正力号”的轴线偏位;相对于“海升号”船头方向,Y 值为正,即向右偏,Y 值为负,即向左偏,之后通过比较 $y2$、$y3$ 两值大小,可确定浮吊的偏转方向。得到准确数值后,测控人员指挥“正力号”通过收放锚缆调整船身扭角及偏位,反复观测,直至 C、D 两点 Y 值趋近于 0,此时两浮吊纵向轴线一致。具体监控布置图如 4-3-1 所示。

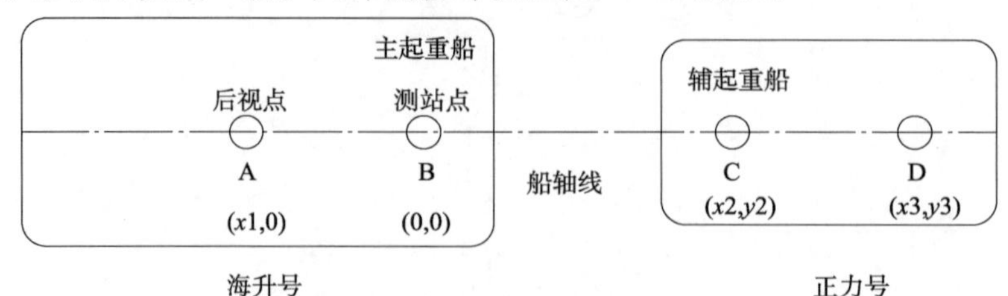

图 4-3-1　轴线一致监控布置图

2）浮吊主钩高度监测

为了实时监测钢索塔起升时“海升号”浮吊4个主钩的高度，需要在每个主钩正反两面中心位置采用黏贴反光片的方式布置监控测点，如图4-3-2所示。

在钢索塔吊装起升阶段，测控人员利用全站仪观测4个主钩上的反光片，得到4个高差数据，在主钩高度一致时，高差数据应完全相同；如果出现4个主钩之间相对高差超过10cm的情况，则暂停起升，根据数据调节主钩，使其高度一致，之后再继续起升。具体监控布置图如图4-3-3所示。

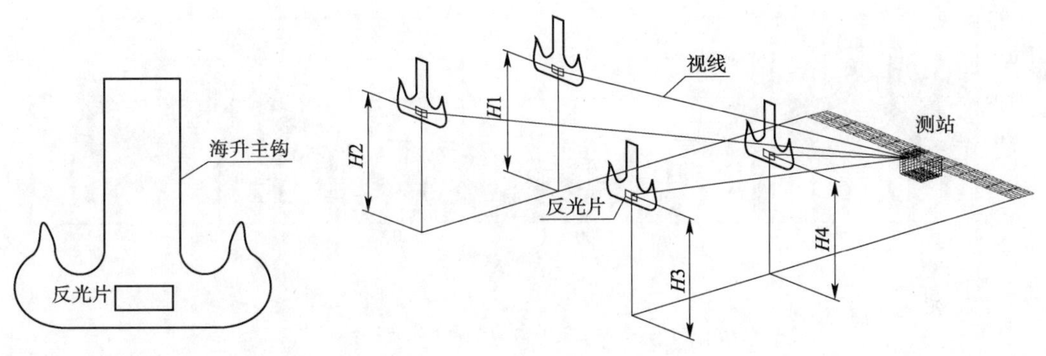

图4-3-2　主钩测点示意图　　图4-3-3　主钩高度一致监控布置图

3）吊具倾斜度监测

吊具倾斜度过大将影响吊具销轴受力，危及吊装安全，因此，在吊装过程中必须保持吊具平衡。

本次监测采用SHDL双轴倾斜仪，实时观测钢索塔吊装时吊具的倾斜角度。SHDL倾斜仪倾角测量最大量程为±30°，测量精度可达到±0.01°，满足对钢索塔吊具倾斜监控的要求。

钢索塔起吊前，测控人员利用手持电子侧倾仪，将钢索塔吊具调平，之后把SHDL倾斜仪安装在吊具上，使测量面尽量与吊具面平行，倾斜仪的P+方向指向船的正前方（即吊具正前方）。此时吊具前倾P角值为正，后倾为负，右倾R角值为正，左倾为负，侧倾仪安装如图4-3-4所示。

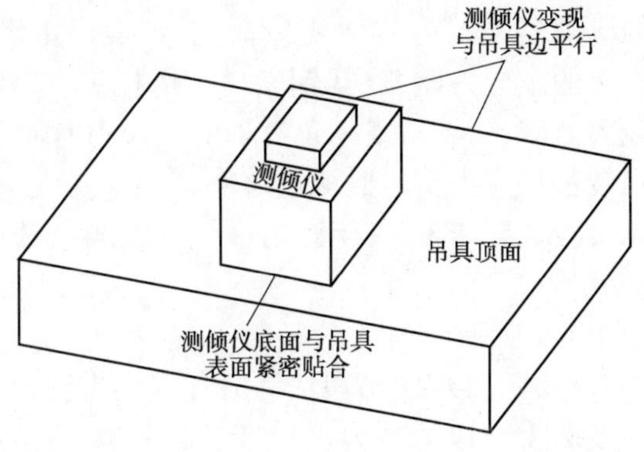

图4-3-4　侧倾仪安装示意图

钢索塔吊装起升时，测控人员通过软件实时监测吊具前后左右倾角，如果倾角过大，则通知浮吊暂停起升，通过倾角值反算高差，并指挥浮吊进行某个主钩的高度调整，从而将吊具调平。

图4-3-5、图4-3-6为本次吊装中使用倾斜仪得出的前后测点高差及左右测点高差历程图。在本次吊装过程中共进行了2400多次测量，吊具上前后测点及左右测点的高差基本处在少于10cm的范围内，说明在吊装中吊具保持平衡，吊装起升平稳，控制得当。

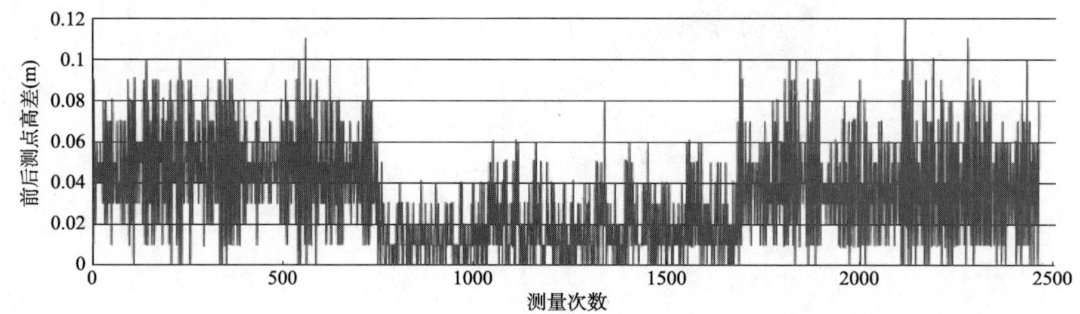

图4-3-5　吊具前后测点高差历程图

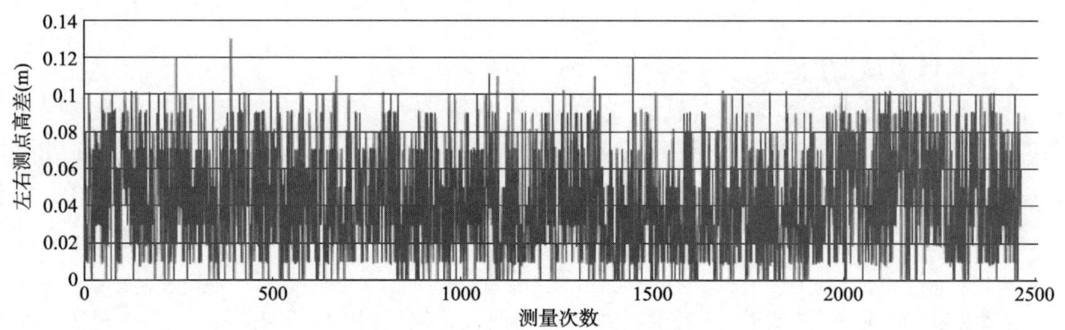

图4-3-6　吊具左右测点高差历程图

4）索塔吊装应力监测

钢索塔施工控制中的应力监测的内容主要包括：①钢索塔主塔柱Z1节段的正应力监测；②钢索塔主塔柱Z3节段的正应力监测；③钢索塔主塔柱Z7节段的正应力监测；④钢索塔主塔柱Z11节段的正应力监测；⑤钢索塔三角撑处的正应力监测。其中Z1节段、Z7节段及Z11节段的测点作为吊装过程应力实时监测点。

钢索塔应力测试截面布置如图4-3-7所示，在每个应力测试截面上布设了6个应力测点，合共30个测点。

测点传感器安装如图4-3-8所示。

应力监测结果如图4-3-9所示（以Z1节段应力时程变化为例）。

吊装过程中对Z1、Z7及Z11节段的应力进行了实时监测。监测结果表明，吊装过程中索塔结构应力变化平稳，结构应力处于安全范围。

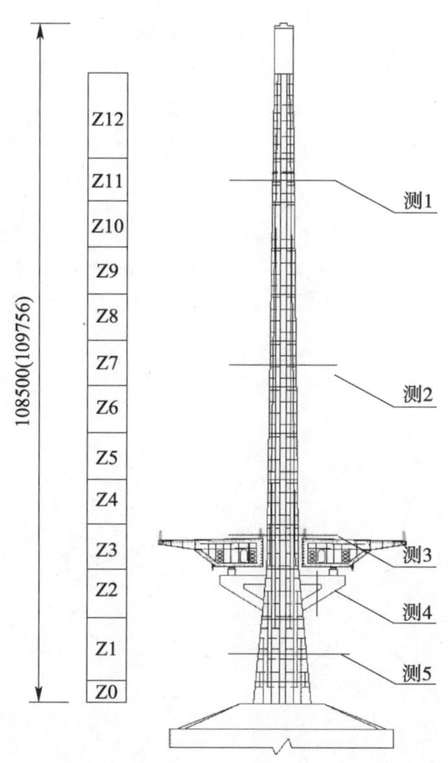

图4-3-7　应力监测测点布置(尺寸单位:mm)

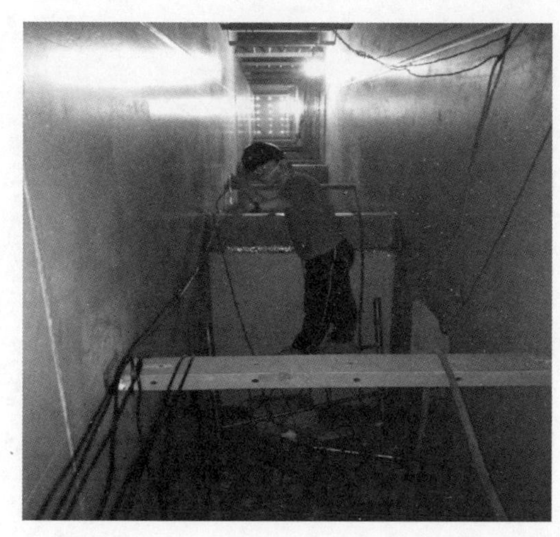

图4-3-8　应力测试测点传感器安装

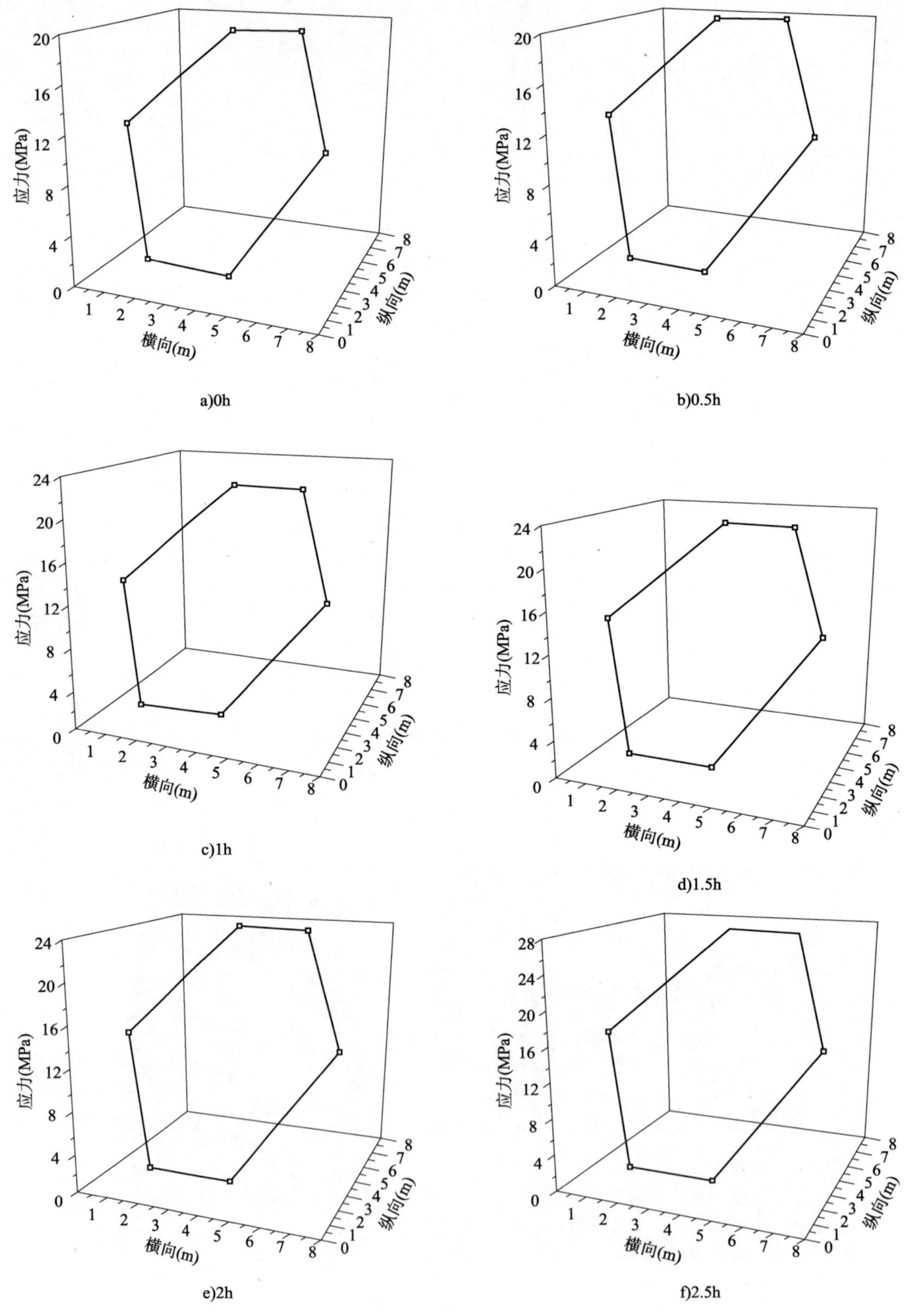

a)0h

b)0.5h

c)1h

d)1.5h

e)2h

f)2.5h

图 4-3-9

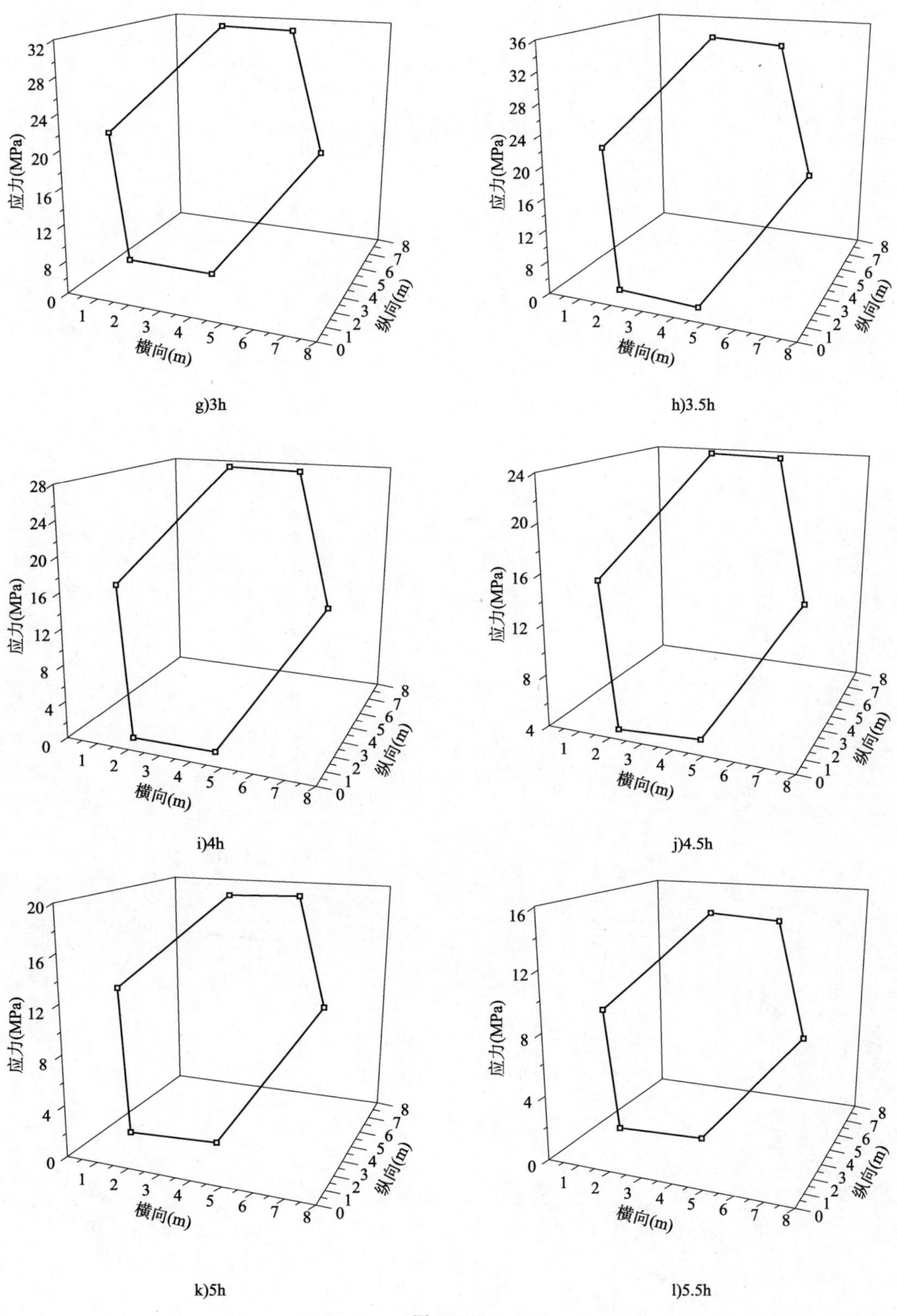

图　4-3-9

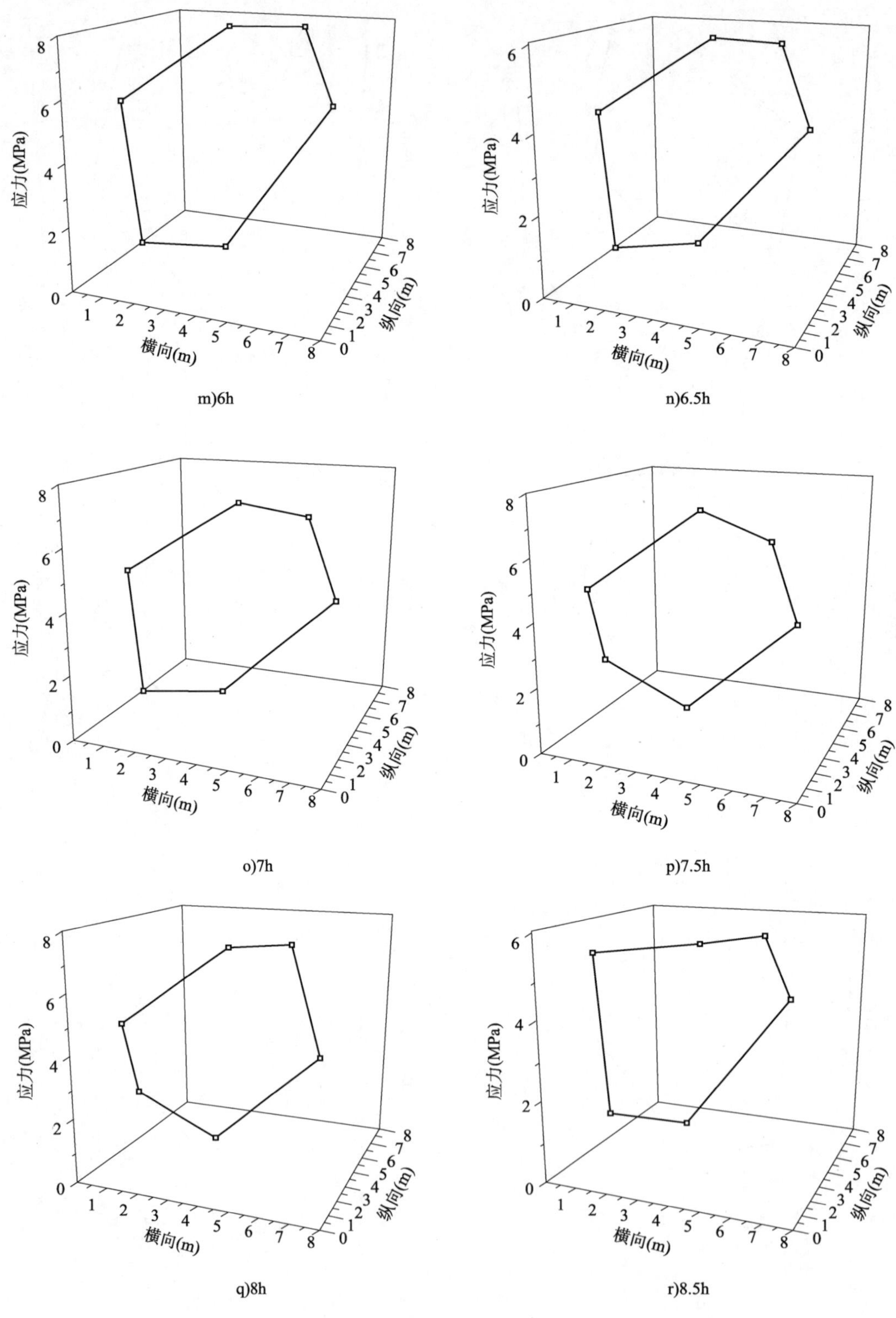

m)6h　n)6.5h　o)7h　p)7.5h　q)8h　r)8.5h

图　4-3-9

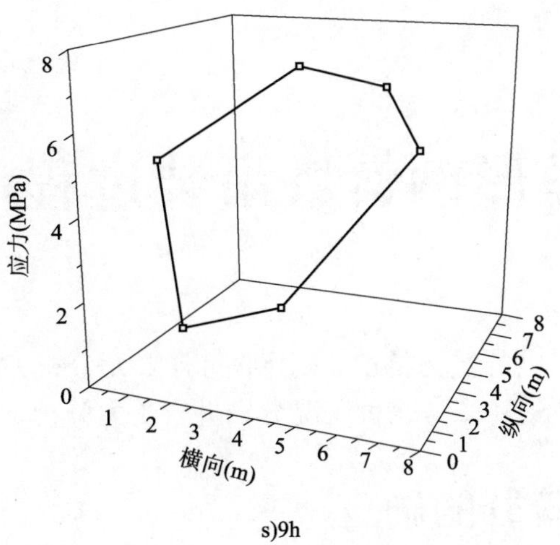

s)9h

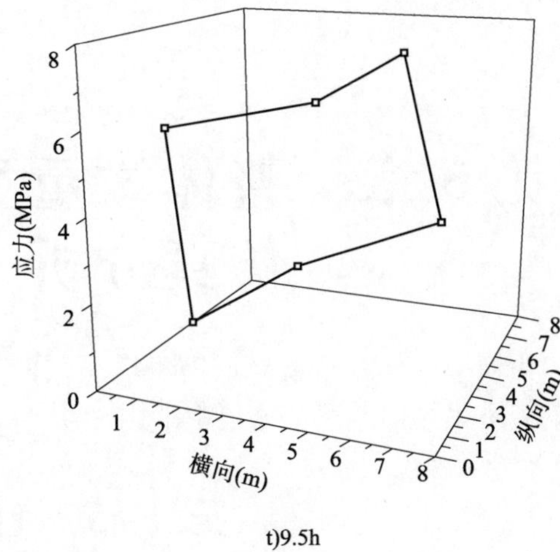

t)9.5h

图 4-3-9　应力测试结果

第5章　整体式重型异形钢索塔吊装过程仿真分析

为模拟整体式重型异形钢索塔吊装施工过程中的受力情况，采用空间有限元分析方法对钢索塔吊装时水平姿态、倾斜姿态（45°）、垂直姿态（85°）三种工况分别进行受力分析。

第1节　计算荷载的确立

5.1.1　计算载荷与载荷系数

（1）塔身吊具钢结构按许用应力设计法设计，由起重机设计规范（GB/T 3811—2008）中的4.2.1.1计算载荷和载荷系数，考虑起升冲击系数 φ_1 和起升动载系数 φ_2。考虑吊装位于珠江口伶仃洋海域，$\varphi_1 = 1.15$，$\varphi_2 = 1.4$。

（2）自重振动载荷 $= \varphi_1 P_G$，起升动载荷 $= \varphi_2 P_Q$。其中 P_G 为吊具自重载荷，P_Q 是额定起升载荷（主塔自重）。

（3）吊具整机工作级别为A2。

（4）根据本吊具的实际使用情况，荷载组合采用有风情况下的B1组合。

（5）重力加速度 $g = 9800\text{mm/s}^2$。

5.1.2　风荷载

吊装气象条件：工作风级 <6 级，计算时考虑8级风载荷的作用。

5.1.3　许用应力和安全系数

按起重机设计规范（GB/T 3811—2008）中的表G.11：安全系数 $n = 1.34$。

吊具结构材料基本许用应力 $[\sigma] = \sigma_s / 1.34$。剪切应力 $[\tau] = [\sigma]/\sqrt{3}$。

由起重机设计规范（GB/T 3811—2008）表25销轴连接：销轴许用剪切应力 $\tau = 0.6[\sigma]$，被连接构件许用承压应力为 $1.4[\sigma]$。

5.1.4　结构材料

由低合金高强度结构钢（GB/T 1591—2008）、合金结构钢（GB/T 3077—1999），吊具结构材料采用Q460-C、Q620-C及Q690-C。低合金高强度结构钢的力学性能如表5-1-1所示。

索塔钢结构塔身吊具吊点结构和高应力区域材料选用Q620-C和Q690-C，其余部位材料选用Q460-C。

依照钢材屈服强度（σ_s）与抗拉强度（σ_b）比值（σ_s/σ_b）的不同，当 $\sigma_s/\sigma_b < 0.7$ 时，材料

基本许用应力$[\sigma]=\sigma_s/1.34$ 当 $\sigma_s/\sigma_b \geq 0.7$ 时，基本许用应力$[\sigma]=(0.5\sigma_s/+0.35\sigma_b)/1.34$

在索塔吊具各组成部件的钢材使用类型中（表5-1-1），销轴材料为30Cr2Ni2Mo。

吊具结构材料特性　　表5-1-1

序号	材　质	厚度（mm）	屈服极限 σ_s（MPa）	强度极限 σ_b（MPa）	安全系数 n	许用应力$[\sigma]$（MPa）
1	Q460-C	≤16	≥460	550～720	1.34	330
2	Q460-C	>16～40	≥440	550～720		330
3	Q620-C	>16～40	≥600	710～880		425
4	Q620-C	>40～63	≥590	690～880		425
5	Q690-C	>16～40	≥670	770～940		464
6	Q690-C	>40～63	≥660	750～920		464

5.1.5　钢结构塔身吊装系统载荷

（1）吊具结构自重计算载荷，起升冲击系数1.15×吊具自重（系统自动施加）。

（2）吊装钢结构塔身起升载荷，起升动载系数1.4×主塔自重2800（t）=3920（t）。

第2节　整体式重型异形钢索塔吊装过程有限元分析说明

5.2.1　有限元模型建立

利用PTC Creo2.0软件建立吊具和主塔三维有限元模型，通过大型通用有限元ABAQUS6.12软件进行网格划分，并进行有限元分析。采用S3R、S4R壳单元，C3D4、C3D8R体单元以及B31梁单元进行网格划分，采用进阶算法，并且在合适的地方使用映射网格。共生成202670个单元，节点数为193194。有限元分析方程数为1146864个。有限元网格如图5-2-1～图5-2-3所示。

图5-2-1　水平吊装有限元网格

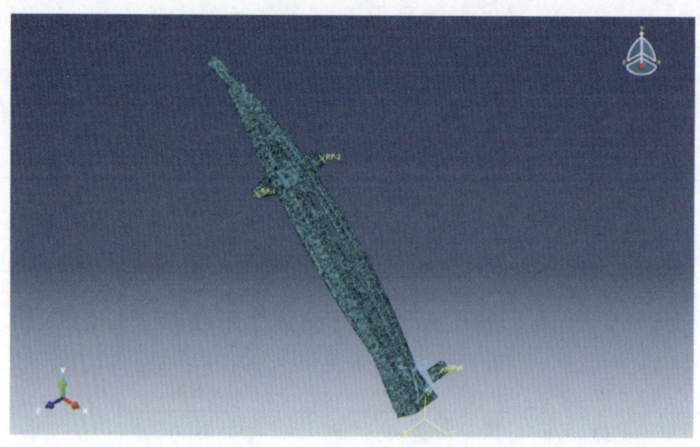

图 5-2-2 倾斜吊装有限元网格

图 5-2-3 垂向吊装有限元网格

5.2.2 量纲体系

长度——(毫米)mm;质量——(吨)t;力——(牛顿)N;力矩——(牛顿·毫米)N·mm;压强——(牛顿/毫米^2)N/mm^2;应力——(兆帕)MPa;位移——(毫米)mm。

5.2.3 材料参数

在 ABAQUS 材料属性数据表中设置钢材的弹性模量 E = 2.06e5MPa,泊松比为 0.3,密度 $\rho = 7.849775 \times 10^{-9}$ t/mm^3。

5.2.4 吊装约束条件

索塔吊具整体上由主梁、平衡梁、连接轴组件、吊绳等部分组成,本次主要是针对吊装过程中主塔的受力性能分析,未考虑吊具的平衡梁和钢丝吊绳,分析结果与实际状况略有差异,特此说明。吊装过程中约束条件主要是在主吊梁两端与平衡梁连接的销轴孔处采用 U1 = U2 = U3 = 0 的铰接约束。下吊具头部的销轴孔处采用 U2 = U3 = 0 的滑动铰接约束。吊装约束状况如图 5-2-4 ~ 图 5-2-6 所示。

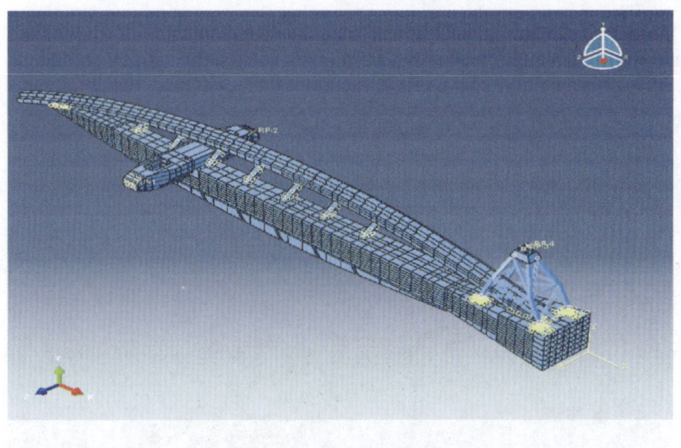

图5-2-4　水平吊装约束

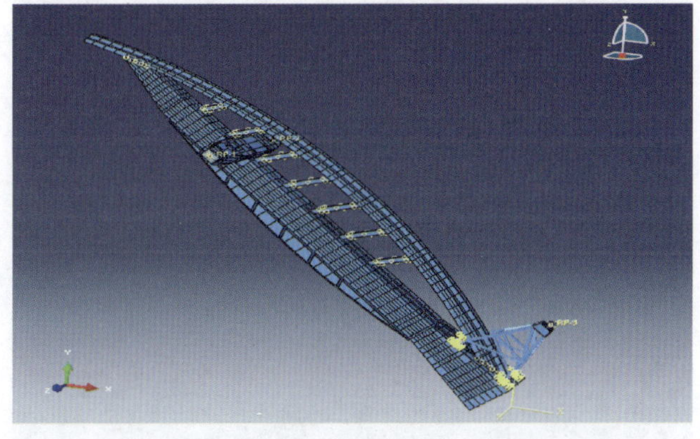

图5-2-5　倾斜吊装约束

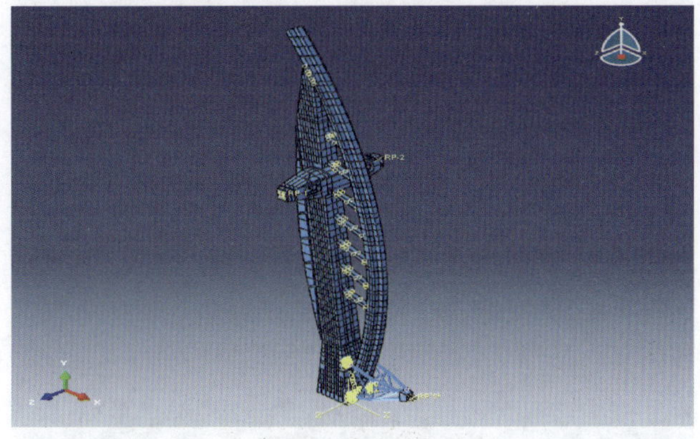

图5-2-6　垂向吊装约束

第3节　整体式重型异形钢索塔吊装过程仿真分析

钢索塔吊装过程的结构状态分析采用考虑几何非线性,不考虑材料非线性的静力有限元分析方法,吊装工况分别为水平吊装、倾斜吊装(45°)、垂向吊装(85°)。

5.3.1 水平吊装工况结构应力、位移及抗失稳性分析

有关的应力云图、位移云图和失稳云图如图5-3-1～图5-3-12所示。

图5-3-1 水平吊装总位移云图(mm)

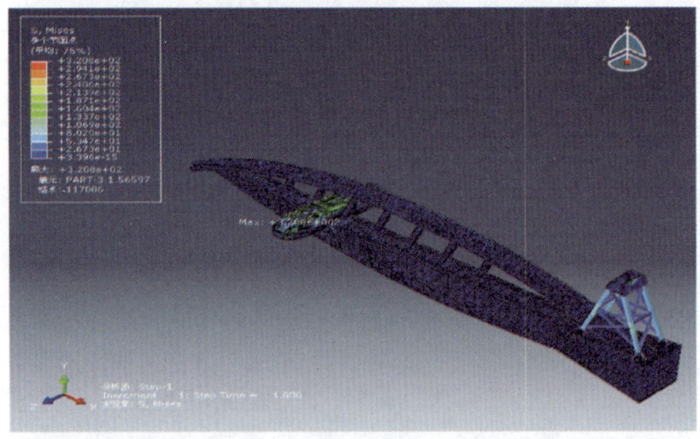

图5-3-2 水平吊装总应力云图(MPa)

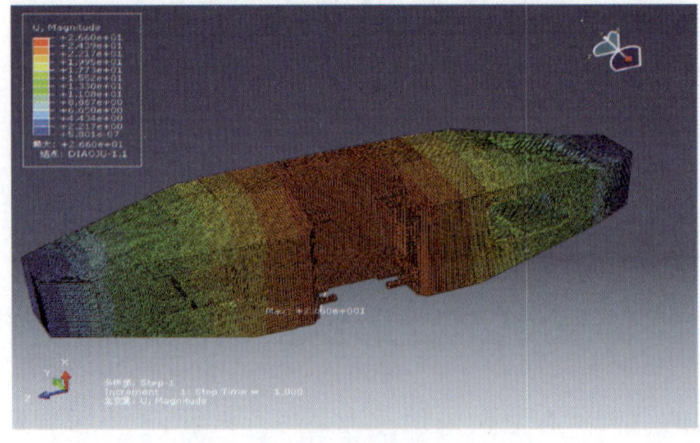

图5-3-3 水平吊装吊具位移云图(mm)

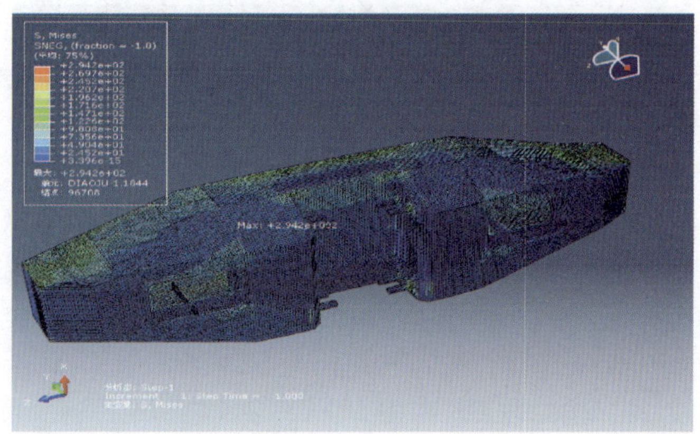

图5-3-4　水平吊装吊具应力云图(MPa)

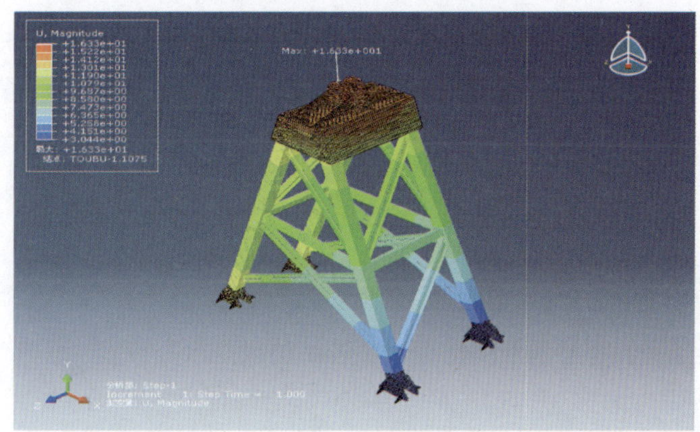

图5-3-5　水平吊装下吊具位移云图(mm)

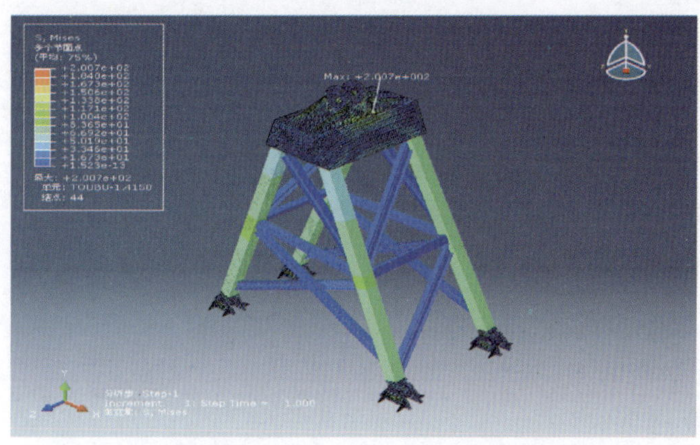

图5-3-6　水平吊装下吊具应力云图(MPa)

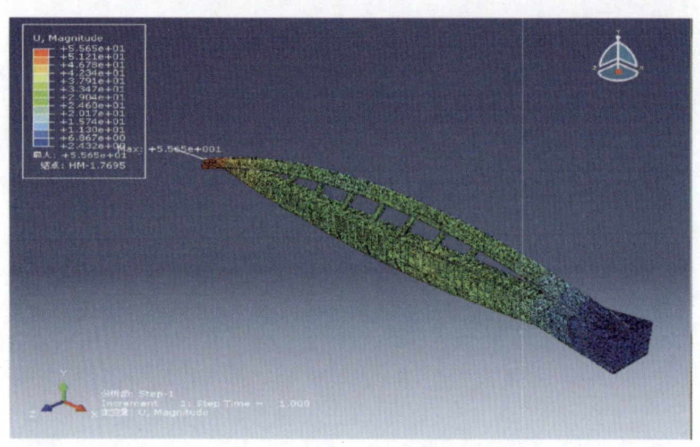

图 5-3-7　水平吊装主塔位移云图(mm)

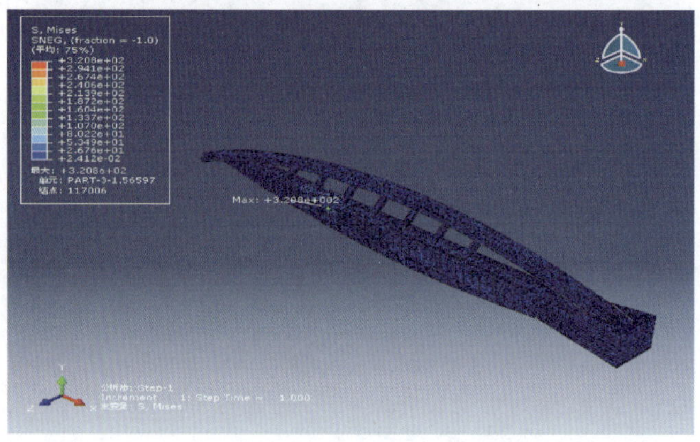

图 5-3-8　水平吊装主塔应力云图(MPa)

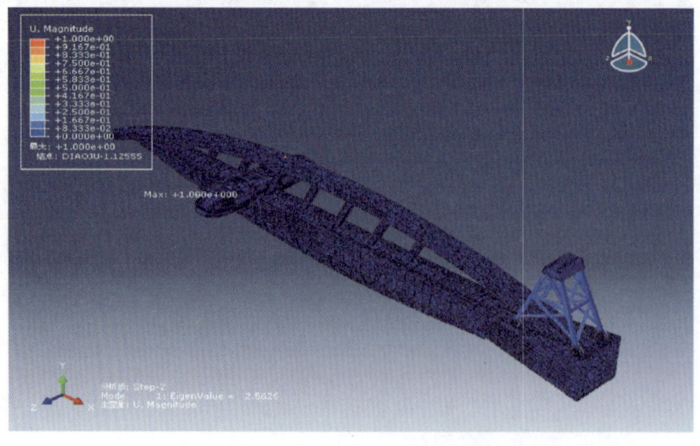

图 5-3-9　水平吊装结构一阶失稳云图

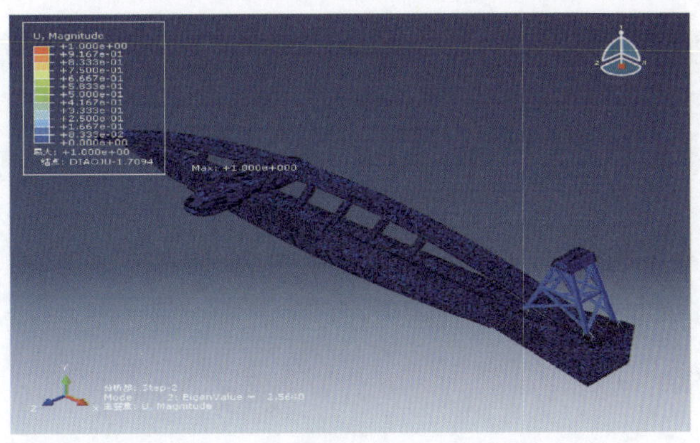

图5-3-10 水平吊装结构二阶失稳云图

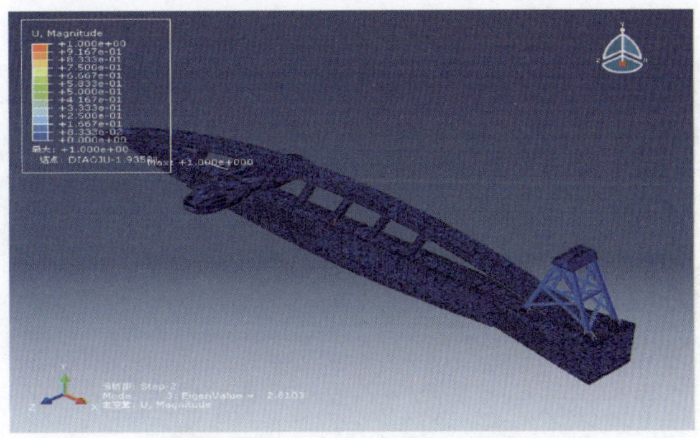

图5-3-11 水平吊装结构三阶失稳云图

5.3.2 倾斜吊装工况结构应力、位移及抗失稳性分析

有关的应力云图、位移云图和失稳云图如图5-3-12 ~ 图5-3-22所示。

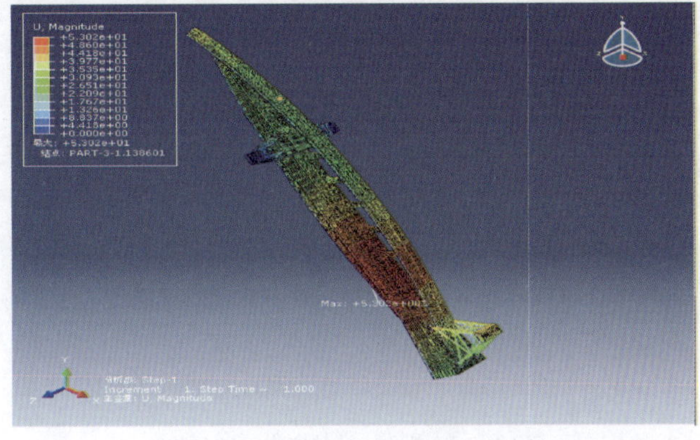

图5-3-12 倾斜吊装总位移云图(mm)

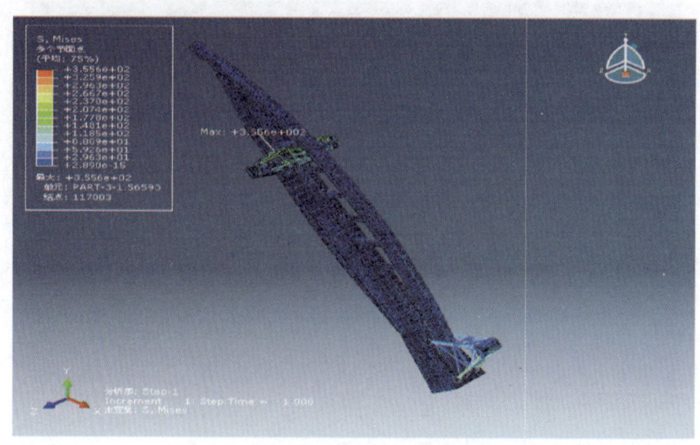

图 5-3-13　倾斜吊装总应力云图(MPa)

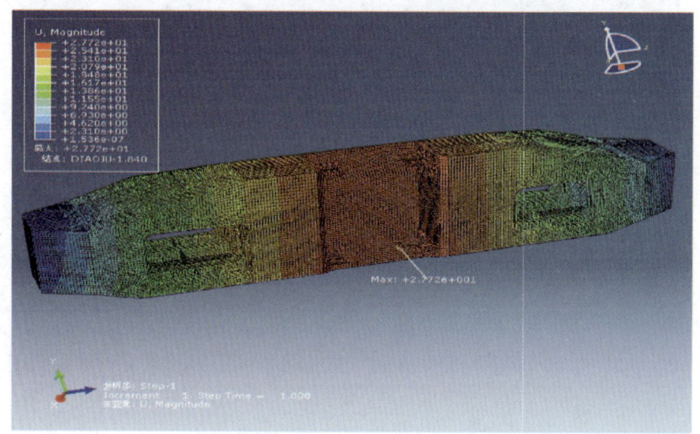

图 5-3-14　倾斜吊装吊具位移云图(mm)

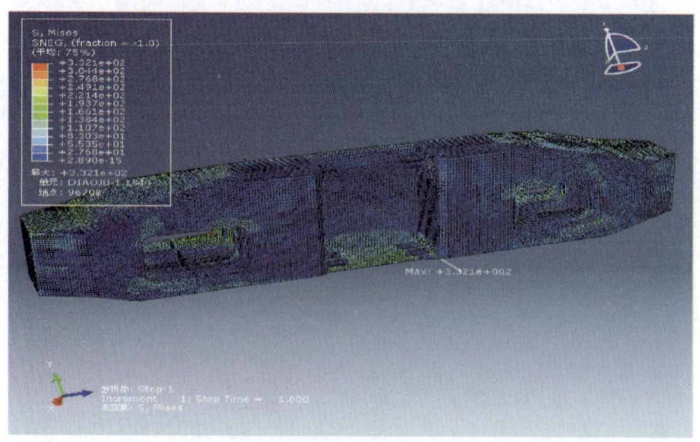

图 5-3-15　倾斜吊装吊具应力云图(MPa)

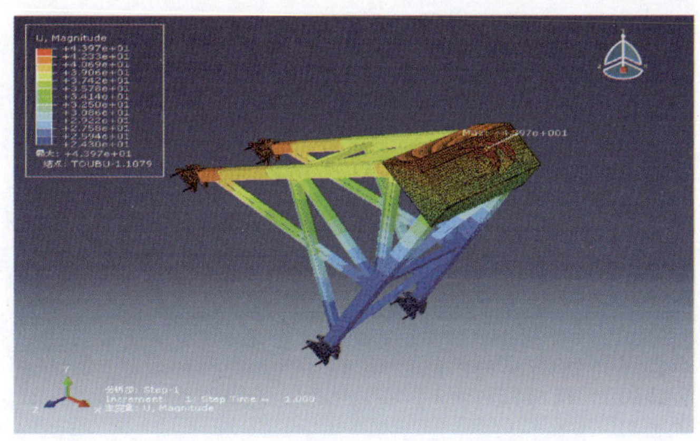

图 5-3-16　倾斜吊装下吊具位移云图(mm)

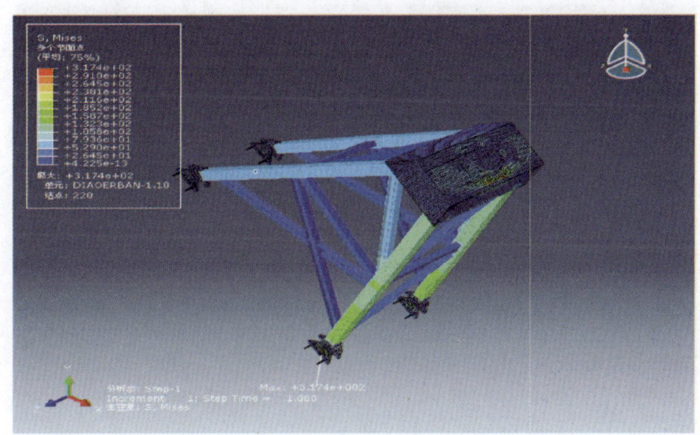

图 5-3-17　倾斜吊装下吊具应力云图(MPa)

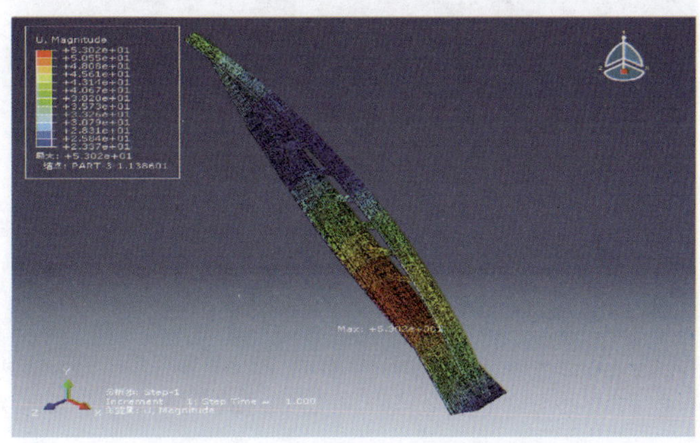

图 5-3-18　倾斜吊装主塔位移云图(mm)

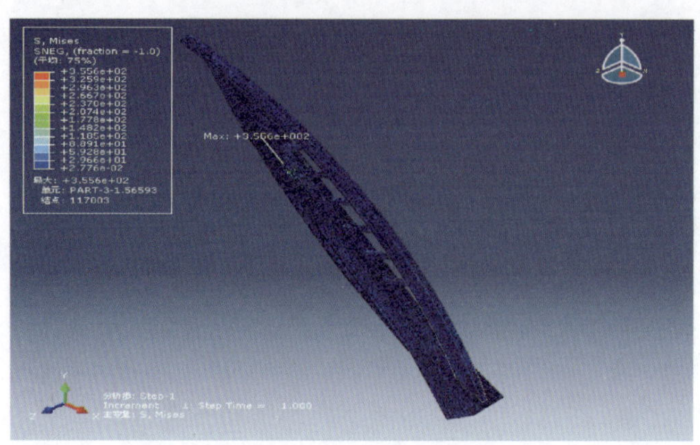

图 5-3-19　倾斜吊装主塔应力云图(MPa)

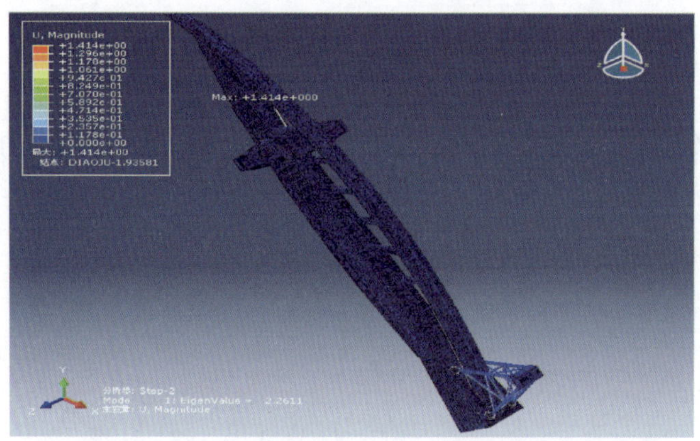

图 5-3-20　倾斜吊装结构一阶失稳云图

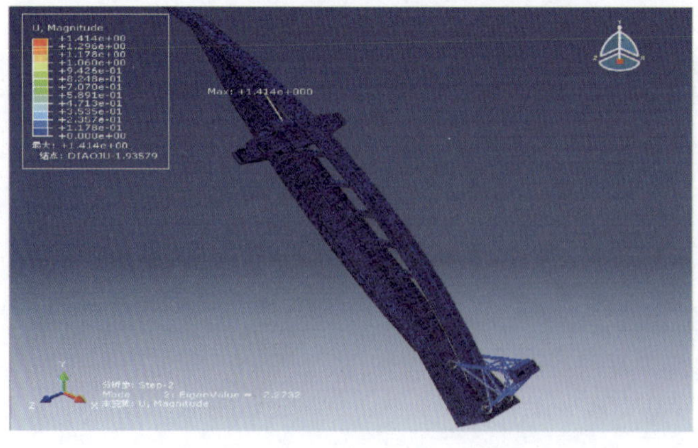

图 5-3-21　倾斜吊装结构二阶失稳云图

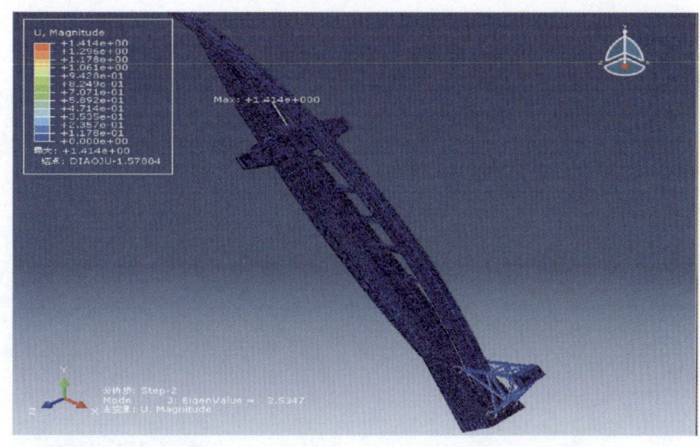

图 5-3-22　倾斜吊装结构三阶失稳云图

5.3.3　垂直吊装工况结构应力、位移及抗失稳性分析

有关的应力云图、位移云图和失稳云图如图 5-3-23 ~ 图 5-3-33 所示。

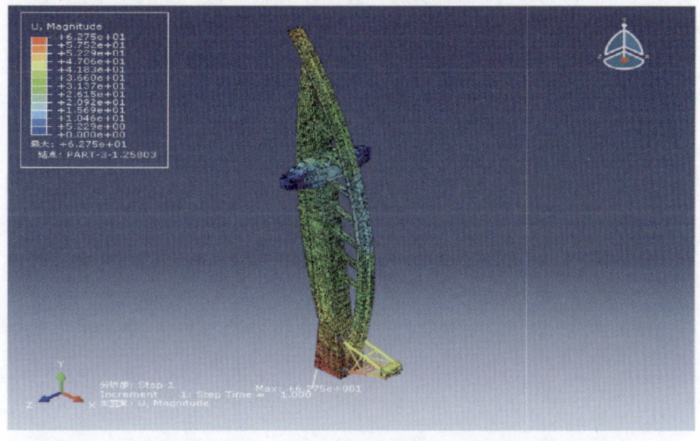

图 5-3-23　垂向吊装总位移云图(mm)

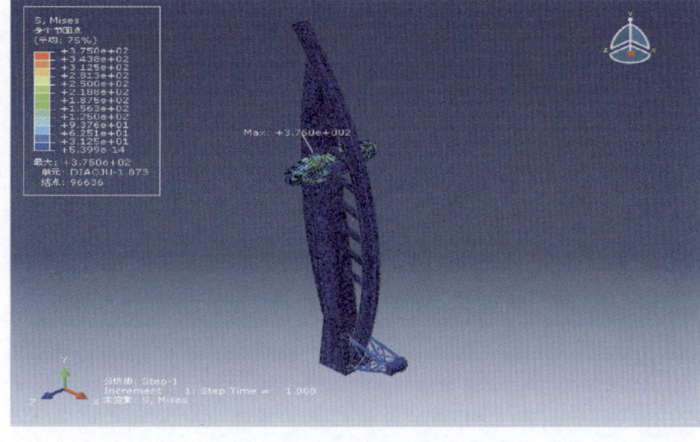

图 5-3-24　垂向吊装总应力云图(MPa)

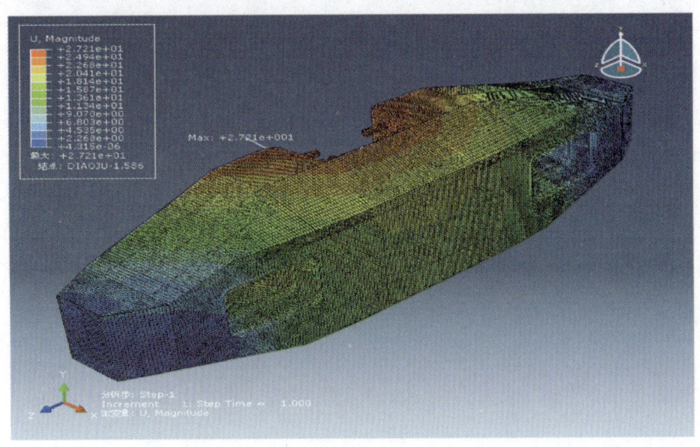

图 5-3-25　垂向吊装吊具位移云图(mm)

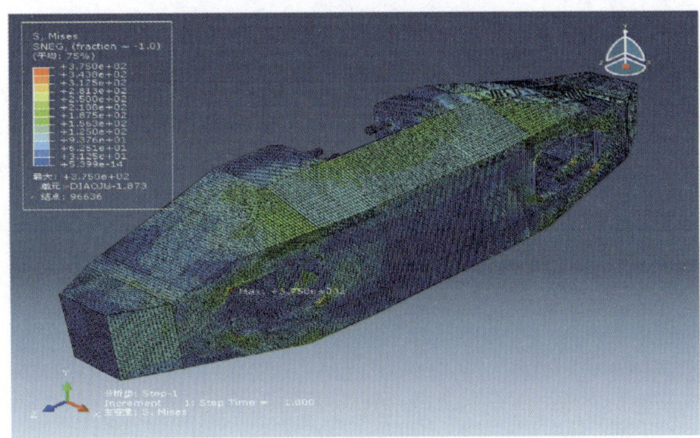

图 5-3-26　垂向吊装吊具应力云图(MPa)

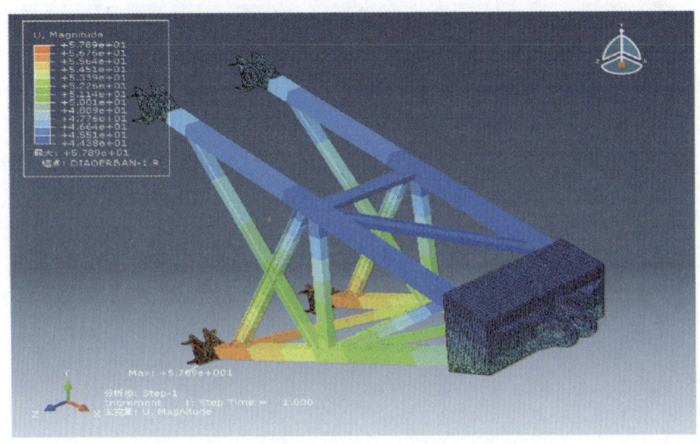

图 5-3-27　垂向吊装下吊具位移云图(mm)

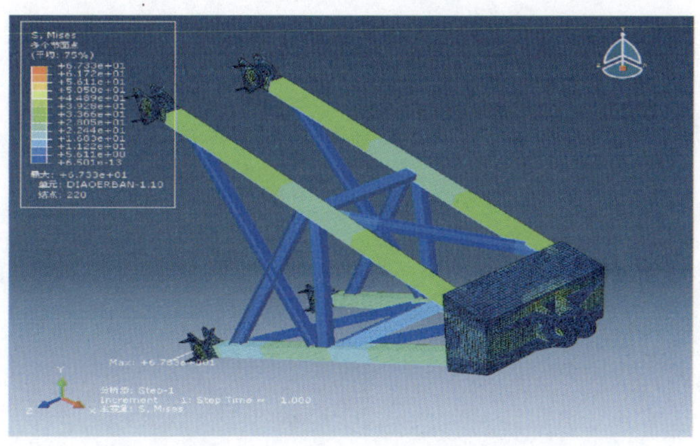

图 5-3-28　垂向吊装下吊具应力云图(MPa)

图 5-3-29　垂向吊装主塔位移云图(mm)

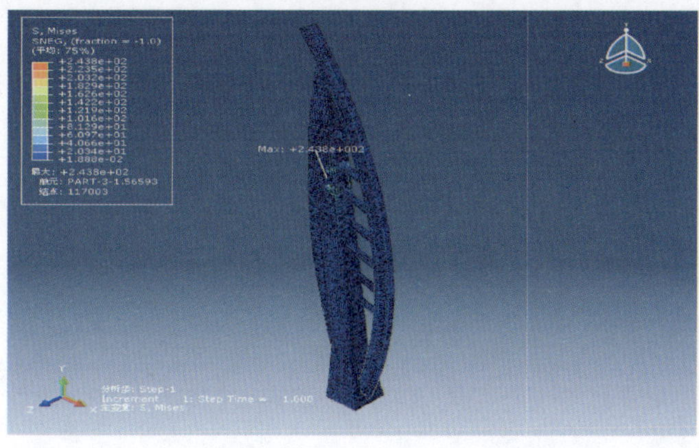

图 5-3-30　垂向吊装主塔应力云图(MPa)

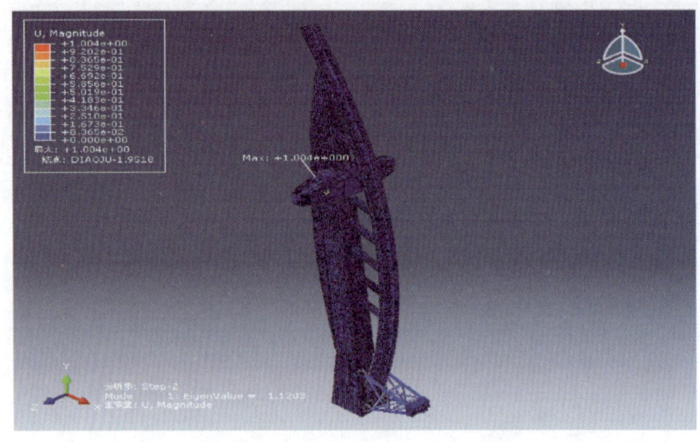

图 5-3-31　垂向吊装结构一阶失稳云图

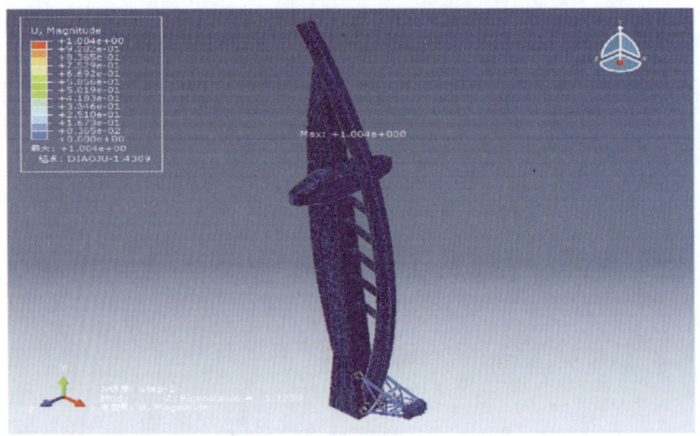

图 5-3-32　垂向吊装结构二阶失稳云图

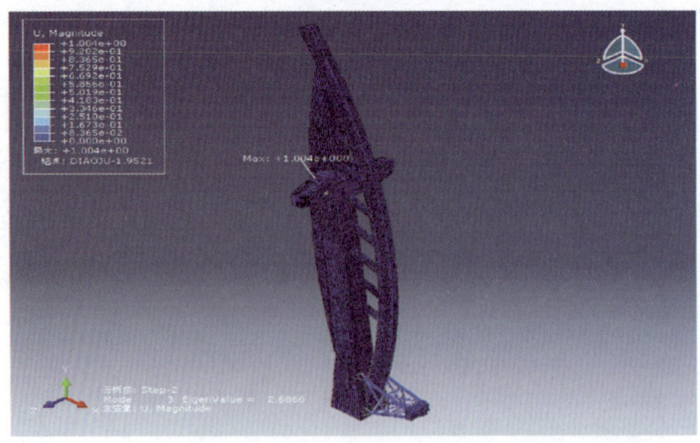

图 5-3-33　垂向吊装结构三阶失稳云图

第4节 整体式重型异形钢索塔吊装过程仿真分析结论

整个吊装过程始终遵循一个原则，就是保证索塔和吊具在吊装过程中的应力在允许范围内。从前述三种吊装状态ABAQUS有限元分析应力云图显示，主塔本身的应力均小于材料的许用应力，只是在索塔钢结构塔身吊点加强板处局部应力稍大，这是销轴弯剪应力传递所致。从分析的结果可知，整个吊具应力均在材料的许用应力极限范围内，但也存在个别板件局部应力集中，主要集中在主吊梁的腹板开口拐角处。针对这类板件的加工焊接，应注意消除残余应力，避免由此导致的进一步应力集中。三种吊装应力分析的结果如下：

(1)水平吊装应力分析：

主塔柱最大应力为244MPa，位置在主塔柱吊点区域与加强板接触的横隔板处，属于应力集中(边缘效应)，小于材料许用应力。主塔柱造型部分最大应力为53MPa，小于材料许用应力，位置在造型部分的翼板处。主副塔柱联系杆最大应力为128MPa，位置在与主塔柱焊接处，应力也在材料许用应力范围内。副塔柱最大应力为45MPa，小于材料许用应力，位置在与联系杆交界的翼板处。

(2)倾斜吊装应力分析：

主塔柱最大应力为212MPa，位置在主塔柱吊点区域与加强板接触的横隔板处，属于应力集中(边缘效应)。主塔柱造型部分最大应力为53MPa，小于材料许用应力，位置在与主塔柱连接的H形构造部位。主副塔柱联系杆最大应力为154MPa，位置在与主塔柱焊接处，应力也在材料许用应力范围内。副塔柱最大应力为65MPa，小于材料许用应力，位置在与主塔柱底部交界处。

(3)垂向吊装应力分析：

主塔柱最大应力为131MPa，位置在主塔柱吊点区域与加强板接触的横隔板处，属于应力集中(边缘效应)，小于材料许用应力。主塔柱造型部分最大应力为34MPa，小于材料许用应力，位置在与主塔柱连接的H形构造部位。主副塔柱联系杆最大应力为67MPa，位置在与主塔柱焊接处，应力也在材料许用应力范围内。副塔柱最大应力为26MPa，小于材料许用应力，位置在与主塔柱顶部交界处。

索塔吊装计算结果如表5-4-1所示。

索塔吊装计算结果 表5-4-1

工况	结构部位	最大应力(MPa)		材料	材料许用应力(MPa)
		应力	位置		
水平吊装	主塔柱	244MPa	吊点区域与加强板接触的横隔板处	Q345	250MPa
	造型部分	53MPa	翼板处	Q235B	175MPa
	联系杆	128MPa	与主塔柱焊接处	Q345	250MPa
	副塔柱	45MPa	与联系杆交界的翼板处	Q345	250MPa
倾斜吊装	主塔柱	212MPa	吊点区域与加强板接触的横隔板处	Q345	250MPa
	造型部分	53MPa	H形构造	Q420	313MPa
	联系杆	154MPa	与主塔柱焊接处	Q345	250MPa
	副塔柱	65MPa	与主塔柱底部交界处	Q345	250MPa

续上表

工况	结构部位	最大应力(MPa)		材料	材料许用应力(MPa)
		应力	位置		
垂直吊装	主塔柱	131MPa	吊点区域与加强板接触的横隔板处	Q345	250MPa
	造型部分	34MPa	H 形构造	Q420	313MPa
	联系杆	67MPa	与主塔柱焊接处	Q345	250MPa
	副塔柱	26MPa	与主塔柱顶部交界处	Q345	250MPa

5.4.1 钢索塔吊装位移分析结论

由前述的各种吊装状态 ABAQUS 有限元分析位移云图可得出各工况的结构位移。

1)水平吊装位移

水平吊装系统最大总位移为 56mm，出现在副塔柱顶部，扣除吊具位移(如平移、转动等)效应后，主塔相对变形量很小，属于弹性变形，满足规范中有关静力刚度要求。

2)倾斜吊装位移

主塔倾斜吊装系统最大总位移为 53mm，出现在主塔中下部，扣除吊具位移(如平移、转动等)效应后，主塔相对变形量很小，属于弹性变形，满足规范中有关静力刚度要求。

3)垂向吊装位移

主塔垂向吊装系统最大总位移为 63mm，出现在主塔底部，扣除吊具位移(如平移、转动等)效应后，主塔相对变形量很小，属于弹性变形，满足规范中有关静力刚度要求。

5.4.2 钢索塔吊装失稳分析结论

对于一般吊装，要求屈曲系数 >1 即可，但对于港珠澳大桥江海直达船航道桥主塔吊装，施工安全应放在首位，主塔吊装的屈曲系数 >2 时，抗失稳能力强。在静力分析的基础上，采用特征值屈曲理论对索塔的稳定性进行分析。现提取前 3 阶屈曲模态，三种工况对应的屈曲荷载系数及屈曲形态分别如表 5-4-2 ~ 表 5-4-4 所示。从稳定性分析结果可知：三种工况下，吊装系统整体结构屈曲系数均大于 2，满足要求。

水平吊装索塔吊具线性特征值屈曲形态 表 5-4-2

序　号	屈 曲 系 数	屈曲形态说明
1	3.5626	上吊具主吊梁中部削弱段屈曲
2	3.5640	上吊具主吊梁中部削弱段屈曲
3	3.8103	上吊具主吊梁中部削弱段屈曲

倾斜吊装索塔吊具线性特征值屈曲形态 表 5-4-3

序　号	屈 曲 系 数	屈曲形态说明
1	3.2611	上吊具主吊梁中部削弱段屈曲
2	3.2732	上吊具主吊梁中部削弱段屈曲
3	3.5347	上吊具主吊梁中部削弱段屈曲

垂向吊装索塔吊具线性特征值屈曲形态　　表 5-4-4

序　　号	屈 曲 系 数	屈曲形态说明
1	2.1203	上吊具主吊梁中部削弱段屈曲
2	2.1239	上吊具主吊梁中部削弱段屈曲
3	3.6866	上吊具主吊梁中部削弱段屈曲

综上所述,经过对主塔整体吊装系统的各种工况有限元分析得出如下结论:

(1)在各种吊装工况下,主塔整体应力及变形较小,稳定性满足规范要求。

(2)在各种吊装工况下,吊具整体受力合理,在刚度、强度及稳定性方面基本满足规范要求。

(3)针对吊具应力较高的板件的加工焊接,应注意消除残余应力,避免由此导致的进一步应力集中。

(4)鉴于特征值屈曲主要出现在上吊具主吊梁中部削弱段,因此建议对该处板件作适当加厚处理。

(5)主塔在吊装过程中,每个吊装环节应严格按照起重机操作规范进行,尤其起吊和转位环节,必须缓慢进行,防止吊装过程中起重加速度所产生的瞬间载荷对吊臂吊点的冲击。

(6)吊装过程中应确保吊具主吊梁两端的平衡梁保持同一高度,避免由此引起的主梁体一侧倾斜。

第6章　整体式重型异形钢索塔吊装船舶系安全性能评估

港珠澳大桥地处伶仃洋海域，涌浪较多，周期和波长较长，波浪传播速度较快，多浮体之间波系干扰非常明显，不仅导致多浮体之间产生耦合运动，并且还将产生位置偏移，尤其是横向方向，幅值过大将会导致钢塔碰撞到“长大海升”臂架内侧，影响到海上作业安全。为此深入研究了不同气象窗口工况，进行多浮体的水动力分析与锚系泊计算评估，最终确定临界允许气象条件。

第1节　多浮体水动力相互干扰分析理论

6.1.1　概述

应用三维频域势流理论来求解多浮体水动力相互干扰问题，对于在波浪中漂浮的多浮体系统，作用在每个浮体上总的流体力等于入射力、绕射力、辐射力和静水回复力之和。其中静水回复力不受相邻浮体存在的影响，而其他三种力则与仅有单个浮体的情况不同。由于相邻浮体的遮蔽效应及波浪反射的影响，作用在其中一个浮体上的波浪力也会发生变化。此外，由于相邻浮体的波浪辐射作用，每一个浮体也会受到附加的辐射力。本节以波浪中两个浮体的水动力分析为例，介绍求解多浮体水动力相互干扰问题的方法。

6.1.2　非定常扰动速度势求解

考虑两个任意形状的三维物体在波浪中的运动响应。由于应用线性势流理论，可以假设浮体在均匀、不可压缩和没有黏性的理想流体规则波中做微幅运动。

首先建立三个空间固定直角坐标系，如图6-1-1所示。O-x-y平面、G-x_1-y_1平面和G-x_2-y_2平面在未扰动的水平面内，Oy轴、Gy_1轴和Gy_2轴指向右舷；Oz轴、Gz_1轴和Gz_2轴垂直向上为正。两个浮体的水平间距为s，水深为d。

设两物体在规则波中的六自由度响应分别为：

$$y_i = \overrightarrow{y_i} e^{-i\omega t}$$

$$z_i = \overrightarrow{z_i} e^{-i\omega t}$$

其中，$\overrightarrow{y_i}$、$\overrightarrow{z_i}$，($i=1,\cdots,6$)，分别代表两物体运动的复振幅。$i=1,2,3$分别表示物体的纵荡、横荡和垂荡，$i=4,5,6$表示物体的横摇、纵摇和艏摇。ω是入射波的频率。

入射波的波面方程为：

$$\zeta = \vec{\zeta} e^{ik(x\cos\mu + y\sin\mu) - i\omega t}$$

式中：$\vec{\zeta}$——波幅；

k——波数；

μ——浪向；$\mu=180°$时为迎浪。

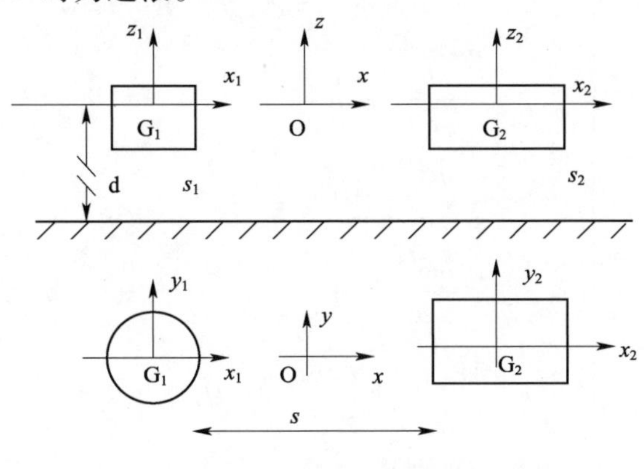

图 6-1-1　坐标系的定义

流场的速度势为：

$$\Phi(x,y,z,t)=\mathrm{Re}[\phi(x,y,z)e^{-i\omega t}]$$

总速度势可分解为：

$$\phi=-i\omega[(\phi_0+\phi_d)\vec{\zeta}+\sum_{j=1}^{6}\phi_j^{(1)}\overrightarrow{y_j}+\sum_{j=1}^{6}\phi_j^{(2)}\overrightarrow{z_j}]$$

式中：ϕ_0——入射波速度势：

$$\phi_0=\frac{\mathrm{g}}{\omega}\frac{ch[k(z+d)]}{ch(kd)}e^{ik(x\cos\mu+y\sin\mu)}$$

式中：g——重力加速度。

绕射速度势 ϕ_d，满足以下的定解条件：

$$\begin{cases}\nabla^2\phi_d=0 & \\ \dfrac{\partial\phi_d}{\partial z}-\dfrac{\omega^2}{g}\phi_d=0 & z=0\\ \dfrac{\partial\phi_d}{\partial n}=-\dfrac{\partial\phi_0}{\partial n} & S_1\\ \dfrac{\partial\phi_d}{\partial n}=-\dfrac{\partial\phi_0}{\partial n} & S_2\\ \dfrac{\partial\phi_d}{\partial z}=0 & z=-d\\ \lim\sqrt{r}\left(\dfrac{\partial\phi_d}{\partial n}-i\dfrac{\omega^2}{g}\phi_d\right)=0 & r\to\infty\end{cases}$$

其中，$r=\sqrt{x^2+y^2}$。

$\phi_j^{(1)}$，$j=1,\cdots,6$，是物体 S_1 第 j 个模式的单位振幅运动引起的辐射速度势，这时物体 S_2 是固定不动的。它们满足拉普拉斯方程、自由表面条件、海底条件和辐射条件及相应的物面条件：

$$\begin{cases}\nabla^2\phi_j^{(1)}=0 & \\ \dfrac{\partial\phi_j^{(1)}}{\partial z}-\dfrac{\omega^2}{g}\phi_j^{(1)}=0 & z=0\\ \dfrac{\partial\phi_j^{(1)}}{\partial n}=n_j & S_1\\ \dfrac{\partial\phi_j^{(1)}}{\partial n}=0 & S_2\\ \dfrac{\partial\phi_j^{(1)}}{\partial z}=0 & z=-d\\ \lim\sqrt{r}\left(\dfrac{\partial\phi_j^{(1)}}{\partial r}-i\dfrac{\omega^2}{g}\phi_j^{(1)}\right)=0 & r\to\infty\end{cases}$$

其中，$\vec{n}=(n_1,n_2,n_3)$是物体 S_1 的外法向量，$\vec{n}\times\vec{r}=(n_4,n_5,n_6)$。

$\phi_j^{(2)}$，$j=1,\cdots,6$，是物体 S_2 第 j 个模式的单位振幅运动引起的辐射速度势，这时物体 S_1 是固定不动的。它们满足如下边界条件：

$$\begin{cases}\nabla^2\phi_j^{(2)}=0 & \\ \dfrac{\partial\phi_j^{(2)}}{\partial z}-\dfrac{\omega^2}{g}\phi_j^{(2)}=0 & z=0\\ \dfrac{\partial\phi_j^{(2)}}{\partial n}=0 & S_1\\ \dfrac{\partial\phi_j^{(2)}}{\partial n}=n_j & S_2\\ \dfrac{\partial\phi_j^{(2)}}{\partial z}=0 & z=-d\\ \lim\sqrt{r}\left(\dfrac{\partial\phi_j^{(2)}}{\partial r}-i\dfrac{\omega^2}{g}\phi_j^{(2)}\right)=0 & r\to\infty\end{cases}$$

其中，$\vec{n}=(n_1,n_2,n_3)$是物体 S_2 的外法向量，$\vec{n}\times\vec{r}=(n_4,n_5,n_6)$。

式中的速度势用源汇分布法求解，即各速度势可用如下形式表示：

$$\varphi(x,y,z)=\iint_{S_1+S_2}G(\zeta,\eta,\zeta;x,y,z)\sigma(\xi,\eta,\zeta)ds$$

$\sigma(\xi,\eta,\zeta)$是分布的源汇强度，由物面条件确定。格林函数 G 满足拉普拉斯方程、自由面条件、海底条件和辐射条件，表达式为：

$$G(x,y,z,\xi,\eta,\zeta)=\frac{1}{r}+\frac{1}{r_1}+2PV\cdot\int_0^{\infty}\frac{(\mu+\upsilon)e^{-\mu d}\cdot ch(\zeta+d)\cdot ch[\mu(z+d)]}{\mu sh(\mu d)-\upsilon ch(\mu d)}J_0(\mu R)d\mu$$

$$-2\pi i\frac{k^2-\upsilon^2}{d(k^2-\upsilon^2)+\upsilon}chk(z+d)\cdot chk(z+d)\cdot chk(\zeta+d)\cdot J_0(kR)$$

其中：$\upsilon = \omega^2/g$，$R = \sqrt{(x-\xi)^2+(y-\eta)^2}$，$r = \sqrt{(x-\xi)^2+(y-\eta)^2+(z-\zeta)^2}$，$r_1 = \sqrt{(x-\xi)^2+(y-\eta)^2+(z+\zeta+2d)^2}$，$J_0(\cdot)$是第一类零阶贝塞尔函数。

在求解积分方程时，可以使用赫斯-史密斯方法，将船体的湿表面用面元来离散，在每个面元上认为源强是常数，因此积分方程式化成一组关于未知源强的线性代数方程组。

6.1.3　一阶水动力

上节求出流场的速度势(1 个绕射势和 12 个辐射势)，由伯努利方程可计算出流体动压力分布：

$$p = -\rho\frac{\partial\phi}{\partial t} = \rho\omega^2\left[(\phi_0+\phi_d)\zeta + \sum_{j=1}^{6}(\phi_j^{(1)}\overrightarrow{y_j} + \phi_j^{(2)}\overrightarrow{z_j})\right]e^{-i\omega t}$$

物体 S_1 和 S_2 上所受的扰动力(矩)为：

$$X_{wk}^{(1)} = -\iint_{S_1} pn_k ds = -\rho\vec{\zeta}\omega^2 e^{-i\omega t}\iint_{S_1}(\phi_0+\phi_d)n_k ds$$

$$X_{wk}^{(2)} = -\iint_{S_2} pn_k ds = -\rho\vec{\zeta}\omega^2 e^{-i\omega t}\iint_{S_2}(\phi_0+\phi_d)n_k ds$$

其中，$k=1,\cdots,6$。

辐射力(矩)由两部分组成，一部分和浮体的加速度成正比，比例系数为浮体的附加质量，另一部分和浮体的速度成正比，比例系数为浮体的兴波阻尼系数。物体 S_1 和 S_2 上所受的辐射力(矩)为：

$$F_k^{(1)} = -\rho\omega^2 e^{-i\omega t}\sum_{j=1}^{6}\iint_{S_1}(\overrightarrow{y_j}\phi_j^{(1)} + \overrightarrow{z_j}\phi_j^{(2)})n_k ds$$

$$F_k^{(2)} = -\rho\omega^2 e^{-i\omega t}\sum_{j=1}^{6}\iint_{S_2}(\overrightarrow{y_j}\phi_j^{(1)} + \overrightarrow{z_j}\phi_j^{(2)})n_k ds$$

$k=1,\cdots,6$，记：

$$P_{kj}^{(1)} = -\rho\omega^2\iint_{S_1}\phi_j^{(1)}n_k ds = \omega^2 a_{kj}^{(1)} + i\omega b_{kj}^{(1)}$$

$$Q_{kj}^{(1)} = -\rho\omega^2\iint_{S_1}\phi_j^{(2)}n_k ds = \omega^2 d_{kj}^{(1)} + i\omega e_{kj}^{(1)}$$

$$P_{kj}^{(2)} = -\rho\omega^2\iint_{S_2}\phi_j^{(2)}n_k ds = \omega^2 a_{kj}^{(2)} + i\omega b_{kj}^{(2)}$$

$$Q_{kj}^{(2)} = -\rho\omega^2\iint_{S_2}\phi_j^{(1)}n_k ds = \omega^2 d_{kj}^{(2)} + i\omega e_{kj}^{(2)}$$

根据各速度势满足的边界条件及格林公式，可以证明有如下对称关系：

$$P_{kj}^{(1)} = P_{jk}^{(1)}, P_{kj}^{(2)} = P_{jk}^{(2)}, Q_{kj}^{(2)} = Q_{jk}^{(2)}$$

即附加质量 a 和阻尼系数 b 具有如下对称关系：

$$a_{kj}^{(1)} = a_{jk}^{(1)}, b_{kj}^{(1)} = b_{jk}^{(1)}, a_{kj}^{(2)} = a_{jk}^{(2)}, b_{kj}^{(2)} = b_{jk}^{(2)}$$

相互作用水动力系数 d，e 的对称关系为：

$$d_{kj}^{(1)} = d_{jk}^{(1)}, e_{kj}^{(1)} = e_{jk}^{(1)}$$

上式表示物体 S_2 第 k 个模式的运动引起的 S_1 上第 j 个方向上的力(矩)等于物体 S_1 上第 j 个模式的运动在物体 S_2 第 k 个方向所受的力(矩)。以上对称关系可用来校核计算的结果。

与单个物体的情况不同，在计算两个物体的水动力相互作用时，需要计算 12 个辐射速度势，每个速度势对应于两个物体的一个运动模态。

6.1.4 一阶运动响应

作用于浮体的动力矩可表示为扰动力(矩)与辐射力(矩)之和：

$$F_{DI} = X_{wk} + F_k,(k = 1, \cdots, 6)$$

于是物体的运动可以通过求解如下运动方程组得到：

$$\{-\omega^2([M]+[A]) - i\omega[B] + [C]\}\{\xi\} = \{F_{DI}\}$$

式中：$[M]$——物体质量矩阵；

$[A]$——附加质量矩阵；

$[B]$——兴波阻尼矩阵；

$[C]$——静水回复力矩阵；

$[\xi]$——六自由度运动；

$[F_{DI}]$——波浪激励力。

6.1.5 二阶定常力

对于二阶力，传统计算方法是通过近场压力积分或远场水平方向上动量守恒定理来求解漂移力。BV 船级社陈晓波博士提出了中场公式使用一阶速度势对二阶波浪力的贡献，通过表面压力积分和中场控制面上动量定理得到二阶漂移力结果，相对近场公式有效提高了计算精度；相对于远场公式，可以得到多体系统中作用于每一单体的漂移力，最后积分形式为：

$$\overrightarrow{F_x} = \frac{\rho}{4}\left\{\iint_{Sc}\left[\frac{\partial\phi}{\partial n}\frac{\partial\phi^*}{\partial x} + \frac{\partial\phi}{\partial x}\frac{\partial\phi^*}{\partial n} - \nabla\phi\ \nabla\phi^* n_x\right]dS + v\int_{\Gamma c}\phi\phi^* n_x dC\right\}$$

$$\overrightarrow{F_y} = \frac{\rho}{4}\left\{\iint_{Sc}\left[\frac{\partial\phi}{\partial n}\frac{\partial\phi^*}{\partial y} + \frac{\partial\phi}{\partial y}\frac{\partial\phi^*}{\partial n} - \nabla\phi\ \nabla\phi^* n_y\right]dS + v\int_{\Gamma c}\phi\phi^* n_y dC\right\}$$

$$\overrightarrow{M_z} = \frac{\rho}{4}\left\{\iint_{Sc}\left[\frac{\partial\phi}{\partial n}\left(X\frac{\partial\phi^*}{\partial y} - Y\frac{\partial\phi^*}{\partial x}\right) + \frac{\partial\phi}{\partial y}\frac{\partial\phi^*}{\partial n} - \nabla\phi\ \nabla\phi^* n_y\right]dS + v\int_{\Gamma c}\phi\phi^* n_y dC\right\}$$

由二阶力的表达式可以看出，物体的运动对二阶力结果有影响。对于在波浪中作六自由度微幅运动或受约束的潜体受到的二阶定常力，当潜体固定不动时，其二阶定常力就是平均二阶波浪力。当潜体处于自由状态时，除了波浪力还有辐射力。考虑不发生露背的潜体二阶力时，瞬时湿表面即为平均湿表面，因此在表达形式上只是比浮体少了水线积分。

根据中场公式理论可以得到多体系统中单个物体的二阶定常波浪力响应。

6.1.6 随机波浪中的频谱响应

海浪是不规则的，在随机波浪作用下，物体的受力和运动也是随机的。用平稳随机过程描述充分发展的海浪是常用的手段。把波面起伏作为随机过程，该过程本应与地点有关，但在一定范围内，不同点处波面起伏的概率特征差异不大，可认为是相同的，瞬时波高统计值 $\zeta(t)$ 符合如下概率密度形式的正态分布：

$$P(\zeta)=\frac{1}{\sqrt{2\pi}\sigma}\exp\left\{-\frac{\zeta^2}{2\sigma^2}\right\}$$

正态分布的 n 阶短期谱响应为：

$$m_n=\int_0^{\infty}S(\omega)\omega^n d\omega,(n=0,1,2,\cdots)$$

对应的有义波高为：

$$\tilde{h}_{1/3}=4.0\sqrt{m_0}$$

平均波周期为：

$$\bar{\tilde{T}}=2\pi\sqrt{m_0/m_2}$$

平均波频率为：

$$\bar{\tilde{\omega}}=2\pi\sqrt{\frac{m_2}{m_0}}$$

平均波长为：

$$\bar{\tilde{\lambda}}=2\pi\sqrt{\frac{m_0}{m_2}}$$

服从以上正态分布的随机变量的幅值服从如下概率密度形式的 Rayleigh 分布：

$$P(\zeta_a)=\frac{\zeta_a}{\sigma}\exp\left\{-\frac{\zeta^2}{2\sigma^2}\right\}$$

由此可得到某一区域随机波浪中水动力响应的概率分布。

由 γ 参数描述的 JONSWAP 波浪谱表述为：

$$S(\omega)=\alpha H_s^2\omega_p^4\omega^{-5}e^{-\frac{5}{4}\left(\frac{\omega}{\omega_p}\right)^{-4}}\gamma^a$$

其中：

$$a=e^{-\frac{(\omega-\omega_p)^2}{2\sigma^2\omega_p^2}}$$

$$\sigma=\begin{cases}0.07,\omega<\omega_p\\0.09,\text{其他}\end{cases}$$

α 由方程 $H_S^2=16\int S(\omega)d\omega$ 决定。

第 2 节　多浮体系统响应时域分析理论

6.2.1　概述

多浮体系统响应分析所考虑的每个浮体（有可能是船体、浮箱或是半潜式平台）都由系泊系统来定位，系泊系统由多根系泊线组成，每根系泊线连接在固定点（锚）上或是其他浮体的导缆器上，锚放置在船底。在环境条件（风浪流）的作用下，各个浮体都将运动到各自的平衡位置,此时环境外力与系泊线的张力保持平衡。此外,环境条件(特别是波浪)使得浮体在平均位置附近振荡,在这种情况下惯性力将与环境外力和系泊线张力保持平衡。另外,一根系泊线或多根系泊线可能会破断。此时浮体在之前的外力作用下不再平衡。在惯性力和系泊力的作用下,浮体将漂移到一个新的平衡位置并在其附近振荡,余下的系泊线提供的张力与环境外力将使浮体在新的平衡位置保持平衡。

6.2.2 基本假设

应用多浮体系泊分析软件 Ariane8.0 进行时域分析,计算时有以下几个假设:

(1)开始时浮体处于平衡位置,由系泊线产生的载荷与由平均风速、流速和平均波浪漂移力平衡。

(2)不考虑系泊线的动力特性。

(3)浮体的初始位置是平均环境载荷作用下的平衡位置。

(4)忽略钢塔倾斜过程中的水平力,只考虑垂向重力,根据钢塔重力分配,认为两船是相对独立的。

6.2.3 坐标系统

设定固定坐标系 C-N-E-Z 和局部坐标系 O-x-y-z,如图 6-2-1 所示。固定坐标系中,C 是原点,CE 指向正东,CN 指向正北,CZ 正向下,C-N-E 是水平面;局部坐标系中,O 是原点,取在船底中心线上,Ox 指向船艏,Oy 指向船右舷,Oz 正向上。

6.2.4 基本方程

在风浪流作用下,由系泊线与大缆连接的多浮体系统的低频响应是通过在每个时间步长求解下面的向量差分方程得到的:

$$[M]\{\ddot{X}\} = \sum\{F(t)\}$$

其中,{X}是浮体重心 G 的三个水平位置向量;m 是纵荡和横荡的质量;$I\psi\psi$ 是艏摇的惯性矩;$[M]$是在重心处计算的浮体水平方向上的质量矩阵:

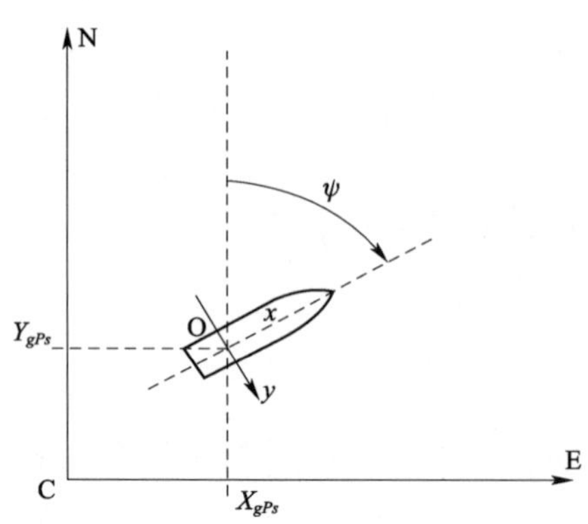

图 6-2-1 坐标系的定义

$$[M] = \begin{bmatrix} m_1 & 0 & 0 & 0 & 0 & 0 \\ 0 & m_1 & 0 & 0 & 0 & 0 \\ 0 & 0 & I_{\psi\psi_1} & 0 & 0 & 0 \\ 0 & 0 & 0 & m_2 & 0 & 0 \\ 0 & 0 & 0 & 0 & m_2 & 0 \\ 0 & 0 & 0 & 0 & 0 & I_{\psi\psi_2} \end{bmatrix}$$

$\{F(t)\}$是在时刻 t 作用在浮体重心上的三个水平

方向上的载荷向量，贡献在低频运动响应上：

$$\{F(t)\}=\begin{Bmatrix}F_{x_{G1}}\\F_{y_{G1}}\\M_{z_{G1}}\\F_{x_{G2}}\\F_{y_{G2}}\\M_{z_{G2}}\end{Bmatrix}$$

向量差分方程式表示了浮体重心的动力特性的基本原理，浮体是在固定坐标系 C-N-E 下作低频运动。

由于外载荷的传递函数一般用在局部坐标系 O-x-y-z 上，因此都要将其投影在局部坐标系上。另外，所有的转矩都是相对于局部坐标系原点 O。

浮体的低频纵荡和横荡由相对于坐标原点 O 的水平运动确定。原点 O 的纵荡和横荡的绝对速度投影在局部坐标系上的分量分别标记为 u 和 v，相对流体的速度分量分别记为 u' 和 v'。这四个参数之间的关系如下：

$$\begin{cases}u'=u+V_c\cos(\beta_c-\psi)\\v'=v+V_c\sin(\beta_c-\psi)\end{cases}$$

式中：V_c——绝对流速；

β_c——来流角；

ψ——航向角。

以下推导局部坐标系下的公式：

浮体的重心 G 趋向于浮体中心线，重心坐标在局部坐标系中定义为：

$$\{O_iG_i\}=\begin{Bmatrix}x_{Gi}\\0\end{Bmatrix}$$

因此向量 G 的加速度为：

$$\begin{cases}\ddot{x}_{Gi}=\dot{u}_i-v_i\dot{\psi}_i-x_{Gi}\dot{\psi}_i^{\,2}\\\ddot{y}_{Gi}=\dot{v}_i+u_i\dot{\psi}+x_{Gi}\ddot{\psi}_i\end{cases}$$

从 G 到 O 的惯量迁移为：

$$J_{Oi}=J_{Gi}+m_ix_{Gi}(\dot{v}_i+u_i\dot{\psi}+x_{Gi}\ddot{\psi}_i)$$

慢漂运动方程在局部坐标系中为：

$$\begin{cases}m_i(\dot{u}_j-v_i\dot{\psi}_i-x_{Gi}\dot{\psi}_i^{\,2})=F_{xi}\\m_i(\dot{v}_i+u_i\dot{\psi}_i+x_{Gi}\ddot{\psi}_i)=F_{yi}\\(I_{\psi\psi i}+m_ix_{Gi}^2)\ddot{\psi}_i+m_ix_{Gi}(\dot{v}_i+u_i\dot{\psi}_i)=M_{\psi/Oi}\end{cases}$$

式中：F_x——作用在浮体上的外载荷在 X 轴上的投影；

F_y——作用在浮体上的外载荷在 Y 轴上的投影；

$M_{\psi/O}$——作用在浮体的局部坐标系原点 O 上的摇首矩。

利用相对流速的变量，浮体在局部坐标系的慢漂运动方程为：

$$\begin{cases} m_i(\dot{u}'_i - v'_i\dot{\psi}_i - x_{Gi}\dot{\psi}_i^{\,2}) = F_{xi} \\ m_i(\dot{v}'_i + u'_i\dot{\psi}_i + x_{Gi}\ddot{\psi}_i) = F_{yi} \\ (I_{\psi\psi i} + m_i x_{Gi}^2)\ddot{\psi}_i + m_i x_{Gi}(v'_i + u'_i\dot{\psi}_i) = M_{\psi/Oi} \end{cases}$$

6.2.5 外载荷(风、浪、流)的定义

外载荷 F_x、F_y、$M_{\psi/O}$ 在局部坐标系中指定。外载荷包括水动力、系泊力、阻尼力、慢漂力、风力和流力，还有其他一些易导致低频响应的多种自然力，这些荷载投影在局部坐标系上可以表示为：

$$\begin{cases} F_x = F_{Hx} + F_{Mx} + F_{Bx} + F_{Dx} + F_{Wx} + F_{Cx} + F_{Ox} \\ F_y = F_{Hy} + F_{My} + F_{By} + F_{Dy} + F_{Wy} + F_{Cy} + F_{Oy} \\ M_{\psi/x} = M_{H\psi} + M_{M\psi} + M_{B\psi} + M_{D\psi} + M_{W\psi} + M_{C\psi} + M_{O\psi} \end{cases}$$

式中各变量的下标：H——水动力载荷；

M——系泊载荷；

B——阻尼载荷；

D——波浪漫漂载荷；

W——风载荷；

C——流载荷；

O——其他不能被忽视的载荷(立管，推进器等)。

为了确定锚泊系统的静载荷及平衡状态，首先必须确定由于环境条件风、浪、流所产生的外力及力矩。其计算方法及采用的公式、理论原理和计算程序如下。

1)风力的计算

$$F_{xw} = \frac{1}{2}C_{xw}\rho_w V_w^2 A_T$$

$$F_{yw} = \frac{1}{2}C_{yw}\rho_w V_w^2 A_L$$

$$M_{xyw} = \frac{1}{2}C_{xyw}\rho_w V_w^2 A_L L$$

式中：F_{xw}、F_{yw}、M_{xyw}——纵向风力，横向风力，艏摇风力矩；

C_{xw}、C_{yw}、C_{xyw}——纵向风力系数，横向风力系数，首摇风力矩系数；

ρ_w——空气密度；

V_w——风速；

A_T——纵向受风面积；

A_L——横向受风面积。

2)流力的计算

$$F_{xc}=\frac{1}{2}C_{xc}\rho_c V_c^2 TL_{BP}$$

$$F_{yc}=\frac{1}{2}C_{yc}\rho_c V_c^2 TL_{BP}$$

$$M_{xyc}=\frac{1}{2}C_{xyc}\rho_c V_c^2 TL_{BP}^2$$

式中：F_{xc}、F_{yc}、M_{xyc}——纵向流力，横向流力，艏摇流力矩；

C_{xc}、C_{yc}、C_{xyc}——纵向流力系数，横向流力系数，艏摇流力矩系数；

ρ_c——流体密度；

V_c——流速；

T——吃水。

流力系数 C_{xc}、C_{yc}、C_{xyc} 根据流向角、水深吃水比以及坞艏形状由 OCIMF(1994 年第二版)提供的试验图谱得到。

3)波浪载荷的计算

波浪载荷以三种形式作用在浮吊船上：

(1)以波频振荡的一阶波浪作用力，它是波浪力的主要成分，将引起船的波频运动。这个作用力并不直接作用于锚泊系统上，在锚系受力分析时，它是以由锚链运动（当然因船舶运动产生）产生的动态张力反映出来，在准静态分析时，则假定这个动张力等于静态下由锚链位置产生最大偏移时的静张力变化。

(2)慢变的波浪二阶力，这是频率很低，量值较小的一种波浪力成分。一旦它的频率和系泊系统的自振频率接近，将引起坞做大幅度的纵荡和横荡运动，巨大的船舶惯性力将作用在锚泊系统上，海上锚泊系统的损坏大多数是由它引起的。用调整锚链预紧力改变系统自振频率的方法，可以有效抑止低频慢漂运动。

(3)二阶平均波浪漂移力，这是二阶波浪力中的定常部分，和风力、流力一样也是静态力。一般它是一个小量，但是它和波高平方成正比关系，一旦波高增大，它将迅速增加。系泊系统环境力中必须要包括它（特别在外海的系泊系统中）。

6.2.6　阻尼荷载

阻尼载荷一部分由流载荷产生，在本文中基于相对流速计算，另一部分是与绝对船速成比例的附加项产生，通过以下公式计算：

$$\begin{cases}F_{Bx}=B_{xx}u\\F_{By}=B_{yy}v\\M_{B\psi}=B_{\psi\psi}\dot{\psi}\end{cases}$$

式中：B_{xx}——纵荡的线性阻尼系数；

B_{yy}——横荡的线性阻尼系数；

$B_{\psi\psi}$——艏摇的线性阻尼系数。

期间，在每个时间步加上了波浪慢漂载荷。

6.2.7 波频运动

浮体的低频响应通过对向量差分方程的时域数值求解得到，在数值积分的每个时间步长的终点，把波频运动叠加上去，假设在任意步计算的波频响应不影响下一步计算的低频响应。

在每个时间步，浮体重心的六个自由度的波频运动都是叠加在低频位置上。要这样做，激励波的每个频率成分的波幅乘以浮体重心的RAO，然后考虑时间和空间相位进行求和。在这个过程中假设波频运动没有受到由于低频运动产生的系泊刚度变化的影响，因此计算波频运动考虑的是浮体在平衡位置时的平均系泊刚度。

6.2.8 系泊线张力

对连接在海底的浮体，为了考虑由于其三维运动引起系泊线张力的变化，系泊线导缆器处的水平运动的位移-张力曲线预先定义好，导缆器的运动值基于波幅。将定义好的位移-张力曲线离散成多份，船的位移值就在这些离散点里插值，然后计算得到导缆器处的轴向张力。在深水域里，因为系泊线的动力响应起主要作用必须考虑。对于在环境荷载下锚泊体系的力学特性，根据三维势流非线性边界元方法，采用频域方法计算浮体的辐射和绕射响应及二阶慢漂响应，采用时域模拟方法计算锚泊体系下的运动响应及力学特性。

锚泊系统，根据锚碇点和导缆孔的布置情况，处于初始平衡位置。此时系统无环境荷载作用，各锚链上荷载为预张力。在风、浪、流环境的作用下，系统将偏离初始平衡位置，到达新的平衡位置，并且围绕新的平衡位置做一阶波浪运动。使用时域分析方法计算锚链受力，模拟海况时间3小时，时间步长0.1s。

第3节 主要研究内容

选取139号钢塔为研究对象，重点研究钢塔起吊前、钢塔起吊离开驳船至安装完成的各种工况下的船舶安全性能评估。由于钢塔安装过程中，三条船的系泊模式基本相同，本项目重点是研究钢塔起吊前、钢塔起吊离开驳船至安装完成的各种工况下的船舶安全性能评估如图6-3-1和图6-3-2所示。

(1)整体提升10m状态：钢塔同时被3200t“长大海升”和2200t“正力”同时垂直提升10m，“幸运海”平驳船撤离。其中“长大海升”浮吊船采用8根分布式系泊方式，1号、3号、5号水平距离为550m，2号、4号、6号、7号、8号水平距离为600m。“正力号”浮吊船采用8根分布式系泊方式，其中1号、11号、12号系泊线水平距离为250m，5号、6号、8号系泊线水平距离为270m，6号系泊线水平距离为200m，左号、右号系泊线水平距离为300m。如图6-3-3所示。

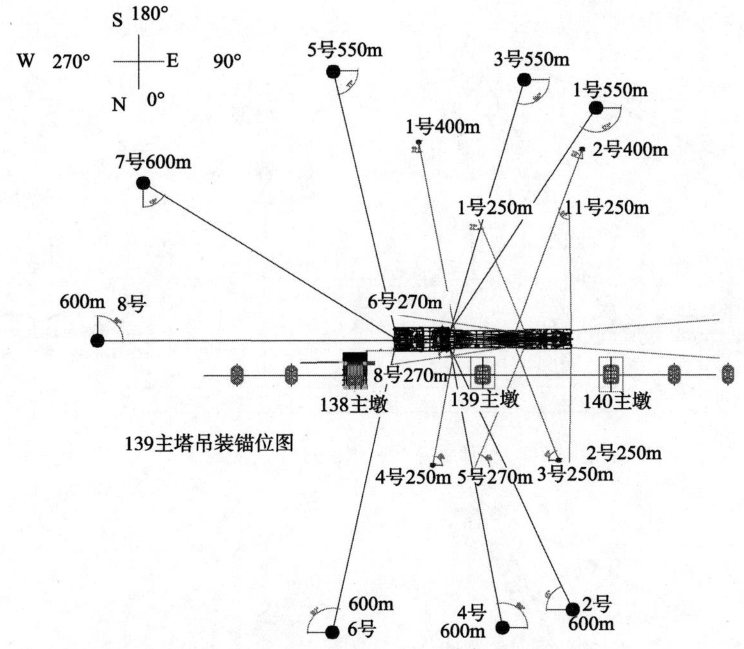

图6-3-1 系泊布置图(整体提升10m和变幅阶段步骤6)

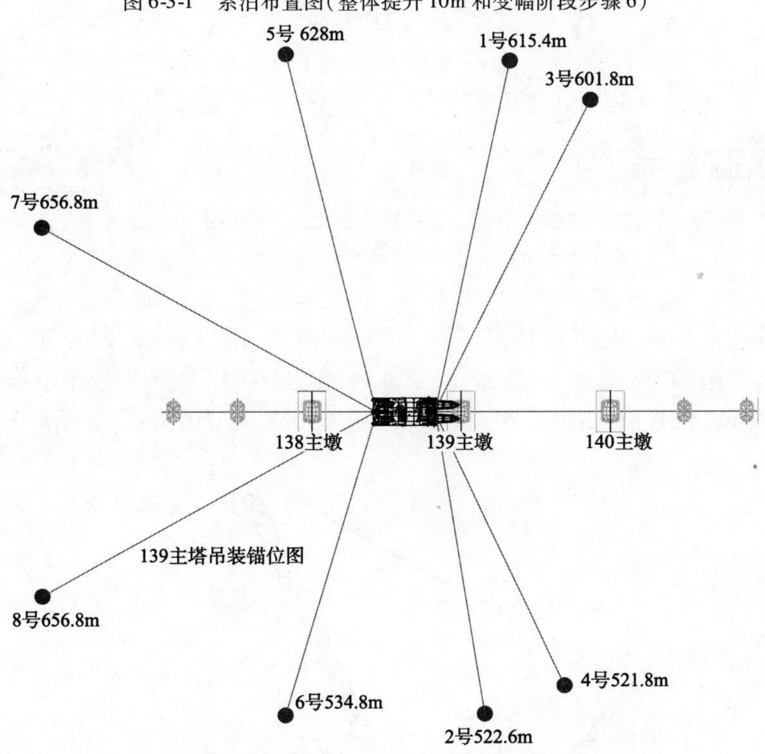

图6-3-2 系泊布置图(钢塔竖转完成,正力解钩)

(2)变幅阶段:“长大海升”变幅角度由63.5°到65°,吊钩钢丝绳长度不变,只调整臂架幅度,提升到位后,此时“长大海升”钢丝绳倾斜为0.25°,吊钩质量为2206t,正力吊重1029t,钢塔倾斜角度为42°。如图6-3-4所示。

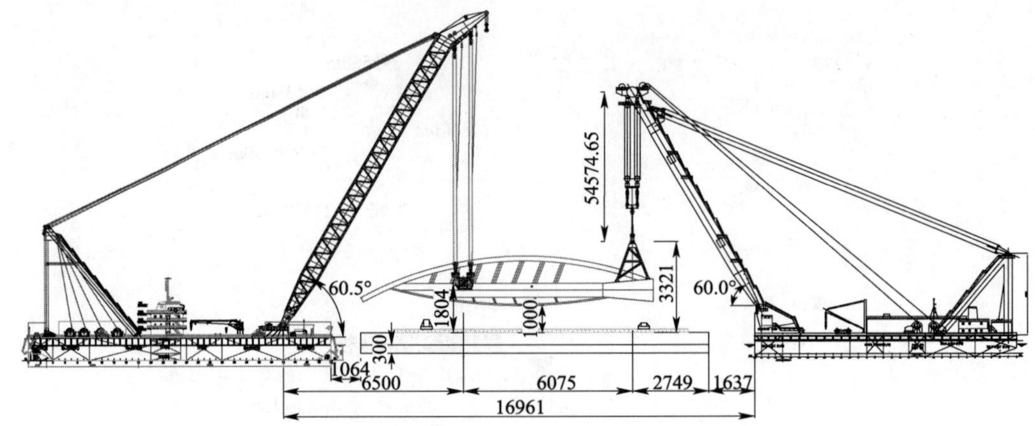

图 6-3-3 整体提升 10m 侧视图(尺寸单位:cm)

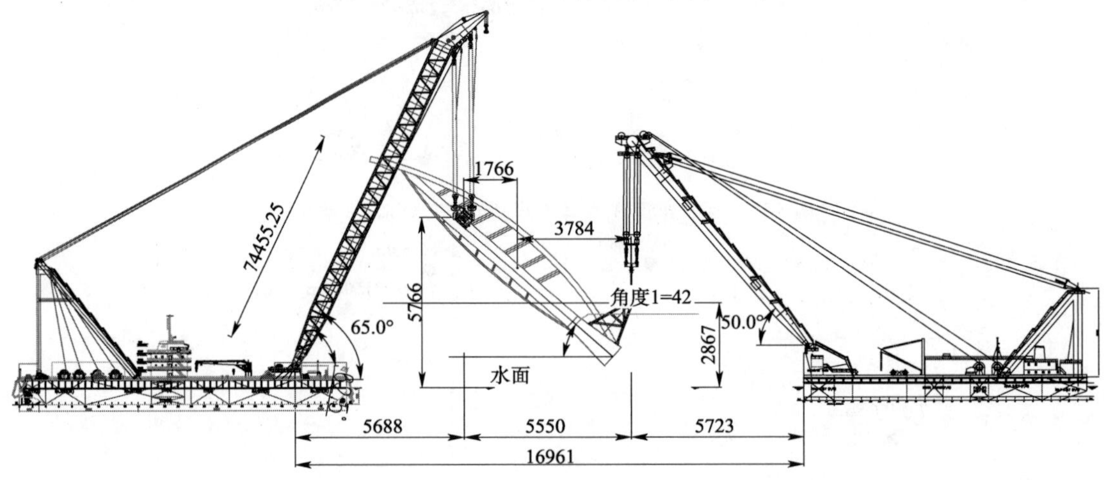

图 6-3-4 变幅阶段(钢塔倾斜角度 42°)(尺寸单位:cm)

(3)转体完成后状态:起吊后状态,“正力”解钩撤离,钢塔靠“长大海升”竖直吊起。“长大海升”采用八点系泊方式。1 号、2 号、3 号、4 号、5 号、6 号、7 号、8 号系泊线水平距离分别为 615.4m、522.6m、601.8m、521m、628m、534.8m、656.8m、656.8m。如图 6-3-5 所示。

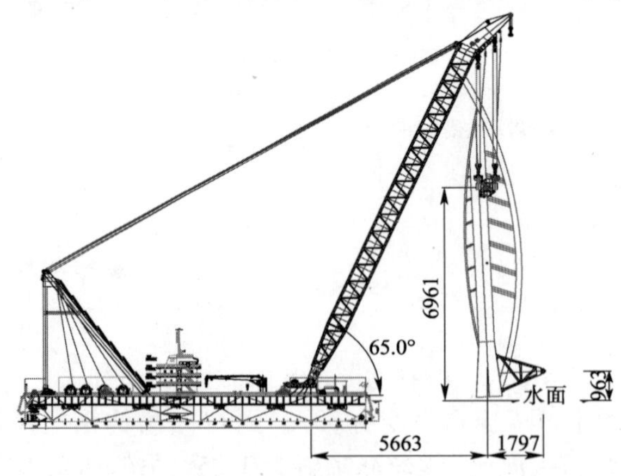

图 6-3-5 钢塔竖转完成(钢塔倾斜角度 90°)(尺寸单位:cm)

6.3.1　工况组合

根据桥区的自然环境荷载工况及施工过程中所关注的涌浪对吊装作业的影响,初步制定了如表 6-3-1 所示的工况组合。

计算工况组合　　表 6-3-1

工况组合	风		涌　浪			流	
	风速	风向	有义浪高	谱峰周期	浪向	流速	流向
	m/s	°	m	s	°	m/s	°
工况 1	10.7	180/135/90	1.0	8/10/12/14/16	180	1.0	180
工况 2	10.7	180/135/90	1.0	8/10/12/14/16	180	1.0	180
	8.0	180	0.8	6/8/10/12/14	180	1.0	180
	6.75	180	0.6	6/8/10/12	180	1.0	180
	5.5	180	0.4	6/8/10/12	180	1.0	180
工况 3	10.7	180/135/90	1.0	8/10/12/14/16	180	1.0	180

注:1. 180°为横风、横流、横浪状态,135°为斜向风,90°为顺风。

2. 工况 1 为钢塔整体水平提升 10m。

3. 工况 2 为变幅阶段步骤 6,钢塔倾斜角度为 42°。

4. 工况 3 为钢塔转体完成状态。

6.3.2　计算方法及步骤

计算采用的软件为 CCS(中国船级社)开发的 COMPASS 软件中的装载计算模块 SRH14 和 BureauVeritas(法国船级社)开发的水动力分析软件 HydroSTAR 以及锚系泊分析软件 Ariane8。

(1)COMPASS 中的模块 SRH14 可用于船舶的装载机算,即对一系列给定的装载工况,计算其总纵强度和完整稳性。涉及的计算原理包括空船重量分布曲线、装载工况、浮态和稳性。获得水动力分析所需的系列参数,包括艏艉吃水、平均吃水、排水量、重心位置及初稳性高 GM 等。

(2)首先根据船舶的型线图及吊装过程中船舶的装载工况建立多浮体的水动力分析模型,在频域下通过辐射、绕射计算可以求得附加质量系数、辐射阻尼系数、船体六自由度频率响应函数(RAO)、作用于船上的波浪载荷、平均波浪漂移力和低频的波浪传递函数(QTF)。

分析流程如图 6-3-6 所示。

(3)利用 Ariane7 建立多浮体的系泊模型,导入水动力分析的附加质量、运动 RAO(频率响应函数)及 QTF(传递函数),通过调节悬链线的长度保证整个系泊系统的自身平衡,再通过时域分析得到在一系列风、浪、流环境组合各个船舶运动轨迹、系泊缆受力特性以及吊钩处的运动响应等,根据结果评估作业的安全性。分析流程如图 6-3-7 所示。

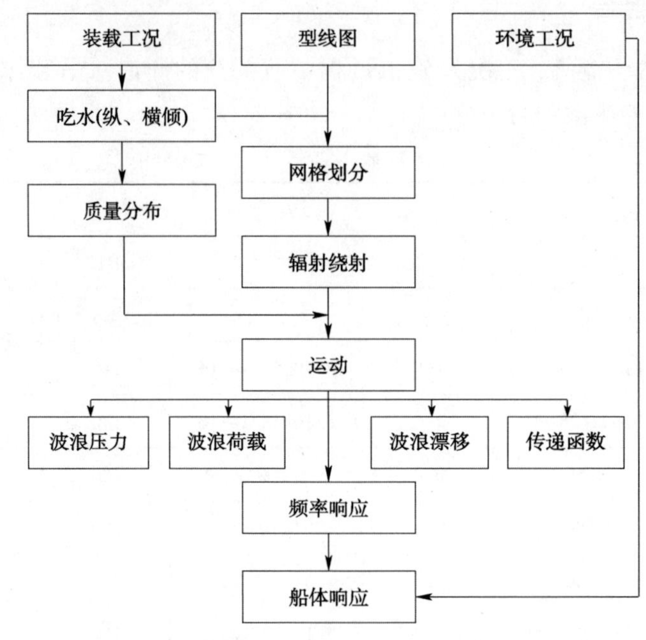

图 6-3-6　水动力分析流程图

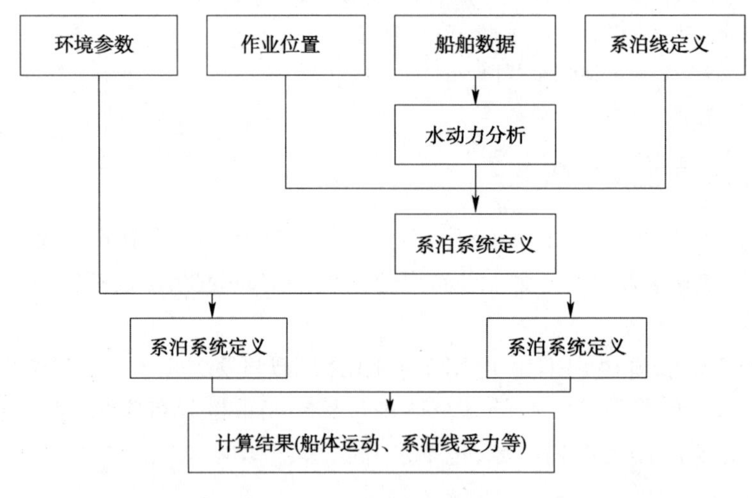

图 6-3-7　锚系泊分析流程图

第 4 节　浮态稳性计算与多浮体水动力分析

6.4.1　浮态与稳性计算

船舶浮态指船舶在一定装载情况下的漂浮能力，主要取决于重力和浮力。基于船舶静力平衡条件，求得船舶吊装作业各个阶段的平衡浮态，包括艏艉吃水、平均吃水、排水量、重心位置以及初稳性高 GM 等(表 6-4-1)。

"长大海升"与"正力"浮态参数　　表6-4-1

主 尺 度		长大海升	正　力
总长 L_{oa}(m)		110	94
垂线间长 L_{pp}(m)		110	94
型宽 B(m)		48	40
型深 D(m)		8.4	7.8
工况1 整体水平提升10m	艏吃水(m)	5.429	4.148
	艉吃水(m)	4.542	3.125
	平均吃水(m)	4.9855	3.6365
	排水量(t)	25655.2	13544.0
	重心位置距0号站(m)	57.505	51.117
	重心位置距基线(m)	21.785	23.149
	GM(m)	21.311	16.792
	钢塔吊重(t)	1924	1311
工况2 变幅阶段(钢塔倾斜42°)	艏吃水(m)	5.584	3.784
	艉吃水(m)	4.491	3.349
	平均吃水(m)	5.0375	3.5665
	排水量(t)	25937.2	13262.0
	重心位置距0号站(m)	57.871	49.902
	重心位置距基线(m)	23.238	20.900
	GM(m)	19.445	19.799
	钢塔吊重(t)	2206	1029
工况3 正力解钩,海升移船到桥墩中轴线	艏吃水(m)	6.775	1.691
	艉吃水(m)	3.680	4.919
	平均吃水(m)	5.2275	3.3050
	排水量(t)	26966.2	12233
	重心位置距0号站(m)	61.452	41.114
	重心位置距基线(m)	27.111	15.123
	GM_0(m)	14.445	28.704
	GM(m)	14.135	28.588
	钢塔吊重(t)	3235	0

6.4.2　多浮体水动力分析

首先根据"长大海升"和"正力"浮吊船型线图建立三维模型,调整艏艉吃水以及两条船之间的相对位置,综合考虑了浅水效应的影响,设置好相关水动力计算参数,计算出两船在自由漂浮无相关约束状态下的水动力数据。计算内容包括:

(1)两船的六自由度运动频率响应曲线(RAO)。

(2)两条船吊钩处的运动响应曲线。

(3)两船一阶波浪激励力响应曲线。

(4)两船二阶波漂力(drift force)以及二阶低频载荷的 QTF。

1)工况 1(整体水平提升 10m)

工况 1 的计算结果如图 6-4-1 ~ 图 6-4-7 所示。

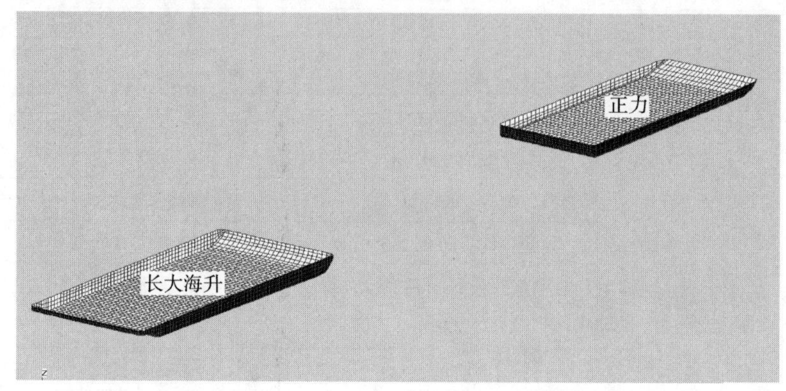

图 6-4-1 工况 1(整体水平提升 10m)水动力模型

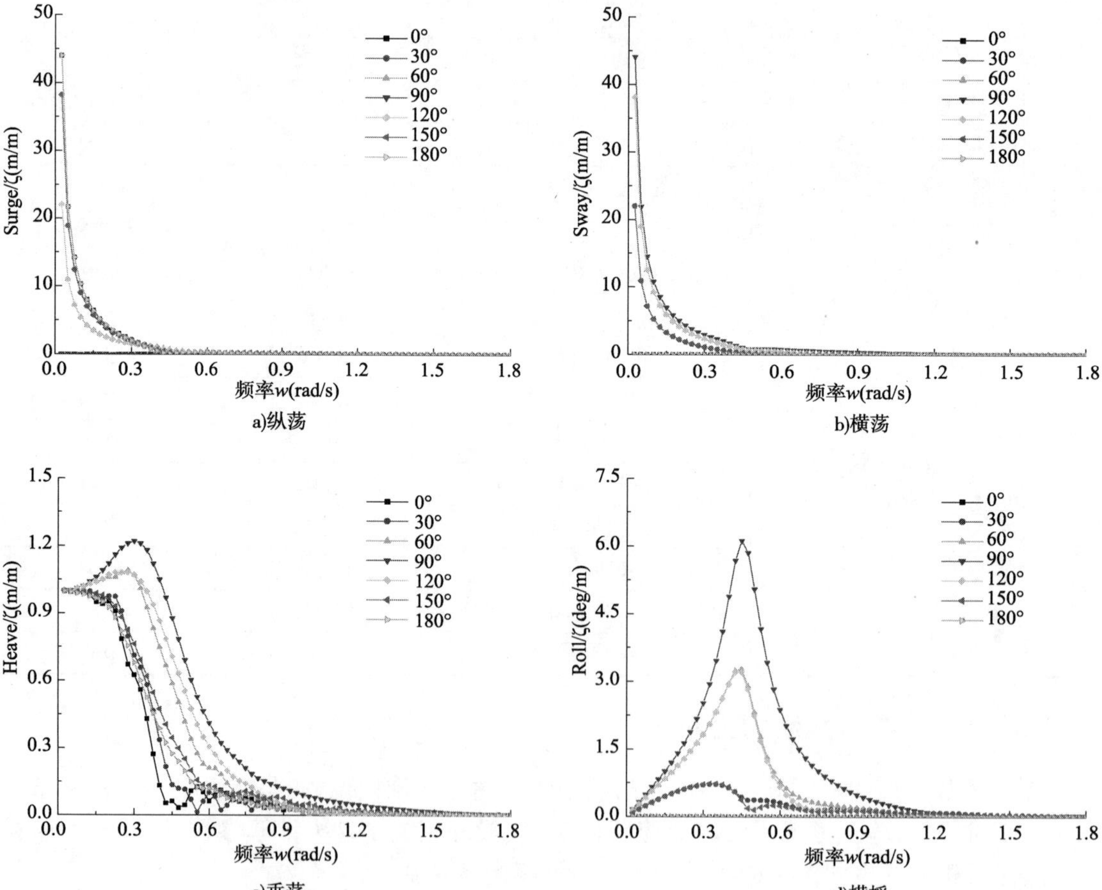

a)纵荡

b)横荡

c)垂荡

d)横摇

图 6-4-2

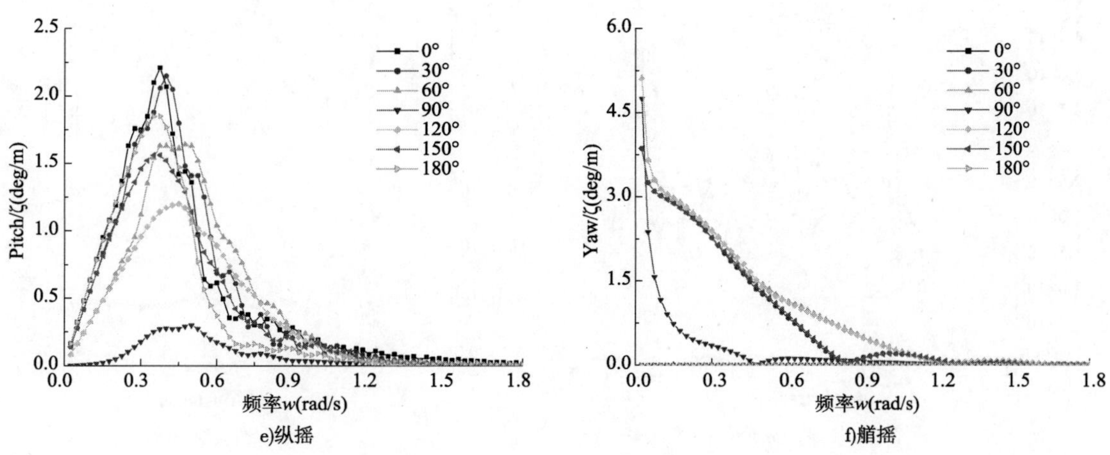

e)纵摇　　f)艏摇

图 6-4-2　"长大海升"六自由度频率响应曲线

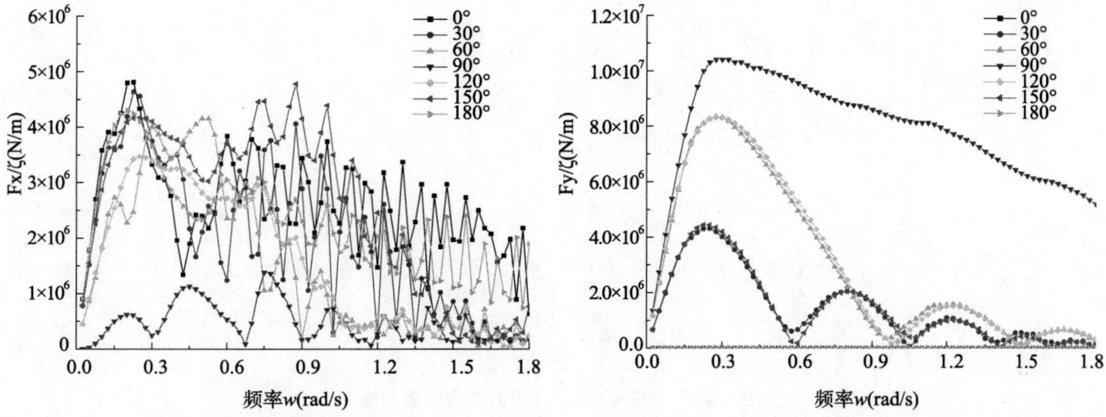

a)一阶波浪激励力F_X　　b)一阶波浪激励力F_Y

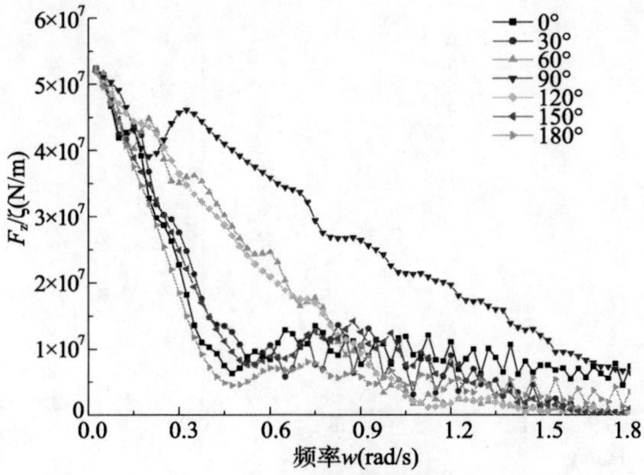

c)一阶波浪激励力F_Z

图 6-4-3　"长大海升"一阶波浪激励力响应曲线

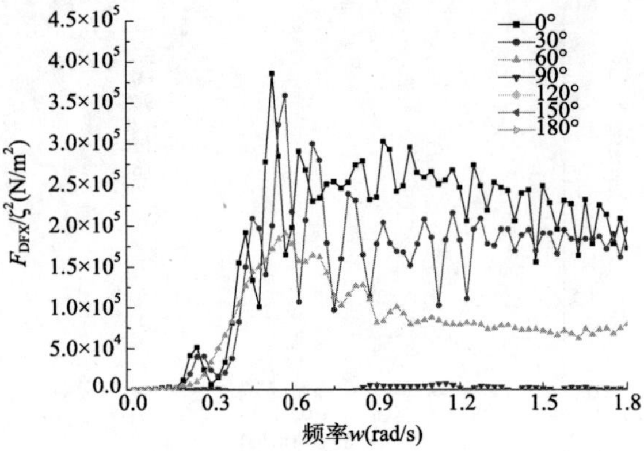

a)二阶波漂力Drift F_X

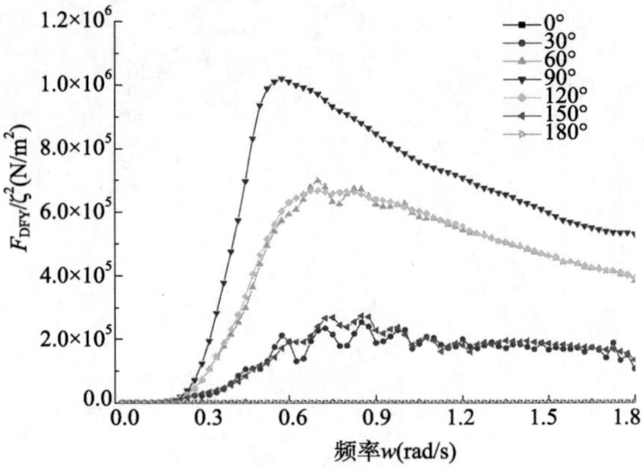

b)二阶波漂力Drift F_Y

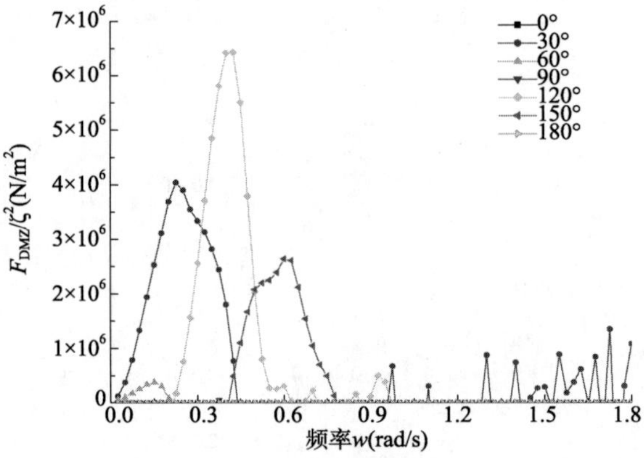

c)二阶波漂力Drift M_Z

图 6-4-4 “长大海升”二阶波漂力响应曲线

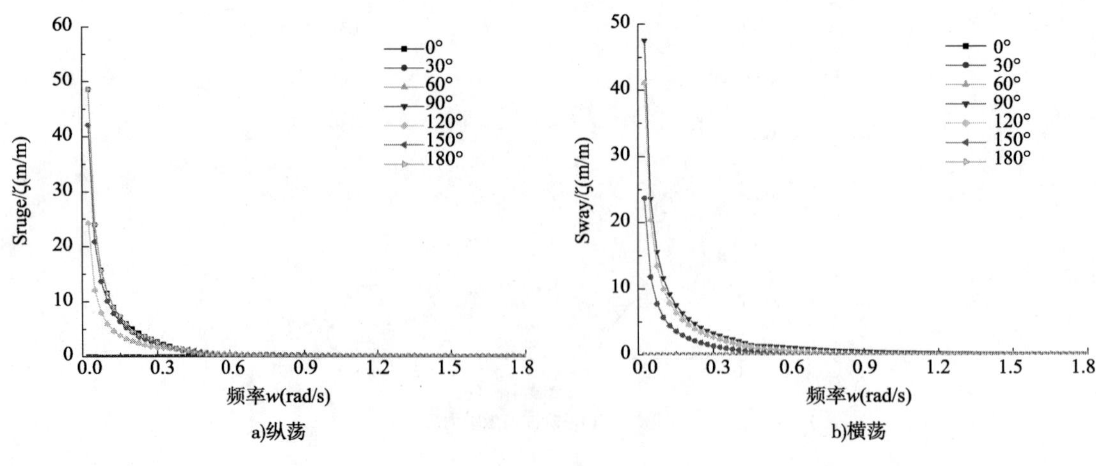

a)纵荡

b)横荡

图 6-4-5

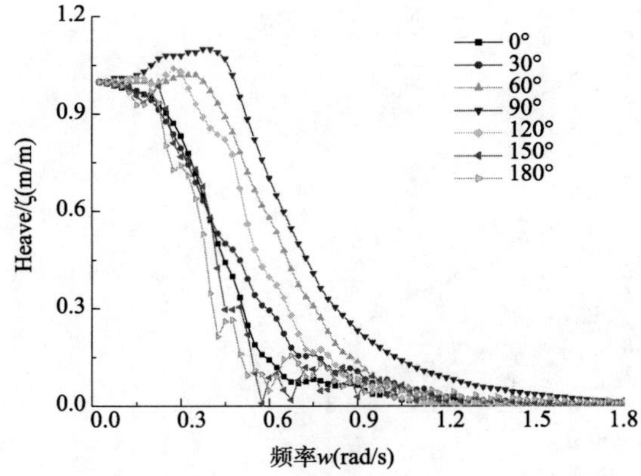

c)垂荡

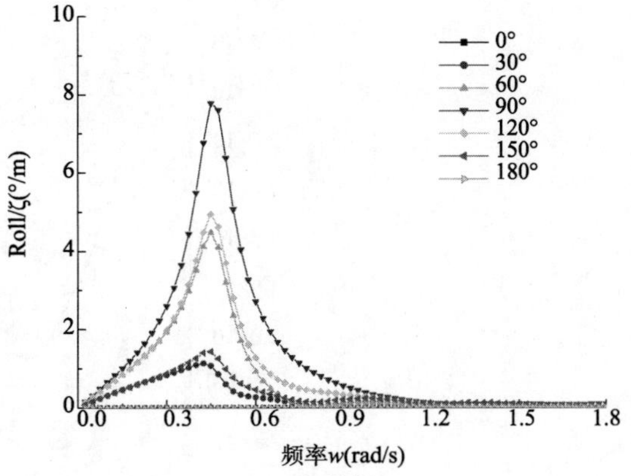

d)横摇

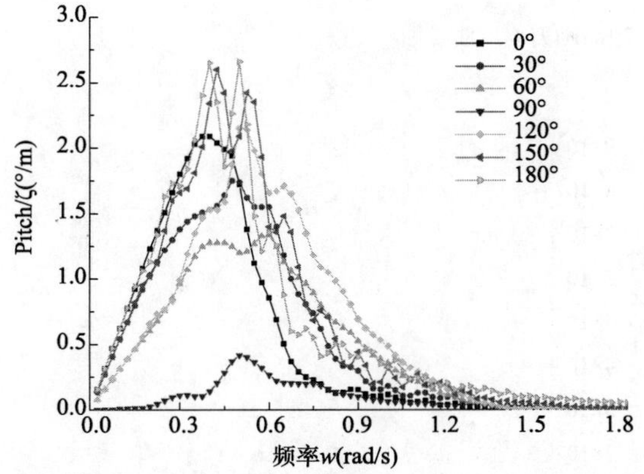

e)纵摇

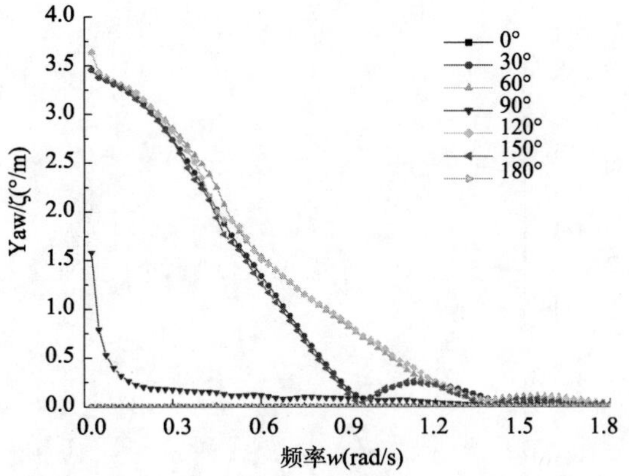

f)艏摇

图 6-4-5 “正力”六自由度频率响应曲线

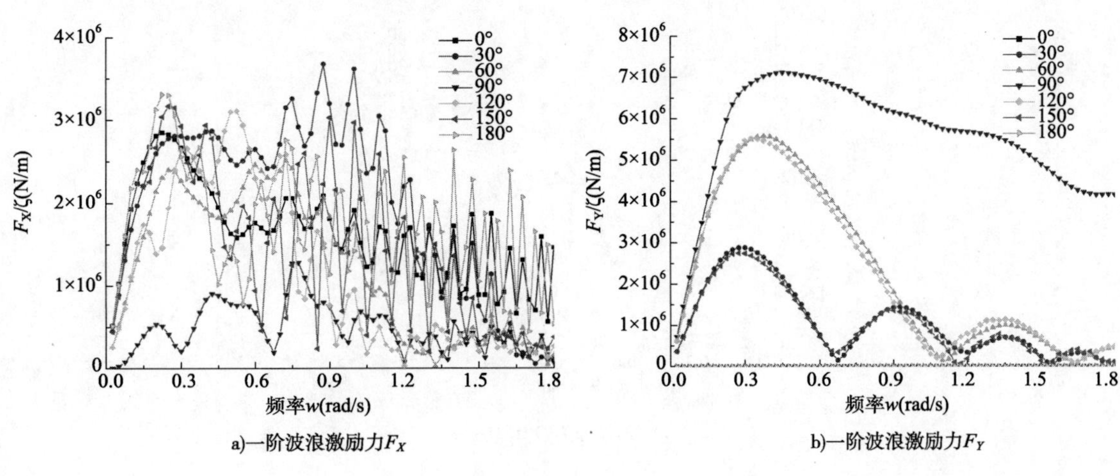

a)一阶波浪激励力F_X b)一阶波浪激励力F_Y

图 6-4-6

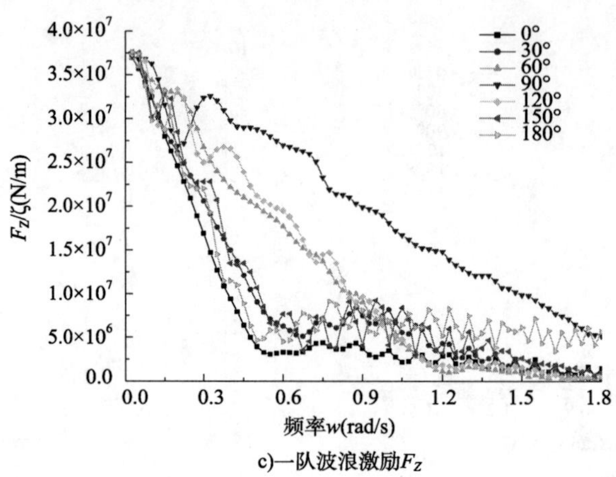

c)一队波浪激励F_Z

图 6-4-6 “正力”一阶波浪激励力响应曲线

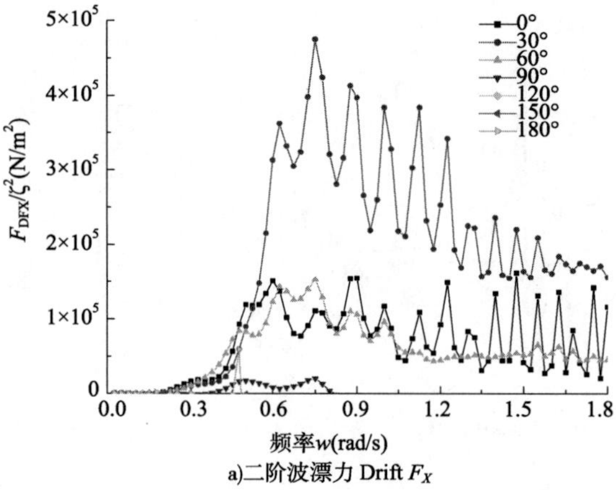

a)二阶波漂力 Drift F_X

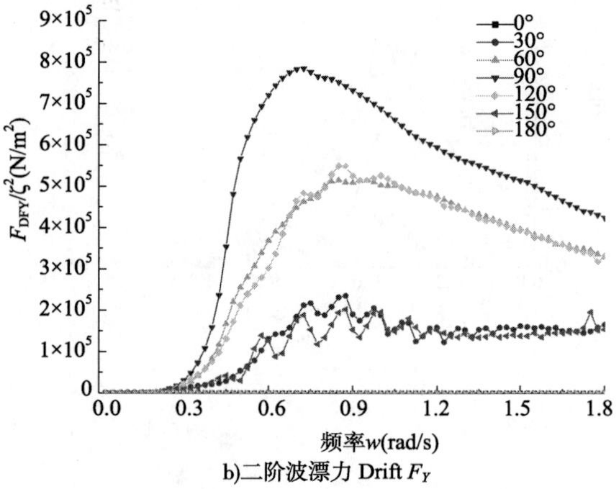

b)二阶波漂力 Drift F_Y

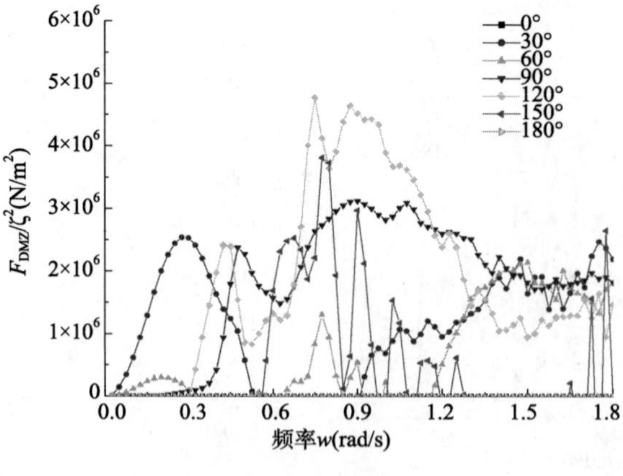

c)二阶波漂力 Drift M_Z

图 6-4-7 “正力”二阶波漂力响应曲线

2）工况2（变幅阶段，钢塔倾斜42°）

工况2的计算结果如图6-4-8～图6-4-13所示。

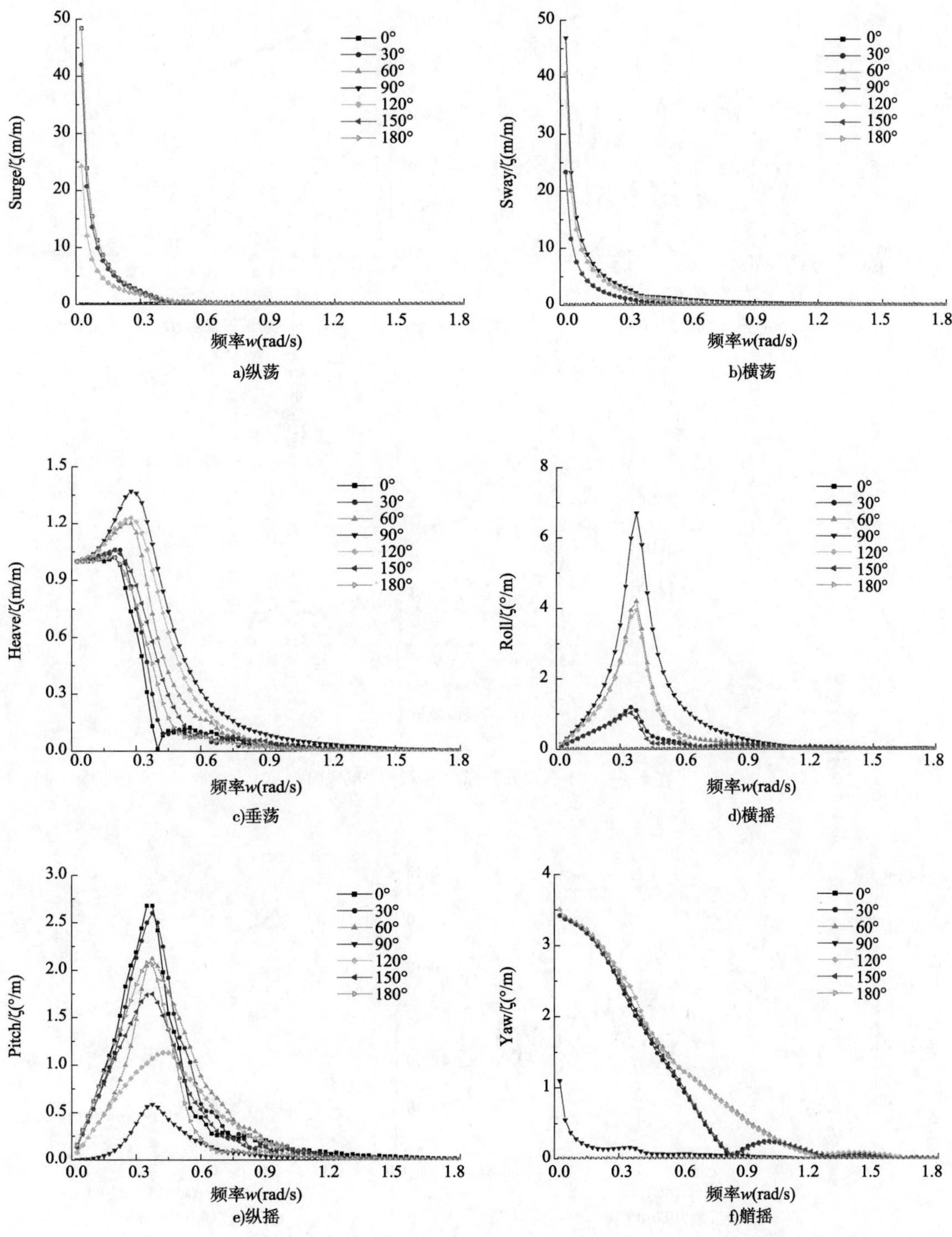

图6-4-8　“长大海升”六自由度频率响应曲线

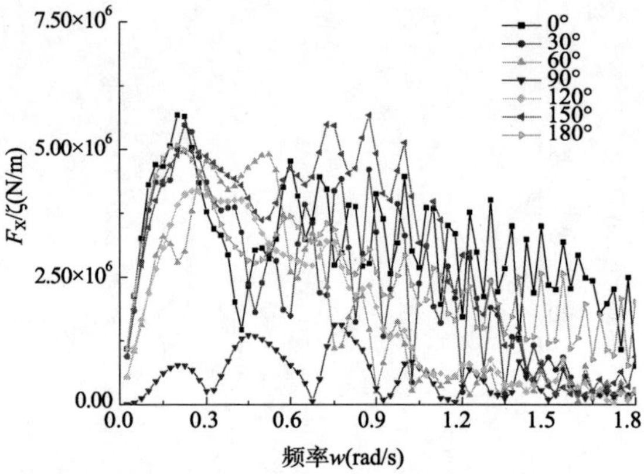

a)一阶波浪激励力F_X

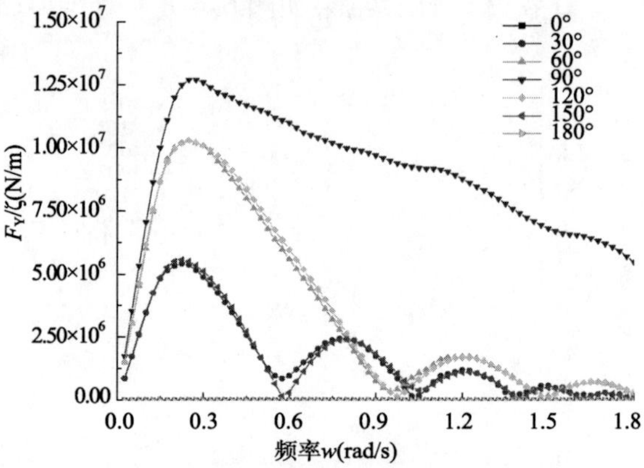

b)一阶波浪激励力F_Y

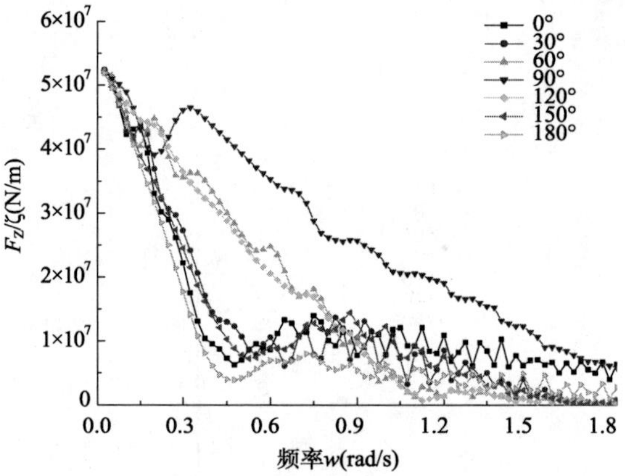

c)一阶波浪激励力F_Z

图 6-4-9 “长大海升”一阶波浪激励力响应曲线

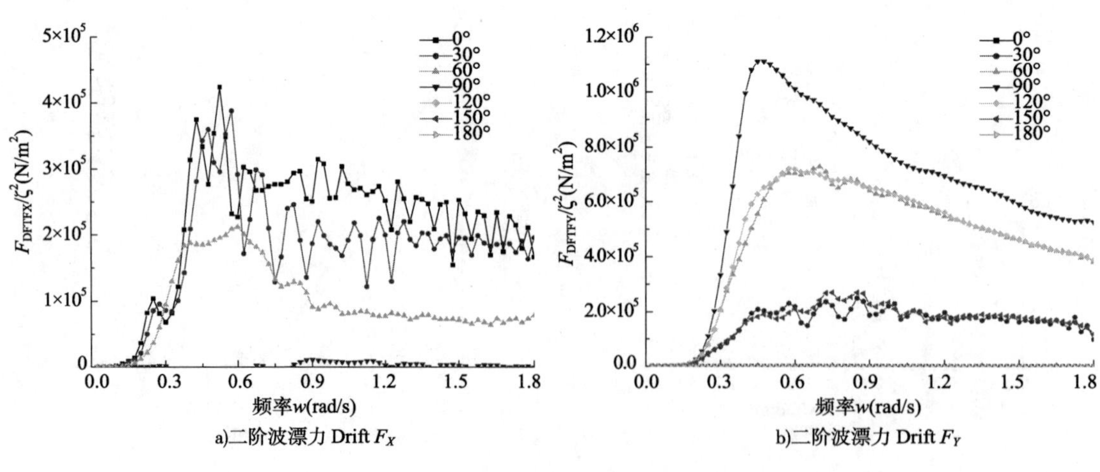

a)二阶波漂力 Drift F_X

b)二阶波漂力 Drift F_Y

图 6-4-10

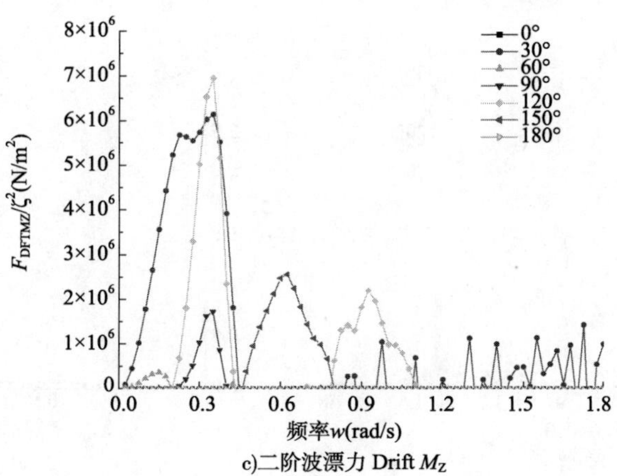

c)二阶波漂力 Drift M_Z

图 6-4-10　“长大海升”二阶波漂力响应曲线

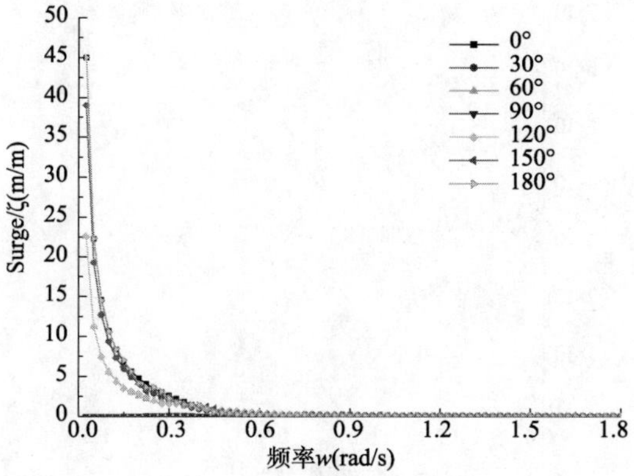

a)纵荡

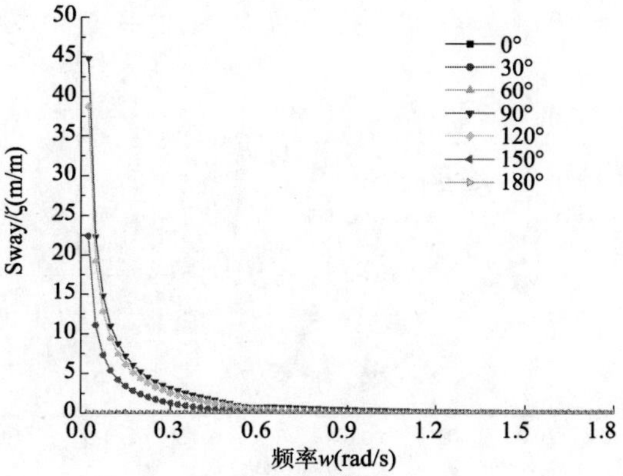

b)横荡

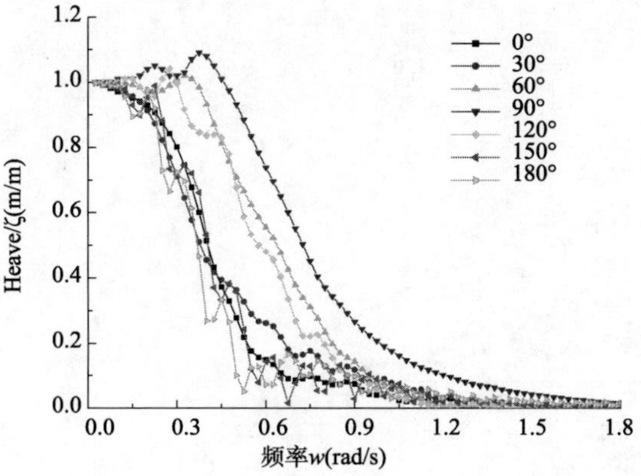

c)垂荡

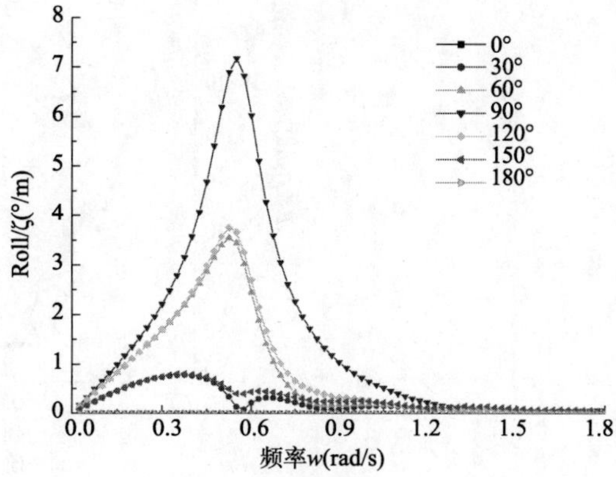

d)横摇

图　6-4-11

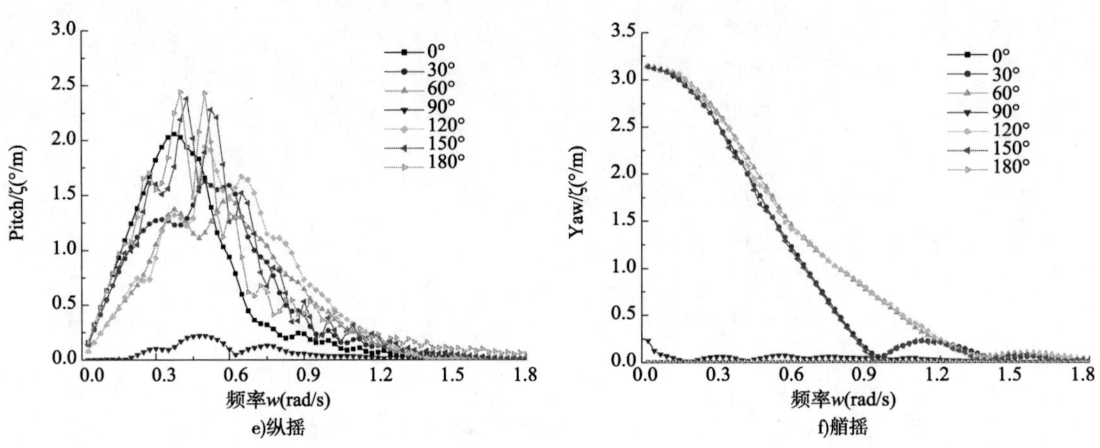

e)纵摇　　f)艏摇

图 6-4-11　“正力”六自由度频率响应曲线

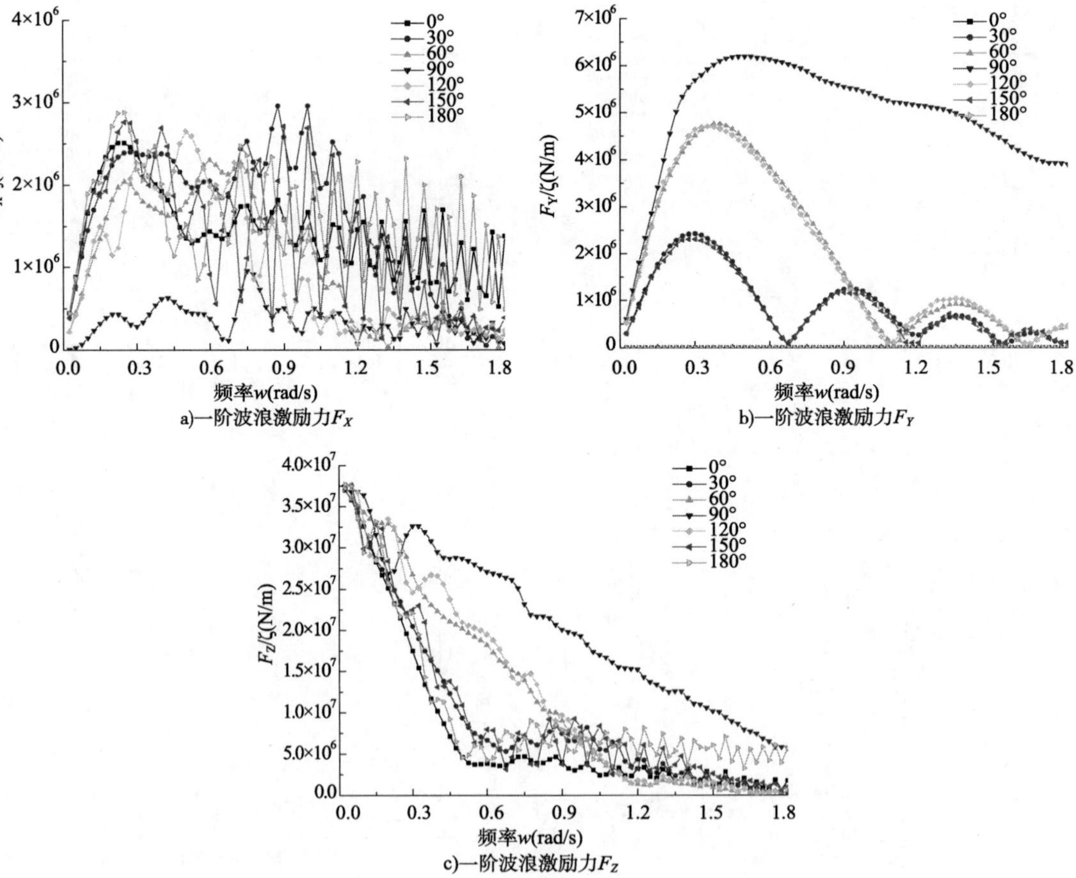

a)一阶波浪激励力F_X

b)一阶波浪激励力F_Y

c)一阶波浪激励力F_Z

图 6-4-12　“正力”一阶波浪激励力响应曲线

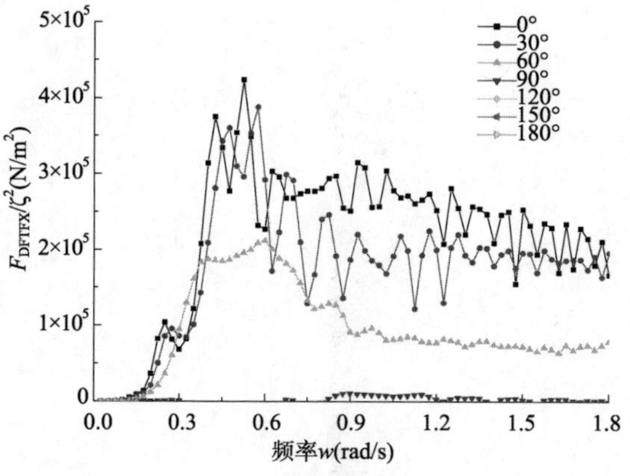

a)二阶波漂力 Drift F_X

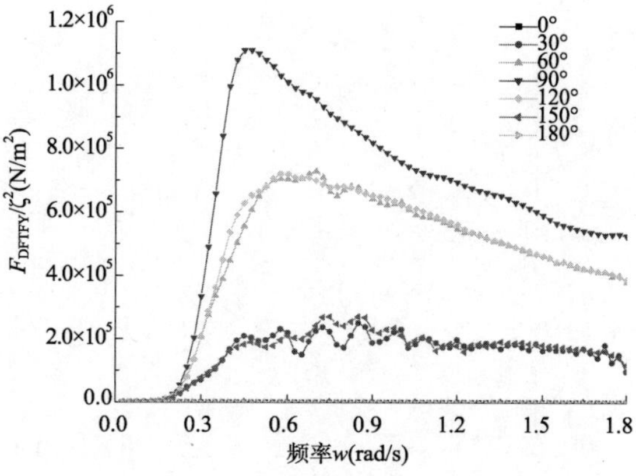

b)二阶波漂力 Drift F_Y

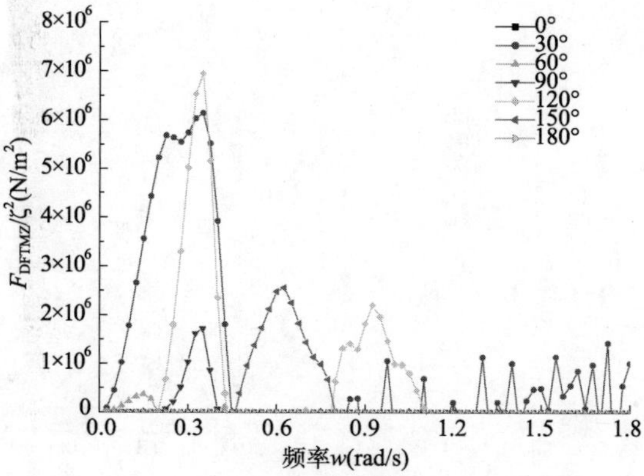

c)二阶波漂力 Drift M_Z

图 6-4-13　“正力”二阶波漂力响应曲线

3）工况 3（正力解钩，长大海升移船到桥墩中轴线）

工况 3 的计算结果如图 6-4-14 ~ 图 6-4-17 所示。

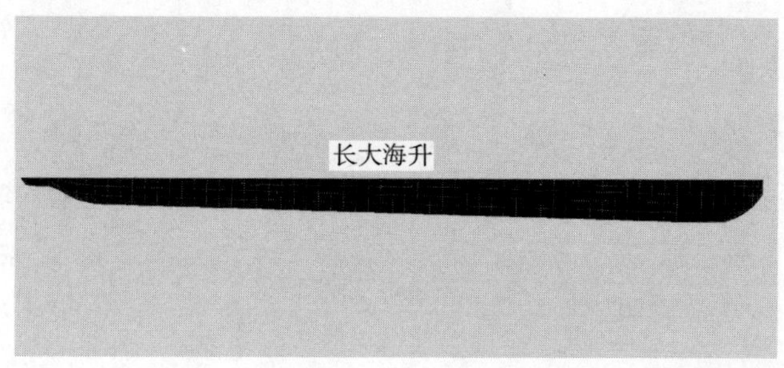

图 6-4-14　工况 3（正力解钩，长大海升移船到桥墩中轴线）水动力模型

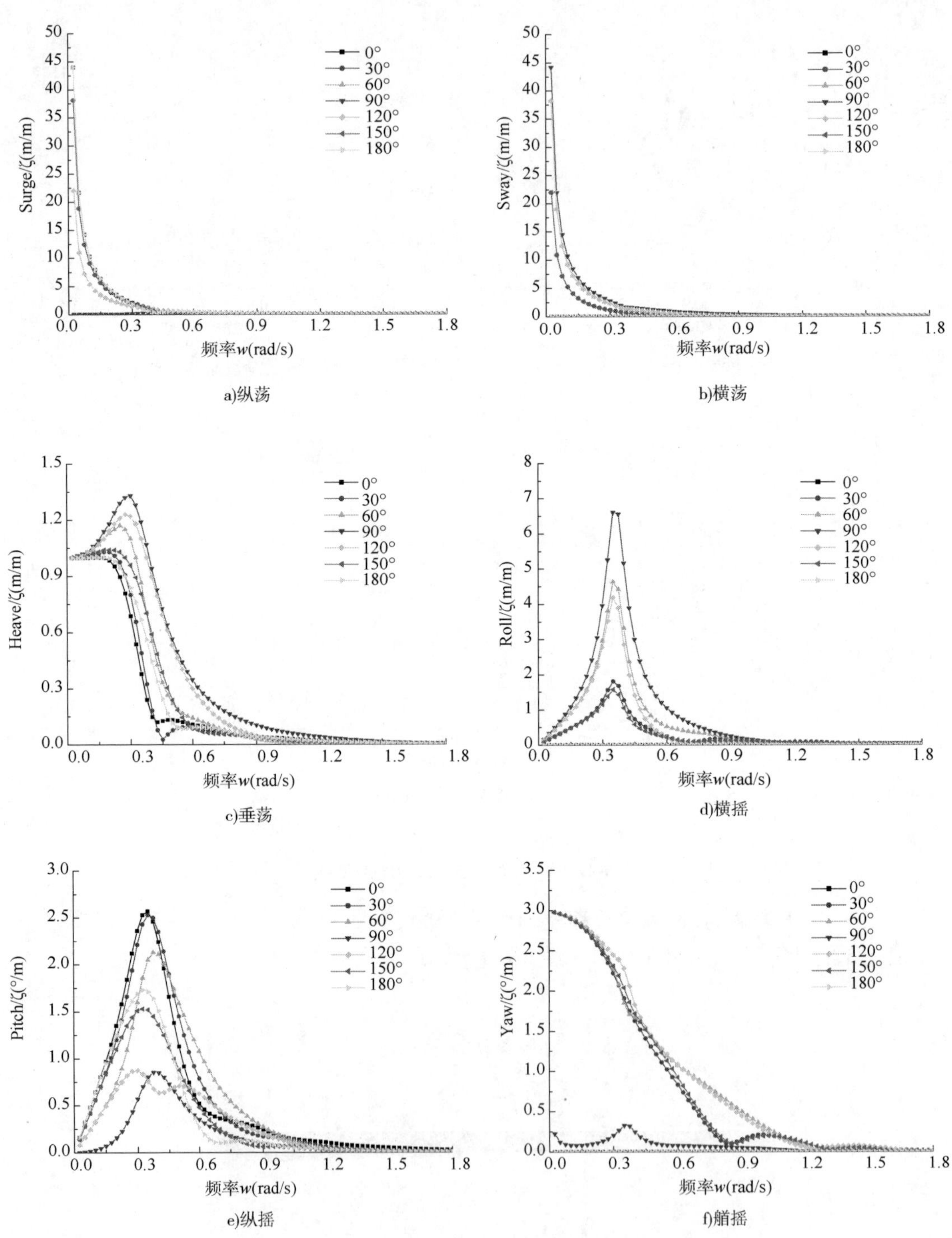

图 6-4-15 “长大海升”六自由度频率响应曲线

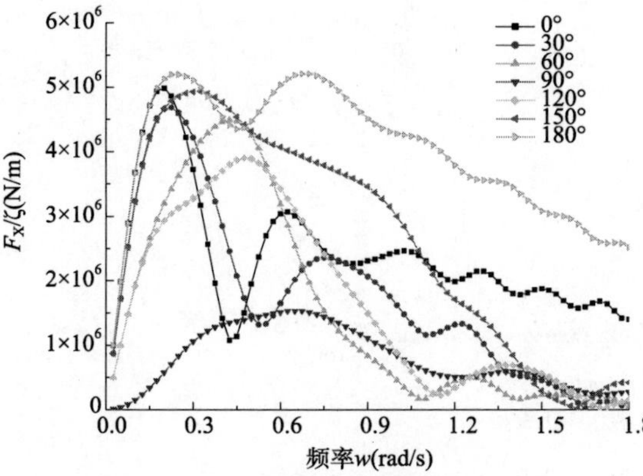

a)一阶波浪激励力F_X

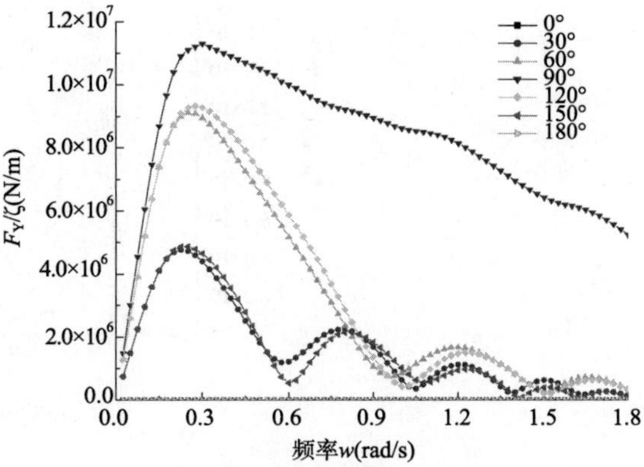

b)一阶波浪激励力F_Y

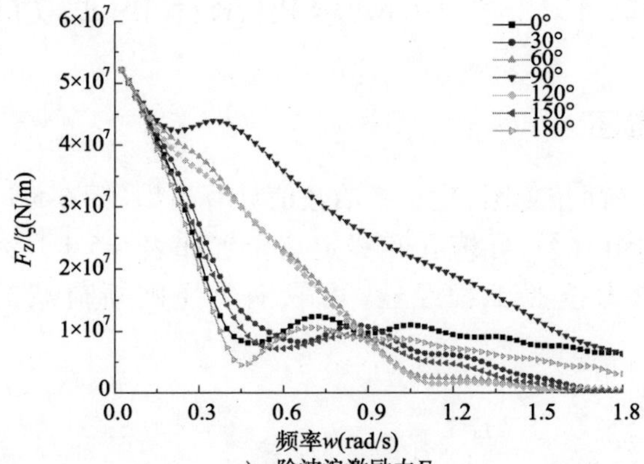

c)一阶波浪激励力F_Z

图6-4-16　“长大海升”一阶波浪激励力响应曲线

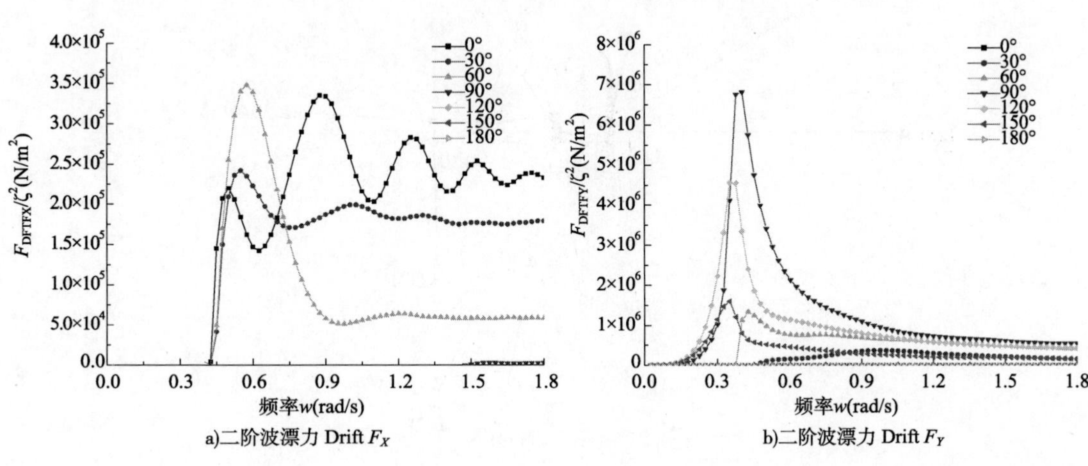

a)二阶波漂力 Drift F_X

b)二阶波漂力 Drift F_Y

图　6-4-17

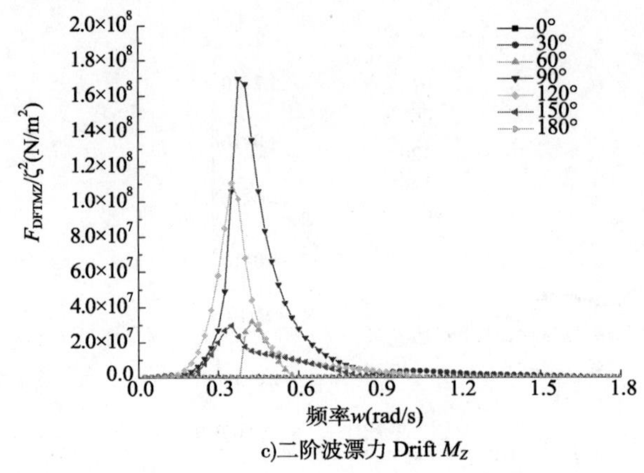

c)二阶波漂力 Drift M_Z

图 6-4-17 "长大海升"二阶波漂力响应曲线

第5节 多浮体系泊系统时域分析

6.5.1 系泊布置图

根据钢塔吊装系泊平面布置图，建立系泊数值计算模型（图 6-5-1 ~ 图 6-5-4），所有系泊线均为钢丝绳 + 锚链的组合缆，导缆孔和锚定点位置如表 6-5-1 所示。"长大海升"与"正力"浮吊船系泊线预紧力按照工程经验，均取钢丝绳破断荷载的 10%，分别为 200kN 和 180kN。

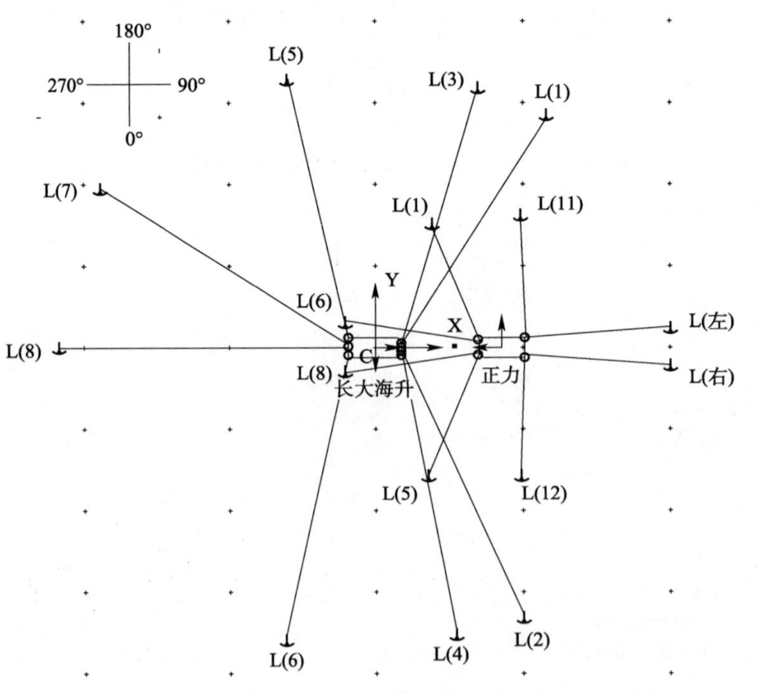

图 6-5-1 系泊系统数值模型(工况 1、2)

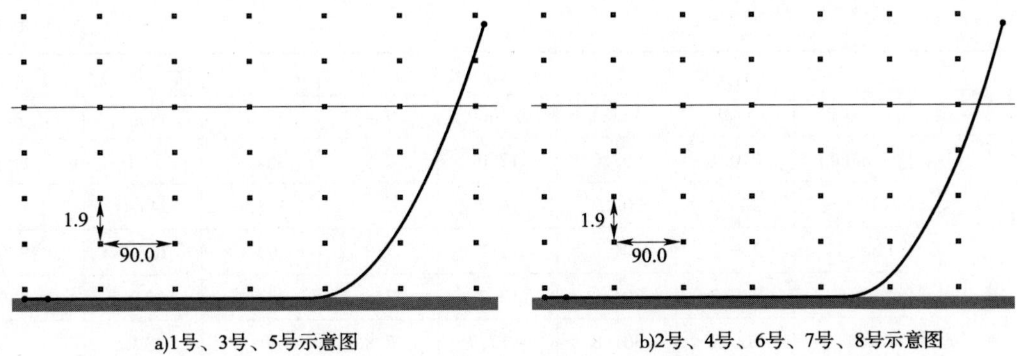

a)1号、3号、5号示意图　　b)2号、4号、6号、7号、8号示意图

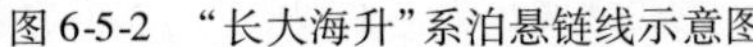

图6-5-2　“长大海升”系泊悬链线示意图

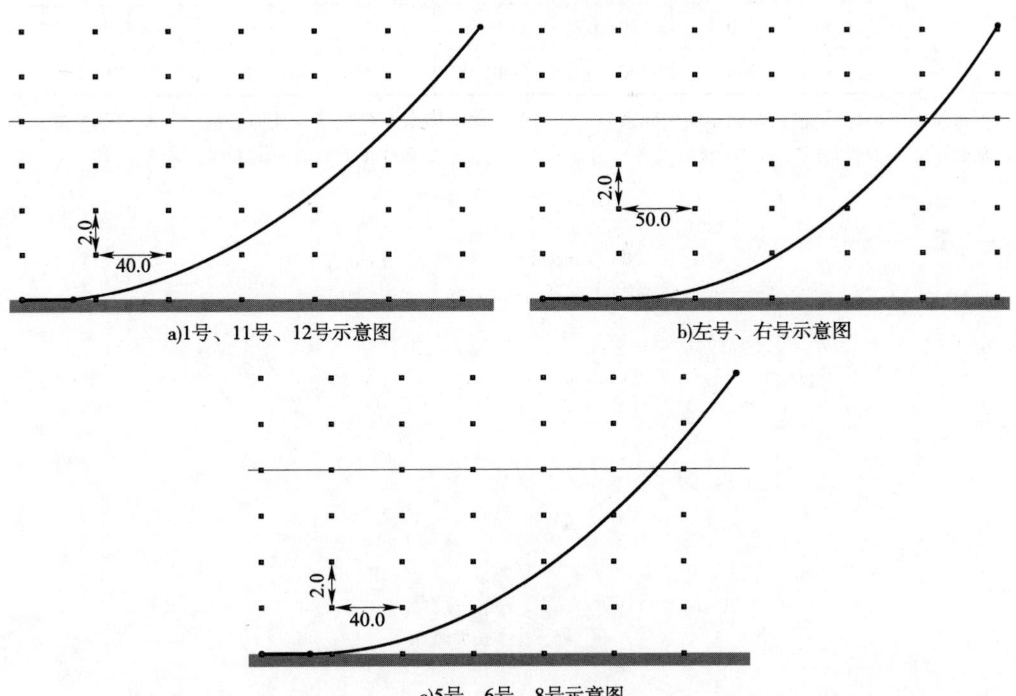

a)1号、11号、12号示意图　　b)左号、右号示意图

c)5号、6号、8号示意图

图6-5-3　“正力”系泊悬链线示意图

两船导缆孔与锚定点位置　　表6-5-1

船　舶	编号	系泊线长（m）	导　缆　孔			锚　定　点		
			X(m)	Y(m)	Z(m)	X(m)	Y(m)	Z(m)
长大海升	Line(1)	550.6	55.0	14.6	8.4	351.1	478.8	-8.0
	Line(2)	600.6	55.0	-14.6	8.4	305.0	-560.7	-8.0
	Line(3)	550.2	55.0	8.4	8.4	206.9	537.2	-8.0
	Line(4)	599.3	55.0	-8.4	8.4	162.6	-598.0	-8.0
	Line(5)	548.1	-55.0	20.6	8.4	-179.2	554.5	-8.0
	Line(6)	599.9	-55.0	-20.6	8.4	-181.6	-607.1	-8.0
	Line(7)	600.8	-55.0	2.6	8.4	-562.1	324.8	-8.0
	Line(8)	599.6	-55.0	-2.6	8.4	-654.6	-1.5	-8.0

续上表

船 舶	编号	系泊线长(m)	导缆孔			锚定点		
			X(m)	Y(m)	Z(m)	X(m)	Y(m)	Z(m)
正力	Line(6)	270.1	207.0	12.0	7.8	-60.0	52.0	-8.0
	Line(1)	250.2	207.0	16.7	7.8	114.4	249.0	-8.0
	Line(11)	250.1	301.8	17.7	7.8	297.6	267.7	-8.0
	Line(左)	300.2	301.8	17.7	7.8	601.1	39.8	-8.0
	Line(右)	300.2	301.8	-17.7	7.8	601.1	-39.8	-8.0
	Line(12)	248.9	301.8	-17.7	7.8	297.6	-266.4	-8.0
	Line(5)	270.7	207.0	-16.8	7.8	106.4	-267.9	-8.0
	Line(8)	269.7	207.0	-12.0	7.8	-59.6	-52.0	-8.0

注:均采用右手坐标系,描述船舶运动坐标系如下。船舶运动坐标原点O位于长大海升船中与船中剖面的交点。Ox轴的正方向为船首的方向;Oy轴的正方向为指向左舷方向;Oz轴的正方向为向上方向。

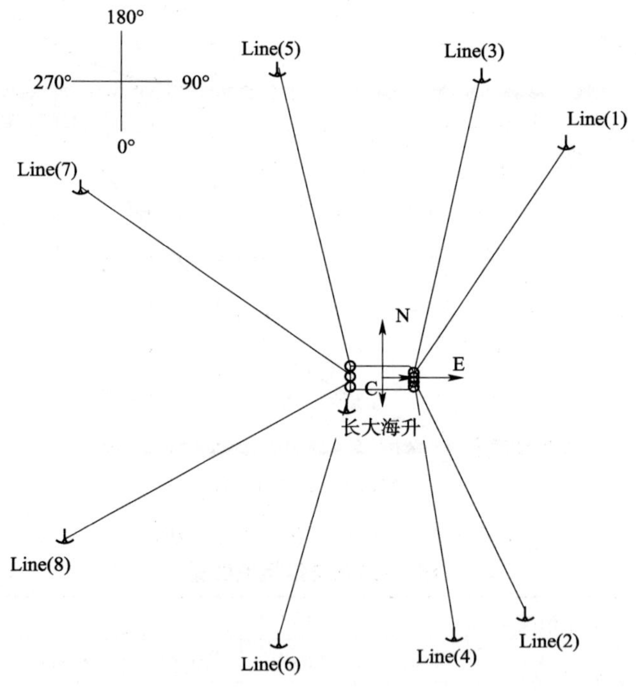

图6-5-4 系泊系统数值模型(工况3)

时域分析模拟时间为3个小时海况,考虑了低频力和波频力的耦合,考虑了浅水效应的影响,由于重点关注的是两船相对运动幅值,计算了"长大海升"和"正力"两条船的六自由度运动、钢塔两个吊钩处的位移、加速度以及两吊钩处的相对运动(相对位移、相对速度、相对加速度)的统计特征值。所有数据均为整个时历曲线通过数理统计获得的 $R_{1/3}$、$R_{1/10}$、$R_{1/1000}$单幅值。

6.5.2　钢塔吊装作业天气/海况限制

钢塔的吊装安装经历水平整体提升、转体第一阶段、变幅阶段、转体第二阶段、转体第三阶段、"正力"解钩，挂牵引锁一系列步骤。整个过程中钢塔塔尖需要穿过"长大海升"双A型臂架（图6-5-5），钢塔由水平提升并完成空中转体至"正力"放松钢丝绳解钩。整个过程，选取了三个状态作为研究对象，系统计算了风、浪、流共同作用下多浮体组成的系泊系统的运动响应，包括波浪周期敏感性、两条船六自由度运动、吊钩处的加速度响应、钢塔两处吊钩之间的相对运动（相对位移、相对速度、相对加速度）以及系泊线受力特征值。整个吊装过程中，"长大海升"船保持不动，"正力前"移并逐步放松钢丝绳直至完全竖立。引起钢塔空中姿态变化的因素很多，包括系泊方式的设计、涌浪作用下两条船之间的相对运动，尤其是横向；运动幅值过大会导致钢塔塔尖与长大海升臂架发生碰撞，影响吊装作业安全。"正力"起重船在前移过程中，由于船首、船尾收放系泊线不同步造成"长大海升"与"正力"中轴线不在同一直线上的偏差。

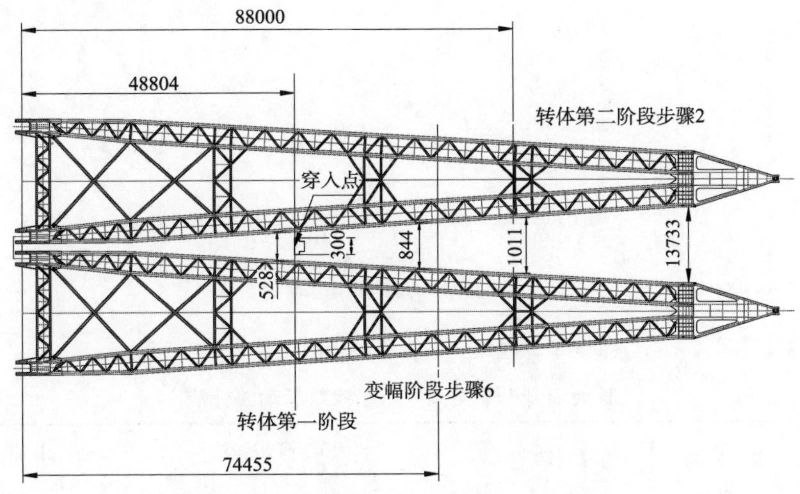

图6-5-5　"长大海升"臂架平面图（尺寸单位：mm）

钢塔塔架首次进入臂架之间是在转体第一阶段，此时臂架之间间距为5.28m，塔尖宽度为3m，剩余空间净距为2.28m，钢塔倾斜角度为17.6°。变幅阶段步骤6，臂架之间间距为8.44m，剩余净空为5.44m，钢塔倾斜角度为42°。转体第二阶段步骤2，臂架之间间距为10.11m，剩余净空为7.11m，钢塔倾斜角度为51.8°。钢塔倾斜角度越大，臂架之间间距越大，剩余净空也越大，可以抵御波浪引起的相对运动能力也越大。钢塔吊装作业最危险工况发生在转体第一阶段，即钢塔塔尖首次进入"长大海升"臂架之间。综合考虑两船在不同波高、周期下的横向最大位移值以及"长大海升"臂架剩余净空等因素，有义波高为1m时，横向最小相对位移约为0.75m，所以为安全起见，建议"正力"浮吊船前移过程中摆幅值控制在±0.5m以内。

从图6-5-6可知，"长大海升"吊钩处与"正力"吊钩处之间相对运动最大值随着波浪周期的增大而增大（表6-5-2）。吊装作业中浪向和流向基本稳定，考虑到风向的不确定性，共计算了横风（180°）、斜风（135°）及顺风（90°）三种工况，通过对比发现，影响两船之间相对运动的主导因素是波浪，风力和流力计算中认为是定常力。

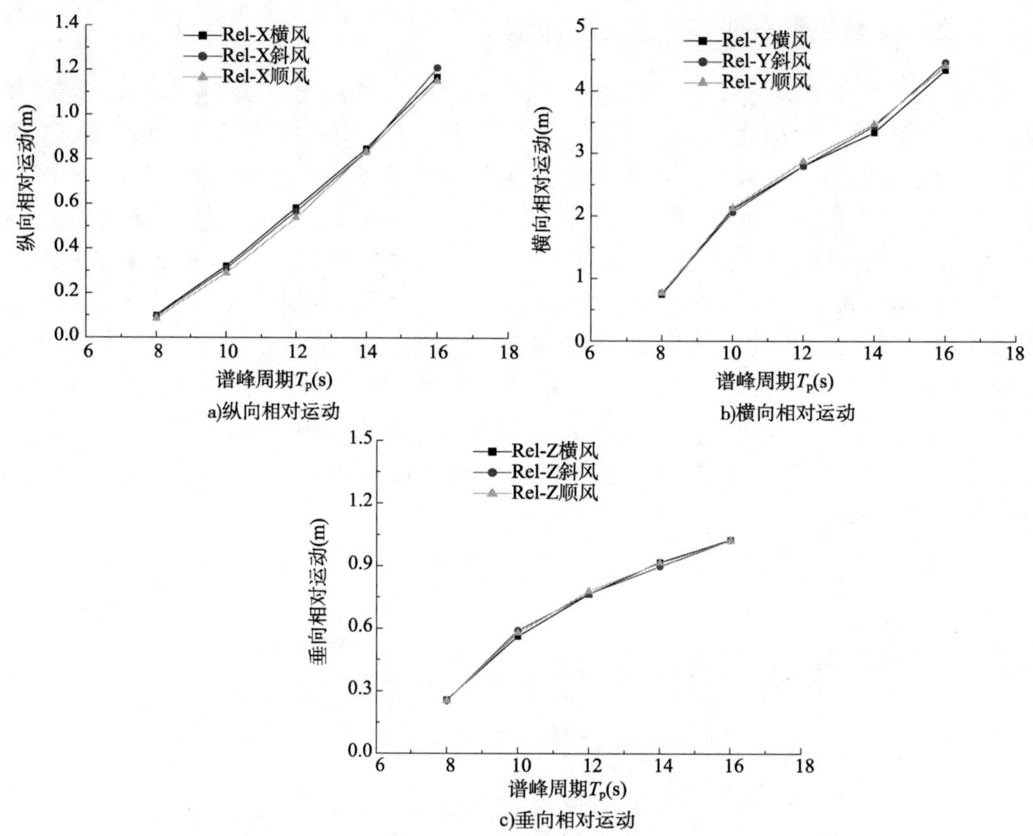

图 6-5-6　两船相对运动与波浪周期及风向关系

"长大海升"与"正力"两船相对运动统计值　　表 6-5-2

工　况	有义波高(m)	谱峰周期(s)	"长大海升"吊钩处与"正力"吊钩处相对运动		
			相对位移 X(m)	相对位移 Y(m)	相对位移 Z(m)
横风横浪横流	1.0	8	0.100	0.745	0.258
		10	0.322	2.112	0.562
		12	0.582	2.803	0.765
		14	0.848	3.341	0.919
		16	1.169	4.339	1.027
斜风横浪横流	1.0	8	0.096	0.770	0.254
		10	0.310	2.062	0.591
		12	0.566	2.801	0.767
		14	0.834	3.445	0.898
		16	1.210	4.462	1.026

续上表

工 况	有义波高(m)	谱峰周期(s)	"长大海升"吊钩处与"正力"吊钩处相对运动		
			相对位移 X(m)	相对位移 Y(m)	相对位移 Z(m)
顺风横浪横流	1.0	8	0.086	0.771	0.254
		10	0.290	2.130	0.578
		12	0.538	2.876	0.779
		14	0.832	3.475	0.915
		16	1.149	4.403	1.023

注:表中风速为10.7m/s;横风为180°,斜风为135°,顺风为90°。流速为2.0m/s,流向为横流180°。

由图6-5-7可知,"长大海升"吊钩处与"正力"吊钩处之间相对运动最大值随着波浪谱峰周期的增大而增大,随着有义波高的增大而增大(表6-5-3)。通过对比有义波高分别为1.0m、0.8m、0.6m和0.4m时两船之间的相对运动幅值,当波高从0.8m增大为1.0m时,相对于纵向而言,横向和垂向相对运动幅值增幅很明显,横向运动幅值最大,这恰恰是吊装作业中最关心的问题。

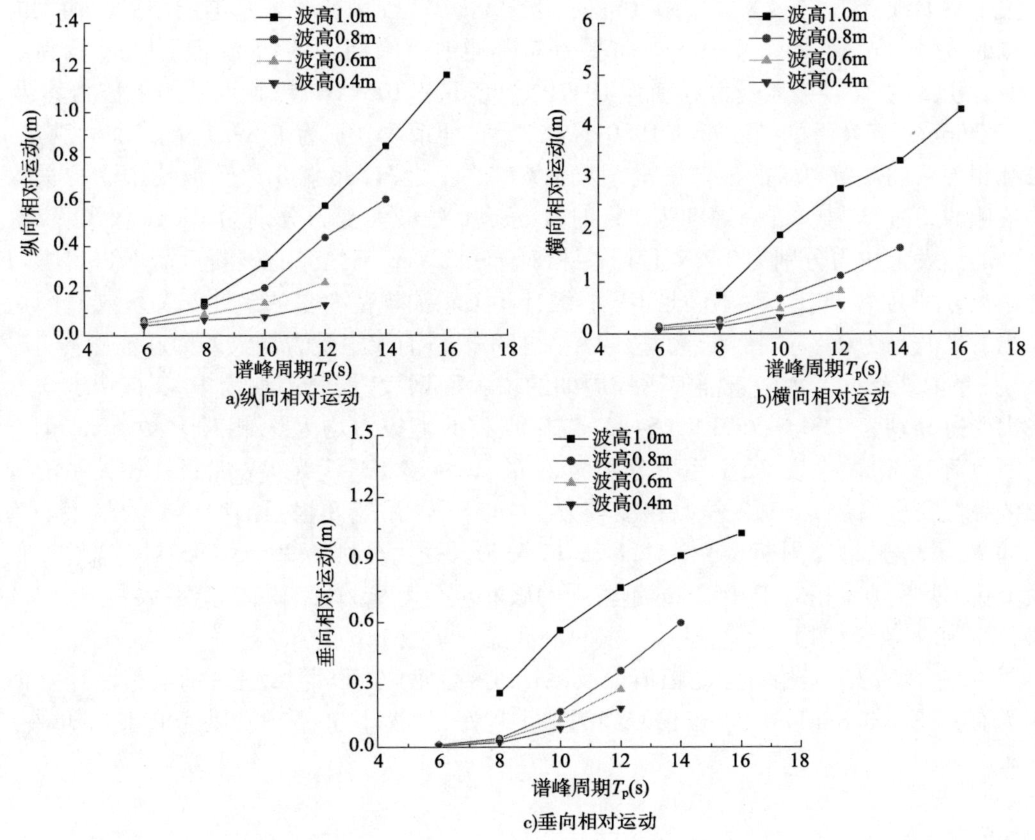

图6-5-7 两船相对运动与波浪周期及风向关系

"长大海升"与"正力"两船相对运动统计值 表 6-5-3

工 况	有义波高(m)	谱峰周期(s)	"长大海升"吊钩处与"正力"吊钩处相对运动		
			相对位移 X(m)	相对位移 Y(m)	相对位移 Z(m)
横风横浪横流	0.8	6	0.035	0.153	0.011
		8	0.057	0.271	0.041
		10	0.193	0.68	0.169
		12	0.356	1.129	0.367
		14	0.474	1.661	0.597
横风横浪横流	0.6	6	0.083	0.114	0.009
		8	0.047	0.200	0.032
		10	0.146	0.486	0.131
		12	0.179	0.830	0.276
横风横浪横流	0.4	6	0.043	0.079	0.007
		8	0.021	0.140	0.021
		10	0.063	0.327	0.088
		12	0.087	0.565	0.185

注:表中有义波高 0.8m 对应风速为 8m/s;表中有义波高 0.6m 对应风速为 6.75m/s;表中有义波高 0.4m 对应风速为 5.5m/s。

关于系泊线受力,有义波高为 1.0m 时,"长大海升"浮吊船 8 根系泊线中受力最大的为迎浪侧的 1 号、3 号、5 号。系泊线轴向受力随着涌浪谱峰周期的增大而增大,谱峰周期为 16s 时,1 号、3 号、5 号最大受力分别为 1047kN、1156kN、1064kN,锚碇点处的上拔力均为 0。相对于 Φ56mm 钢丝绳的破断负荷 1980kN 来说,安全系数分别为 1.89、1.71、1.86,满足 BV 船级社相关系泊规范要求的最低安全系数 1.67。"正力"浮吊船 8 根系泊线中受力最大的为迎浪侧的 2 号、3 号。谱峰周期为 16s 时,1 号、11 号最大受力分别为 1561kN、1089kN,锚碇点处的最大上拔力分别为 30kN、14kN。相对于 Φ52mm 钢丝绳的破断负荷 1796kN 来说,安全系数分别为 1.15、1.65,不满足 BV 船级社相关系泊规范要求的最低安全系数 1.67。

当有义波高为 0.8m 时,"长大海升"浮吊船 8 根系泊线中受力最大的为迎浪侧的 1 号、3 号、5 号,系泊线轴向受力随着涌浪谱峰周期的增大而增大,谱峰周期为 14s 时,1 号、3 号、5 号最大受力分别为 723kN、779kN、654kN,锚碇点处的上拔力均为 0,相对于 Φ56mm 钢丝绳的破断负荷 1980kN 来说,安全系数分别为 2.74、2.54、3.03,满足 BV 船级社相关系泊规范要求的最低安全系数 1.67,安全富裕度较大。"正力"浮吊船 8 根系泊线中受力最大的为迎浪侧的 2 号、3 号,谱峰周期为 14s 时,1 号、11 号最大受力分别为 996kN、857kN,锚碇点处的最大上拔力均为 0。相对于 Φ52mm 钢丝绳的破断负荷 1796kN 来说,安全系数分别为 1.80、2.10,满足 BV 船级社相关系泊规范要求的最低安全系数 1.67。

所以综合考虑两船相对运动幅值以及系泊线受力两方面因素,建议钢塔吊装作业海况限制为有义波高 0.8m 以下,波浪谱峰周期越小越好,最大不超过 14s,风速低于 8.0m/s(即 4 级风)。

第7章　江海直达船航道桥钢箱梁架设技术

江海直达船航道桥钢箱梁安装工艺总体示意图见第1章绪论图1-1-3，钢箱梁梁段安装主要分为：128m边跨节段吊装，138号、139号、140号墩近塔处梁段吊装，138号墩两侧大节段钢箱梁整体吊装，139号、140号墩小节段悬拼段钢箱梁吊装以及合拢段梁段安装。

第1节　边跨大节段钢箱梁安装

7.1.1　工艺流程

边跨大节段长128m、质量为3516t，采用一台3200t浮吊加一台2200t浮吊对其进行抬吊，墩顶设置三维调节千斤顶精确调整定位安装，施工时边跨大节段直接利用两台浮吊同步抬吊至墩顶临时支座上方，并精确调位。吊装流程图如图7-1-1所示。

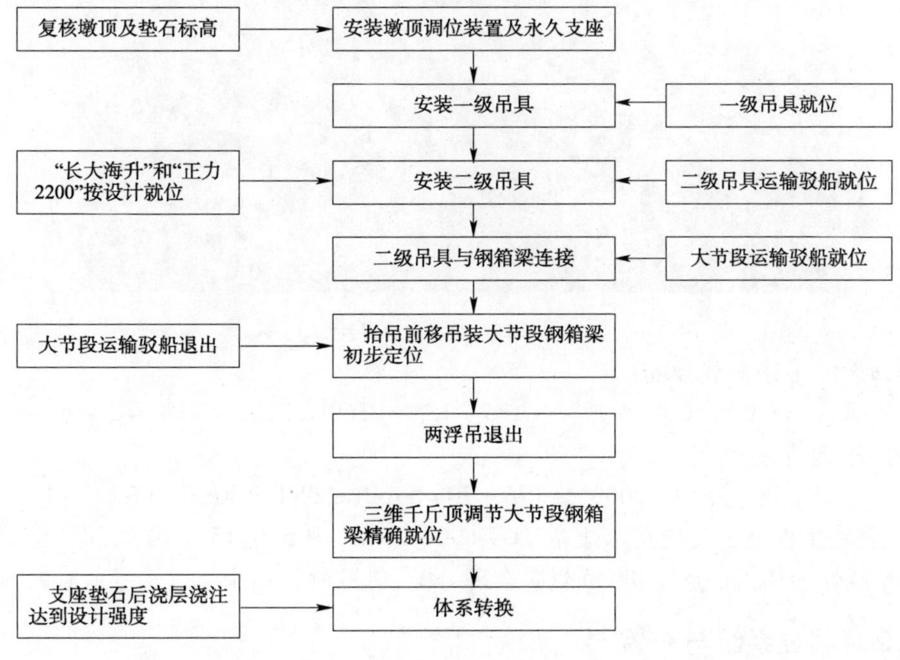

图7-1-1　边跨大节段吊装流程图

边跨大节段二级吊具总质量350t（单机吊具质量175t），抬吊吊具选择钢箱梁和大直径钢管结构，主、分吊点处吊耳铰轴座板为复式并联结构。单一抬吊吊具钢箱梁下部设计有对称的分吊点，分吊点与大节段钢箱梁采用均衡轮组索具机构连接。吊具钢箱梁上部为4个主吊点通过钢丝绳索具与吊具过渡梁连接，过渡梁再通过高性能无接头插编钢丝绳索具和浮吊4主吊钩连接。大节段钢箱梁上设置40个吊点，每个浮吊对应20个吊点。如图7-1-2所示。

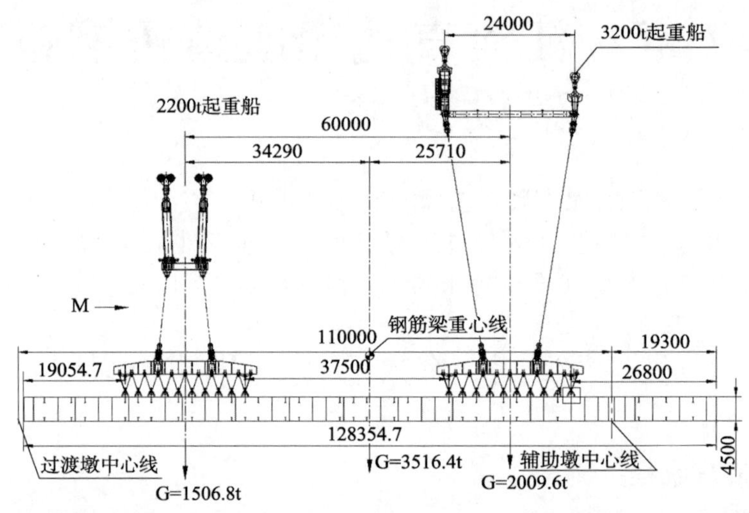

图7-1-2　边跨大节段吊具构造图(尺寸单位:mm)

"长大海升"吊钩荷载分配：

$$F_{海升}=(3516\times 34.29)/60+175+185=2369\text{t}\leqslant 3200\times 80\%=2560\text{t}$$

"正力"吊钩荷载分配：

$$F_{正力}=(3519-2009)+175+70=1752\text{t}\leqslant 2200\times 80\%=1760\text{t}$$

满足《公路工程施工安全技术规范 JTG F90—2015》中5.6.15的要求，即"双机抬吊宜选用同类型或性能相近的起重机，负载应合理分配，单机荷载不能超过额定荷载的80%"。

7.1.2　调位系统与布置

(1)千斤顶：过渡墩配置1000t竖向千斤顶(竖向行程200mm，水平行程60mm)2台；辅助墩配置1000t竖向千斤顶(竖向行程200mm，水平行程60mm)4台。

(2)液压泵站配置2套。

(3)控制系统配置2套。

千斤顶和临时支座的布置均对应钢箱梁梁内加劲位置,其中辅助墩临时支座利用了墩顶设计的永久支座。如图7-1-3所示。

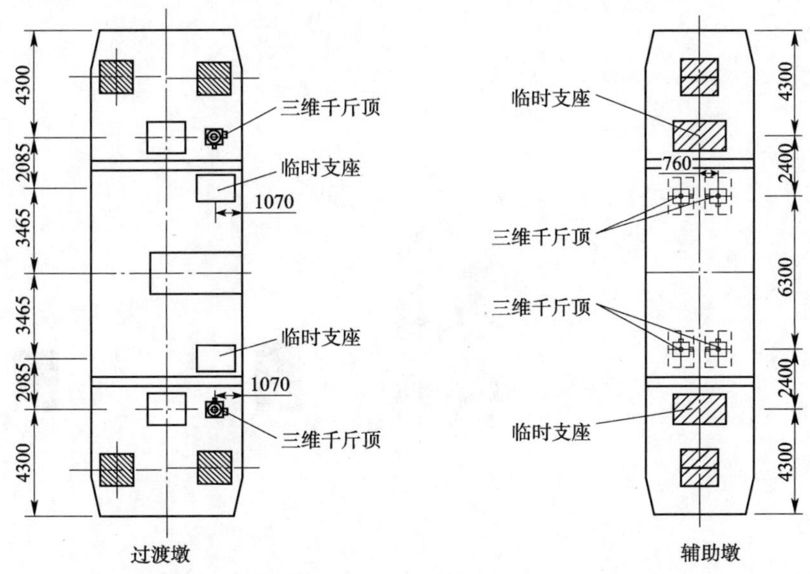

图7-1-3　墩顶临时支座和三维千斤顶布置示意图(尺寸单位:mm)

7.1.3　永久支座预安装

永久支座提前吊至墩顶支座垫石上,地脚螺栓伸入垫石预留孔内,为避免钢箱梁碰撞永久支座与钢箱梁连接用的双头螺柱,双头螺柱在钢箱梁调节到位后安装。此工况下垫石后浇层未施工,支座顶面比箱梁底低3~5cm,不影响箱梁安装。如图7-1-4所示。

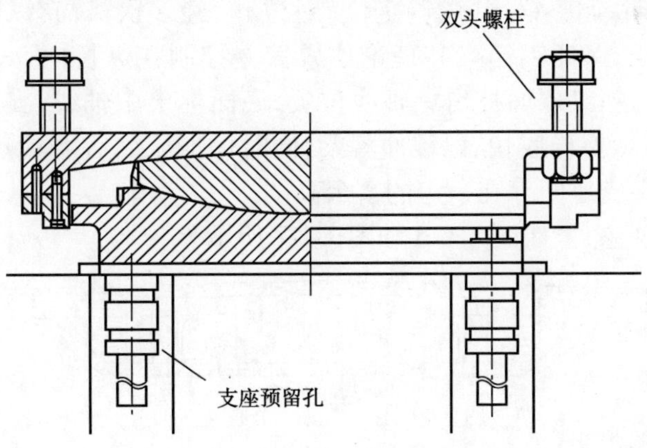

图7-1-4　永久支座安装示意图

7.1.4　大节段钢箱梁吊装

大节段钢箱梁采用一台3200t浮吊和一台2200t浮吊抬吊(图7-1-5)。起吊时,先吊起20cm,然后静置5min,检查吊具系统、吊索与钢箱梁的连接、浮吊的机械状况、钢箱梁的线形和接缝等。如无异常,方可继续吊起,起升过程中控制浮吊的起升速度,务必做到同步起升。

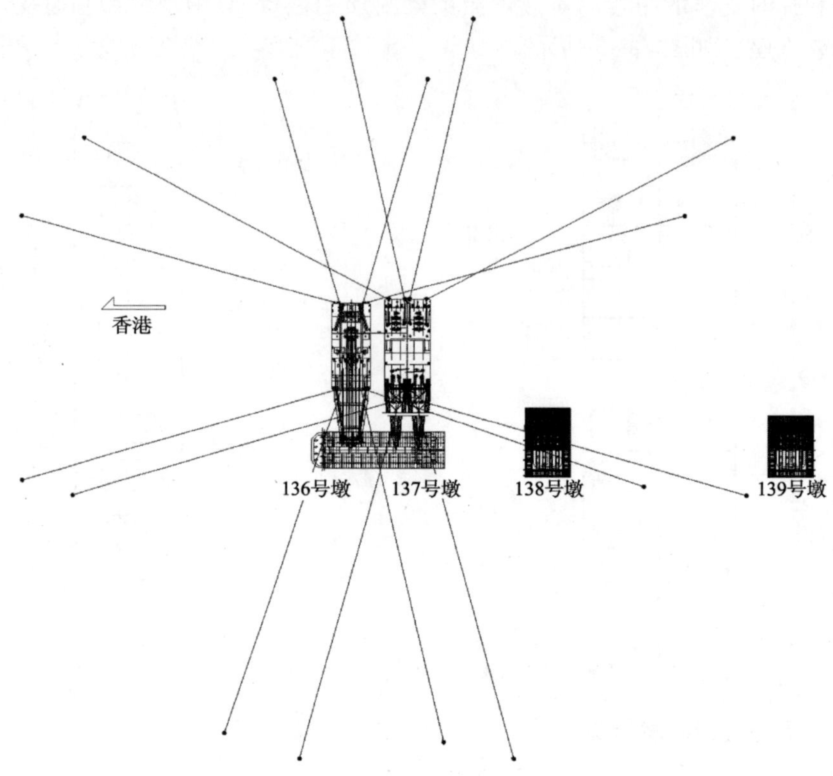

图 7-1-5　大节段钢箱梁吊装示意图

起吊至一定高度后，运输驳船移出；浮吊绞锚前移，至安装位置上方，缓慢下放至离临时支座高度方向约 1m 时，调整锚绳，微调定位（对位）。经多次横向/纵向移船和高度方向落钩的操作，下落钢箱梁，保证钢箱梁和理论位置偏差控制在纵桥向 5cm，横桥向 5cm 以内。为方便钢箱梁初定位，箱梁顶面标出中轴线位置，底面标出中轴线、支座中心线位置。临时支座附加垫板上垫 5cm 厚橡胶快，以缓冲落梁，同时保证压缩后需具备一定的高度，确保落梁时，钢箱梁底与固定支座间存在一定的富余高度。

千斤顶和临时支座布置如图 7-1-6 和图 7-1-7 所示。

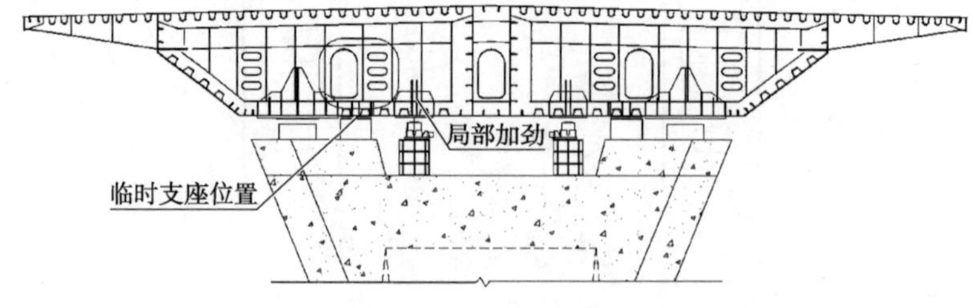

图 7-1-6　辅助墩墩顶千斤顶和临时支座立面布置图

7.1.5　调位与永久支座安装

在多次竖向及水平方向调位下，根据监控指令将钢箱梁调节到设计位置。锁定千斤顶进行临时固定。大节段钢箱梁调节到位后，用手拉葫芦移动永久支座，使支座上座板与钢箱梁底板的双头螺柱孔对正，连接双头螺柱，顶升支座使支座上座板与钢箱梁梁底垫板密贴，旋紧双头螺柱的螺母。

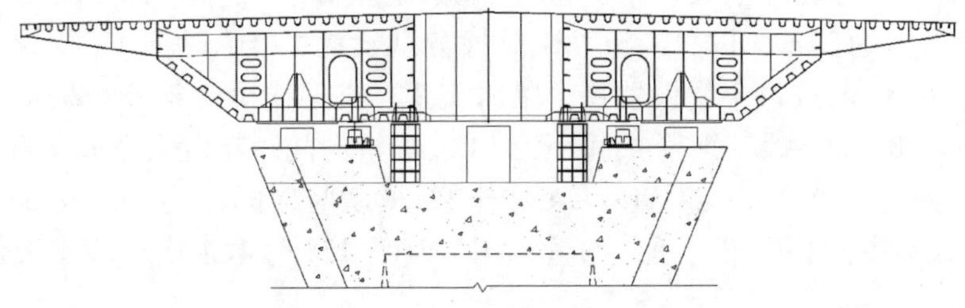

图 7-1-7　过渡墩墩顶千斤顶和临时支座立面布置图

仔细检查支座的中心及高程后，用环氧砂浆灌注锚栓预留孔及支座底面垫层。采用重力灌浆方式，灌注支座下部及锚栓孔间隙处，灌浆过程应从支座中心部位向四周注浆，直至从模板与支座底板周边间隙观察到全部灌满为止。同时，灌浆前，应初步计算所需的浆体体积，灌注使用浆体不应与计算值产生过大误差，应防止中间缺浆。

灌注材料固化后，拆除模板，检查是否有漏浆处，必要时对漏浆处进行补浆，再旋紧地脚螺栓，拆除一侧（南侧或者北侧）上、下支座板运输用的连接螺栓。灌注材料强度达到设计要求以后进行体系转换，卸除三维千斤顶及临时支垫。

支座安装及灌浆示意图如图 7-1-8 所示。

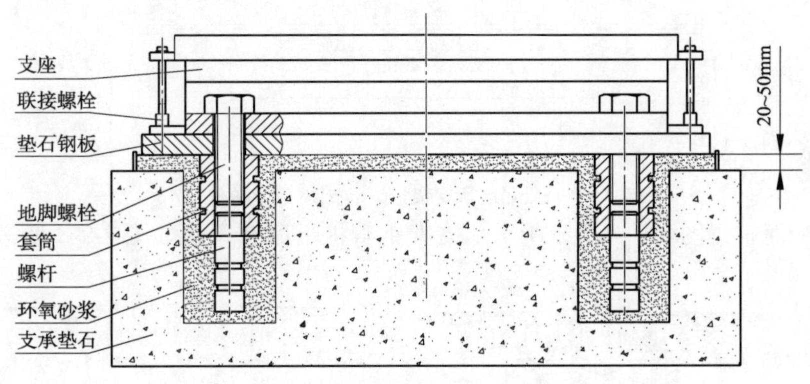

图 7-1-8　支座墩台安装及灌浆示意图

第 2 节　钢索塔塔处梁段安装

139 号、140 号索塔处 T1、T2、T3、S1、M1 五个梁段均采用搭设墩顶支架、浮吊起吊钢箱梁至墩顶支架上，再采取纵横滑移就位的方法进行安装。主塔施工完成后需在承台上搭设钢管支架，并设置滑移支座，以支承和就位 T1、T2、T3、S1、M1 梁段。钢箱梁梁段由千斤顶调整平面位置和高程。受工期限制，138 号墩 T1、T3、M1 梁段采用墩顶支架安装，其余两侧梁段采用大节段整体吊装工艺。

7.2.1 塔处梁段支架设计与搭设

139 号、140 号墩近塔梁段支架由 $\Phi2000 \times \delta25$mm 及 $\Phi1200 \times \delta14$mm 钢管桩、$\Phi820 \times \delta10$mm 钢管平联、移动模架主梁以及 I45a 工字钢垫座等组成。单个塔处支架总质量约为 545t,高度距承台面约 22m。T2、T3、S1、M1 梁段分别设置 4 个临时支座;T1 梁段因采用半幅拼装且梁长达 16.35m,故每半幅设置 4 个临时支座。支架横桥向 2 条 $\Phi2000 \times \delta25$mm 螺旋钢管(或 $\Phi1200 \times \delta14$mm 螺旋钢管)、间距为 14m,顺桥向间距布置为 20m + 11.8m + 20m,沿承台中心线对称布置,整个支架设置 3 ~ 4 层横联,横联竖向间距为 7m,支撑钢管上面采用移动模架主梁作为纵向分配梁。总体布置见图 7-2-1。138 号墩近塔梁段支架仅搭设图7-2-1 右侧部分。

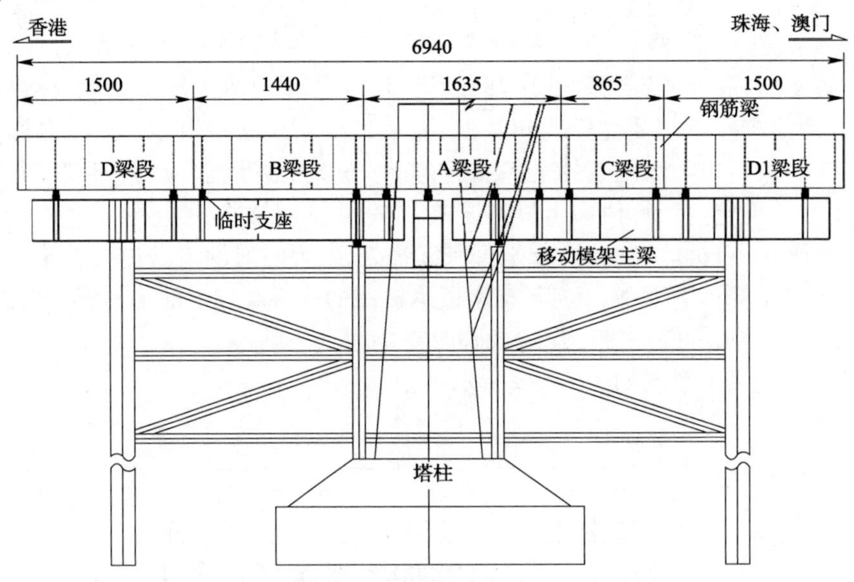

图 7-2-1 塔处吊装段支架整体布置图(尺寸单位:cm)

支架横断面布置图如图 7-2-2 所示。支架钢管桩平面布置图如图 7-2-3 所示。

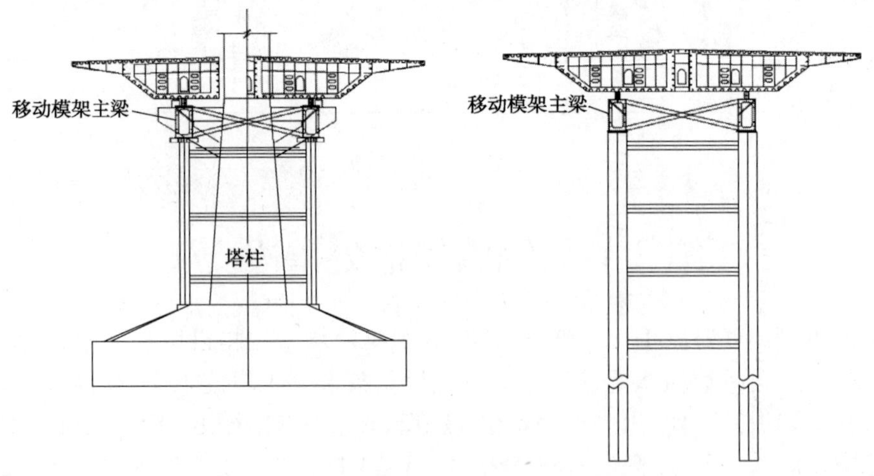

图 7-2-2 塔处吊装段支架横断面布置图

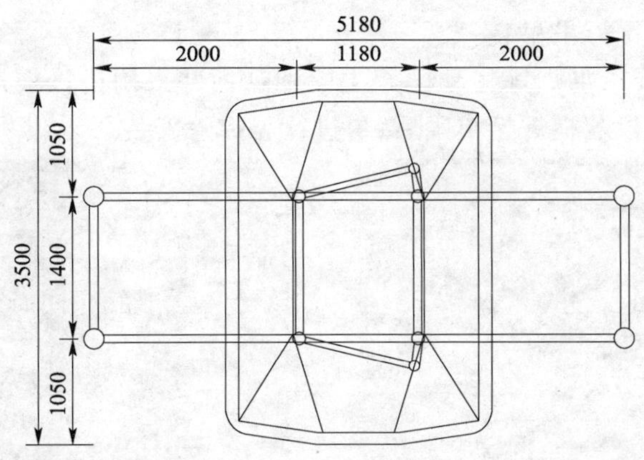

7-2-3　塔处吊装段支架钢管桩平面布置图(尺寸单位:cm)

在承台施工时需要按照图纸预埋近塔柱处钢管桩预埋件(预埋钢筋采用 Φ28 螺纹钢筋),再浇筑承台顶层混凝土。预埋钢板开孔,平面要求水平、平整,钢板底部混凝土必须浇筑密实。预埋件布置图如图 7-2-4 所示。

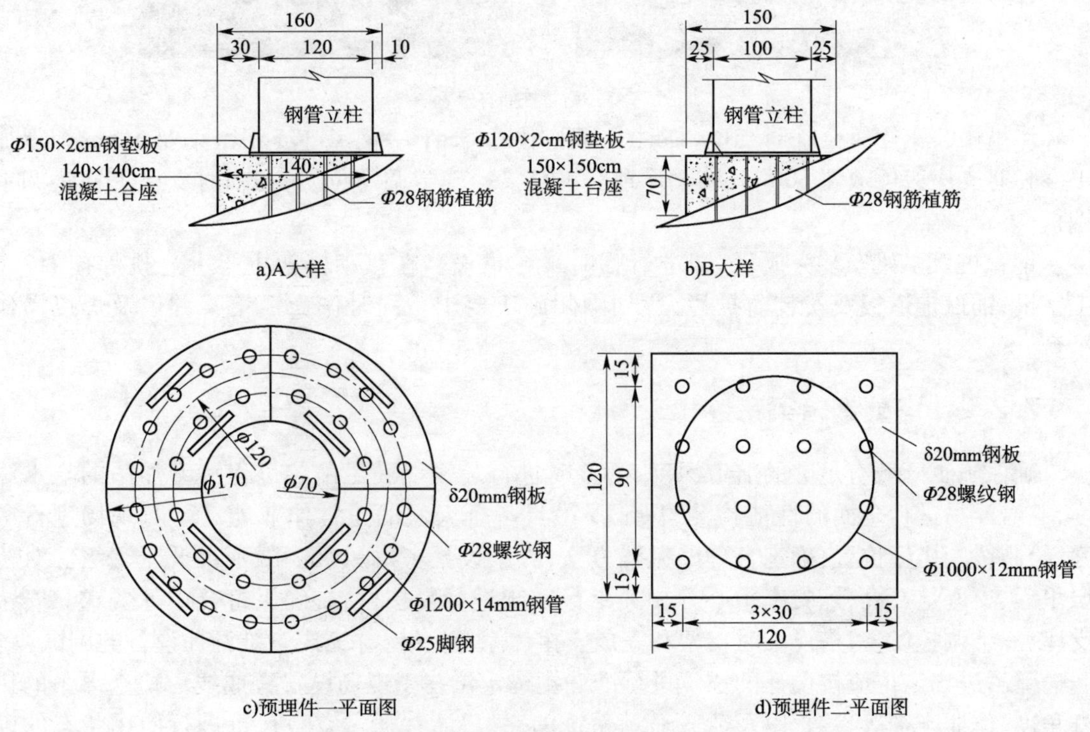

图 7-2-4　塔处钢管桩预埋件布置图(尺寸单位:cm)

按照施工图绘制钢管桩坐标,经复核无误后测量放样出钢管桩平面坐标。水中 Φ2000 × δ25mm 螺旋钢管桩在栈桥或平驳船上按要求对接好,并加设加劲板,使用浮吊及振动锤施打入土至设计高程,如图 7-2-5 所示。

预先按高程定出承台上钢管桩钢管长度,并采用 1.6cm 厚钢板焊接封盖好钢管桩顶,然后与承台上的预埋钢板焊接,钢管桩周边需焊三角板。

采用 Φ82cm 钢管作为横联纵横向连接钢管桩,增强支架的稳定性。施工前制作好横联钢管长度及哈佛接头，用浮吊吊装。

预先在加工场按要求加焊好移动模架主梁加劲板并采用拼接板对接好，采用浮吊吊装到钢管桩顶，与钢管桩顶盖板焊接牢固后，再进行斜撑管安装。

图 7-2-5　钢管桩插打示意图

浮吊吊装钢箱梁至临时支座，临时支座采用 3I45a 工字钢、4I36a 工字钢及 δ2cm 钢板加工。临时支座旁侧放置 300t 三维千斤顶对钢箱梁精确微调定位后，在临时支座上塞垫调平钢板。

钢管桩及主梁安装完成后，即进行临时平台搭设。在移动模架主梁上悬挑焊接 I12.6 工字钢，铺设走道板及安装防护栏，达到围闭施工要求。同时作为钢箱梁调位及焊接操作平台。

7.2.2　塔处钢箱梁吊装

确保施工区域有足够的航道深度，必要时进行疏浚以满足吊装过程大型浮吊的吃水深度，并对浮吊进行全面的性能检测，保证浮吊具备全天候的正常作业能力。对现场进行考察，绘制锚图坐标位置，确定合理的抛锚方案；方案设计考虑风级下限不得低于 8 级。对桥墩里程、支座垫石高程、支座中心等相关参数系统进行复核检查，确保符合设计要求。安装支座、三维调控设备，搭设临时支架和完成支撑体系等安装，并完成三维调控设备的调试。

浮吊进场定位应按设计的锚位进行准确抛锚定位并于现场设置警戒线。检查浮吊的扒杆角度、作业半径等参数，以及荷载显示系统的完好性，并通过空载运行进行使用状态的确认。检查钢丝绳完好性，如发现损坏，且判断无法满足安全起重的要求，则应立即更换备用钢丝绳。

根据待吊装梁段选择相适应的吊具。起吊之前需完成加载和试吊。采用分级加载方式保证起重船各吊钩同步加载。缓慢提升吊钩，使钢丝绳逐步收紧，当梁吊起 5cm 左右后，静止，按操作规程进行全面检查。图 7-2-6 为吊装现场图。

在吊装过程中，浮吊和临时支架处各设一名监控人员，实施全过程跟踪监控，通过自动采集系统，实时监测吊装过程中各绳索的受力，确保吊装过程结构应力在设计的安全范围内。

吊装到位后通过三维调节设备,对梁体段平面位置及高程进行调整。梁段的精确调位按照先调整高程,再调整轴线(横向),最后调整里程(纵向)的顺序逐步进行。调至设计位置后,由专业焊工立即对箱梁进行焊接施工。

a)

b)

图 7-2-6　塔处梁段吊装

7.2.3　138 号钢索塔两侧大节段钢箱梁吊装

受工期限制,138 号墩钢索塔两侧钢箱梁采用大节段吊装,其工艺流程如下(139 号、140 号墩钢索塔两侧钢箱梁采用小节段悬臂拼装,本书未详尽介绍)。

(1)第一步:138 号钢塔安装完成后搭设近塔支架和钢管支撑,采用浮吊吊装 138 号墩的近塔梁段(图 7-2-7)。

(2)第二步:采用“长大海升”3200t 浮吊吊装边跨侧的整体段 1(长度 89.4m,质量约 2303t)(图 7-2-8)。

(3)第三步:采用“长大海升”3200t 浮吊吊装中跨侧的整体段 2(长度 90m,质量约 2210t)(图 7-2-9)。

(4)第四步:采用布置在边跨 128m 大节段上的 2 台 280t 变幅式桥面吊机吊装边跨合龙段,进行边跨合拢;安装 2 台固定式桥面吊机到 138 号墩中跨侧,吊装中跨合龙段,实现全桥合拢(图 7-2-10)。

(5)第五步:安装斜拉索并张拉(图 7-2-11)。

(6)第六步:拆除临时支架(图 7-2-12)。

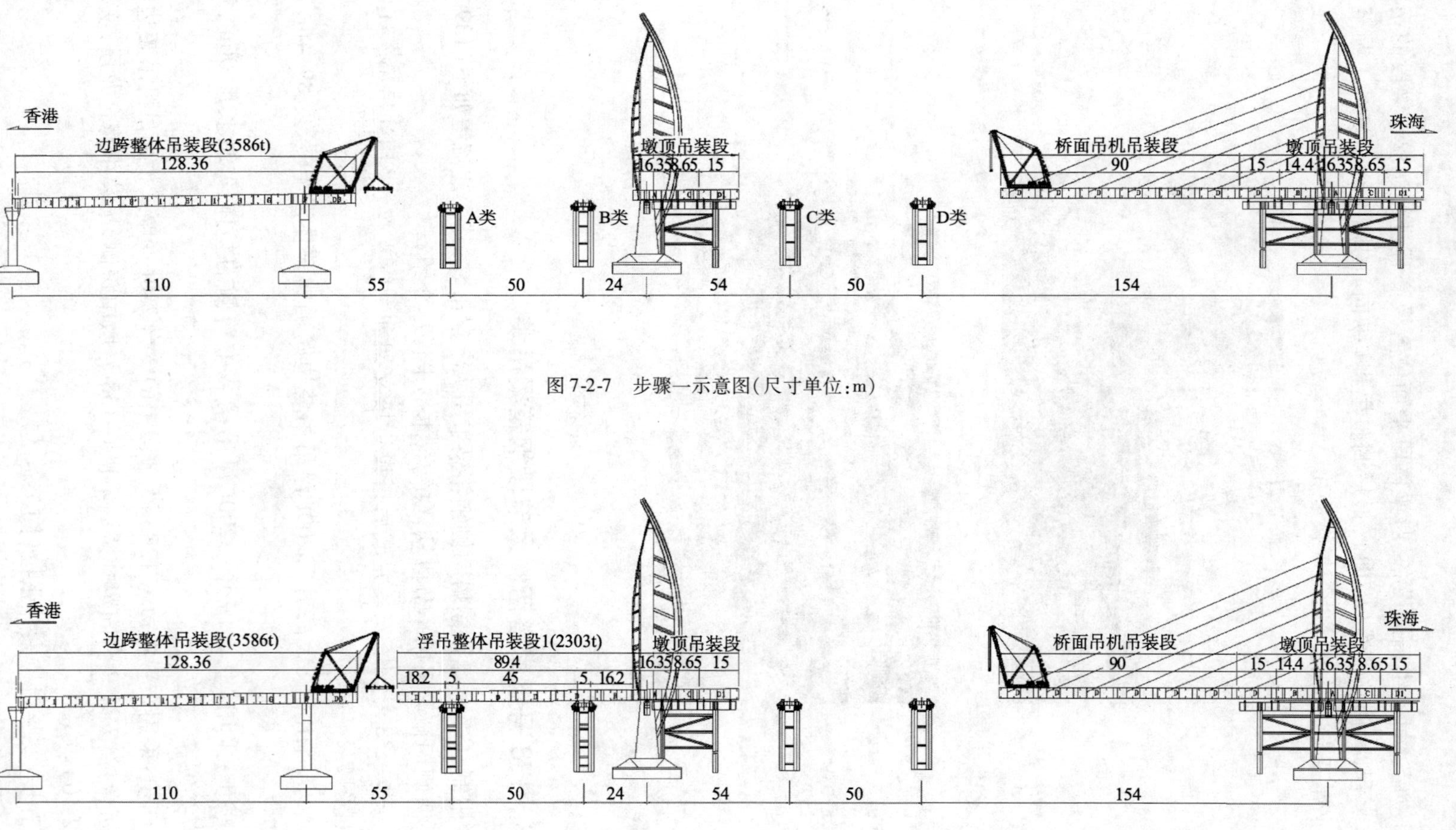

图 7-2-7 步骤一示意图(尺寸单位:m)

图 7-2-8 步骤二示意图(尺寸单位:m)

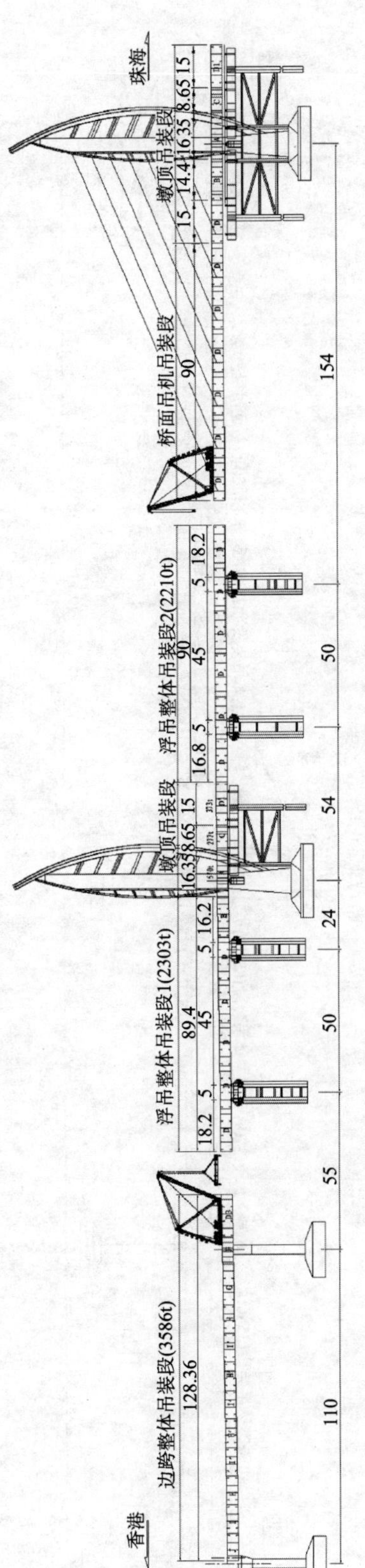

图 7-2-9　步骤三示意图(尺寸单位:m)

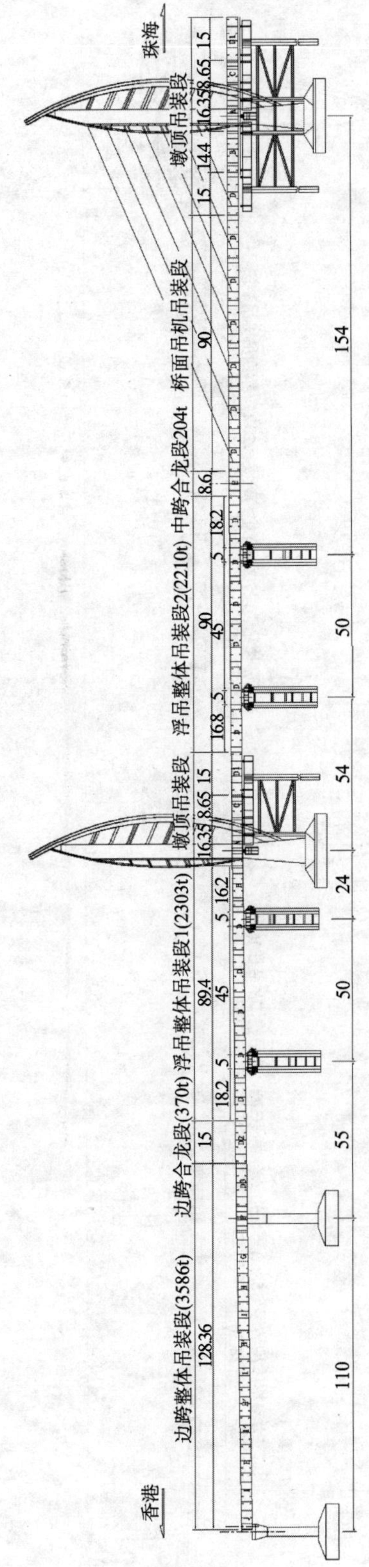

图 7-2-10　步骤四示意图(尺寸单位:m)

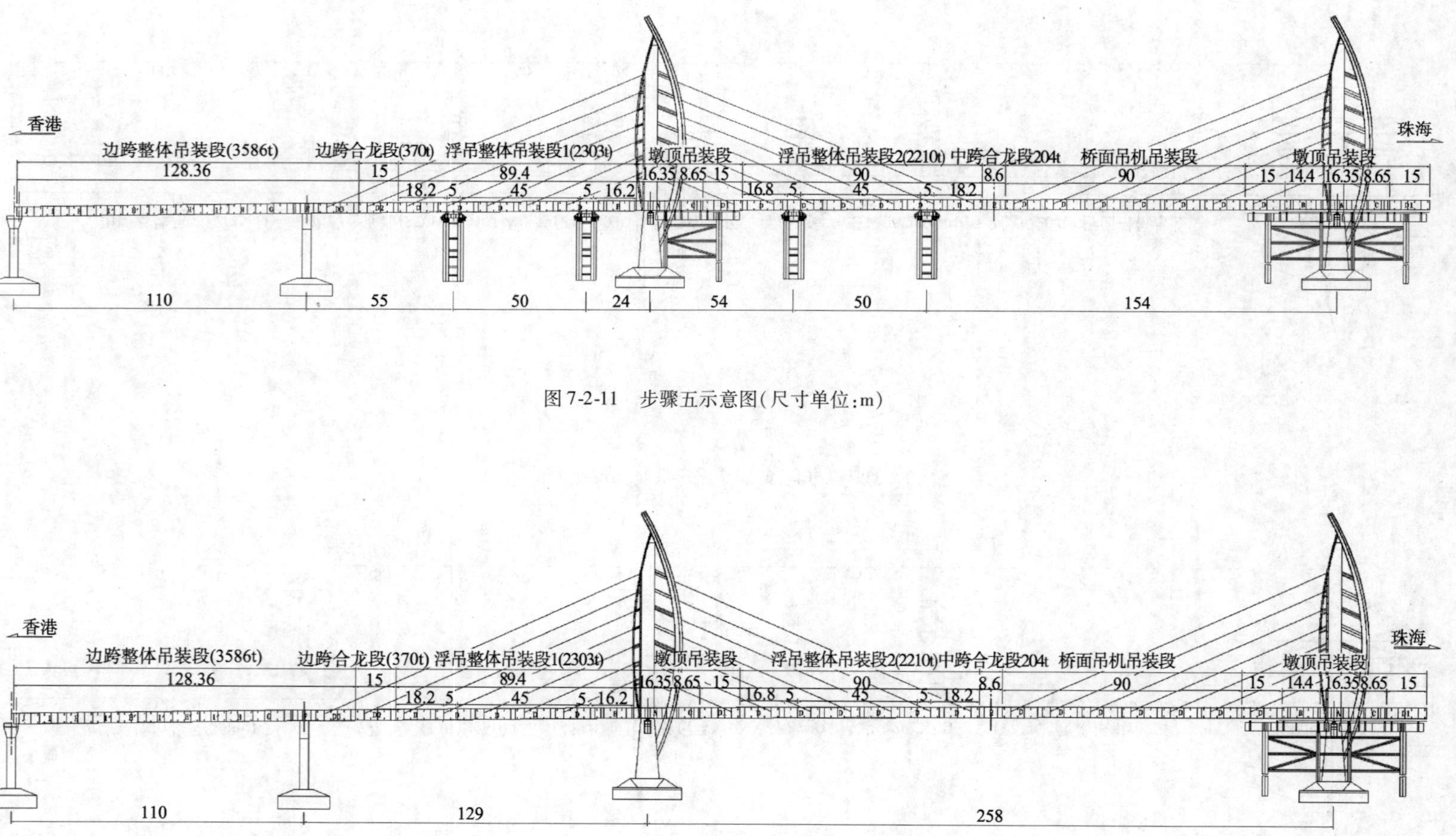

图 7-2-11　步骤五示意图(尺寸单位:m)

图 7-2-12　步骤六示意图(尺寸单位:m)

第 8 章　非通航孔桥墩台预制技术

第 1 节　预制墩台工程概述

跨海大桥非通航孔桥长度大多占其总长 90% 以上，其下部结构墩台施工直面风、浪、流及潮汐的影响，作业环境恶劣。现浇构件对施工人员的经验依赖度高，管理难度大，混凝土的施工缺陷往往成为工程质量的最大隐患。故一些重点工程混凝土构件开始实现“工厂化、大型化、标准化、装配化”，通过集中的规模化生产提高产品质量的稳定性和保证率，而大型构件的现场装配则是工程技术的核心内容之一，合理的装配工艺将大幅度提高工程效率，减少人力、机具的投入，提高工程的整体质量。

港珠澳大桥主体工程桥梁工程非通航孔桥承台墩身首次大规模采用预制安装工艺（图 8-1-1）。其中 CB04 合同段通航孔桥 4 座边辅墩预制墩身及非通航孔桥 55 座预制墩台分为两种类型：一种为承台 + 墩身（ + 墩帽）预制构件，一种为墩身（ + 墩帽）预制构件，构件数量及质量情况如表 8-1-1 所示。

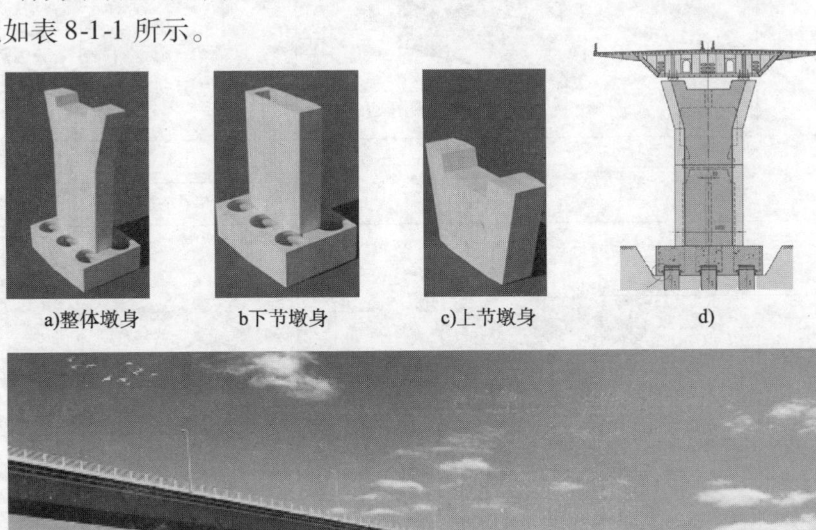

a)整体墩身　　b下节墩身　　c)上节墩身　　d)

e)

图 8-1-1　预制墩身构造及非通航孔桥效果图

港珠澳大桥桥梁工程 **CB04** 标预制厂预制构件统计表　　表 8-1-1

构件种类(承台 + 墩身)		CB04 合同段	
		数量(个)	最大质量(t)
Ⅰ	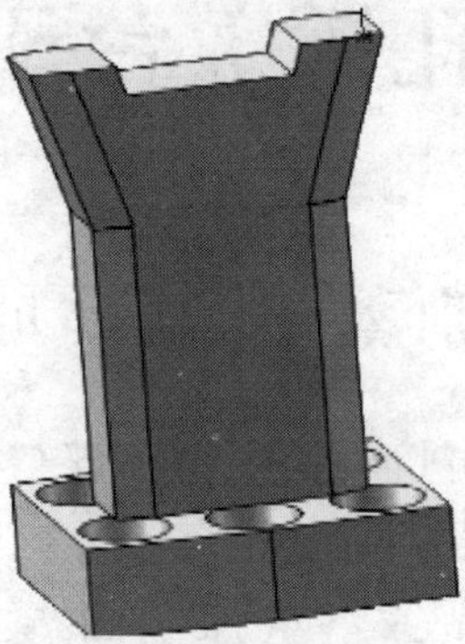	43	2837
Ⅱ	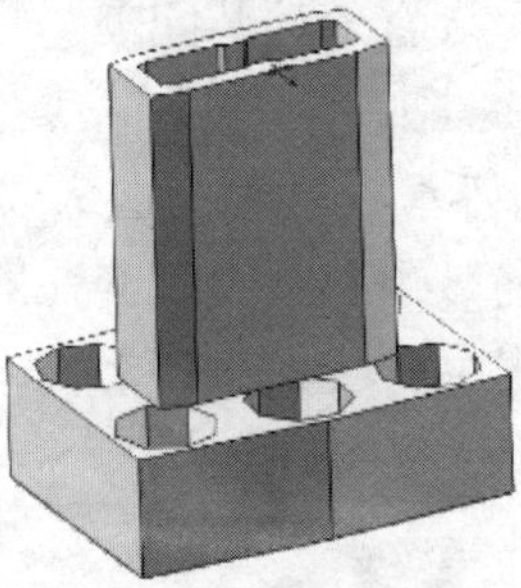	12	2629
构件种类(墩身)		CB04 合同段	
		数量(个)	最大质量(t)
Ⅱ	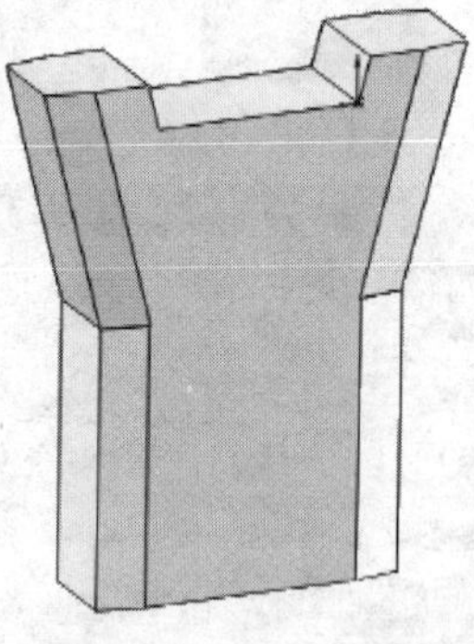	16	2064

第 2 节　预制场设置及场地规划

通过对珠三角地区出海口水域的现场实地踏勘,并综合考虑材料来源和组织、陆上交通、水上运输等客观因素,将港珠澳大桥 CB04 合同段预制场选址于中山市火炬开发区。预制场长约 340m，宽约 192m，总占地面积约为 61979m^2（图 8-2-1）。

图 8-2-1　预制场选址示意图

预制厂按照功能分区为：办公生活区、预制件生产区、拌和站区、实验室、钢筋加工厂、材料堆放区等（图 8-2-2）。同时于预制场北边临近河道处，设置预制件出运码头，以满足预制件运输要求。

a)

b)

图 8-2-2　预制场整体布置效果图及实景图

办公生活区包括预制厂办公区、职工生活区、工班生活区及娱乐设施区，占地面积为14567m²。预制厂预制件生产区包括承台预制区、承台存放区、墩身预制区、墩身存放区、模板拼装及修整区及周转材料存放区。占地面积为14797m²。拌和站区为预制厂预制件混凝土生产区，包括料仓和拌和区，占地面积约8760m²。钢筋加工厂为预制构件钢筋集中生产区。包括钢筋原材料存放、加工区及半成品存放区，占地2880m²（90m×32m）。实验室、承台上船区、场内便道、材料堆放场地等其他用地共约14595m²。

8.2.1 预制场生产区设置

预制场生产区又分为承台生产区、墩身生产区及纵横移轨道区。承台生产区分为：承台钢筋整体绑扎区、混凝土浇筑生产区、成品存放区；墩身生产区分为：墩身生产区、成品存放区。由于预制厂地质较差，各台座下均采用打设PHC500管桩进行地基加固，以满足地基承载力要求。

（1）承台生产区：设置4个钢筋绑扎台座，对应4个生产台座，12个存放台座。

（2）墩身生产区：设置2个生产台座，6个存放台座。

（3）备用台座：墩身区和承台区分别预留1个备用台座位置，防止现场因素影响施工顺序造成预制场卡位现象发生。备用台座先不进行台座建设，只预留施工场地，前期可利用为材料堆放场地。

（4）横移轨道：横移轨道的设置可以实现绑扎钢筋骨架向生产台座的转移和预制件混凝土浇筑完毕后向存放台座的转移。横移轨道中心间距8.8m。

（5）纵移轨道：通过纵移轨道，将预制件运至出运码头。通过运输船运至指定安装位置。由于纵向移动时构件的方向不能变，所以在纵向移动时墩身构件和承台构件的宽度是不一致的，为了尽量少设纵移轨道，纵移轨道由3条单轨组成，负责承台构件和墩身构件的运输，其中墩身纵移轨道中心间距为3.5m，承台纵移轨道为7.8m，两种构件共用其中最外侧的单轨。

（6）转换台座：在横移轨道和纵移轨道的交接处，通过设置转换台座来实现台车的转换。

8.2.2 台座高度及间距的确定

1）台座高度确定

根据承台区预制构件预制工艺要求，承台区钢筋台座首先铺设承台底模，在底模上绑扎承台钢筋；然后通过钢筋移运车将承台钢筋笼和承台底模整体移运至预制台座上，在预制台座上进行构件模板安装和混凝土浇筑。待构件混凝土龄期达到要求后，将预制台座上的底模活动块拆除，通过构件横移车将构件顶升与底模脱离，然后将构件移运至存放台座存放。

根据预制构件的施工工艺，承台区钢筋台座和预制台座高度相同，且与存放台座相差一个承台底模的高度（存放台座高出402mm的承台底模高度）；由于构件横移车的高度为2020mm（加轨道的高度），顶升行程为150mm，故横移车最大高度为2170mm，最小高度为2020mm；取存放台座的高度为2090mm，钢筋台座和预制台座的高度为1688mm。

根据上节墩身预制施工工艺，构件与底模整体移运，且与承台区轨道同轨，故墩身区台座高度统一为2090mm。

2)台座间距确定

承台区钢筋台座和预制台座之间,由于需要进行承台底模的转化,故钢筋台座和预制台座之间的间距需为承台底模的宽度加两侧作业空间;承台底模宽度为 12m,一侧考虑作业空间为 1m,故钢筋台座和预制台座之间间距设为 14m。存放台座之间的间距以及存放台座和转换台座之间间距的确定,需考虑在存放台座上的构件不影响构件横移车的顶升及转场(由横移车的长度确定)。

墩身区预制台座和存放台座之间的间距同样由横移车的长度确定。

8.2.3　轨道系统设置

1)轨道布设情况

根据预制场生产台座布置方案,生产台座、横纵移转换台座、横纵移轨及模板轨道布设如图 8-2-3 所示。

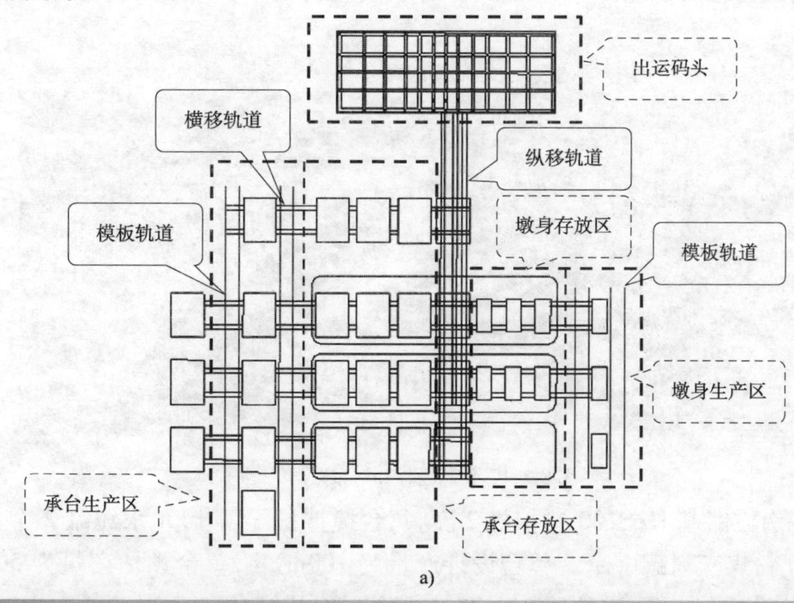

a)

b)

图 8-2-3　预制场横纵移布置图

根据承台和墩身预制件结构尺寸和构件移运计算，确定横移轨道中心间距为8.8m；中节墩身和顶节墩身预制件，横移轨道中心间距为8.8m；纵移轨道设置3条，承台纵移和墩身纵移轨道共用，最外侧两条纵移轨道中心间距为7.8m；墩身生产区两条纵移轨道中心间距为3.5m。

承台区模板纵移轨道单侧两条轨道中心间距为5m，两侧最外侧轨道中心间距为24m。墩身区模板轨道单侧两条轨道中心间距为5m，两侧外侧轨道中心间距为16m。

2)轨道规格及要求

预制构件的纵横移轨道采用QU80轨道，轨道纵坡≤2%，模板系统的纵横移轨道QU120轨道，轨道纵坡≤2%。

8.2.4 拌和站设置

整个拌和站区占地面积约8760m^2。其中存料场地占地2484m^2(图8-2-4)。

图8-2-4 预制场拌和站布置图

搅拌站配备南方路基HZS100搅拌机2套，每台搅拌机配置100t水泥罐2个，100t矿粉料罐1个和100t粉煤灰料罐1个。单台设计产量为100m^3/h，单台预估产量为50m^3/h。浇筑过程选用42m臂泵车1台，浇筑用8台10m^{3}搅拌车负责运输。预制场单次浇筑最大方量为700m^3，所需水泥、矿粉和粉煤灰的用量分别为：160t、91t和91t。按照每小时浇筑方量为40m^3，则混凝土生产过程需要17.5h。混凝土初凝时间按照6h进行控制。则单台搅拌机生产能力理论上可满足现场混凝土需求。

8.2.5 钢筋加工区设置

为保证钢筋的加工精度及质量，设立钢筋数控加工工厂，预制场所有钢筋集中加工、配制和运送。

钢筋加工区设置为封闭式厂棚(图8-2-5)，占地2880m^2；四周及顶部均封闭以防止雨水进入室内锈蚀钢筋等钢构件。钢筋厂长90m，宽32m，室内面积2880m^2。钢筋加工厂设置原材料临时存放区、半成品加工区、半成品临时存放区、原材下料区、半成品装车区，棚内各项功能区全部按双标管理要求设置。钢筋加工厂配备了各种现代化设备：2台30m跨径10t龙门吊，一台数控钢筋弯箍机，一台数控钢筋弯曲机，一台钢筋扯丝设备、数控钢筋剪切机、焊接等电气设备。

图8-2-5　预制场钢筋加工区设置

第3节　预制构件钢筋施工

预制墩台钢筋分为双层环氧钢筋、单层环氧钢筋和普通钢筋；其中采用高性能双层环氧树脂涂层钢筋的范围包括：下节段墩身和承台的所有钢筋，整体式桥墩施工缝以下墩身所有钢筋。采用高性能单层环氧树脂涂层钢筋的范围包括：分段式桥墩上节墩身的外层主筋、箍筋及拉筋；整体式桥墩施工缝以上墩身的外层主筋、箍筋及拉筋；支座垫石钢筋。其他为普通钢筋。

钢筋的连接方式以机械连接为主，部分直径小于25mm的钢筋采用搭接绑扎接长。CB04合同段所预制中墩II类墩各部位钢筋型号及质量如表8-3-1所示。

中墩II类桥墩钢筋型号及用量表　　表8-3-1

部位	钢筋类型	钢筋规格	钢筋直径(mm)/用量(t)						钢筋总量(t)
			40	32	28	25	20	16	
承台	双层环氧钢筋	HRB400	64.6	11.8	12.4	45.0	—	0.7	134.5
墩身	双层环氧钢	HRB335	—	—	42.1	—	10.8	10	62.9
墩帽	单层环氧钢筋	HRB335	—	—	18.3	—	6.0	5.8	30.1

另外，对于I类上下节段墩身通过剪力键和预应力粗钢筋连接。下节段墩身内部设有36根粗钢筋，在墩身接缝处张拉锚固12根，其余24根通过连接器与上节段内部粗钢筋连接接长，在墩顶张拉锚固。粗钢筋直径75mm，屈服强度830MPa，抗拉强度1030MPa。图8-3-1所示为预制构件钢筋实体图。

8.3.1　预制桥墩钢筋控制重点、难点

(1)高性能环氧钢筋防护要求高。

为保证高性能环氧涂层钢筋的耐久性能满足120年使用要求，钢筋加工设备必须采用特殊的保护装置保证涂层的完整性。现场绑扎过程中，任何过大的磕碰和撞击都可能破坏环氧涂层，对环氧涂层的保护和防护都有极高的要求。

图 8-3-1　预制构件钢筋实体图

(2)钢筋结构复杂、预埋件较多,施工繁琐。

承台和墩帽钢筋结构复杂(图 8-3-2),钢筋种类及型号繁多,不同断面和层间钢筋干扰大,需精细筹划每一步钢筋绑扎顺序;同时预制墩台内预埋件种类较多,不同的预埋件预埋位置不同,给钢筋施工带来较大的难度。

图 8-3-2　承台部位密集的钢筋网

(3)钢筋整体绑扎高度高,精度要求高。

为缩短混凝土浇筑龄期差,预制桥墩钢筋骨架施工采用整体绑扎的形式进行;即在混凝土浇筑前,承台钢筋和墩身标准节钢筋一次绑扎成型,钢筋笼高度高达 18.5m。在钢筋绑扎过程中,对钢筋骨架的整体稳定性,及钢筋笼的抗风要求非常高。同时对钢筋骨架本身的竖直度要求高。

8.3.2　预制墩台钢筋施工工艺

钢筋施工流程图如图 8-3-3 所示。

1)高性能环氧涂层钢筋加工

环氧钢筋原材采用普通钢筋,钢筋按 12m 长定尺,环氧涂层在厂房内利用预热静电喷涂处理工艺,在钢筋表面形成一定厚度的环氧树脂涂层达到防腐要求(图 8-3-4)。原材料钢筋进厂后,首先对表面进行净化处理,将钢筋放置运输平台上水平码放并依次通过抛丸喷砂设备对表面进行抛丸除锈;抛丸除锈后的钢筋在喷涂前利用压缩空气对表面进行净化处理,除去铁屑及灰尘杂质等，再通过中频感应加热设备对钢筋预热，达到涂料厂家提供的预热温度后通过环氧粉末涂料喷涂设备利用喷枪对钢筋表面进行涂覆。在连续涂覆的过程中，每30min 测量一次钢筋的表面温度。钢筋表面涂层固化后，通过洒水冷却装置对涂层钢筋进行水冷却和养护处理（图 8-3-5）。

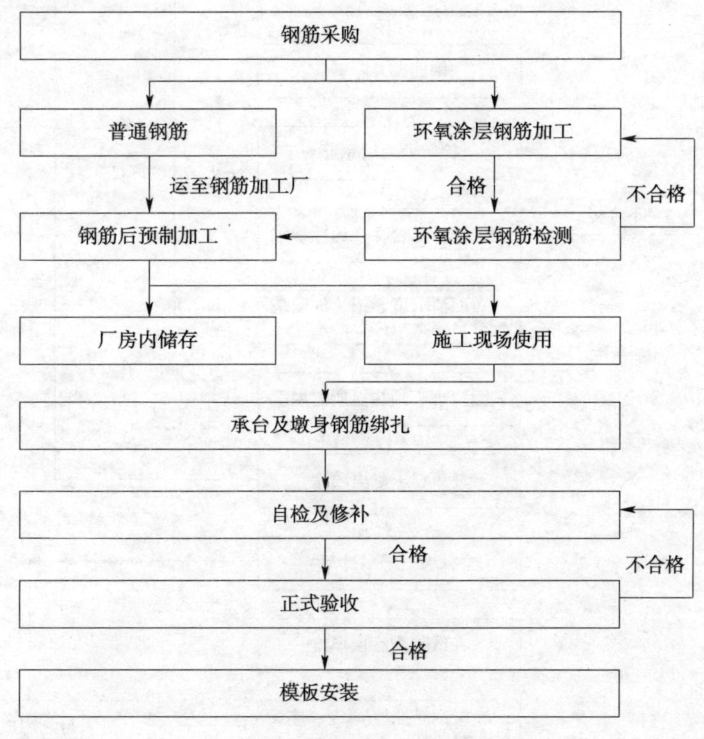

图 8-3-3　钢筋施工流程图

2）原材料验收

对于原材料，需严格遵守 ISO 体系有关质量方面的要求，控制好原材料验收、堆放标示、质量检验等过程检查跟踪，并形成过程记录以备查询。

（1）热轧带肋钢筋的验收

热轧带肋钢筋（用于制作高性能环氧涂层的钢筋基材）到货后（图 8-3-6），清点其数量，注意热轧带肋钢筋必须附有生产厂家的质量保证书及合格证，其质量应符合 GB13788、GB1499.1、GB1499.2、GB/T1499.3、GB/T20065-2006、GB13788 或需方提出的其他产品规范要求。由质检人员对每件热轧带肋钢筋进行检查，其表面不得有尖角、毛刺、结疤、折叠、裂纹或其他影响涂层质量的缺陷，并应无油、脂或漆等的污染。热轧带肋钢筋验收合格后方可登记入库，并妥善保管其质量保证书及合格证。

（2）熔结环氧粉末涂料的验收

每批入场的熔结环氧粉末涂料必须附有其生产厂家提供的合格证、质量保证书、质量测试证书（图 8-3-7）。环氧粉末涂料入场前，必须对其数量进行确认，同时对粉末的外观质量进行检查；粉末必须色泽均匀，无结块。环氧粉末涂料验收合格后方可登记入库，并妥善保管其合格证、质量保证书、质量测试证书。

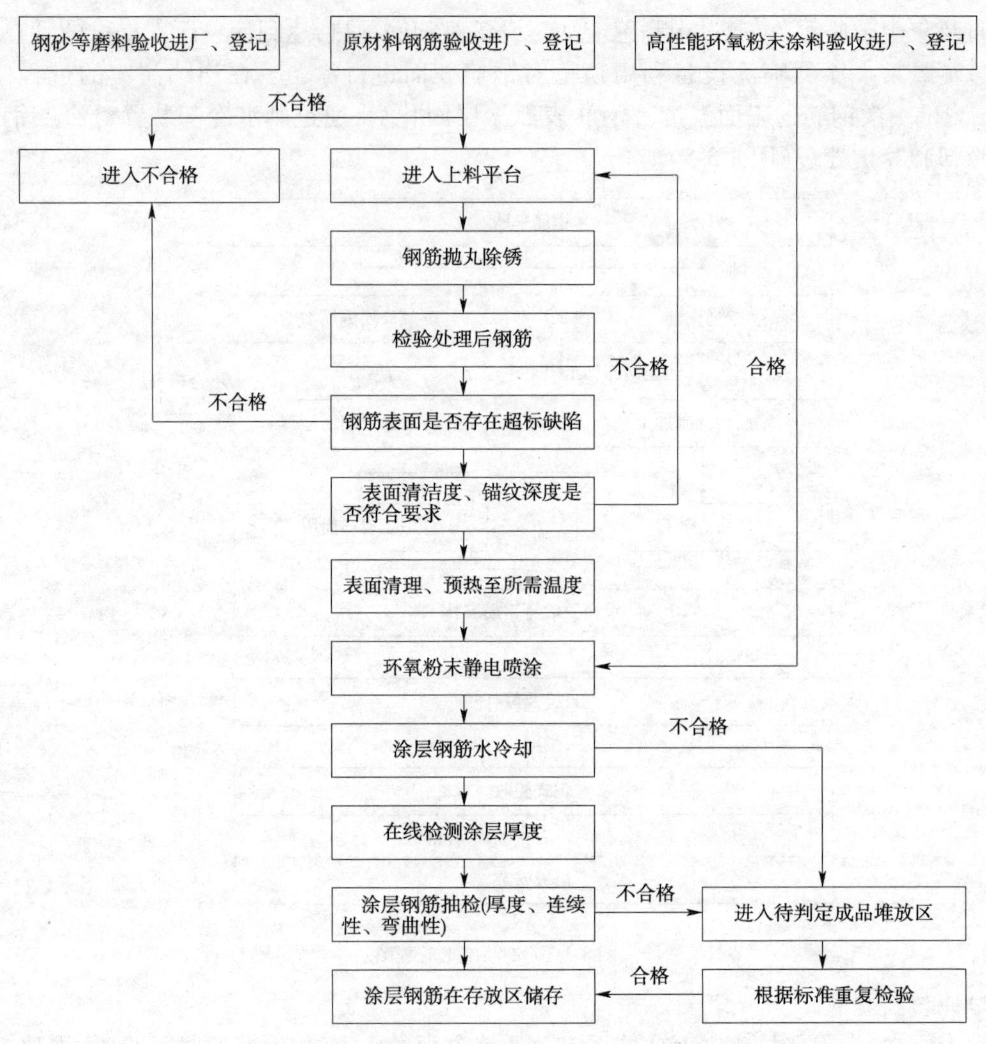

图 8-3-4　环氧涂层钢筋加工工艺流程图

在熔结环氧粉末涂料用于涂敷生产前，每生产批次环氧粉末涂料应至少取样一次进行检验，其指标应符合国家或行业现行有关标准或订货所规定的要求。当测试结果中有一项试验不满足国家或行业现行有关标准或订货所规定的要求时，应再从该批产品中取两个追加样品重新进行试验。当两个重复试验均满足规定要求时，该批量粉末可使用；若两个重复试验之一(或两者)不满足规定要求，则该批粉末不能使用。

(3)钢砂钢丸(磨砂介质)的验收

每批入场的钢砂或者钢丸等磨砂介质必须附有其生产厂家提供的合格证、质量保证书。并按国家标准对每批入场的钢砂或者钢丸进行氯化物含量检测。在该批次入场的钢砂或钢丸中随机取足够的样品，将钢砂或钢丸撒在湿的涂有铁氰化钾的试纸上，直到盖满为止，再保持在试纸上 30s。避免试纸与手指接触，以免出现错误的结果。观察颜色的改变，蓝色指示存在可溶性氯化亚铁。将试纸条与氯化物试纸法检测的目视标准进行对照，确定氯化物的浓度。如果在钢砂或钢丸中发现存在氯化物，应另取样进行检测，如发现新样品仍存在氯化物，应停止生产，寻找和清除污染源，并经重新检测合格后方可继续生产。

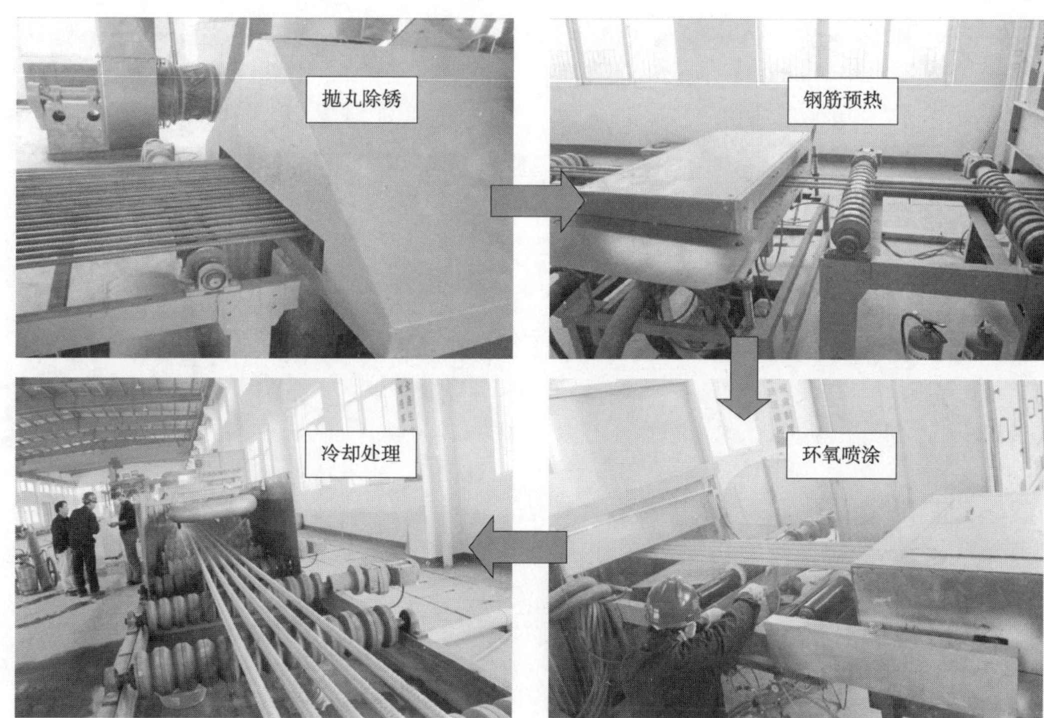

图 8-3-5　环氧涂层钢筋加工工艺图

图 8-3-6　热轧带肋钢筋原材料检验

3)原材料钢筋的抛丸除锈

(1)原材料钢筋表面处理

在制作环氧树脂涂层前,必须对钢筋表面进行净化处理(图 8-3-8),其质量应达到 GB 8923—1988 规定的目视评定除锈等级 Sa2.5 级,并应根据 GB/T 25826—2010 的要求,对净化后的钢筋表面质量进行检验,符合要求的钢筋方可进行涂层制作。使用专用设备对净化处理后的钢筋表面质量进行检测。净化后的钢筋表面轧制氧化铁皮的残余量应不超过 5%;表

图 8-3-7　熔结环氧粉末涂料外观质量的检查

面不得附着有氯化物，表面清洁度不应低于95%；净化后的钢筋表面应具有适当的粗糙度，其波峰至波谷间的幅值应在40～100μm之间，平均粗糙度在50～70μm。

a)

b)

图8-3-8　原材料钢筋进入抛丸喷砂设备进行净化处理

每天生产前，应用净化的压缩空气对抛丸除锈后至粉末涂覆前的生产线轮组及净化后的钢筋摆放平台进行吹扫，以除去影响涂覆工艺的灰尘杂质。

涂层制作应尽快在净化后清洁的钢筋表面上进行。钢筋净化处理后至制作涂层时的间隔时间不宜超过表8-3-2的规定，且钢筋表面不得有肉眼可见的氧化现象发生。如果相对湿度超过85%，应停止涂覆操作。

钢筋净化处理和涂覆涂层最长间隔时间　　表8-3-2

相对湿度 RH	最长时间(min)	相对湿度 RH	最长时间(min)
RH≤55%	180	65%＜RH≤75%	60
55%＜RH≤65%	90	75%＜RH≤85%	30

(2)目视评定除锈等级检验

根据GB/T 8923—1988规定的防腐对净化处理后的钢筋表面除锈等级进行评定。如钢筋表面的除锈等级不符合GB/T 25826—2010标准中6.2.1的规定，应停止生产，检查喷砂机，并重新检测合格后方可继续生产。

图8-3-9　钢筋粗糙度测试

(3)钢筋平均粗糙度检验

可采用“锚纹深度仪”对净化处理后的钢筋进行表面粗糙度的检验(图8-3-9)。如钢筋表面的平均粗糙度不符合GB/T 25826—2010标准中6.2.1的规定，应停止生产，检查喷砂机，并重新检测合格后方可继续生产。

(4)氯化物附着的检验

在生产线上取一根刚刚净化但尚未制作涂层的钢筋，长度不少于1m；用蒸馏水浸湿试纸直到饱和，可将多余的水挤掉；轻轻地将试纸贴在钢筋表面，并保持接触30s。揭开试纸并翻转过来，观察颜色的改变，蓝色指示存在可溶性氯化亚铁。将试纸条与氯化物试纸法检测的目视标准进行对照，确定氯化物的浓度。在钢筋试样的另两个区段重复上述检测步骤(图8-3-10)。

a)

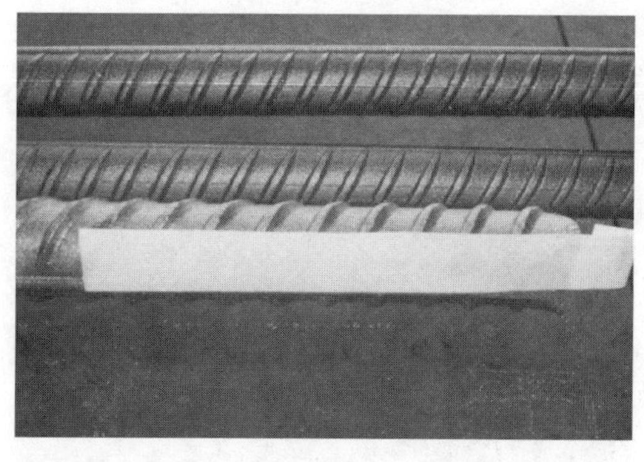
b)

图 8-3-10　呈黄色的铁氰化钾试纸

如果在净化后的钢筋表面上发现存在氯化物,应另取样进行检测,如发现新样品仍存在氯化物,应停止生产,寻找和清除污染源,并经重新检测合格后方可继续生产。

4)环氧涂层钢筋的涂覆

用净化的压缩空气对经过抛丸除锈后的钢筋表面进行吹扫,彻底除去因抛丸除锈过程残存在钢筋表面的残留物。再用中频感应加热设备对钢筋预热,预热至涂料生产厂家提供的预热温度再进行涂覆。在连续涂覆的过程中,至少每 30min 测量一次钢筋的表面温度(图 8-3-11)。

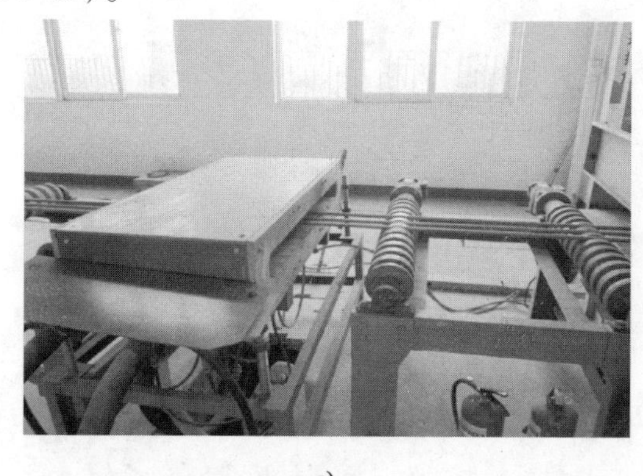
a)

b)

图 8-3-11　经净化处理后的原材料通过中频感应预热及测试表面温度

涂层应采用环氧树脂粉末以静电喷涂方法在钢筋表面制作,并根据涂层材料生产厂家的提供的涂层胶化时间、固化时间对涂层给予充分的养护时间后方可进行水冷却处理(图 8-3-12)。

在生产线用磁性测厚仪测量经过水冷却后的涂层钢筋的涂层厚度,并及时反馈给涂覆作业技术人员,将涂层厚度控制在要求范围之内(图 8-3-13)。

待涂层钢筋进入下料平台后,根据 GB/T 25826—2010 的要求,在下料平台上对涂层的厚度、连续性、可弯性进行测试。如果三项结果都合格,则将该批次涂层钢筋放置在涂层钢筋待加工区;如果三项测试结果中有一项结果不合格,则将该批次涂层钢筋放置在待判定成品堆放区,然后重新取样,根据 GB/T 25826—2010 对该批次进行重复检验。检验结果符合要求后,将该批次涂层钢筋放置在涂层钢筋待加工区(图 8-3-14);如新样品测试结果仍不合格，应将该批次涂层钢筋放置在不合格产品堆放区，并立即停止生产，找到症结所在，并经重新检测合格后方可连续生产。

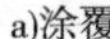

a)涂覆

b)冷却

c)成品

图 8-3-12　环氧涂层钢筋的涂覆

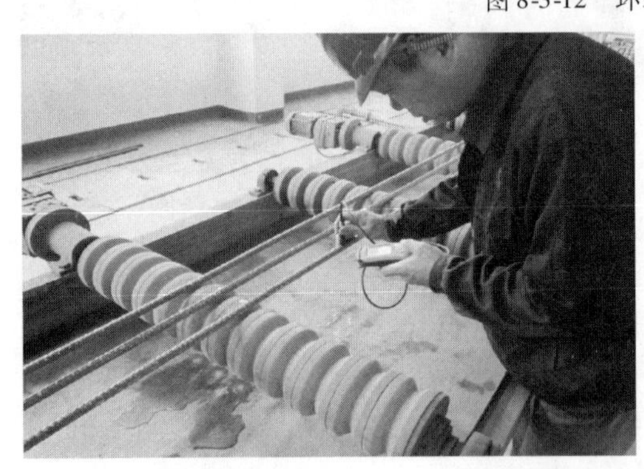

图 8-3-13　钢筋涂层厚度的测量

图 8-3-14　养护后的涂层钢筋下线

(1)涂层厚度

固化后的承台高性能环氧涂层钢筋涂层厚度应为 220 ~ 350μm，且不得有低于 200μm 厚度记录值。固化后的桥墩高性能双层涂层钢筋涂层厚度应为 250 ~ 400μm，且不得有低于 250μm 厚度记录值。

涂层厚度的检验，可按照 GB/T 13452.2—2008 中方法 7 的规定，对涂层的厚度进行测量。每个厚度记录值为 3 个相邻肋间厚度测量值的平均值。应在钢筋相对的两侧进行测量,且沿钢筋的每一侧至少应取得 5 个间隔大致均匀的涂层厚度记录值(每个试样最少 10 个记录值)。

(2)涂层连续性

固化后的涂层应连接,不应有孔洞、空隙、裂纹或其他目视可见的涂层缺陷。承台高性能环氧涂层钢筋在每米长度上的微孔(肉眼不可见之针孔)数目平均不应超过 3 个;桥墩高性能双层涂层钢筋在每米长度上的微孔(肉眼不可见之针孔)数目平均不应超过 0.2 个。

图 8-3-15　涂层钢筋的连续性测试

涂层连续性的检验,应使用电压不低于 67.5V,电阻不小于 80kΩ 的湿海绵直流漏点检测器或相当的方法,并按照漏点检测器的说明书进行检测(图 8-3-15)。漏点检测器应使用固定检测电压,并检定有效。漏点检测器应装有指示灯或蜂鸣器,以指示涂层的不连续。探头应检测涂层钢筋的整个表面。

(3)涂层可弯性

涂层钢筋必须具有良好的可弯性。在弯曲试验后,试样弯曲外表面上不应有肉眼可见的裂纹或剥离现象。

涂层可弯性的检验,应通过将涂层钢筋绕芯轴弯曲 180°(回弹后)的方法进行评价。采用弯曲试验机进行涂层可弯性的检验,带肋钢筋应将试样的纵肋置于与弯曲试验机的芯轴半径相垂直的平面内。对于直径 d≤20mm 的涂层钢筋,试验弯曲角度为 180°(回弹后),弯曲芯轴直径 D = 4d;对于 20mm < d≤36mm 的涂层钢筋,试验弯曲角度为 180°(回弹后),弯曲芯轴直径 D = 6d;对于 d > 36mm 的涂层钢筋,试验弯曲角度为 90°(回弹后),弯曲芯轴直径 D = 6d。弯曲试验应至少以 8r/min 的均匀的角速度进行。试验的温度应为 23℃ ±5℃。

弯曲试验后,涂层钢筋表面因可见缺陷所引起的断裂或部分断裂、裂缝或涂层剥离,不应被认为是涂层可弯性不合格,应对该批次双倍取样再次进行试验(图 8-3-16)。

a)

b)

图 8-3-16　进行涂层钢筋的弯曲试验及检查

5)环氧涂层的修补

当涂层有空洞、空隙、裂纹及肉眼可见的其他缺陷时,必须进行修补。允许修补的涂层缺陷的面积最大不超过每 0.3m 长钢筋表面积的 1%。在生产和搬运过程中造成的钢筋涂层破损,应予以修补。当涂层钢筋在加工过程中受到剪切、锯割或工具切断、固定钳挤压应予修补。当涂层和钢筋之间存在不黏着现象时,不黏着的涂层应予以除去,影响区域应被净化处理,再用修补材料修补。

将需要修补的涂层钢筋吊装至修补区,将涂层钢筋整齐放置在垫木上。在修补前,应先用干净的钢丝刷将待修补处的破损涂层清理干净。然后将甲乙两组的液体环氧树脂涂料按照生产厂家提供的配比参数进行合理配比,充分搅拌均匀。再用干净的毛刷将液体环氧树脂涂料涂刷在修补处,等待涂料固化即可(图 8-3-17)。

a)

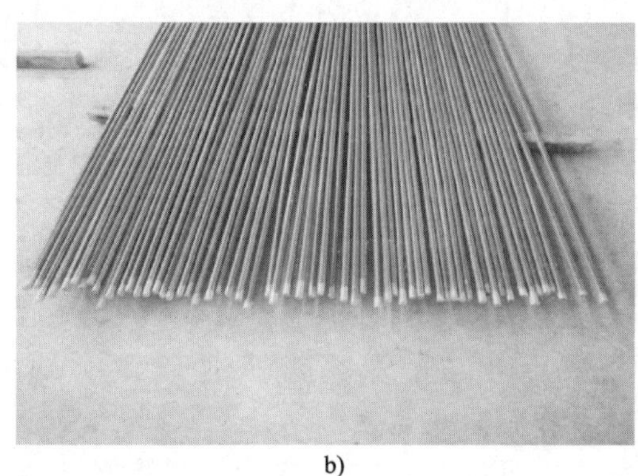

b)

图 8-3-17　钢筋修补及固化

6)环氧涂层钢筋运输与吊装

(1)环氧钢筋运输

钢筋的运输分为环氧钢筋加工厂运至预制场的长距离运输和预制场钢筋加工后的半成品料运至绑扎现场的短距离运输。均采用平板车进行运输。

涂层钢筋在场内加工成施工需要的半成品,用平板车从加工场地运至施工点。装车时吊索采用高强度的尼龙带。涂层钢筋与平板车体之间、涂层钢筋捆与捆之间用垫木隔开,且成捆堆放的层数不得超过 5 层。

(2)环氧钢筋吊装

钢筋加工场内环氧钢筋吊装采用 2 台 10t 龙门吊,专人操作指挥,定人定岗。涂层钢筋的吊索采用高强度的尼龙带,不得使用钢丝绳吊装,以避免吊索与钢筋之间因挤压、摩擦造成涂层破坏;涂层钢筋吊装、运输支点,吊点和支点的设置以涂层钢筋的长度在 9m 以下设置 2 个,长度超过 9m 设置 3 个。如果涂层钢筋质量超过 2t,支点和吊点数量应适当增加。严禁拖拉抛拽涂层钢筋。

7)环氧涂层钢筋存放

(1)环氧钢筋原材存放

钢筋加工棚环氧钢筋原材存放区预制了存放条形基础,条形基础断面尺寸为 28cm × 30cm(宽 × 高),平面间距为 331 ~ 361cm 不等,间距满足环氧涂层钢筋存放支点间距布置要求。原材存放区针对每种规格的钢筋均规划了待检存放区及已检存放区,放置于待检存放区的钢筋为新进场钢筋,需实验室检测合格后方可使用;放置于已检存放区钢筋为实验室检测合格的钢筋，可以直接用于钢筋加工制作。环氧涂层钢筋采购进场后，先将钢筋吊放于相应的待检存放区，安放钢筋原材标志牌，标示“待检”字样，并对新进场的原材环氧钢筋进行检测试验，检测合格后更改钢筋原材标志牌上的“待检”、“已检”字样（图8-3-18）。

涂层钢筋原材存放时采用具有抗紫外线照射性能的塑料膜进行包装。涂层钢筋包装分捆进行，其分捆与原材料进场时一致。存放时保留进场时环氧涂层钢筋包装膜上的标志铭牌，该铭牌上标示有涂层钢筋的生产厂家、生产日期、产品名称及代号、合格标记等。

（2）半成品存放

钢筋加工棚半成品存放区预制了存放条形基础，条形基础断面尺寸为28cm × 30cm（宽 × 高），平面间距为331 ~ 361cm不等，间距满足环氧涂层钢筋存放支点间距布置要求。环氧涂层钢筋半成品存放在条形基础上，在半成品与条形基础之间垫与条形基础同宽的橡胶垫片，不同层半成品之间下垫方木，以免损伤环氧涂层。同种编号半成品钢筋存放在半成品存放区同一位置，并制作半成品钢筋铭牌，用于半成品钢筋辨识，该半成品钢筋铭牌上标示以下内容：使用墩号、使用部位（承台/墩身）、钢筋编号、钢筋大样及尺寸。

半成品首先自检，检查半成品加工尺寸满足要求后再主管部门抽检，确认无误后安放半成品标志牌，标示“已检”字样，对于暂未完成检查的半成品钢筋，其对应的半成品标志牌标示“待检”字样(8-3-19)。

图8-3-18　环氧钢筋原材存放

图8-3-19　环氧钢筋半成品存放

8）环氧涂层钢筋切断加工

环氧钢筋切断加工为钢筋下料加工的第一道工序，在检验合格的环氧钢筋原材区域取用环氧钢筋原材，原则上单根钢筋原材长度为12m。对于切断后需墩粗、车丝的钢筋，其切断加工使用数控金属带锯床进行切断加工；其余原材钢筋采用数控切断机进行切断加工；部分钢筋弯曲后需减短弯钩长度的采用液压切断机进行切断；严禁采用氧气或电焊切割方法。现场配备一名专门负责环氧涂层修补的工人，环氧涂层钢筋切断后及时用专用修补涂料进行修补。由技术人员及质检人员不定时抽查钢筋下料尺寸情况，及时纠正错误，避免不必要的损失。

9）环氧涂层钢筋弯曲加工

涂层钢筋弯曲加工时，钢筋弯曲机的芯轴和挡块套以专用尼龙护套，平板表面应铺以橡胶皮垫层，避免涂层与金属物直接接触；环氧钢筋弯曲的芯轴直径与钢筋型号之间有严格的对应要求，在进行钢筋弯曲加工时，应严格按照钢筋型号选择芯轴，具体钢筋型号与芯轴直径之间的关系如表 8-3-3 所示。

环氧涂层钢筋弯曲芯轴直径　　表 8-3-3

钢筋公称直径(mm)	芯轴直径(mm)	钢筋公称直径(mm)	芯轴直径(mm)
16	125	28	220
20	150	32	250
25	200		

10)环氧钢筋镦粗、车丝加工

(1)镦粗、车丝加工流程

检查钢筋切断下料后需镦粗、车丝的钢筋尺寸是否正确→将下好料的环氧涂层原材钢筋用龙门吊移放至墩粗车丝操作架上→将钢筋于钢筋镦粗机处进行镦粗加工→将镦粗后的钢筋于钢筋车丝机处进行车丝加工→检查镦粗、车丝后的钢筋尺寸是否在误差控制范围内→对于钢筋镦粗、车丝后,将镦粗、车丝过程中夹具范围的环氧涂层破损区域,及时用专用修补涂料进行修补。

(2)镦粗、车丝注意事项

钢筋下料时,切口端面应与钢筋走向垂直,不得有马蹄形或挠曲,若端部不直则应调直后下料。镦粗头的基圆直径 d_1(见图 8-3-20)应满足丝头螺纹加工要求,长度 L_0 应大于 1/2 套筒长度,冷墩粗过渡段坡度应不大于 1∶5。镦粗头不得有横向表面裂纹。不合格的镦粗头,应切去后重新镦粗,不得对镦粗头进行二次镦粗。如选用热镦工艺墩粗钢筋,则不得在露天进行钢筋镦头加工。

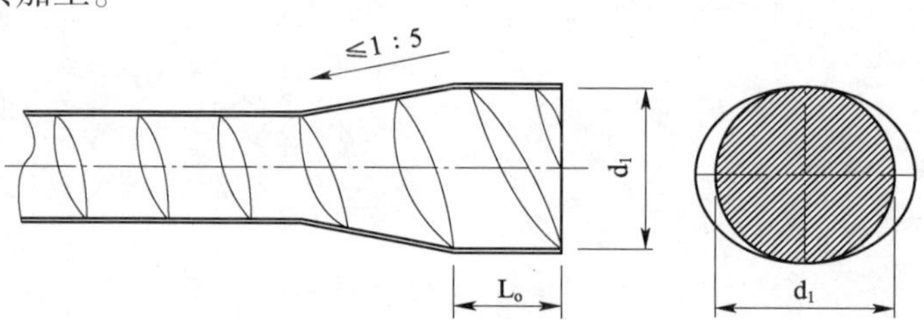

图 8-3-20　镦粗头示意图

加工钢筋丝头时,应采用水溶性切削液,当气温低于 0℃时应有防冻措施,不得在不加切削液的情况下套丝。钢筋丝头的螺纹应与连接套筒的螺纹相匹配,公差带应符合 GB/T 197 的规定,螺纹精度可选用 6f。完整螺纹部分牙形应饱满,牙顶宽度超过 0.25P 的秃牙部分,其累计长度不宜超过一个螺纹周长。外形尺寸,包括螺纹中径及丝头长度应满足产品设计要求。

11)钢筋拼接及套筒连接

钢筋经过镦粗、车丝,并在丝头检验合格后尽快套上连接套筒或塑料保护帽保护,并应按规格分类堆放整齐。承台(墩身)半成品钢筋部分需在钢筋加工场内车丝加工后,用套筒连接成整体,再整体运输至钢筋绑扎现场进行安装、绑扎。

按《钢筋绑扎平面装配图》中的钢筋编号组合将相互拼接的钢筋依次放好;运用管钳扳手进行钢筋接头拼接,将钢筋用套筒拼接成整体。钢筋拼接好后采用高性能修补材料将套筒及其附近环氧涂层受损区域进行补涂。

钢筋拼接、补涂结束后整体吊装移放至钢筋半成品存放区进行存放或直接用平板车出运至钢筋绑扎现场进行绑扎安装。

(1)套筒组装质量要求

套筒内螺纹的公差带应符合 GB/T 197 的规定,螺纹精度可选用 6H。材料、尺寸、螺纹规格及精度等级应符合产品设计图纸的要求。表面无裂纹和其他缺陷,并应进行防锈处理。端部应加塑料保护塞。

(2)接头组装质量要求

接头拼接时用管钳扳手拧紧,宜使两个丝头在套筒中央位置相互顶紧。各种直径钢筋连接组装后应用扭力扳手校核,扭紧力矩值应符合表 8-3-4 规定。

套筒连接的扭矩要求标准值　　表 8-3-4

钢筋直径(mm)	≤16	18 ~ 20	22 ~ 25	28 ~ 32	36 ~ 40
最小扭矩(N·m)	100	180	240	300	360

组装完成后,套筒每端不宜有一扣以上的完整丝扣外露,加长丝头型接头,扩口型及加锁母型接头的外露丝扣数不受限制,但因另有明显标记,以便检查进入套筒的丝头长度是否满足要求。

12)环氧涂层钢筋补涂

凡是对目视可见的涂层损伤,应采用高性能修补材料,对相应部位进行补涂,包括(但不限于)以下情形:

(1)当环氧涂层有空洞、空隙、裂纹及肉眼可见的其他缺陷时,必须进行补涂;

(2)在生产和搬运过程中造成的钢筋涂层破损,应予补涂;

(3)当环氧涂层钢筋在加工过程中受到剪切、锯割或工具切断、固定钳挤压后造成的环氧涂层破损,应予补涂。

当环氧涂层和钢筋之间存在不黏着现象,或者是由于钢筋切断、弯曲等加工而导致环氧涂层翘裂、剥离时,需将不黏着的涂层应予以除去,影响区域应被净化处理,再用修补材料修补。

修补流程:

(1)用尼龙吊带把需要修补的环氧涂层钢筋吊装至环氧钢筋修补区,将环氧涂层钢筋放置在垫木上。

(2)在需要修补的位置下面的场地区域铺垫彩条布或废木板,防止在涂补过程中涂料滴漏到场地上造成污染。

(3)在修补前,检查待修补区域,先用适当的方法(如干净的钢丝刷)将待修补处的破损、翘裂环氧涂层清理干净,当环氧涂层钢筋的割断断面和弯圆部位有破损时,应先除去受损部位的铁锈和尖角。

(4)将甲乙两组的液体环氧树脂涂料按照生产厂家提供的配比参数进行合理配比,充分搅拌均匀。再用干净的毛刷将液体环氧树脂涂料涂刷在修补处,等待涂料固化即可。

13)环氧涂层钢筋的安装

严格按照施工图纸逐层进行钢筋安装施工,为防止钢筋过渡变形,需在适当的位置设置劲性骨架(图 8-3-21),并注意冷却水管的布置及高强螺纹钢筋等预埋件的安装。

高强螺纹钢筋采用带有止转功能的连接器进行钢筋接长,安装连接器时,待接长的两根高强螺纹钢筋的两端面均要做定位标记,连接器旋合到标记处时才能安装止转装置。高强螺纹钢筋接长位置位于墩身中间时,注意保证连接器与连接管在钢筋的张拉方向上的净空长度要求(≥190mm)。高强螺纹钢筋接长位置位于墩身端面(时即拼装时接长),注意保证连接器与连接管在钢筋的张拉方向上的净空长度要求(≥260mm)。连接步骤:安装预应力连接器及下限位的止转螺母→将波纹管连接器和热缩套先放入→安装第二节竖向预应力筋并旋紧→将波纹管连接器用下侧热缩套固定、密封→套入上节波纹管→用上热缩套将波纹管固定、密封。

a)底层定位筋

b)上层钢筋

c)劲性骨架

d)预应力粗钢筋

图 8-3-21　环氧涂层钢筋的安装

现场钢筋安装时主要有摆放和穿筋两种方式,在施工时需注意对环氧钢筋的保护,轻拿轻放,严禁拖拽钢筋,避免钢筋之间或者钢筋与骨架之间摩擦导致环氧涂层破坏。现场结构环氧严禁风割、电焊,骨架焊接时需对环氧钢筋进行保护处理,所有定位环氧钢筋的定位筋均采用自加环氧钢筋。环氧钢筋与其他未作防腐处理的骨架、定位筋之间均需采用橡胶皮进行隔开处理。在钢筋施工过程中,利用木夹板在钢筋网上形成人行通道,防止人员直接踩踏环氧钢筋。在钢筋施工过程中,定员两人在现场进行钢筋补涂作业,防止出现破损的环氧钢筋漏补情况发生。现场骨架阻碍钢筋施工需切割的部分,需经现场施工技术员同意方可操作。

第 4 节　预制构件模板设计

桥梁墩柱按浇筑方式不同,分为两种形式:整体式墩身(承台+墩身+墩帽)和分段式墩身(承台+墩身一体、墩帽单独预制)。根据预制场场地布置,把整体式墩身和分段式墩身中承台与墩身一体的预制构件称之为“承台＋墩身”，其模板为“承台区模板”；其余构件称之为“墩身”，其模板为“墩身区模板”，两类构件各设计一套外模，每套模板通过变化、组合，满足预制构件宽度、高度要求（表 8-4-1）。

模板总体配置表　　　　表 8-4-1

<table>
<tr><th>区　域</th><th>名　称</th><th>数量(套)</th><th>备　注</th></tr>
<tr><td rowspan="10">承台区</td><td>承台外模及桁架</td><td>1</td><td></td></tr>
<tr><td>2.5m 高墩身外模</td><td>1</td><td></td></tr>
<tr><td>压浆板</td><td>1</td><td></td></tr>
<tr><td>2.5m 以上部分墩身外模及支撑系统</td><td>1</td><td></td></tr>
<tr><td>移位门架及小车</td><td>1</td><td></td></tr>
<tr><td>底胎盘</td><td>8</td><td></td></tr>
<tr><td>墩身剪力键模板</td><td>2</td><td></td></tr>
<tr><td>芯模(14.8×11.1m)</td><td>2</td><td></td></tr>
<tr><td>芯模(16×12m)</td><td>2</td><td></td></tr>
<tr><td>墩身内模</td><td>2</td><td></td></tr>
<tr><td rowspan="7">墩身区</td><td>上节墩身外模及支撑系统</td><td>1</td><td rowspan="2">下节墩身外模与之通用</td></tr>
<tr><td>151 号墩外模及支撑系统</td><td>1</td></tr>
<tr><td>移位小车</td><td>2</td><td></td></tr>
<tr><td>顶部横移机构</td><td>2</td><td></td></tr>
<tr><td>底胎盘</td><td>10</td><td></td></tr>
<tr><td>墩身剪力键模板</td><td>2</td><td></td></tr>
<tr><td>上节墩身内模</td><td>2</td><td></td></tr>
</table>

承台区共配置一套外模，包含承台外模及门架支撑系统、芯模及预埋骨架、2.5 米墩身外模及内模系统、2.5 米以上墩身外模及内模系统等。墩身区共配置一套外模，包含上节墩身外模系统、内模系统等（图 8-4-1）。

a)承台区外模

b)墩身区外模

图 8-4-1　全自动液压模板实景图

第5节　预制墩台大体积海工混凝土材料设计与施工

8.5.1　低温升抗裂大体积混凝土材料设计

随着社会经济水平的发展,大体积混凝土已广泛应用于土木工程领域的高层建筑、大跨度桥梁和工业建筑等结构中。大体积混凝土的特点是水化放热集中,而混凝土本身为热的不良导体,内部热量很难传输到表面,但表面与环境接触散热较快,故容易造成内外温差。当混凝土内外温差较大时,会产生较大的温度应力,如果混凝土抗拉强度小于内外温差导致的温度应力会导致混凝土结构产生温度裂纹,影响结构安全和正常使用。通过降低胶凝材料用量来降低水化温升往往会导致降低混凝土致密度降低,孔隙率增大,加速了侵蚀离子在混凝土内传输,使大体积混凝土的耐久性降低。且大体积混凝土应用于跨海桥梁结构中时其服役环境通常非常恶劣,易受到周围 Cl^-、Mg^{2+}、$SO_4{}^{2-}$ 等离子侵蚀破坏,对结构安全的影响更大。因此易开裂和耐久性低是大体积混凝土应用中两个亟待解决的问题,需通过配合比优化和调整孔结构两种途径来对其进行改进。

1)实验原材料选择

(1)水泥:东莞华润 P.O42.5 水泥,比表面积为 377m^2/kg,技术性能指标如表 8-5-1 所示。

水泥的主要性能指标　　表 8-5-1

细度(0.08 筛余)(%)	凝结时间(min)		抗折强度(MPa)		抗压强度(MPa)		安定性
	初凝	终凝	3d	7d	3d	7d	
2.7	133	277	5.6	7.8	27.7	50.6	合格

(2)粉煤灰:广东沙角Ⅱ级粉煤灰,需水量比为 96%,细度为 8%(筛余)。

(3)矿粉:柳州台泥 S95 级矿粉,比表面积 450m^2/kg,流动度比为 100%,7 天活性指数为 89.1%,28 天活性指数为 100%。

(4)砂:巴河中砂,细度模数 2.6。

(5)石:阳新 5～20mm 连续级配碎石,压碎值 8.9%。

(6)减水剂:江苏博特聚羧酸系高效减水剂,固含量为 30%,减水率 25%。

(7)消泡剂、引气剂:江苏博特消泡、引气剂。

2)配合比设计

普通大体积混凝土水泥和胶凝材料用量较高,虽然保证了强度,但是水化放热量较高。本文采用密实骨架堆积原理设计配合比,在满足强度设计要求同时可以降低水泥和胶凝材料用量,以降低水化放热。利用密实骨架堆积法确定混凝土的基准配合比结果如表 8-5-2 所示。

混凝土基准配合比及力学性能(kg/m^3)　　表 8-5-2

强度等级	水泥	粉煤灰	砂	石	水	减水剂	坍落度(mm)	扩展度(mm)	抗压强度(MPa)		
									7d	28d	60d
C45	300	150	798	1103	148	1.8%	180	460	41.3	58.6	63.3

表 8-5-2 数据表明根据密实骨架堆积法得出的配合比工作性能良好，有较高的富余强度。但是大体积混凝土对水化放热要求严格，水泥用量为 300kg/m³ 时水化放热仍不满足规范要求，因此用矿粉替代部分水泥。使用矿粉代替部分水泥不仅可以降低水化放热量，而且矿粉的微集料效应和二次水化效应还可以提高混凝土的耐久性能。使用矿粉部分取代水泥后混凝土的配合比和性能如表 8-5-3 所示。

混凝土的配合比及性能（kg/m³）　　表 8-5-3

编号	水泥	粉煤灰	矿粉	砂	石	水	减水剂	坍落度（mm）	扩展度（mm）	抗压强度（MPa）		
										7d	28d	60d
1	210	130	110	798	1103	148	1.8%	190	490	41.3	58.4	63.6
2	190	130	130	798	1103	148	1.8%	180	470	38.3	54.6	57.3
3	170	130	150	798	1103	148	1.8%	170	480	33.5	49.4	53.8

从表 8-5-3 中可以看出，使用矿粉部分取代水泥后混凝土的抗压强度会略有降低，且随着矿粉掺量增大抗压强度降低越大。水泥用量较高时，混凝土强度虽然富余系数较大，但是也会导致混凝土成本增加，水化放热增大，易产生裂缝等问题。因此最佳配合比为水泥 190kg/m³、粉煤灰 130kg/m³、矿粉 120kg/m³。

3）水泥分散增强组分对力学性能的影响

为了进一步降低水泥和胶凝材料用量，现向混凝土中掺加水泥分散增强组分。试验表明混凝土中的混凝土中有 10～20% 左右的水泥在拌和中无法分散开来，不能参与水化，因而仅仅能作为微集料填充在浆体中，不能发挥其胶结性能[7]。水泥分散增强组分为一种带有酰胺基团的小分子表面活性物质，掺入混凝土中，能通过改变水泥颗粒的固-液表面张力、分子之间的静电斥力，使原来相互黏结的水泥颗粒充分分散，保持独立状态，促进水泥颗粒的水化，从而在保持设计强度不变的情况下掺入水泥分散增强组分可降低胶凝材料用量。混凝土配合比如表 8-5-4 所示，实验结果如表 8-5-5 所示。

混凝土的配合比（kg/m³）　　表 8-5-4

编号	水泥	粉煤灰	矿粉	砂	石	水	减水剂	水泥分散增强组分
2-0	160	130	120	820	1126	135	1.8%	0
2-3	160	130	120	820	1126	135	1.8%	0.3%
2-6	160	130	120	820	1126	135	1.8%	0.6%
2-10	160	130	120	820	1126	135	1.8%	1.0%

混凝土的力学性能　　表 8-5-5

编　号	坍落度（mm）	扩展度（mm）	抗压强度（MPa）		
			7d	28d	60d
2-0	170	480	33.4	48.9	52.8
2-3	180	480	36.2	51.3	56.6
2-6	190	480	37.8	53.6	57.8
2-10	190	480	36.1	51.5	56.9

从表 8-5-5 中可以看出随着水泥分散增强组分掺量的增加，混凝土的强度出现了先增加

后减小的趋势，当水泥分散增强组分的掺量为0.6%时，混凝土的强度出现最大值，7d强度为37.8MPa，28d强度达到53.6MPa，满足设计要求。

分析可知，水泥分散增强组分的掺入，可使原来相互黏结的水泥颗粒充分分散，促进水泥颗粒的水化，因此可以提高混凝土的强度。但是掺量过多时，其携带的酰胺基团会使混凝土含气量增大，就会降低强度。因此选用0.6%为水泥分散增强组分的最佳掺量。综上所述，混凝土中掺入0.6%的水泥分散增强组分可以节约30kg/m³水泥和10kg/m³矿粉，力学性能仍满足要求。

4）保塑、增黏组分对工作性能影响

由于大体积混凝土工程条件复杂，施工难度大，采用泵送或溜槽施工时，对混凝土的包裹性能和黏聚性能要求较高。由表8-5-5可以看出，经胶凝材料优化后混凝土的工作状态不佳，坍落度仅170~190mm，扩展度460~490mm，同时混凝土包裹性与黏聚性能较差。如果浆体黏聚性不够，在振捣过程中会发生离析、粉煤灰上浮等现象。粉煤灰上浮到浆体表层会使混凝土表面产生色差，导致外观不佳。同时粉煤灰颗粒不能均匀分布在混凝土内，导致其微集料效应无法发挥，最终导致混凝土的耐久性降低。因此保证浆体有较好流动性能和黏聚性能，才能保证施工时混凝土的质量。

为了改善浆体的黏聚性，现向混凝土中引入黏度调节组分，并测试混凝土的工作性能，表8-5-6和表8-5-7示出了掺加黏度调节组分后混凝土的配合比、工作性能和力学性能。

混凝土配合比 表8-5-6

编号	原材料用量（kg/m³）							
	水泥	粉煤灰	矿粉	砂	石	减水剂	黏度调节组分	水
4-0	160	130	120	780	1060	1.8%	0	145
4-1	160	130	120	780	1060	1.8%	0.01‰	145
4-2	160	130	120	780	1060	1.8%	0.02‰	145
4-3	160	130	120	780	1060	1.8%	0.03‰	145
4-4	160	130	120	780	1060	1.8%	0.04‰	145

混凝土工作性能和力学性能 表8-5-7

编　号	初始坍落度/扩展度（mm）	抗压强度（MPa）		
		7d	28d	60d
4-0	190/480	37.1	53.5	58.0
4-1	200/530	37.9	54.7	58.2
4-2	220/560	38.1	55.2	58.8
4-3	200/530	37.8	54.9	58.7
4-4	180/490	37.2	54.4	58.1

由表8-5-7试验结果可知，黏度调节组分对混凝土的工作性能有较大的影响，随着黏度调节组分掺量的增加，混凝土的工作性能均出现先增大后减小的趋势。分析黏度调节组分对混凝土的作用机理可知，黏度调节组分是带有羟基与醚基的大分子聚合物，在混凝土拌和过程中，羟基上与醚基上的氧原子与水泥浆体的拌和水中的自由水分子之间产生物理反应，形成氢键，使原来可以流动的自由水产生一定阻力，减少水泥浆体中可以任意流动的自由

水,增加水泥浆体的黏度,以提高混凝土的保水、增黏作用。掺量过大会导致水泥浆黏度过大,流动性减小,反而不利于施工。因此选取黏度调节组分的最佳掺量为0.02‰,图8-5-1为编号4-2坍落度实验的照片,从照片中可以看出浆体的流动、黏聚性能均良好,无离析、泌水等现象,满足施工要求。

a)

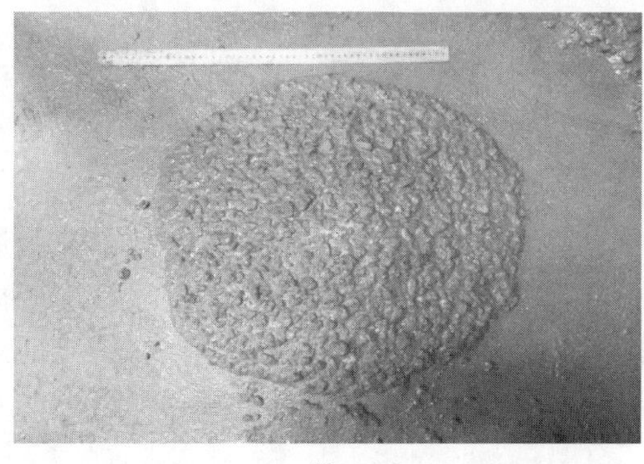

b)

图8-5-1　混凝土工作性能试验照片

5)减缩、增韧组分对力学性能的影响

在混凝土结构中,随着龄期的增加,混凝土在空气中硬化,发生收缩,当混凝土收缩拉应力大于混凝土的劈裂抗拉强度时,将产生裂纹,易使混凝土耐久性降低。现通过在混凝土中掺入一定量的减缩增韧组分,以减少混凝土的收缩。因此,在表8-5-6中编号为4-2混凝土配合比的基础上,分别掺入胶凝材料重量的0.3%、0.5%和0.7%的减缩增韧组分,试验配合比如表8-5-8所示。对比分析普通混凝土的干燥收缩,实验结果如表8-5-9所示。

混凝土试验配合比　　表8-5-8

编号	原材料用量(kg/m^3)							
	水泥	粉煤灰	矿粉	砂	石	减水剂	水	减缩增韧组分
4-2-0	190	130	140	780	1060	1.8%	145	0
4-2-3	190	130	140	780	1060	1.8%	145	0.3%
4-2-5	190	130	140	780	1060	1.8%	145	0.5%
4-2-7	190	130	140	780	1060	1.8%	145	0.7%

注:减水剂中复合了0.6%(胶凝材料重量)的水泥分散增强组分、0.02‰(胶凝材料重量)的增黏组分、3‰(减水剂重量)的消泡剂和0.3‰(减水剂重量)的引气剂。

减缩增韧组分对混凝土性能的影响　　表8-5-9

编　号	劈裂抗拉强度(MPa)			混凝土干燥收缩率($\times10^{-6}$)			
	3d	7d	28d	3d	7d	28d	60d
4-2-0	1.7	3.0	3.8	136	214	285	312
4-2-3	1.75	3.16	3.84	121	201	274	301
4-2-5	1.79	3.23	3.89	109	187	257	290
4-2-7	1.74	3.2	3.83	95	178	241	276

由减缩增韧组分的减缩增韧机理可知,减缩增韧组分为一种带有硅氧烷基团和聚醚基团的聚合物,聚合物分子链之间相互缠绕,形成空间网络状骨架体系镶嵌在水化产物之中,通过网络状骨架体系自身的变形作用吸收混凝土自收缩以及裂纹扩展的应变能,使原本混

凝土自身的收缩作用及微裂纹扩展需要吸收更多的能量才能实现，提高混凝土的力学性能，从而起到减缩增韧的效果。

6）消泡剂、引气剂对抗渗性能的影响

为了降低大体积混凝土的水化温升，采取了一系列措施来降低其水泥和胶凝材料用量；但水泥和胶凝材料用量较少时，水泥浆体对骨料的包裹性不佳，使其内部孔隙增多，抗渗性降低从而易受周围离子侵蚀，耐久性不佳。大量研究表明，孔隙率对混凝的耐久性有着决定性的影响；孔的其他属性（例如孔径、孔的分布、孔形与取向等）对混凝土也有着巨大影响；大孔会使强度和耐久性降低，而当孔径小于某一尺度时影响则很小。由此可见，优良的孔结构，即低孔隙率、小的孔径与适当的级配、圆形孔等，是高强度高耐久的必要条件。

为了改善混凝土的孔结构，向混凝土中加入引气剂和消泡剂，配合比和性能如表 8-5-10 和表 8-5-11 所示。

混凝土的配合比（kg/m^3）　　表 8-5-10

编　号	水泥	粉煤灰	矿粉	砂	石	水	消泡剂	引气剂
2-6-1	160	130	120	820	1126	135	0	0
2-6-2	160	130	120	820	1126	135	3‰	0
2-6-3	160	130	120	820	1126	135	0	0.3‰
2-6-4	160	130	120	820	1126	135	3‰	0.3‰

注：混凝土中均掺加了 1.8%（胶凝材料重量）的减水剂。减水剂中复合了 0.6%（胶凝材料重量）的水泥分散增强组分、0.02‰（胶凝材料重量）的增黏组分、0.5%（胶凝材料重量）的减缩增韧组分、3‰的消泡剂和 0.3‰的引气剂是占减水剂的质量分数量。

混凝土的工作性能和力学性能（kg/m^3）　　表 8-5-11

编号	坍落度（mm）	扩展度（mm）	抗压强度（MPa）			抗渗等级	28dCl⁻扩散系数（$10^{-12}m^2/s$）
			7d	28d	60d		
2-6-1	220	560	37.8	53.6	57.8	P28	4.5
2-6-2	190	530	38.2	54.3	59.6	P34	2.8
2-6-3	230	580	35.3	49.1	54.6	P30	3.9
2-6-4	220	560	37.1	53.5	58.0	P33	3.0

从表 8-5-11 中可以看出掺入消泡剂后混凝土的抗压强度有稍许增加，抗渗等级明显增加，28dCl^-扩散系数明显降低。掺入引气剂后流动性增大，但是强度下降较大，导致力学性能不能符合要求。掺入消泡剂后再掺入引气剂浆体的和易性得到改善，抗压强度、抗渗等级和 28dCl^-扩散系数基本保持不变。分析可知，消泡剂消除了浆体中对强度和耐久性能不利的气泡，降低了浆体的含气量，使得混凝土抗压强度增加。大气泡以及连通的气孔网络的消除阻断了离子扩散的通道，故混凝土抗渗等级增加，侵蚀离子扩散系数降低。同时表面大气泡的消除改善了混凝土的外观。但是由于含气量降低导致微细气泡作为微珠在混凝土中滚球效应降低，导致浆体和易性变差，易出现离析、泌水等现象。加入引气剂便向浆体中引入分布均匀的圆形微细气泡改善了浆体的和易性，由于引气剂引入的多为圆形小气泡，对混凝土的抗压强度和抗渗性能影响不大，还可提升混凝土的抗冻性。

7）混凝土配合比确立及性能

经过初试配合比设计以及水泥分散增强、黏度调增、孔结构调整功能组分调节，最终的低温升高耐久大体积混凝土配合比及性能如表 8-5-12、表 8-5-13 所示。

混凝土配合比（kg/m^3）　　表 8-5-12

强度等级	水泥	粉煤灰	矿粉	砂	石	水	减水剂	
C45	160	130	120	820	1126	135	1.8%	

注：减水剂中复合了 0.6%（胶凝材料重量）的水泥分散增强组分、0.02‰（胶凝材料重量）的增黏组分、0.5%（胶凝材料重量）的减缩增韧组分、3‰（减水剂重量）的消泡剂和 0.3‰（减水剂重量）的引气剂。

混 凝 土 性 能　　表 8-5-13

强度等级	坍落度/扩展度（mm）	抗压强度（MPa）		抗渗等级	28dCl^-扩散系数（$10^{-12}m^2/s$）
		7d	28d		
C45	190/480	37.8	53.6	P33	3.0

8.5.2　海工大体积混凝土温度场、应力场计算分析

在以上设定条件下，运用有限元软件对承台进行建模，进行大体积混凝土温度应力计算，得到相应龄期温度场分布（图 8-5-2）、应力场（图 8-5-3）、承台内部最高温度及最大内表温差结果（表 8-5-14）和最大温度应力（表 8-5-15）。

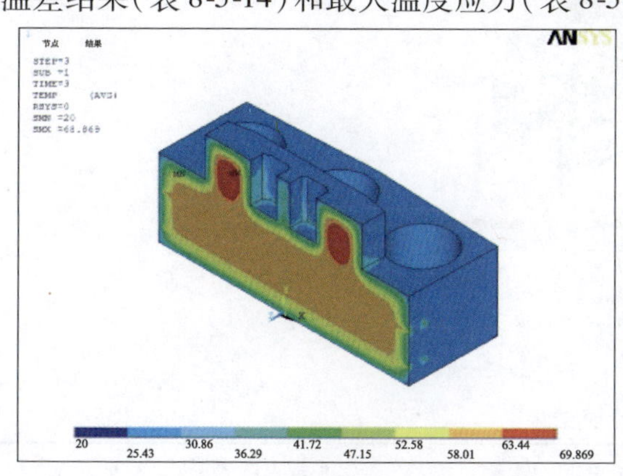

a)3d温度场

b)7d温度场

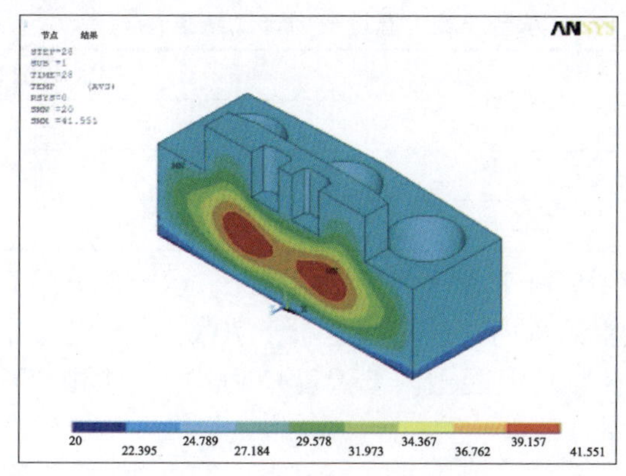

c)28d温度场

图 8-5-2　承台混凝土温度场分布图（单位：℃）

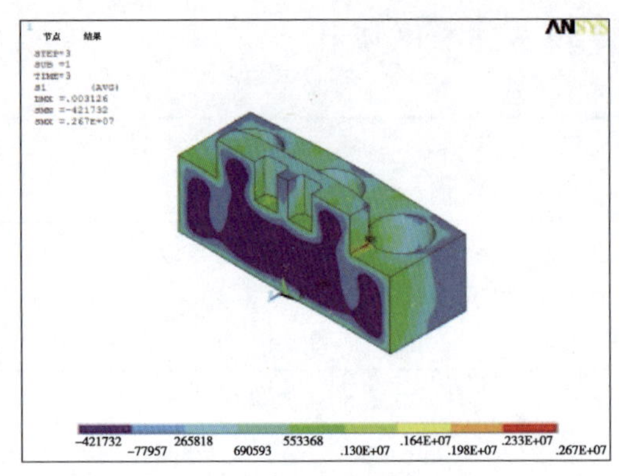

a)3d应力场

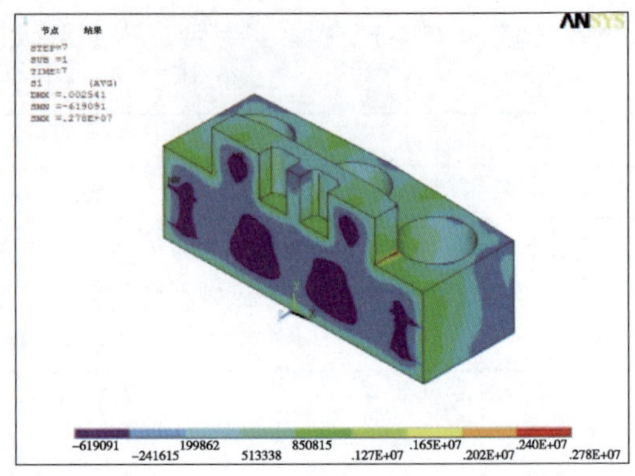

b)7d应力场

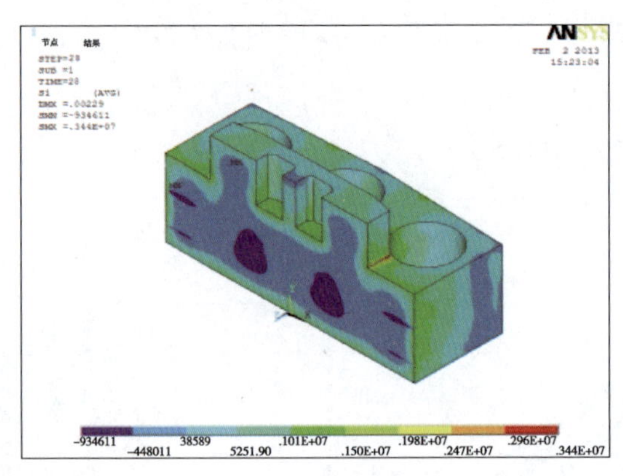

c)28d应力场

图 8-5-3　承台混凝土应力场分布图

承台温度计算结果　　表 8-5-14

部　位	内部最高温度(℃)	最大内表温差(℃)
承台	65.9	22.3

承台混凝土温度应力计算结果　　表 8-5-15

部　位	项　目	温度应力(MPa)	
		7d	28d 半年
承台	仿真结果	1.04	1.79
	允许应力	3.29	3.89

由图 8-5-2、图 8-5-3、表 8-5-14 和表 8-5-15 可以看出，承台部分最高温度为 65.9℃，内外温差为 22.3℃，大体积混凝土结构内部最高温度小于 70℃，内外温差小于 25℃，符合国家规范规定。根据温度应力分析结果，混凝土内部温度应力均小于同龄期下的混凝土劈裂抗拉强度，具有较高的抗裂安全系数。

8.5.3　海工大体积混凝土浇筑施工

预制构件具有体积大的特点，所以混凝土方量大，且预制构件高度较高，模板、吊具、劲性骨架等预埋件数量繁多。预制构件所用混凝土为海工混凝土，海工混凝土具有黏性强，流动性相对稍差，混凝土施工难度较大。在混凝土浇筑前需要完成以下工作：

(1)每次混凝土浇筑前首先由技术人员对工班进行交底，由技术人员下单，明确每次浇筑的混凝土的方量、配合比。

(2)由技术人员检查工班所配置的振捣工人有无更换，如有需在浇筑前进行培训，方可浇筑，确保振捣工人的稳定，基本做到定人定岗。

(3)实验室在每次混凝土开盘前测定原材料的各项性能，按照实测值调整浇筑所用实际配合比，并在搅拌前以书面形式下发给拌和楼，拌和楼没有接到实际配合比单有权拒绝拌料。实验室根据测定材料实际情况在混凝土浇筑前先进行试拌，判断混凝土的工作性能。

(4)需组织落实拌和楼的各项检查：拌和楼在搅拌前检查拌和楼水池储水是否满足要求，检查上料台皮带轮处底部积水有无清理掉；搅拌前先确保两套拌和设备均能正常运转、制冷制冰设备能正常运转(需要使用时)、发电机正常、搅拌车正常、混凝土泵车正常；施工前确保单次浇筑混凝土所需原材料数量。

(5)承台混凝土浇筑前由质检部检查底板有无清洗，确保底板无杂物，检查保护层垫块有无脱落现象，墩身混凝土浇筑前检查接缝处有无湿润，凿毛水泥渣有无清理干净，确认波纹管有无破漏的地方(对于墩身有预应力的)。

(6)检查模板接缝是否严密、模板几何尺寸和支撑的稳固性。将冷却水管进行通水检查，检查有无漏水现象，防止浇筑过程中进浆堵塞。检查各类预埋件、波纹管位置是否正确，有无漏埋，按照要求填写检查表格。

(7)存在墩身接缝的构件，对其剪力键模板的平面位置、水平度进行检查。

(8)为了保证浇筑过程的顺利进行，在浇筑前对所有设备(拌和站、搅拌车、泵车等)及工具(振动器、振动棒等)进行检查验收，确保设备在浇筑全过程正常运转使用。

(9)每个预制构件都是一项连续耗时较长的工程，为防止出现浇筑质量通病，除保证有足够数量的振捣工外，还应配备相应的应急人员，天气情况也要把握好，并做好应急预案，同时各部门需派人值班，在出现不正常情况时及时做好现场处理。

1)承台区混凝土浇筑施工

预制构件承台部分采用 2 台泵车进行浇筑，配置 4 台搅拌车；承台下料点布置如下：

振动棒按以下方式进行配备：每台泵车配备 3 条振动棒共 6 条，再额外备用 4 条，总共 10 条。

振动人员按以下方式进行配备：每台泵车配备 1 个搅拌车下料工，3 个振捣工、3 个抬棒工、1 个泵管布料工、抹面工 2 人，其他配合工 2 人，每台泵车共 12 人，单班振动人员共 24 人。

承台混凝土下料按照图 8-5-4 布置的下料点施工，外侧下料点离模板面板距离控制在 40cm 左右，混凝土浇筑时首先从靠近墩身的四个下料点进行下料，当混凝土下料高度达到 50cm 左右，或料摊铺到接近外模边缘时，改从外侧下料点下料。

承台区的振捣需振捣工人进入承台钢筋网内部进行振捣，保证振捣质量。承台下层 60cm 处外模处钢筋保护层厚度较小，需加强振捣，且预留孔处预埋件处需人员进入预留孔内进行振捣，此处需采用小直径振动棒。

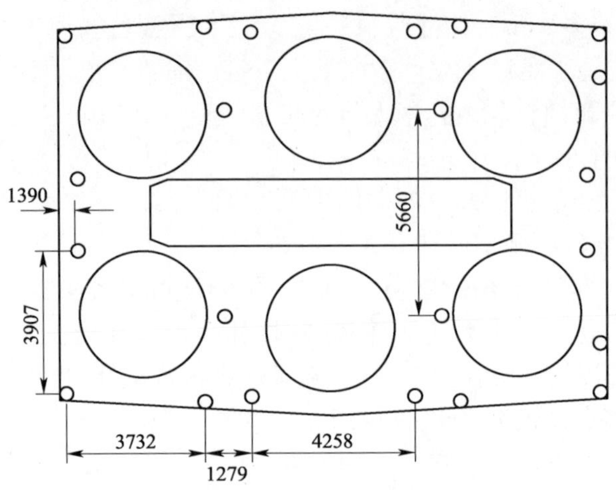

图 8-5-4　承台下料点示意图(尺寸单位:cm)

浇筑混凝土时“分区”“分层”“定员”连续作业,分层厚度控制在 40cm 以内,分层浇筑时间控制在 1h 左右,如要间歇,尽量缩短间歇时间保证混凝土不留施工冷缝。使用插入式振捣器应快插慢拔,插点要均匀排列,逐点一定,顺序进行,做到不漏振,不过振,混凝土振捣密实标准应为使混凝土表面产生浮浆无气泡,不下沉为止。

由于承台高度为 4.5m(或 5m),为防止混凝土自由下落高度过高,在承台底层混凝土浇筑时,在各布料点位置放置直径 200mm,长度 3m 的导管进行下料。

2)墩身标准节混凝土浇筑

墩身混凝土浇筑时下料点布置在墩身转角处和横隔板处,如图 8-5-5 所示。

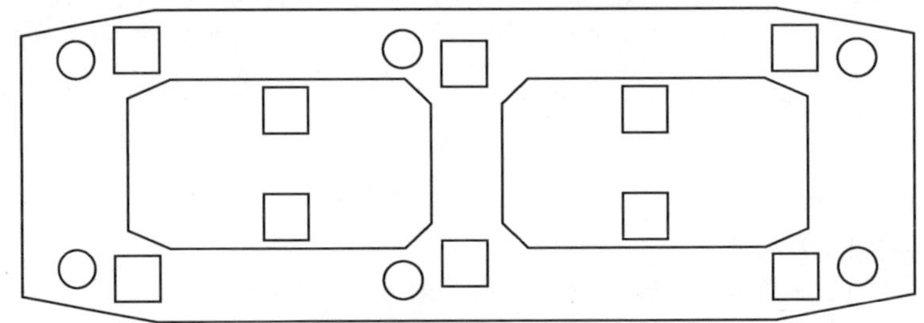

注:方框代表振捣人员进钢筋笼位置,圆圈代表下料点位置

图 8-5-5　墩身下料点示意图

墩身标准节混凝土浇筑采用两台泵车,在承台混凝土初凝前,浇筑墩身底层混凝土,前三层(0.9m)放慢浇筑速度,时间不少于 2h。同时应注意把握墩身混凝土的浇筑速度,避免出现冷缝。

墩身混凝土浇筑采用 PVC 管作为下料窜筒,PVC 管直径为 180mm,上端配置漏斗。浇筑时,泵车下料到漏斗,通过 PVC 管下料,输送到墩身内部。墩身混凝土下料时不能靠外模,布置在墩身中间位置,避免下料时污染外模面板。

墩身混凝土浇筑控制在 1m/h,浇筑过程需严格控制分层厚度和分层浇筑,即必须将该层混凝土全部振捣完成后才允许继续下料进行下层浇筑,不得连续不断浇筑。振捣时,振捣电机放置在墩身顶面的工作平台上,施工人员通过顶面的预留人孔进入墩身内部振捣。墩身长边方向需振捣人员从墩身钢筋笼顶端下到钢筋笼内进行振捣，墩身中隔板处也需振捣人员从墩身钢筋笼顶端下到钢筋笼内进行振捣。每个振捣工作业面为沿墩身长度2m，随混凝土浇筑面不断上升，施工人员从上部将串筒分节拆除。

对于分节式预制构件墩身顶部存在剪力键，墩身需安装剪力键模板。首件施工时为了确保浇筑过程顺利下料，该类墩身浇筑时先进行标准节墩身的浇筑，浇筑到离顶面还有50cm时停止浇筑，及时安装剪力键模板，然后进行剩余混凝土的浇筑。为了确保后期剪力键模板能够顺利安装，需在墩身混凝土浇筑前先将墩身模板的平面位置和垂直度调整好，并将剪力键模板安装上去（确保剪力键模板以后可以拆除），然后进行墩身混凝土的浇筑。

3）墩帽混凝土浇筑

图8-5-6示出了墩身和墩帽混凝土布料位置。

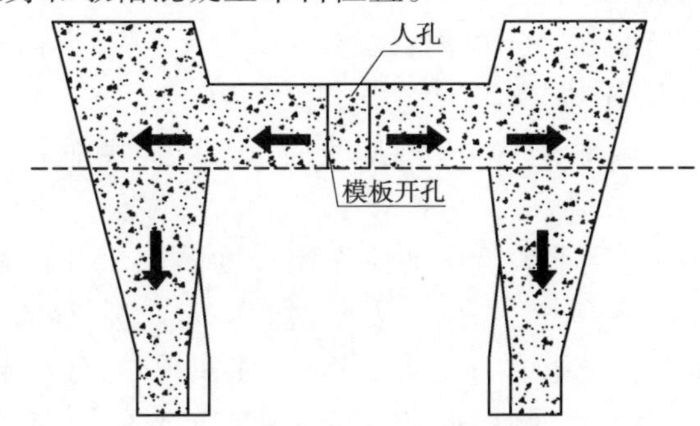

a)施工缝以上墩身结构示意图

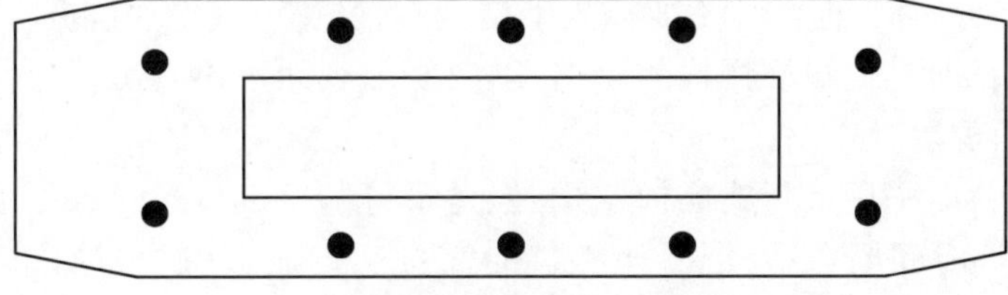

b)虚线下部混凝土布料点位置图

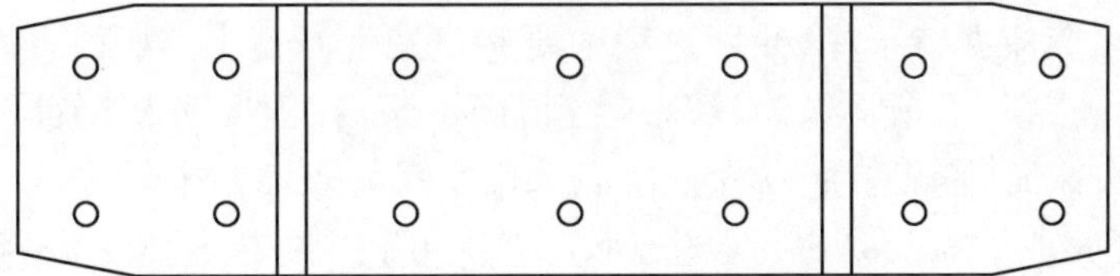

c)虚线上部混凝土布料点位置图

图8-5-6　墩身及墩帽混凝土布料点位置

图8-5-6a）虚线下部混凝土浇筑及振捣工艺与标准节墩身相同。操作人员将泵车导管直接伸入料斗内，混凝土通过串筒输送到墩身内部。振捣时，振捣电机放置在墩身顶面的工作平台上，施工人员通过顶面的预留人孔进入墩身内部振捣，每个振捣工作业面为沿墩身长度2m，随混凝土浇注面不断上升，施工人员从上部将串筒分节拆除。

虚线上部混凝土浇筑及振捣，施工人员从墩身内部撤出并将孔道内的钢筋补绑齐全。

安装人孔处模板。

混凝土垂直下落的高度小于2m的，直接泵送入模；混凝土垂直下落的高度大于2m的，仍通过橡胶管输送。振捣人员站在墩身顶部进行振捣，振捣棒选用软管长度为4m或6m的振捣棒。

4）混凝土浇筑施工质量控制关键点

混凝土从拌和站搅拌时严格控制混凝土搅拌质量，严格按照审核的配合比、搅拌时间控制混凝土出站质量，在混凝土搅拌完成开始浇筑前由实验室对混凝土的质量进行检查，并且在现场做坍落度，承台混凝土出站坍落度控制在200+20mm，扩展度不小于45cm，墩身混凝土坍落度可以小一些，减少浮浆状况。浇筑前检查混凝土的各项性能，确保混凝土不离析，测定混凝土的入模温度，确保混凝土入模温度不高于28℃。

承台混凝土初凝时间控制在10h以内，顶层（0.5m厚）混凝土初凝时间控制在8h左右，墩身混凝土初凝时间控制在8h左右。

（1）预埋件处、外模边、内模倒角处、预应力锚固端，这些地方需进行加强振捣，保证密实。

（2）混凝土浇筑时分层厚度不大于振动棒作用长度的1.25倍，振动器捣固混凝土的层厚，对于泵送混凝土采用30~40cm为宜，不要超过50cm。使用插入式振动棒振动时，水平移动间距不得超过振动棒作用半径的1.5倍，考虑到振动器的有效半径和海工混凝土的特性，其间距以不超过40cm为宜，与侧模保持50mm~100mm的距离。插入式振动棒的振动深度，一般不应超过振动棒长的2/3~3/4，分层浇筑时，应插入下层混凝土50mm~100mm，使上下层混凝土结合牢固，但注意不要插入下层太多，避免下层出现过振，浮浆上浮。

（3）混凝土振捣时遵循快插慢拔的原则，以混凝土表面不再有沉落且无气泡上冒为准，严防出现蜂窝麻面现象。

（4）混凝土振捣时采用平行式或梅花式，但是不得漏振、欠振、过振。混凝土浇筑后，应立即进行振捣，振捣时间要合适，混凝土振捣时需按照初振、复振来操作，复振时时间要保证，尤其是靠近模板外侧位置。

（5）混凝土浇筑时，混凝土由高处落下的高度如果超过2m应采用串筒（或PVC管、高强塑料软管）导向，窜筒应保持干净，使用过程中要避免发生混凝土离析。

（6）承台混凝土浇筑完成后及时清理承台顶面浮浆，在混凝土初凝前初步整平，在混凝土初凝后进行二次抹面处理，参照高程控制点采用刮尺将表面刮平。

（7）表面处理完成后需及时进行养生，承台养生可利用外模蓄水保温养生或者表面覆盖土工布养生，确保表面不开裂。

8.5.4 混凝土外观质量通病及防控措施

1）表面气孔现象

表面气孔的形成主要是因为预制构件采用的是高性能海工混凝土，混凝土中掺入了粒径较小的矿粉，混凝土黏性非常大，施工时气泡比较难排除；且一次性施工面积大，振捣操作工人水平不一致，导致该外观质量问题。在混凝土设计中本身允许在混凝土内部存在一些气泡，但是需控制气泡的总量和大小。

针对该问题，在进行预制构件浇筑前，对混凝土振捣工人进行培训，包括振捣、下料、抹面及清理等内容，确保施工工人熟悉所负责内容的要求和方法，并要求专业队定人定岗，明确责任制，保证振捣质量。

2）部分错台现象

模板在安装过程中没有控制好模板接缝处面板的调整，容易造成错台。对于整体大块模板，安装前钢筋已经安装好，模板在合模时人员无法进入模板内部进行观察模板面板的吻合情况，只能通过检查模板外面的背肋来调整；但是由于背肋的高度和焊接的误差，观察不准确，导致错台的产生。

针对该情况，在模板安装前，在模板合模拼缝处的背肋位置每隔1m设置一个相对高程带，使模板的面板+背肋高度一致，在合模安装时，通过观察该位置来调整模板的错台。

3）裂缝处理

裂缝主要包括结构裂缝和表面收缩裂缝（温度应力裂缝），针对可能产生的裂缝情况制定相应的施工措施：

结构裂缝的产生除结构设计的问题以外，主要是由于施工过程没有按照设计施工造成的，因此在施工过程中要严格把关钢筋安装的施工质量，确保按照设计图纸施工，同时保证保护层的厚度在规范范围内，避免产生结构裂缝。

由于大体积混凝土水化热的变化，使得内外温差形成的温度应力大于混凝土抗拉强度便会在结构内或者外表面产生温度应力裂缝。在施工前计算混凝土的水化热的变化，按照理论设计进行冷却管的布设，并按照温度监控的结果通循环水冷却，控制内外温差，确保混凝土不开裂。

4）缺陷及裂缝修补措施

对于预制构件出现的裂缝及缺陷等，首先对所产生裂缝的部位、裂缝的长度、宽度、形状等进行标记，并进行跟踪监测；其次需对裂缝的产生原因进行分析，判断裂缝的类型；最后根据不同的裂缝类型采取不同的修补材料进行修补。对于所产生的表面气孔或者蜂窝、麻面现象进行分析，然后针对缺陷进行修补。

采用仪器和直尺对裂缝的宽度和长度进行检测，并记录裂缝的分布情况。

对于裂缝宽度 $\delta < 0.15$mm 的混凝土表层微细独立裂缝或网状裂纹可采用表面封闭法。先用钢丝刷清除缝口表面面浆并打毛，然后用压缩空气吹尽缝口浮尘。用工业丙酮清洗缝口后，刷上两层裂缝封闭胶进行裂缝封闭。裂缝封闭胶应采用进口品牌优质无溶剂型改性环氧树脂材料。

对于裂缝宽度 $\delta \geqslant 0.15$mm 的静止独立裂缝、贯穿性裂缝以及蜂窝状局部缺陷采用“壁可法”注浆灌缝进行处理。进行裂缝注射处理时，应采用进口品牌优质无溶剂型改性环氧树脂类裂缝注射胶。

5）缺陷表面修补

对部分结构局部混凝土保护层厚度不足，蜂窝空洞，板底凹坑，混凝土剥落以及露筋、钢筋锈蚀等病害，建议采用表面修补设计方案：凿除松散混凝土，露出新鲜混凝土，钢筋除锈，涂钢筋阻锈漆，然后用环氧砂浆修补。

对于构件表面存在混凝土蜂窝、麻面、剥落、掉块、缺损、凹陷等缺陷，首先将缺陷部位表层的旧混凝土全部凿除，露出新鲜混凝土，然后利用人工除锈的方法对缺陷部位的外露钢筋除锈，并将混凝土表面清理干净，最后利用环氧砂浆对缺陷部位进行修补。

第6节　预制墩台的移运施工

承台和墩身横移共用一套移运梁台车，由于墩身自重较轻，所以墩身横移时关闭两侧的油顶，减少墩身分配梁的受力。顶升系统采用液压三点均衡原理进行设计，任意一点中的所有油缸的油路是相通的。当轨道发生沉降（≤20mm），沉降区域的油缸的压力瞬间会变小，此时油路中的油会迅速从高压区流向低压区进行补偿，保证次油路的压力相等；也就是确保每个单车的油缸顶升力为一致，保证了轮压的相等。

预制构件横移工况如图 8-6-1 所示。

图 8-6-1　构件场内横移施工

（1）拆除承台的活动底模，利用钢筋骨架横移台车将活动底胎盘移出（墩身横移无此步骤）。

（2）将调试好的横移台车进入到存梁台座的指定位置（墩身横移前要先关闭两端外侧的油缸）。

（3）预顶升油缸至接触承台（或底胎盘）底部为止。

（4）继续顶升油缸至承台（或底胎盘）底部脱离台座 20mm，在台车的梁段各放置一个框式水平仪（对角线放置）；墩身移运时水平仪放置在底胎盘上，承台移运时水平仪放置在分配梁上部。顶升过程中随时观察其水平状况。

（5）将辅助橡胶垫块滑入分配梁下方，确保分配梁和橡胶垫块之间的间隙≤10mm。

（6）开始横移，移至转换台座下方。

（7）滑出橡胶垫块，不启动油泵电机，用手扳动差动阀，将承台（或墩身）缓慢下放到转换台座上，下放过程中要随时观察水平仪的状态，用人工控制下放速度，确保平稳下放。

（8）下放到位后启动油泵，收起油缸，将分配梁和预制件底部脱离。

（9）横移台车退出。横移工况结束，接下来进入纵移工况。

预制构件纵移工况如图 8-6-2 所示。

（1）横移台车退出后，将调试好的纵移台车进入到转换台座的指定位置。

图8-6-2　构件纵移装船

(2)将码头和船甲板间的轨道梁装好。

(3)预顶升油缸至接触承台(或底胎盘)底部为止。

(4)继续顶升油缸至承台(或底胎盘)底部脱离台座20mm,在台车的两端各放置一个框式水平仪(对角线放置);墩身移运时水平仪放置在底胎盘上,承台移运时水平仪放置在分配梁上部。顶升过程中随时观察其水平状况。

(5)将辅助橡胶垫块滑入分配梁下方,确保分配梁和橡胶垫块之间的间隙≤10mm。

(6)开始纵移,移至船上的固定台座下方。

(7)滑出橡胶垫块,不启动油泵电机,用手扳动差动阀,将承台(或墩身)缓慢下放到转换台座上,下放过程中要随时观察水平仪的状态,用人工控制下放速度,确保平稳下放。

(8)纵移台车退回。

(9)对墩身的上支撑进行固定,墩身托盘和台座进行固定(承台只需和台座进行固定,不用上支撑)。

(10)拆除码头和甲板间的轨道支撑。纵移工况结束。

第9章　装配式柔性止水帷幕法安装预制墩台关键技术

第1节　引　言

承台墩身整体全预制吊装在国内尚属首例,为降低基础阻水率,并将承台埋置于海床面以下,预制构件与钢管复合桩基础的水下连接是该工艺的关键环节。常规安装可借鉴现浇承台止水方法,采用大型钢围堰配合封底混凝土,或大直径钢圆筒围堰形成止水帷幕等工艺,为安装施工提供干作业环境。前者需耗费大量封底混凝土,资源消耗高,施工周期长;后者需投入大直径钢圆筒施沉设备,且存在钢圆筒变形及拔出风险。综合考虑资源消耗、设备投入、工期节省、工法普适性等诸多成本及风险控制要素,未沿用现有前述两种施工工法,而自主开发了装配式柔性止水帷幕法安装桥梁预制墩台的施工技术。

本章介绍非通航孔桥埋置式承台及通航孔桥边辅墩预制墩身安装施工(图9-1-1)。承台采用C45海工高性能混凝土,六边形结构,在桩基对应位置,承台设有预留后浇孔;墩身为薄壁空心墩,采用C50海工高性能混凝土。

江海直达船航道桥原设计采用现浇承台、预制薄壁空心墩身,墩身嵌入承台50cm,与承台采用湿接缝连接。预制墩身分下节墩身、上节墩身两个节段,墩身节段之间采用干接缝方式连接。变更为下节墩身改为现浇,上节墩身为预制安装,如图9-1-2所示。

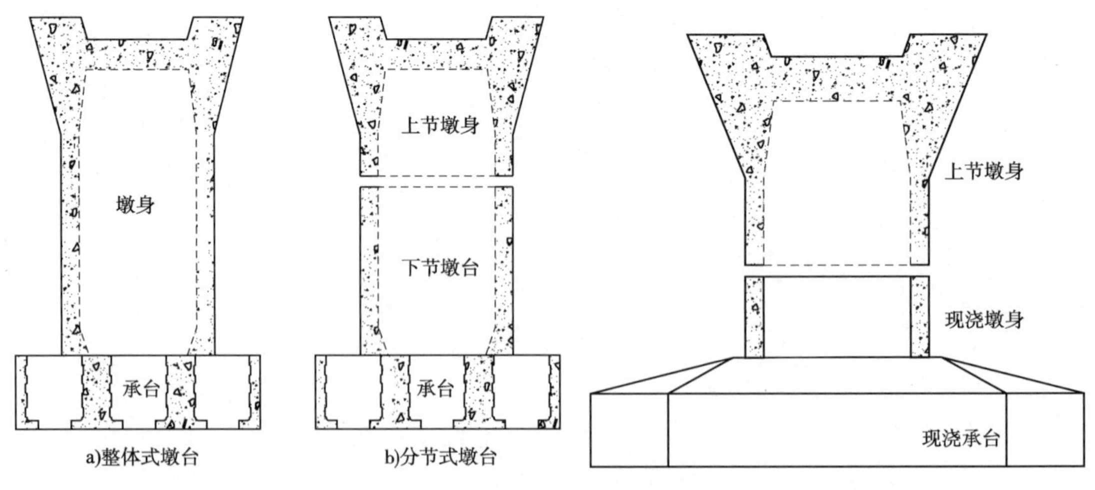

图9-1-1　非通航孔桥预制墩台结构图　　图9-1-2　通航孔桥预制墩身结构图

第2节　工艺原理

9.2.1　装配式柔性止水帷幕法安装预制墩台工艺原理

桥梁预制墩台安装装配式柔性止水帷幕，是指依靠预制墩台本体、装配式钢套箱、分离式托盘及其局部柔性止水结构形成定点隔水帷幕，为预制墩台与钻孔灌注桩基础的连接施工提供干作业环境。其工艺原理为：依托预制墩台本体构造，将整体式钢套箱安装附着于本体之上，通过其连接部位设置的GINA橡胶止水带实现承台面以上部位的围闭；利用预制墩台承台部分及其分离式托盘，并通过其内部设置止水胶囊和GINA止水带实现承台面以下部位的围闭；共同实现附着式钢围堰的隔水功效。其整体结构见图9-2-1。止水、抽水并进行体系加固后，再浇筑速凝砂浆，将分离式托盘处柔性止水结构转换为刚性止水；继而焊接预留孔内的剪力键，接着切除桥轴线上的2根桩基钢管，进行桥轴线2个预留孔的湿接缝施工。待混凝土达到设计强度80%后进行体系转换，拆除吊具系统，后续进行外围4个预留孔的湿接缝施工，完成预制墩台与桩基础之间的连接。

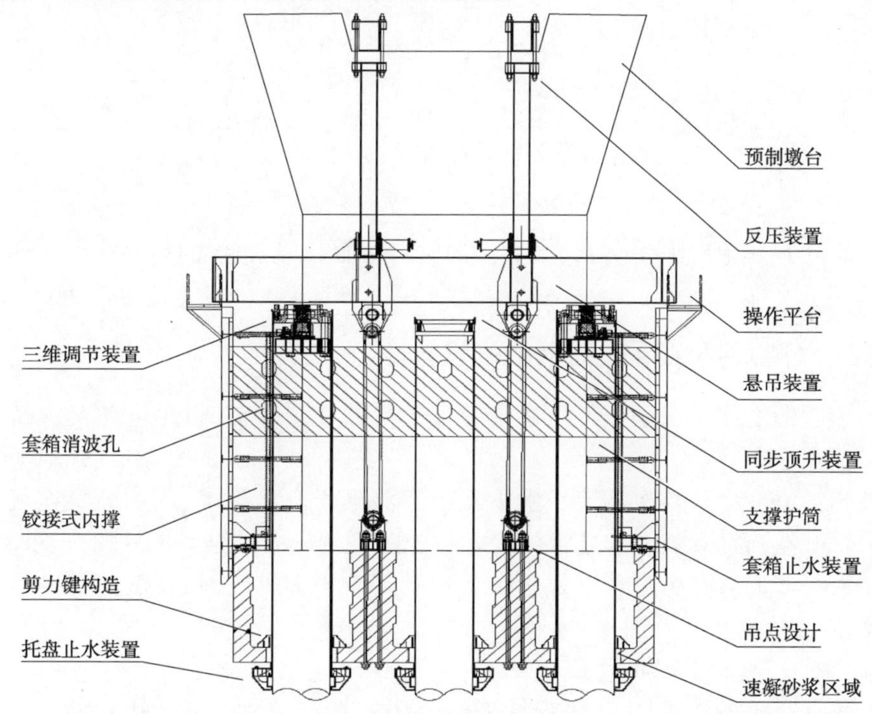

图9-2-1　装配式柔性止水帷幕法安装桥梁预制墩台整体结构图

9.2.2　分节墩身安装大直径预应力粗钢筋干接缝工艺原理

上下节段墩身之间采用干接缝设计方案，上下节段墩身通过剪力键和预应力粗钢筋连接，下节段顶部的剪力键和上节段底部的剪力槽匹配预制，现场涂抹环氧树脂后拼装为整体。上下节段墩身内设D75预应力粗钢筋，通过连接器进行连接，在墩顶张拉锚固。墩身节段连接如图9-2-2所示。

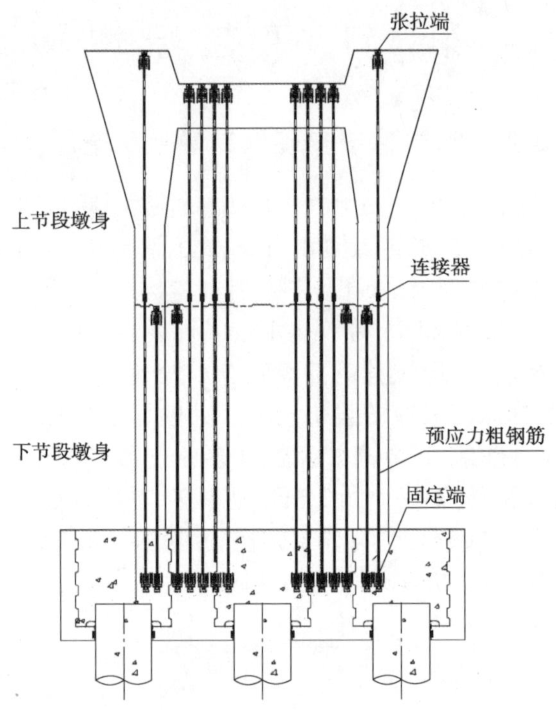

图 9-2-2　墩身节段连接示意图

第 3 节　装配式柔性止水帷幕构建与关键装置设计

9.3.1　分离式托盘柔性止水结构设计

承台与钢管桩之间止水是该工艺实施中最关键的施工环节，也是港珠澳大桥桥梁工程中的最大创新点之一。

国内胶州湾海湾大桥首次采用了水下无封底混凝土套箱技术，利用胶囊充气前后体积的膨胀解决了套箱与钢管桩间的止水问题，但是该工程解决的是临时工程的止水。

港珠澳大桥非通航孔桥是首座采用墩台预制安装工艺的跨海桥梁，其预制承台与钢管桩间止水施工的主要难点在于：

(1)施工环境复杂、工程质量要求高。

桥位处水文气象条件复杂，工程设计采用埋置式承台，波浪对承台的影响比普通的高桩承台显著，且止水作业在泥面以下，这些对止水方式的选择提出了更高的要求，增加承台与钢管桩间止水难度。承台与钢管桩间止水工序作为施工的关键环节，既要保证方便、快捷止水，又要保证止水安全可靠性。

(2)施工转换过程多，可靠性要求高。

承台下放过程中，止水系统需同时或提前下放，保证下放中止水系统安全可靠难度大。当承台下放完毕止水完成后，结构所受浮力、重力等通过悬挂系统转移到钢管桩上；剪力键焊接完成后,吊挂系统拆除,承台和钢管桩由剪力键联为整体,完成最终的体系转换。承台整个施工过程对止水结构安全存在较大的风险,应制定相应的措施。

(3)止水系统研制难度大。

海床面基坑槽开挖后施工区水深将达到 15m,止水系统不仅要保证抵抗水头作业形成干作业环境,同时还要适应受沉桩施工精度带来得止水间隙偏差。除涨落潮影响外,桥位处还有周期在 6 ~30s 的涌浪,故止水系统必须适应因波浪作用而产生的桩与承台的相互运动。

1)原设计方案

当预制墩台安装并精确调位后,利用空压机向承台预留孔底部的止水胶囊内充气,充气压力为 0.3MPa,稳压 10min 无变化后,利用水泵抽干套箱内的水。水抽干后,在承台预留孔孔壁与钢管复合桩结合部的空隙内浇筑 M55 速凝砂浆,一方面堵住缝隙保证套箱内干作业环境,一方面干施工剪力键焊接时,防止焊渣掉入基槽内破坏胶囊。如图 9-3-1 所示。

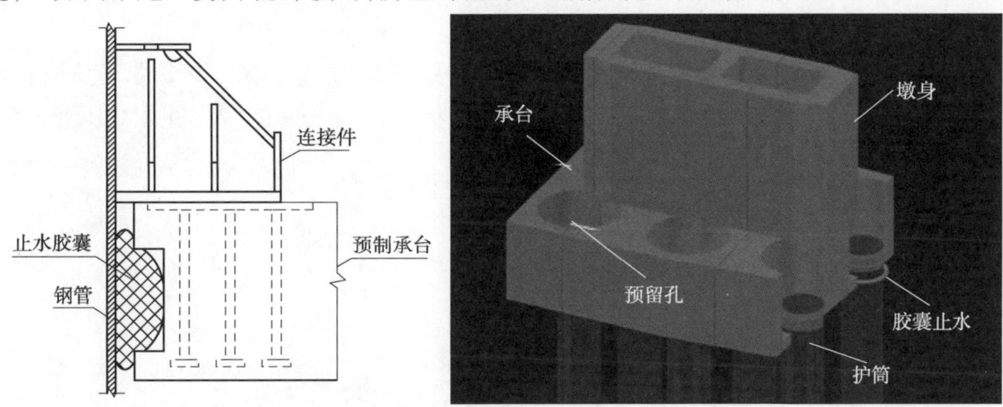

图 9-3-1　原设计止水方案

主要施工分为三个步骤:

(1)安装止水胶囊。

墩台预制完成后,进行止水胶囊安装。止水胶囊用胶带固定在预制墩台与复合桩钢管接触的卡槽内,防止预制墩台安装时发生位移,保证止水胶囊在正确的位置,以起到防水的作用。

(2)给止水胶囊充气。

当预制墩台安装并精确调位后,选择低潮位对止水胶囊进行充气。将止水胶囊的进气管与空压机对接,开动空压机充气使胶囊迅速膨胀,压力表达到设计压力值即停止。将预留孔卡槽和复合桩钢管之间的缝隙封堵。利用水泵对承台进行抽水,并观察水位下落速度。

(3)封堵速凝砂浆。

通过引导管伸入缝隙(止水胶囊上)自下而上灌筑速凝砂浆封堵。保证封堵完整,不漏水。

该方案的缺点为:止水胶囊安装在预留孔内,止水效果受止水胶囊材质以及承台与钢管之间间隙的影响,因而,增加了止水胶囊制作的难度和桩基钢管施打精度。

2)优化后的方案

鉴于上述缺点,经过反复论证、试验及施工过程中的总结,将承台与钢护筒间的止水优化为分离式托盘柔性止水，如图 9-3-2 所示。

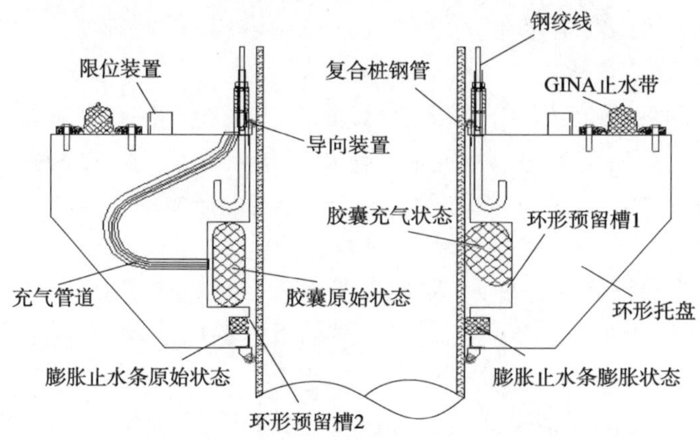

图 9-3-2　分离式胶囊柔性止水原理示意图

分离式胶囊止水结构主要由环形托盘、内侧止水胶囊、顶面 GINA 止水带及张拉收紧装置、膨胀止水条组成。由止水胶囊的膨胀实现托盘与钢管桩之间的竖向止水，由顶面 GINA 止水带实现托盘与承台底面之间的水平向止水。

9.3.2　装配式钢套箱柔性止水结构设计

装配式钢套箱柔性止水结构如图 9-3-3 所示。

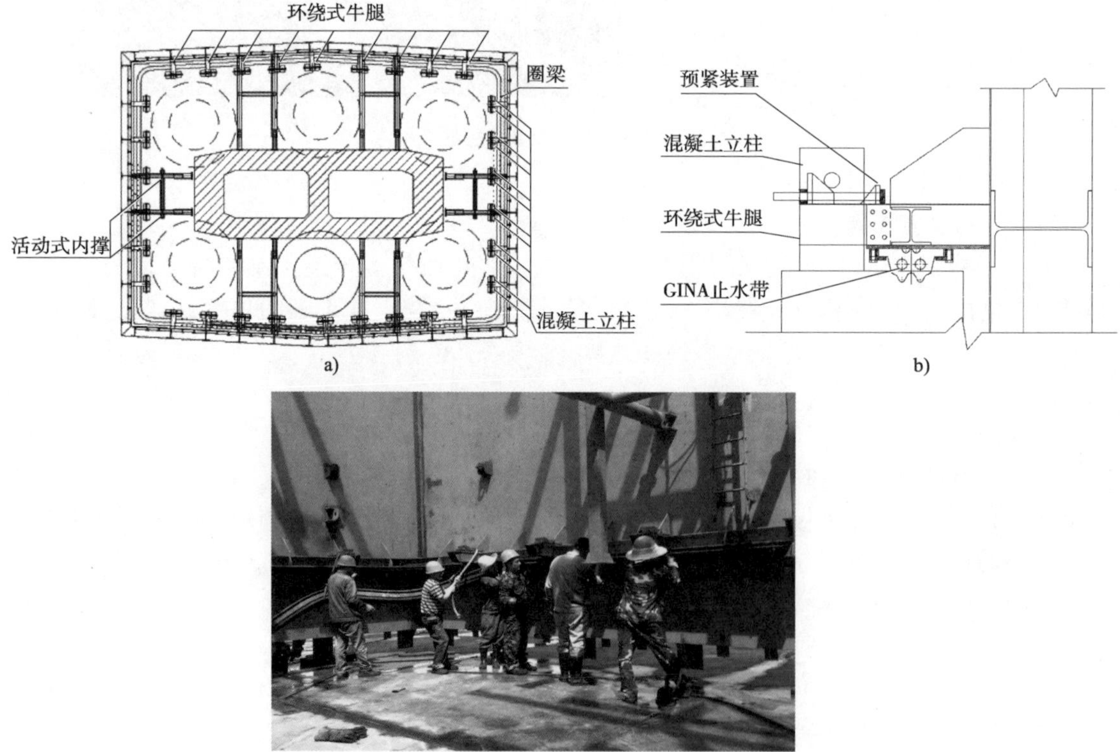

图 9-3-3　装配式钢套箱柔性止水原理示意图

9.3.3 关键装置的设计及相关试验验证

1)止水胶囊

止水胶囊主体结构部分采用高强度橡胶复合材料和复合帘子布整体硫化成型,橡胶材料具有高弹性、高强度,能满足2MPa以上内部压力,复合帘子布具有一定的伸张和收缩能力。

止水胶囊所用橡胶主体材料为天然橡胶(NR),其材料性能指标应满足表9-3-1要求。

止水胶囊用橡胶材料性能指标　　表9-3-1

序　号	检验项目	检验方法	技术要求
1	硬度,Shore A	ISO 8619-1:2010	55±5
2	拉断伸长率,%	ISO 37:1994	≥400
3	拉伸强度,MPa		≥16
4	无割口直角撕裂强度,kN/m	ISO 34-1:2010	≥25
5	橡胶与纤维层粘接力,N/mm	ISO 36:2005	≥5.0
6	吸水性,g/m^2(70℃×72h)	ISO 1818:2003	≤20
7	耐磨性能	GB/T 9867—2008	≤100mm^3

止水胶囊所用复合帘子布性能指标应满足表9-3-2要求,试验方法按GB/T 9101—2002规定执行。

止水胶囊用复合帘子布性能指标　　表9-3-2

项　目	单　位	技术要求
经密	根/10cm	68.4±3
边经密		≤72
纬密		9±1
幅宽	cm	145±3
断裂强力	N/根	≥264.6
定负荷伸长率(88.2N)	%	8.7±1.0
黏着强度(H抽出法)	N/cm	≥127.4
附胶量	%	5.0±1.5
断裂伸长率	%	22±2

止水胶囊主体结构部分采用空气弹簧的成型工艺制作成型。主要制作工艺流程如图9-3-4所示。

本工程开展了胶囊实体试验研究,包括:

(1)正常工作状态密封试验

如图9-3-5所示,先将钢管桩置于中心位置,即钢管桩与环形承台同心。确认安装位置无误后,通过锁紧机构锁紧。然后开始给止水胶囊充气,达到0.5MPa气压后,充水至0.2MPa,保压72小时,每4小时定时观测记录水压和气压,并观察止水效果,要求72小时胶囊内压损失值不大于0.05MPa,且成功止水。

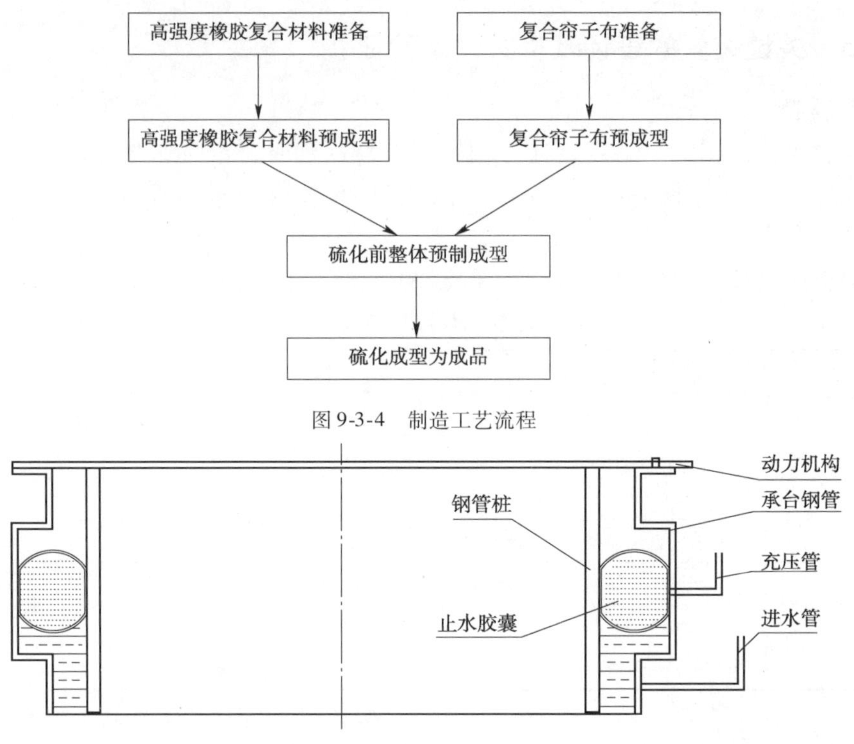

图 9-3-4　制造工艺流程

图 9-3-5　止水胶囊试验示意图

(2)极限状态密封试验(不均匀偏差)

通过动力机构推动钢管桩,使之一端与承台间隙为 20mm,另一端间隙达到 180mm,锁紧。然后分阶段给胶囊充压至 0.2、0.3、0.4、0.5MPa,再通过充水管加水压至 0.2MPa,保压 72 小时,每 4 小时定时观测记录水压和气压,并观察止水效果,要求 72 小时内胶囊内压损失值不大于 0.05MPa,且成功止水。图 9-3-6 ~ 图 9-3-11 示出了止水胶囊成品和试验工装。

图 9-3-6　止水胶囊硫化用模具

图 9-3-7　试制成品照片

2)GINA 止水带

为确定合理的 GINA 橡胶止水带的材料和结构,对 GINA 橡胶止水带在 40°橡胶胶料分布情况下的受力和变形情况进行有限元仿真计算和分析。

(1)计算和分析的要求

对三种 GINA 止水带进行结构计算,计算出应力分布图(最大压缩量均为 50%,每压缩

10%得出应力分布图),得出力-压缩量整体曲线图、数据以及仿真计算结果。压缩方式从顶端尖部向下。两侧设置有预埋钢板,材料为Q235。

图9-3-8　止水胶囊试验工装整体外观

图9-3-9　止水胶囊气密性试验

图9-3-10　极限工作状态密封试验(充水)

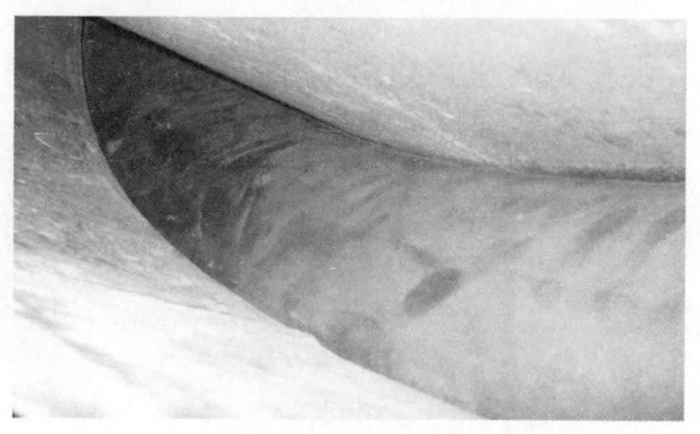

图9-3-11　极限工作状态密封试验——最大端密封部位(止水胶囊充气0.5MPa,试验工装充水0.2MPa)

(2)计算和分析的做法

①进行静态条件下的部件强度分析。

②依据委托单位的简化要求,选择装置中橡胶圈的某一截面作为平面应变分析,根据模型和边界条件的对称性,采用1/2模型。

③在不影响计算精度的前提下,对模型中的细节进行几何简化:去掉螺栓部分及对应孔洞。

④因为主要考虑橡胶止水装置在承重状态下的密封性,本计算中,忽略了加压工装的变形,简化为解析刚体,边界条件和载荷通过参考点施加。

(3)有限元分析

如图9-3-12所示,GINA橡胶止水带为40°胶料硬度橡胶,在加压工装上施加GINA橡胶止水带高度的1/2位移。

①量纲体系

本有限元分析运用ABAQUS6.10软件进行。本文及分析中所采用的单位系统为SI(mm),即mm、N、MPa。

②网格划分

GINA橡胶止水带系统由止水带,预埋钢板和加压工装共三个部件组成。各个模型的有限元网格图分别如图 9-3-13 所示，工况中的各个模型的单元类型如表 9-3-3 所示。

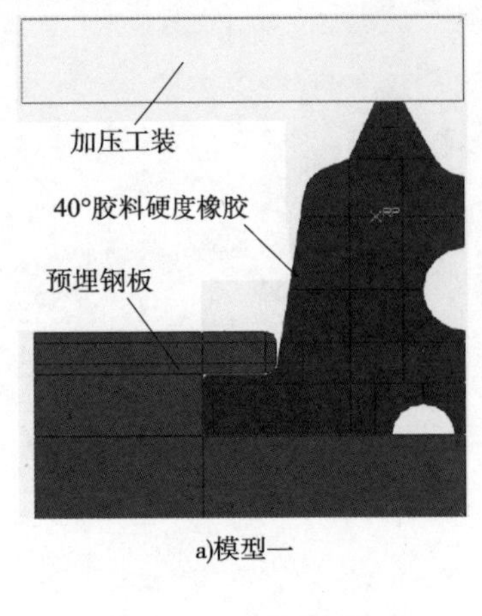

a)模型一

加压工装

40°胶料硬度橡胶

预埋钢板

b)模型二

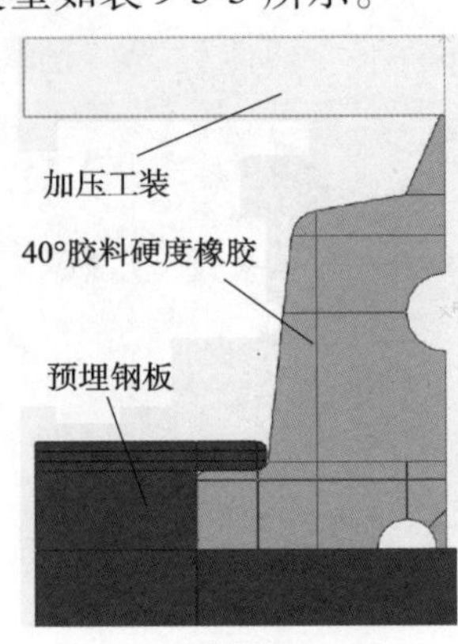

c)模型三

图 9-3-12　有限元分析模型

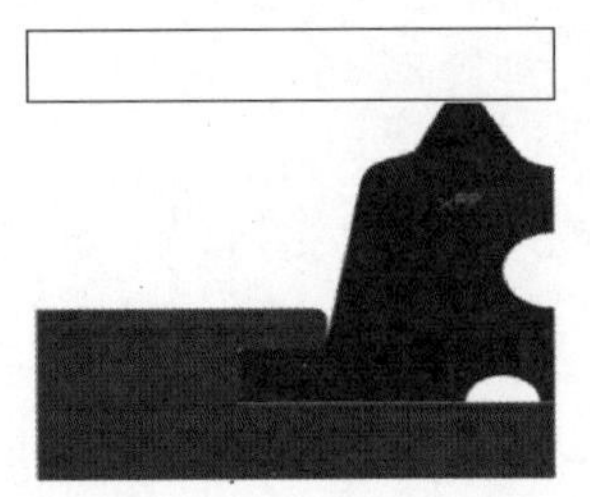

a)模型一

b)模型二

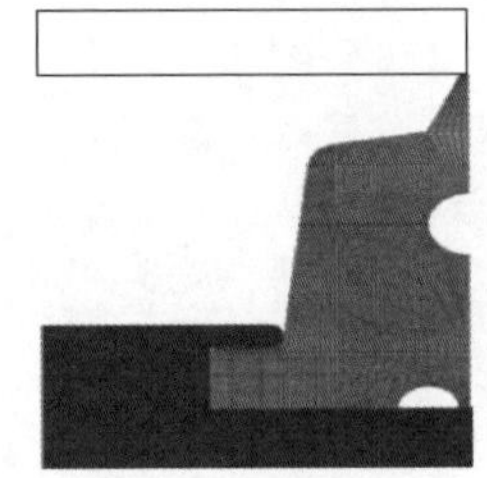

c)模型三

图 9-3-13　网格划分

模型网格统计　　表 9-3-3

部　　件	单 元 类 型	部　　件	单 元 类 型
预埋钢板	CPEG4R	加压工装	解析刚体
止水带	CPEG4RH		

③材料参数

预埋钢板采用 Q235 钢，其材料力学特性如表 9-3-4 所示。

预埋钢板材料力学特性　　表 9-3-4

材　　料	弹性模量(GPa)	泊松比	屈服应力(MPa)
Q235	210	0.3	235

止水装置中所用材料有 40°邵氏硬度胶料的橡胶，具体参数如表 9-3-5 所示。

邵氏硬度胶料 4 阶 OGEN 模型参数　　表 9-3-5

N	mu	alpha	d
1	1.20276982	−1.45799120	7.940422838e-04
2	5.150893645e-02	3.43505981	1.215208505e-05
3	−1.30024599	−2.19384955	−1.391568196e-07
4	0.400027500	−2.83368603	2.544939037e-09

(4)GINA 橡胶止水带应力分布(图 9-3-14 ~ 图 9-3-16)

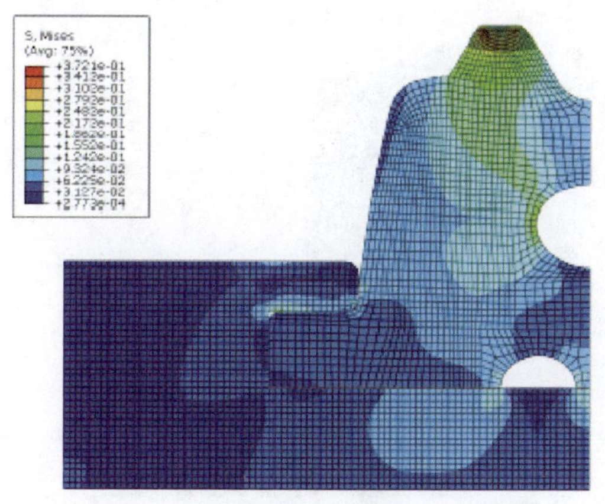

a)止水带高度向下压缩10%应力分布

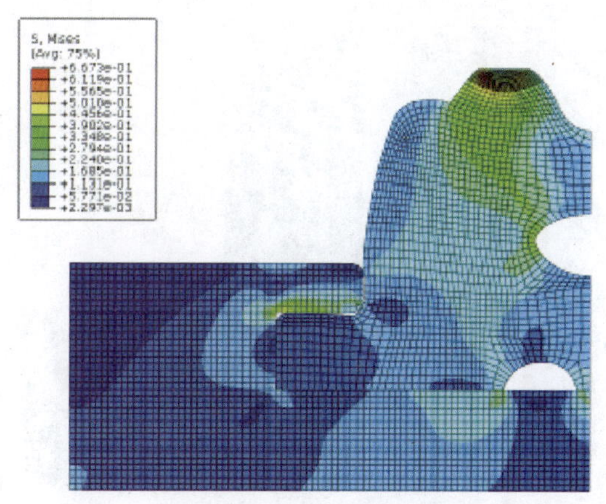

b)止水带高度向下压缩20%应力分布

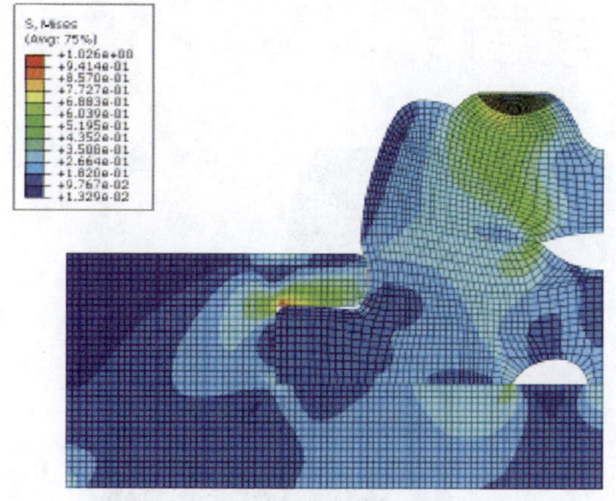

c)止水带高度向下压缩30%应力分布

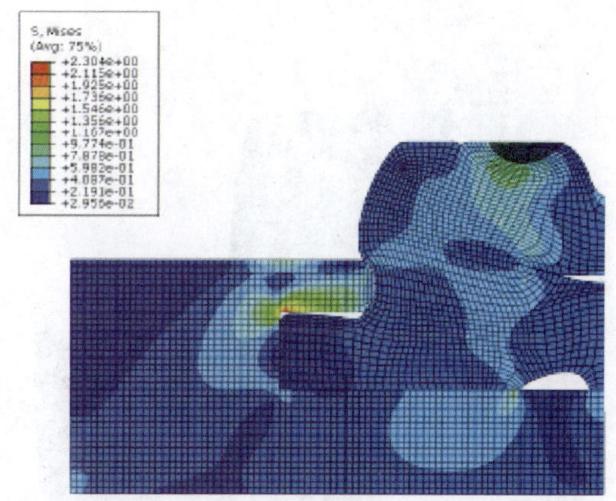

d)止水带高度向下压缩40%应力分布

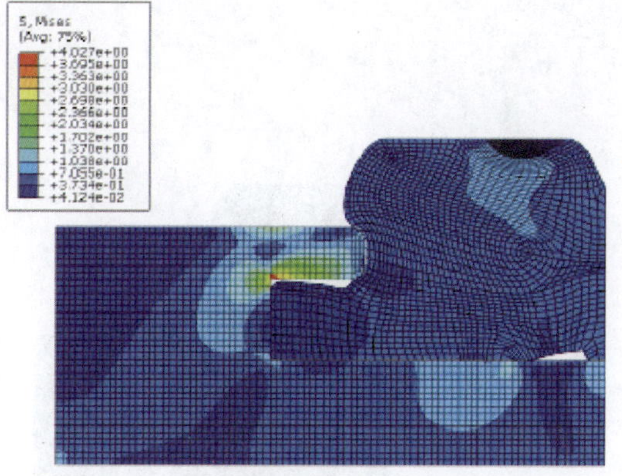

e)止水带高度向下压缩50%应力分布

图 9-3-14　模型一应力分布

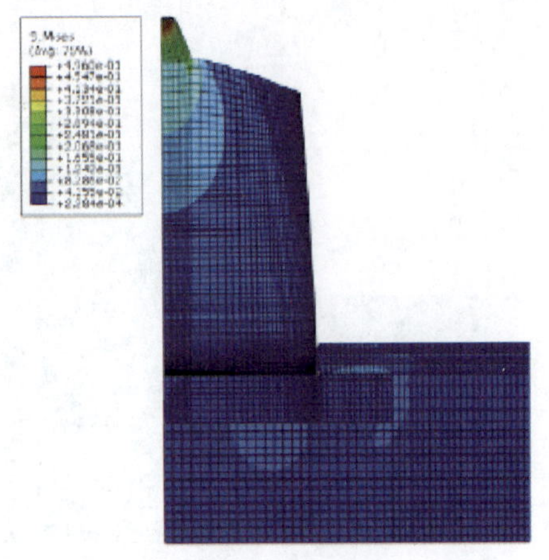

a)止水带高度向下压缩10%应力分布

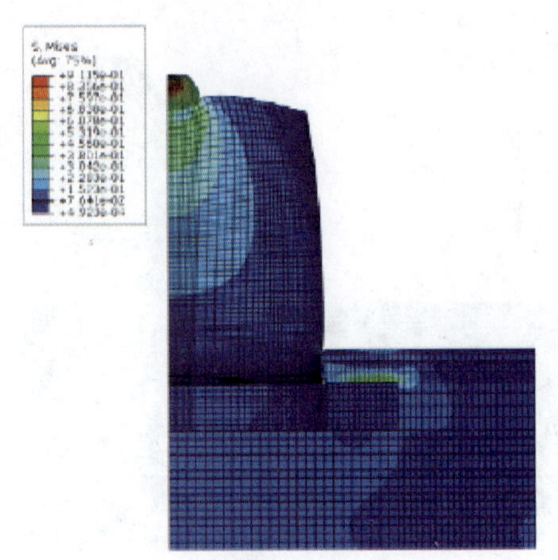

b)止水带高度向下压缩20%应力分布

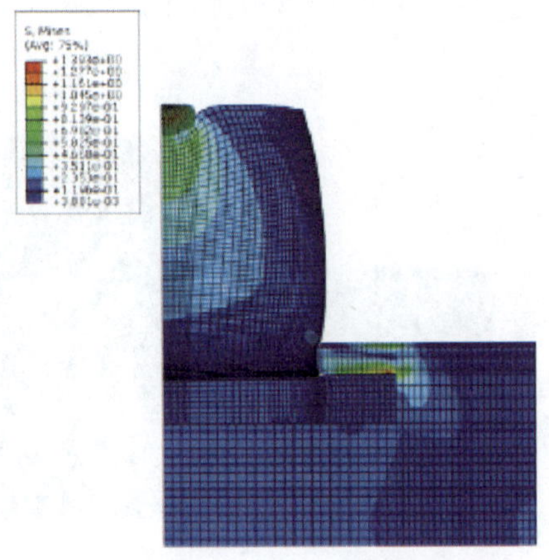

c)止水带高度向下压缩30%应力分布

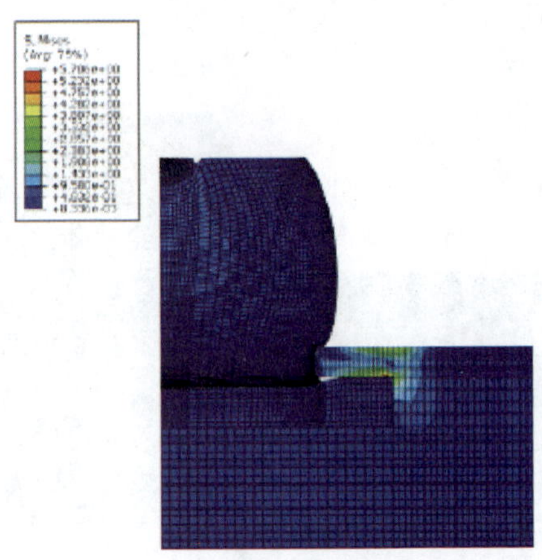

d)止水带高度向下压缩40%应力分布

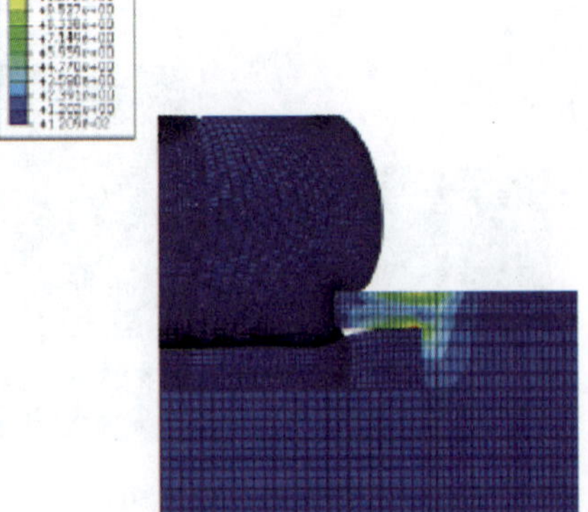

e)止水带高度向下压缩50%应力分布

图9-3-15　模型二应力分布

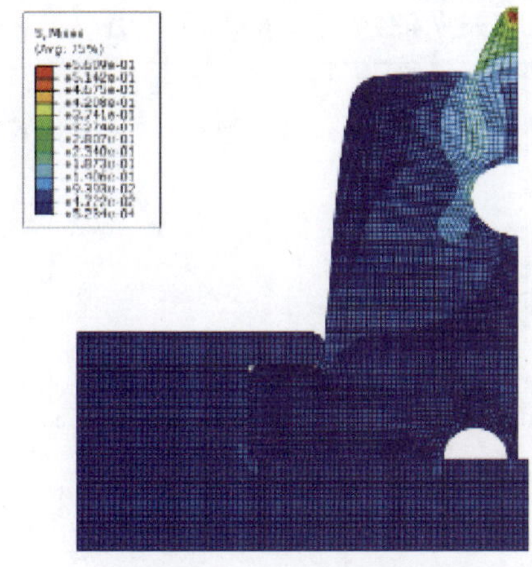

a)止水带高度向下压缩10%应力分布

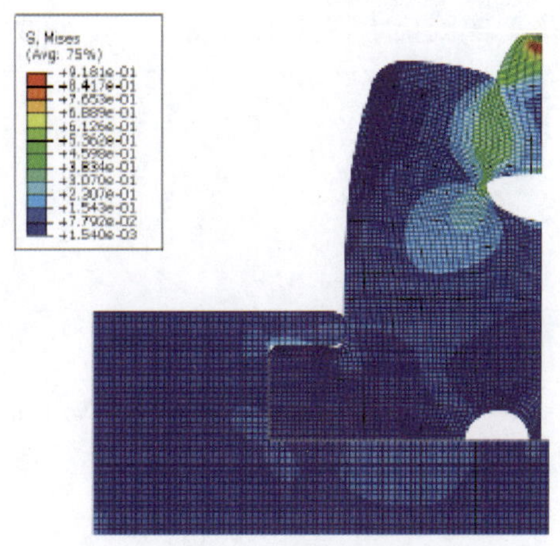

b)止水带高度向下压缩20%应力分布

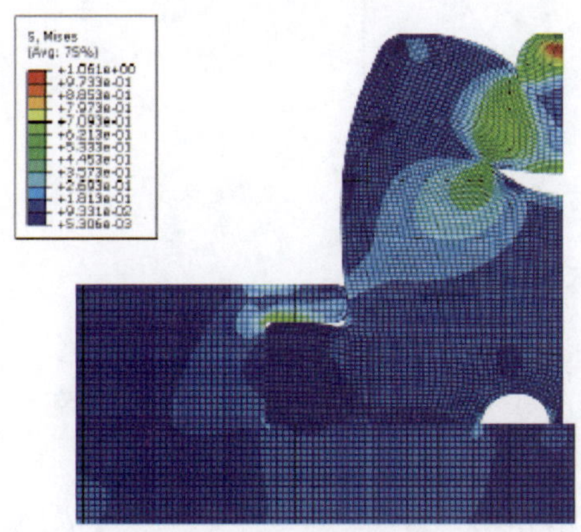

c)止水带高度向下压缩30%应力分布

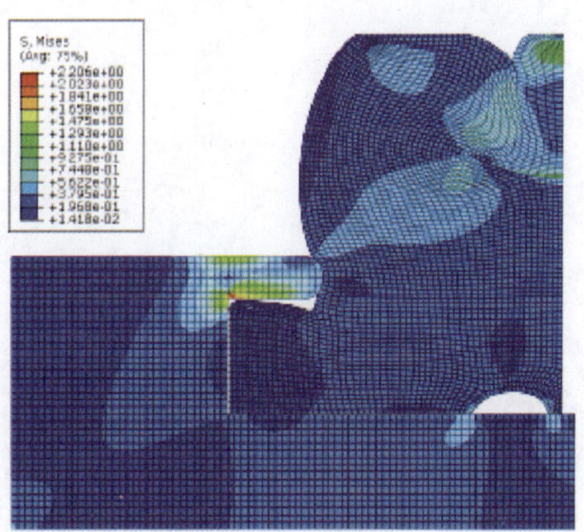

d)止水带高度向下压缩40%应力分布

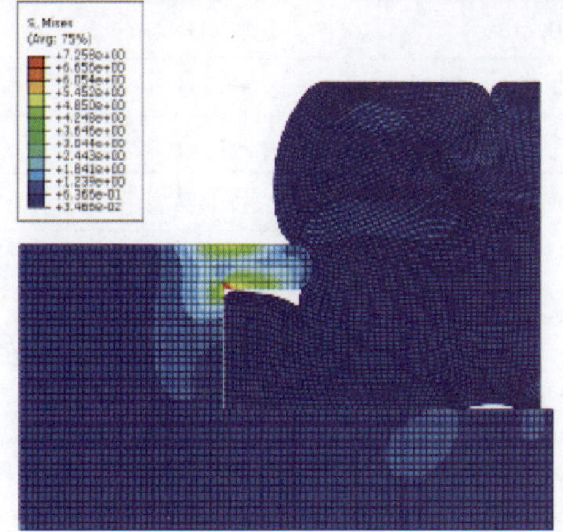

e)止水带高度向下压缩50%应力分布

图 9-3-16　模型三应力分布

(5) GINA 橡胶止水带加压工装力与压缩距离关系曲线

GINA 橡胶止水带加压工装力与止水带压缩距离关系曲线如图 9-3-17 所示。

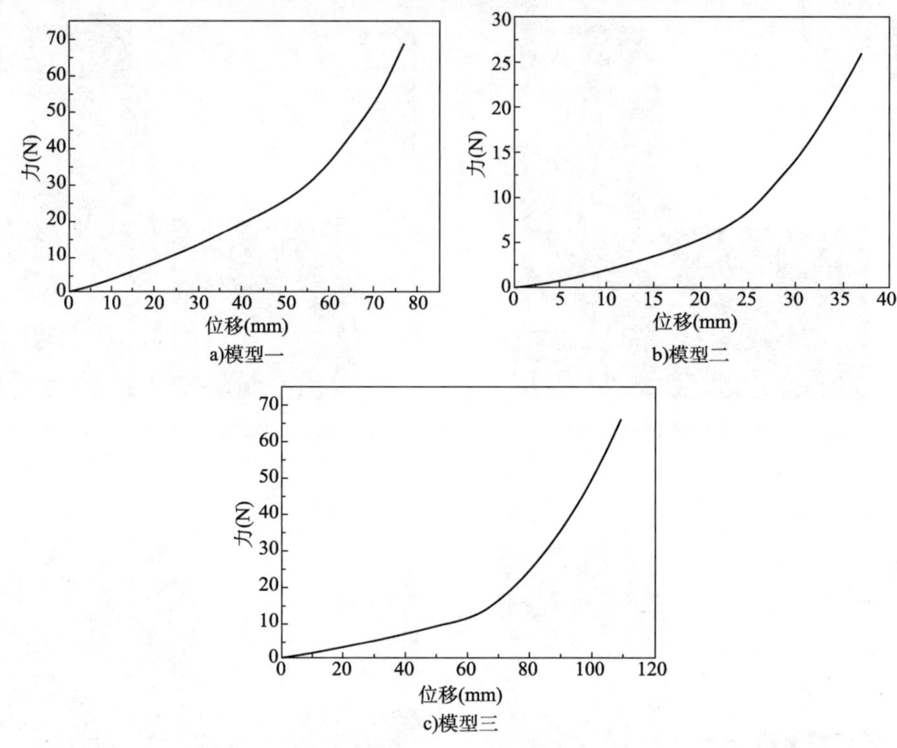

图 9-3-17　加压工装力与止水带压缩距离关系曲线

(6) GINA 止水带实体压缩试验结果(表 9-3-6、表 9-3-7、图 9-3-18 和图 9-3-19)

①GINA 止水带实体压缩试验(250 × 130)

GINA 止水带实体压缩试验报告　　表 9-3-6

<table>
<tr><td>产品名称</td><td colspan="2">GINA 橡胶止水带</td><td>报告编号</td><td colspan="2">201305021</td></tr>
<tr><td>产品型号</td><td colspan="2">GINA-250 × 130</td><td>物资编号</td><td colspan="2">TX3450132</td></tr>
<tr><td>试验环境温度</td><td colspan="2">23 ± 2℃</td><td>试验设备</td><td colspan="2">二维电子万能试验机</td></tr>
<tr><td>样品数量</td><td colspan="2">1 件</td><td></td><td colspan="2"></td></tr>
<tr><td>样品编号</td><td>检验项目</td><td>检验方法</td><td>技术要求</td><td>检验结果</td><td>结论</td></tr>
<tr><td>201305021</td><td>将样品安装与专用工装内，垂向以 30mm/min 的速度加载至 65mm，做 3 个循环，记录力与压缩量变形</td><td>试验大纲</td><td>按照业主方要求，满足每延米 25kN 载荷下 GINA 止水带压缩量为 45 ± 5mm</td><td>在 25kN 载荷下的压缩变形为 41.6mm</td><td>合格</td></tr>
<tr><td>备注
Remark</td><td colspan="5"></td></tr>
</table>

GINA 止水带实体压缩试验报告　　表 9-3-7

产品名称	GINA 橡胶止水带		报告编号	201305022	
产品型号	GINA-84 ×74		物资编号	TX3450004	
试验环境温度	23 ±2℃		试验设备	二维电子万能试验机	
样品数量	1 件				
样品编号	检验项目	检验方法	技术要求	检验结果	结论
201305022	将样品安装与专用工装内，垂向以 30mm/min 的速度加载至 38mm，做 3 个循环，记录力与压缩量变形	试验大纲	按照业主方要求，满足每延米 40kN 载荷下 GINA 止水带压缩量为 30 ±5mm	在 40kN 载荷下，GINA 橡胶止水带压缩量为 30.9mm	合格
备注 Remark					

②GINA 止水带实体压缩试验(84 ×74)

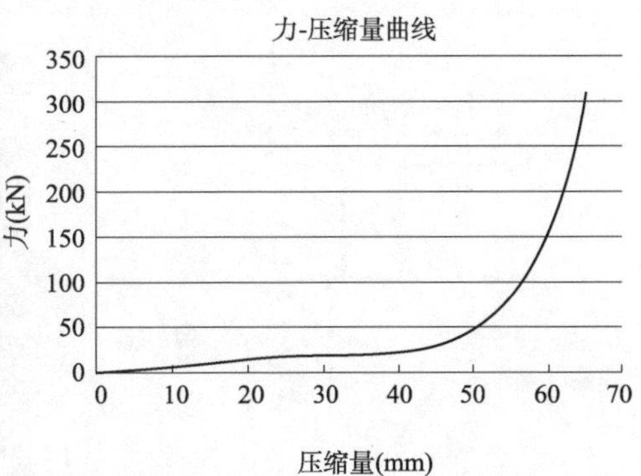

图 9-3-18　GINA 止水带实体压缩试验结果

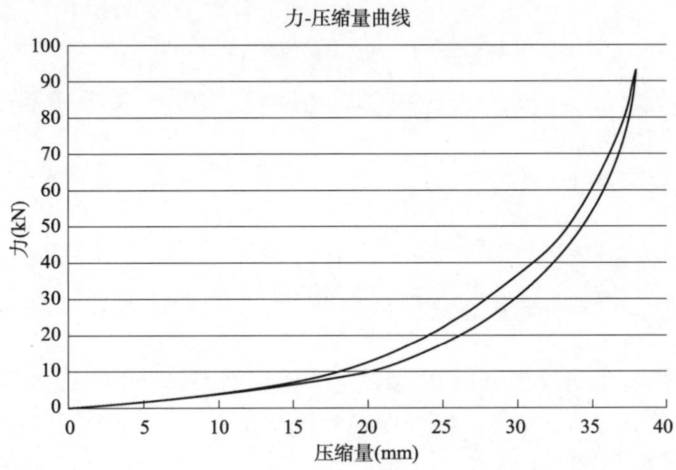

图 9-3-19　GINA 止水带实体压缩试验结果

3）分离式托盘的设计

托盘内径取钢管桩直径 D+2×2cm，径向宽度为 70cm。托盘采用钢筋混凝土结构，混凝土方量约为 4.3m^3，质量约为 10.8t。

托盘由钢筋混凝土结构、导向轮、预埋软管、预埋螺栓、膨胀橡胶条等部分组成。为防止胶囊失效后浇筑水下速凝砂浆时不漏浆，在托盘制造时预留槽口，安装膨胀止水条，膨胀止水条采用专用胶水黏接在预留槽内。如图 9-3-20 所示。

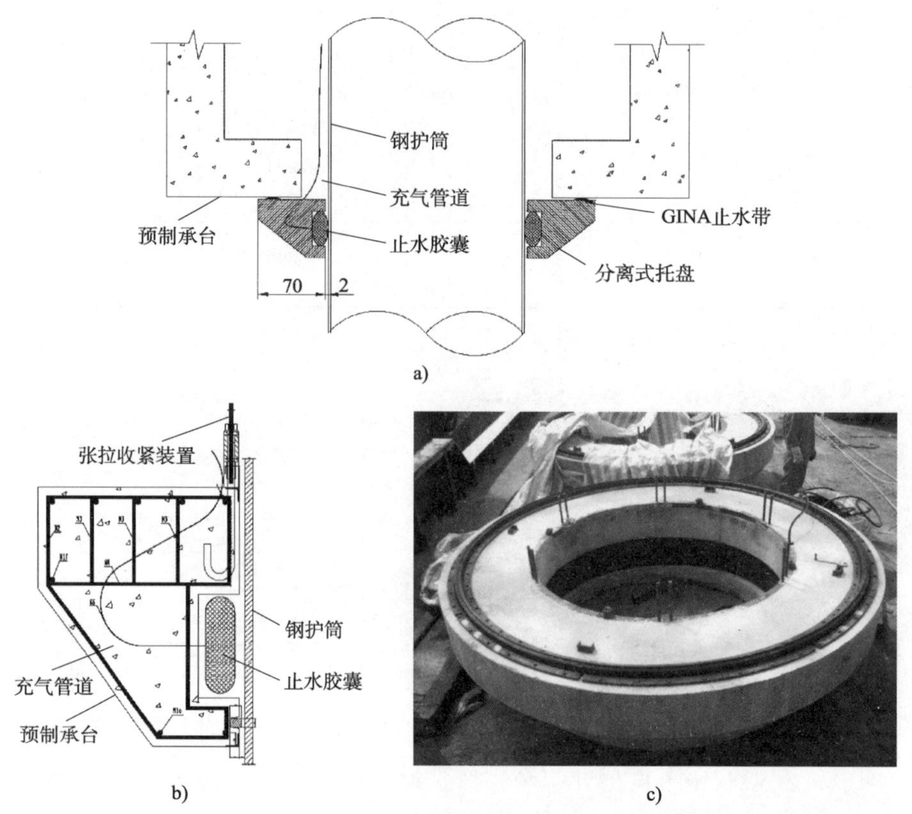

图 9-3-20　分离式托盘结构设计与实物图

分离式托盘的提升装置的张拉杆采用单根 Φ15.2 钢绞线，每个环形托盘设置 6 根张拉杆；单根钢绞线的张拉力为 90kN。

单根钢绞线设计承载力计算：

$$F = f \cdot A = 1260\text{MPa} \times 139\text{mm}^2 = 1751.4\text{kN}$$

下端采用挤压头锚固，在托盘内预埋两根 M24 螺栓，通过 U 形盖板将其固定，如图 9-3-21所示。

Z3\Z4 钢护筒托盘吊架设计如图 9-3-22 所示。托盘吊架支撑在 20t 千斤顶上，20t 千斤顶坐在底架上。为防止千斤顶掉落，在千斤顶外边焊接 Φ102mm 钢圆筒；为防止托盘吊架侧移，在底架上安装限位装置。

Z1\Z2\Z5\Z6 托盘吊架置于三维千斤顶顶板上，需避开顶板上结构件。

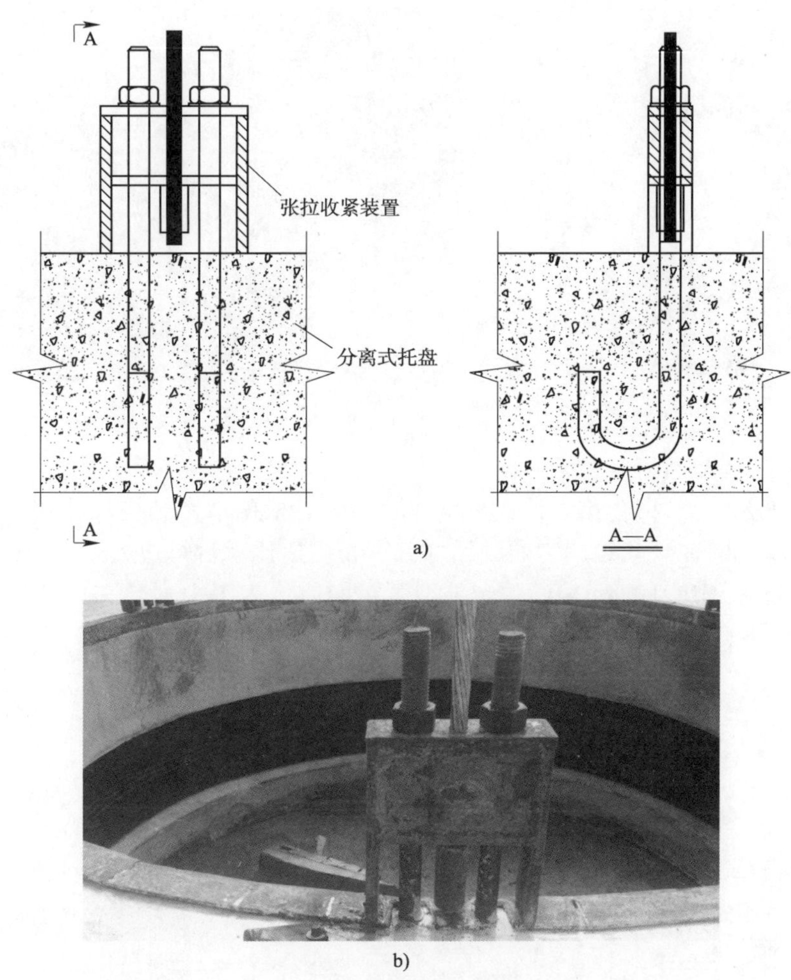

图 9-3-21　下端锚固示意图

图 9-3-22　Z3\Z4 托盘吊架图

三维千斤顶顶板结构图如图 9-3-23 所示。吊架结构图如图 9-3-24 所示。

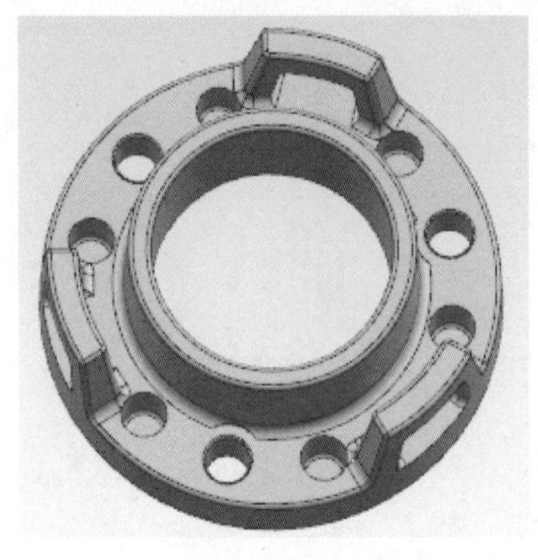

图 9-3-23　三维千斤顶顶板结构图

图 9-3-24　吊架结构图

4)装配式钢套箱设计

根据施工工艺特点,钢套箱设计成可整体装拆式。根据承台结构尺寸的不同(16×12m及14.8m×11.2m两种),套箱分为两种尺寸。套箱内边比承台每边大6cm,其中16m×12m类型套箱的质量为216t,14.8m×11.2m类型套箱的质量为194t,套箱总高度10.7m。套箱结构平面图如图9-3-25所示,套箱实体如图9-3-26所示。

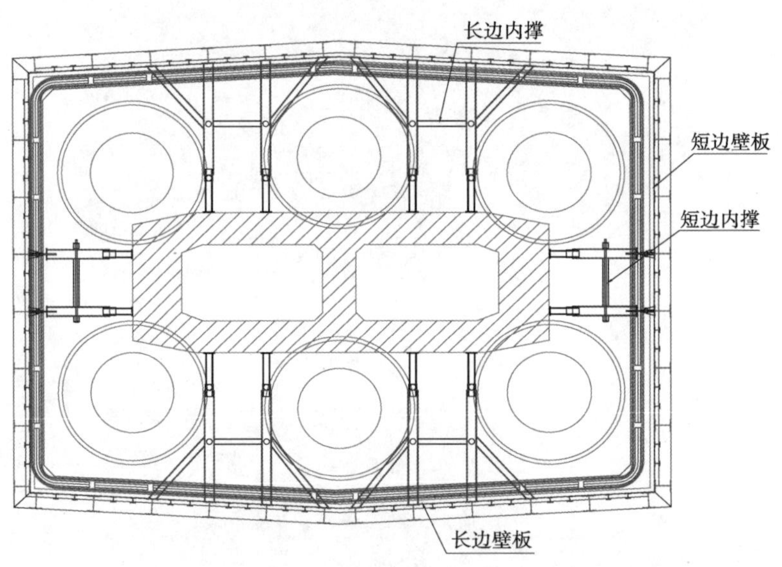

图 9-3-25　套箱整体安装平面图

(1)套箱壁板设计

①面板为8mm厚钢板。

②横向主梁为HW390×300型钢,间距为100~250cm,根据内撑的位置设置。

③竖向主梁为HW390×300型钢,间距为139.5~152cm,根据内撑及反压牛腿的位置进行设置。

④竖向加劲肋为HW125×125型钢,横向加劲肋为100×8mm钢板条,间距均为50cm。

(2)套箱内撑设计

a)

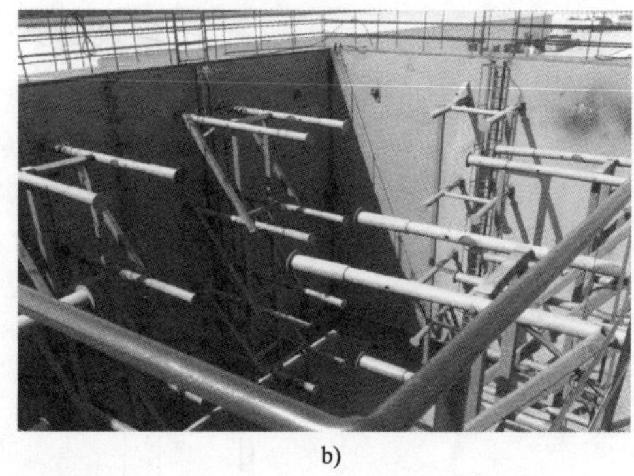
b)

图9-3-26　套箱实体图

①16m×12m×5m 承台，均为分节墩台。承台安装时无墩帽，套箱内撑设计如图9-3-27所示。由于墩身平面尺寸有12m×4m 及10m×4m 两种，因此短边内撑前端设计成法兰连接，可进行替换，如图9-3-28所示。内撑焊接在钢套箱壁板上的主梁上。

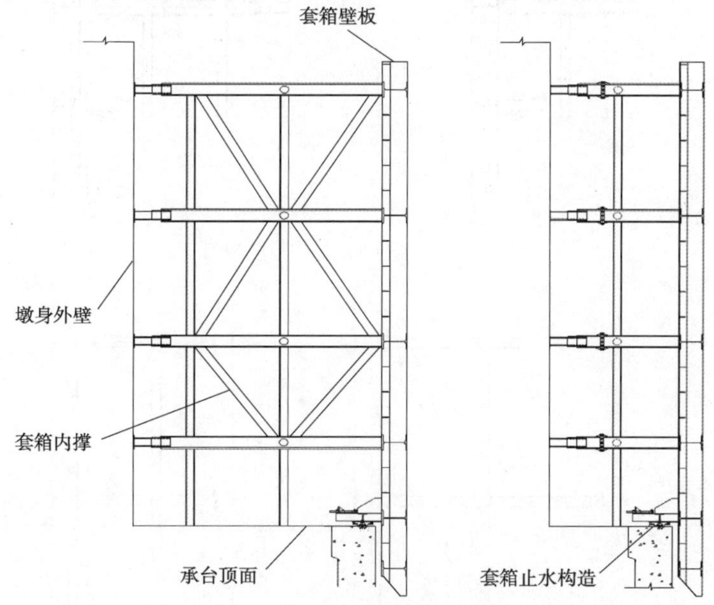

图9-3-27　套箱内撑结构图

②14.8m×11.1m×4.5m 承台，有整体墩台（有墩帽）及分节墩台（无墩帽）两种，均按整体墩台进行钢套箱设计。由于存在墩帽，因此需将内撑设计成可活动的形式，以满足安装拆除的条件。内撑与套箱壁板采用销轴连接。

墩帽加宽分为两种情形：中墩（由10m×3.5m 变为14m×3.5m）；过渡墩（由10m×3.5m变为14m×5m）。

③钢套箱内撑见图9-3-29，内撑收起见图9-3-30。

内撑水平杆为 $\Phi245\times20$mm 钢管，竖杆及斜杆为 $\Phi140\times8$mm 钢管。

④内撑与墩身接触的位置设置可调节螺杆，使套箱与墩身接触紧密，可调节螺杆采用内套形式。由于车丝设备进行内螺纹车丝时深度有限，导致可调节范围较小，因此对可调节螺杆进行优化，加长其可调范围。

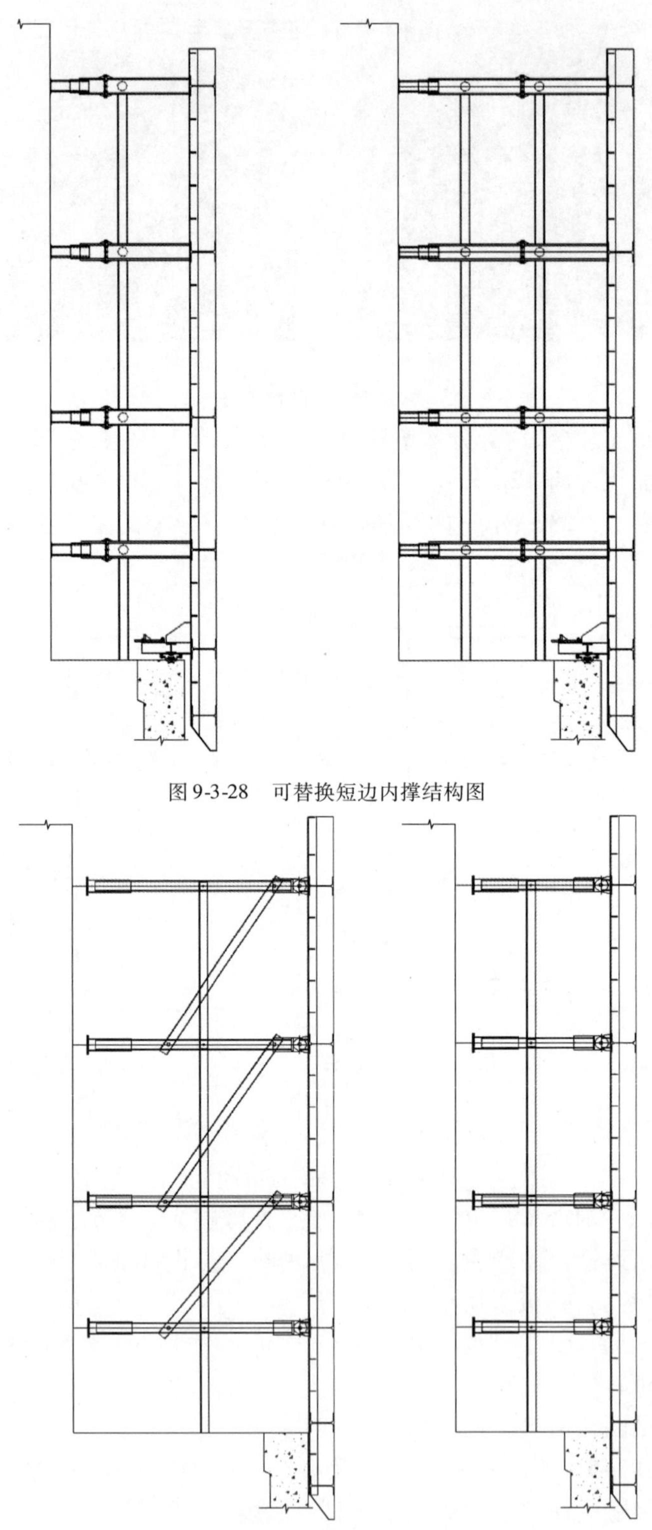

图 9-3-28　可替换短边内撑结构图

图 9-3-29　钢套箱内撑结构图

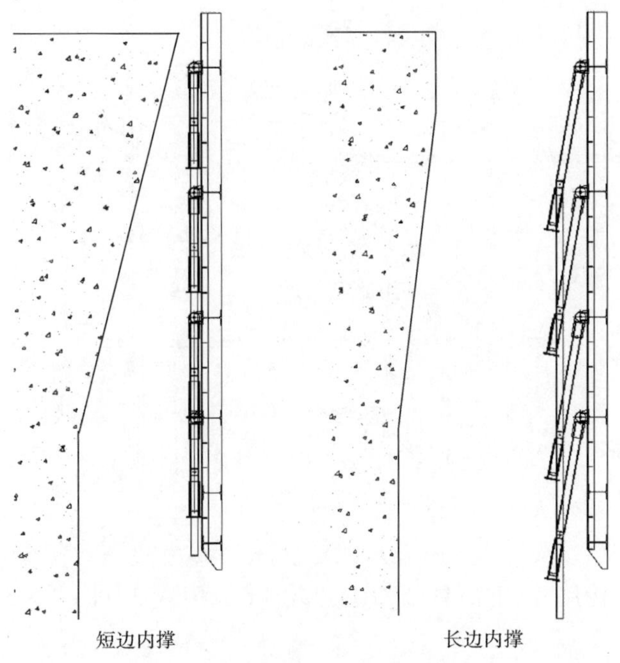

图9-3-30　钢套箱内撑收起示意图

⑤由于套箱内撑与套箱壁铰接，内撑易横向摆动，因此在套箱安装到位后，采用水平斜撑进行加固，如图9-3-31所示。斜撑材料为$\Phi168\times12$mm钢管。

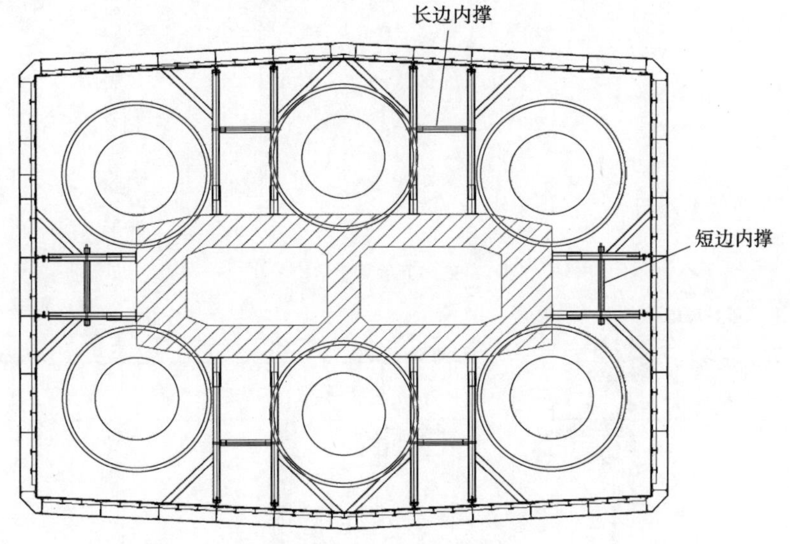

图9-3-31　套箱斜撑结构图

5）墩台吊装二级吊具设计

根据施工方案特点，吊具不仅需作为构件吊装的装置，还需作为吊装到位后的悬挂装置。

吊具分上吊具及下吊具。下吊具还需作为吊装到位后的悬挂装置，根据墩台不同的结构形式及重量进行设计；上吊具适用于浮吊4个吊钩的平面尺寸24m×5.4m，与钢箱梁吊具共用。吊具总体结构示意如图9-3-32所示。

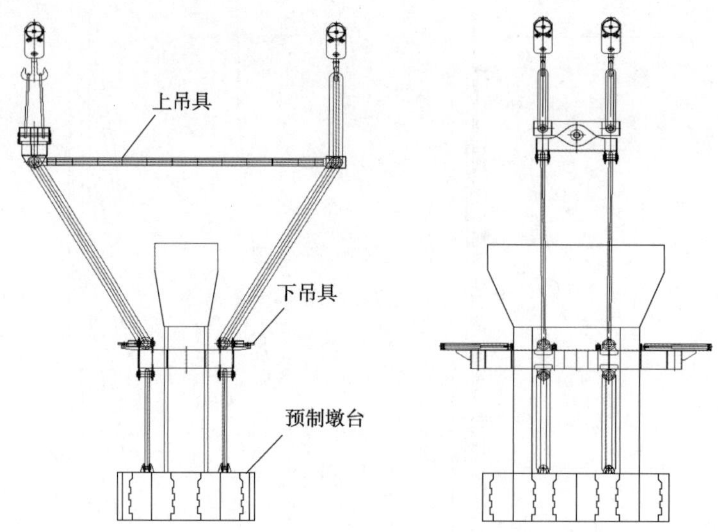

图 9-3-32　吊具结构总体示意图

根据预制墩台结构尺寸，下吊具分为三类设计（图 9-3-33 ~ 图 9-3-35），吊具设计支撑点考虑 ±15cm 的偏心。

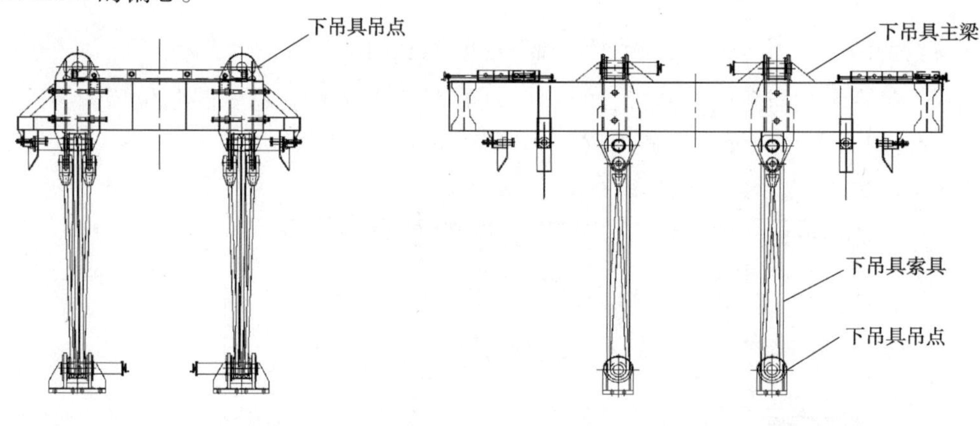

图 9-3-33　下吊具Ⅰ结构图

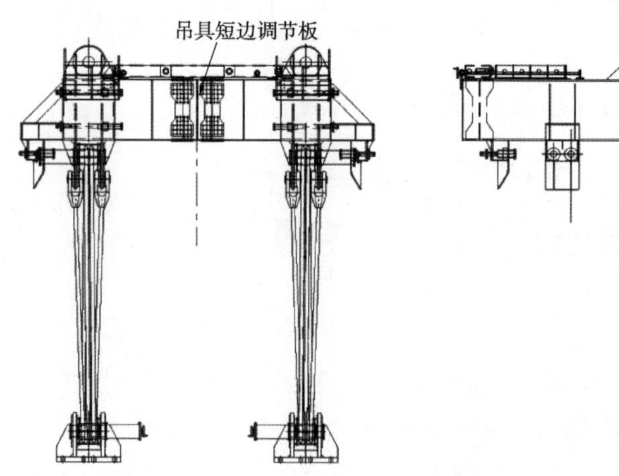

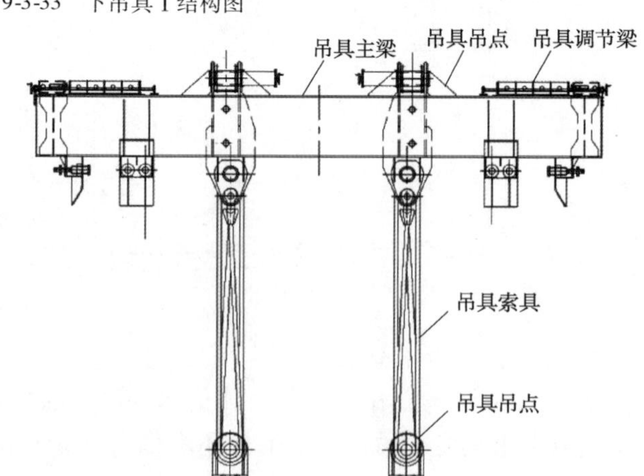

图 9-3-34　下吊具Ⅱ结构图

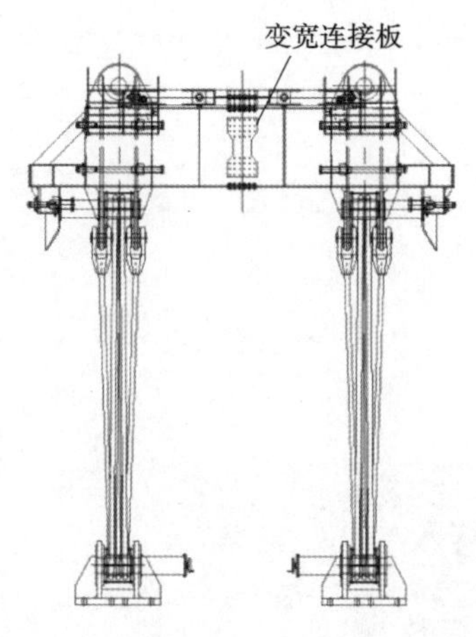

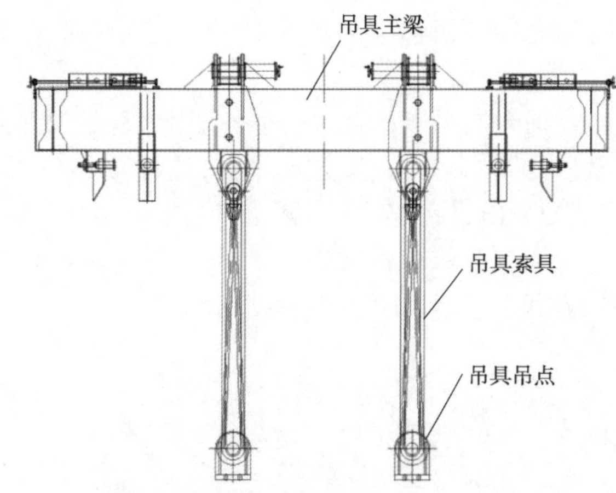

图 9-3-35　下吊具Ⅲ结构图

墩台吊具是由两条主梁和两端的横向联系组成的框架结构。主梁断面为箱形结构，在吊装下放到位，全部重量压到钢管复合桩顶后，吊具主梁开始承担墩台构件及附属件的全部重量。主梁两端横向联系断面为“工”字结构，主要在吊装时抵抗水平分力和保持墩台吊具的框架结构。如图 9-3-36 所示。

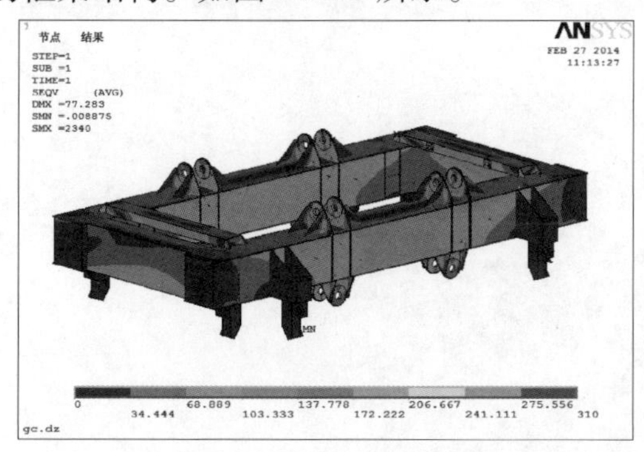

a)墩台吊具模型及受力分析

b)墩台吊具现场使用照片

图 9-3-36　墩台吊具模型及现场使用照片

根据墩台吊具使用特点，下放到位后需要快速解脱，循环使用中也要频繁拆装。因此需要一种解脱装置适应工作需要。解脱装置需要有操作简便、安全系数高等特点。解脱装置包括手摇穿轴器和绳套装置，两者配合使用。其中，手摇穿轴器是解脱装置的关键机构。如图 9-3-37 所示。

图 9-3-37　手摇穿轴器

手摇穿轴器由销轴套筒、丝杆和手轮组成，丝杆穿过主销轴中心，两端通过轴承固定在套筒中，丝杆外端设置手轮，可以轻松将近 1t 重的销轴旋进旋出。

销轴限位安全系数高，两端限位双保险，任一端因意外未起到限位作用，另一端都可以防止销轴有轴向运动。穿轴器端通过固定在耳板上的套筒和销轴头部环形挡板限位；销轴尾端利用两半圆卡板放置于360°环形卡槽限位。

墩台吊具与吊点的连接，同样采用这种解脱装置，安全可靠，操作简便。

墩台的4个吊点设置在承台面，构件重心位置在吊点上方，吊装和暂存过程均会受风、涌、浪等的影响，使构件产生晃动和与吊具碰撞。对吊点受力、混凝土表面质量、吊具结构和后续止水施工等带来较大影响。为避免此现象的发生，吊具设置了限位装置，将墩台构件“抱紧”在吊具中。如图9-3-38所示。

a)　b)　c)

图9-3-38　限位装置

限位装置分两个方向，墩身长边方向设置在两主梁上，每个面有4个带橡胶垫的限位螺柱。墩身短边方向限位螺柱设置在滑动梁上面，滑动梁通过梁体丝杆调节开口宽度，用于通过墩帽。

6）一级通用吊具设计

一级通用吊具构件之间采用全铰接连接，使用过程构件之间不存在次弯矩及其他有害应力，构件之间亦可以在一定角度和一定位移范围内进行调整。吊具一端设置平衡梁，使4主钩成为三点受力起吊，保障墩台吊装均衡受力（图9-3-39）。

吊具采用海洋工程索具中的高性能无接头钢丝绳圈（GJT168），对折与“长大海升”起重船吊钩连接，避免了多根钢丝绳索具因长度误差导致吊钩钩腔受力不均的情况发生。连接方式如图9-3-40所示。

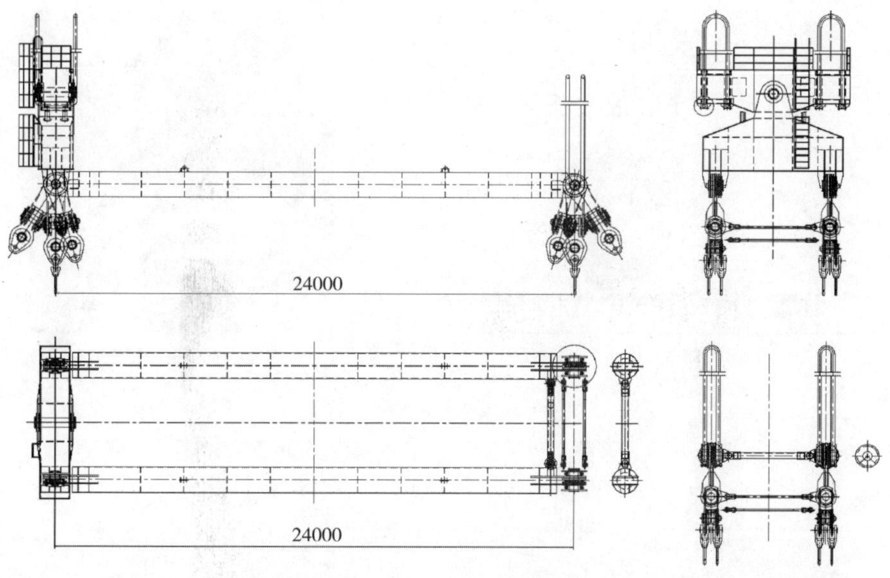

图9-3-39　上吊具结构图

图9-3-40　高性能无接头钢丝绳圈索具连接

在通用吊具上一个关键构件就是“万向节”,万向节不仅需要满足竖向垂直的两个平面有一定范围内的转动,也需要很高的强度以承担墩台荷载。如图9-3-41所示。

万向节受力复杂,一味体现安全系数,则万向节势必会变得厚大笨重,影响销轴机械转动的范围等。针对该情况,对板材进行优化,选用Q690低碳高强结构钢;对局部受力进行优化,销轴孔耳板两侧选择合适厚度的补强板;在焊接工艺上进行优化,T型搭接坡口角焊缝改为母材嵌入塞焊。

7)墩台吊装吊点设计

吊点设计由两种方案中进行比选:

(1)方案一:吊杆预埋在承台内,吊杆下锚垫板上部混凝土通过钢筋网片进行加强,如图9-3-42所示。

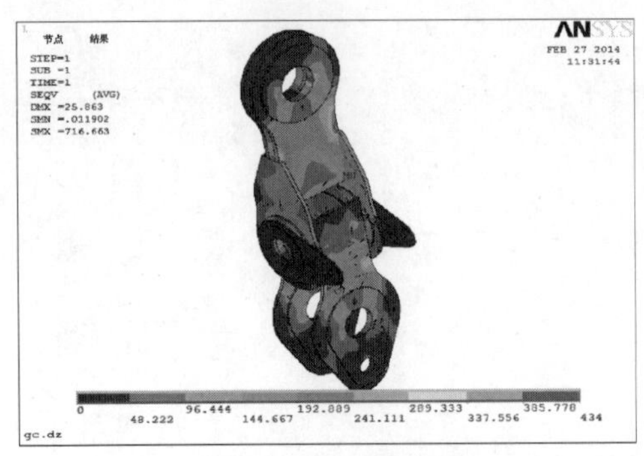

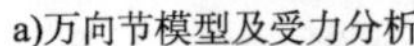
a)万向节模型及受力分析

b)万向节实物照片

图 9-3-41　万向节模型及实物

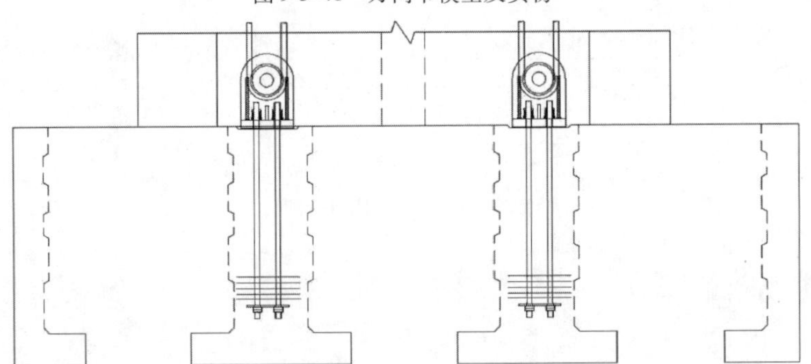

图 9-3-42　墩台吊点结构形式(一)

(2)方案二:在承台内预留孔洞,吊杆穿过预留孔,通过底部的锚垫板进行锚固,如图 9-3-43所示。

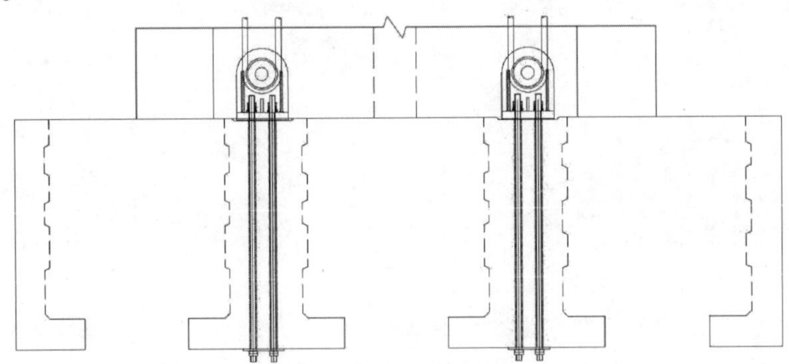

图 9-3-43　墩台吊点结构形式(二)

方案一施工较简便,方案二需在承台浇筑时安装钢塑波纹管,浇筑后穿钢拉杆,对钢拉杆进行预紧等。

方案一对钢拉杆的定位要求较高,一旦偏差超过允许范围,补救难度较大;而方案二若波纹管出现偏差,可以采取钻孔的方式进行补救。

方案一不需要考虑预留孔洞的止水问题,方案二需要考虑。

方案一混凝土拉应力偏大,尤其是承台顶部更甚,方案二主要是底部的压应力,混凝土主要为抗压性能好、抗拉性能差的材料,因此方案二的受力性能较方案一好。

综上所述,采用方案一。

采用4个吊点进行预制构件的吊装。承台分为两种尺寸,为了考虑吊具周转使用,吊点的平面布置需保证横桥向的间距一致(图9-3-44)。

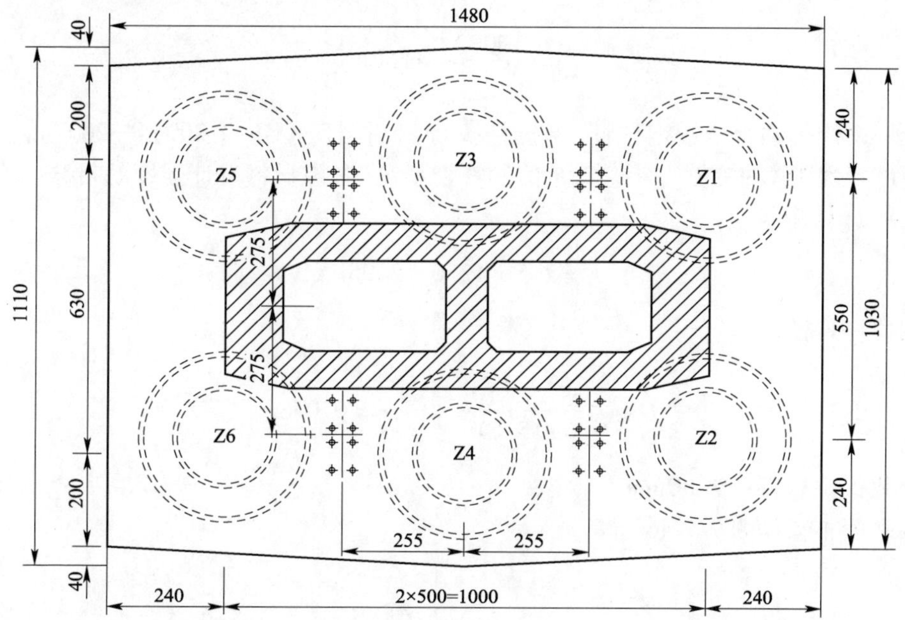

图9-3-44　预制墩台吊点平面布置图(尺寸单位:cm)

单个吊点结构如图9-3-45所示。

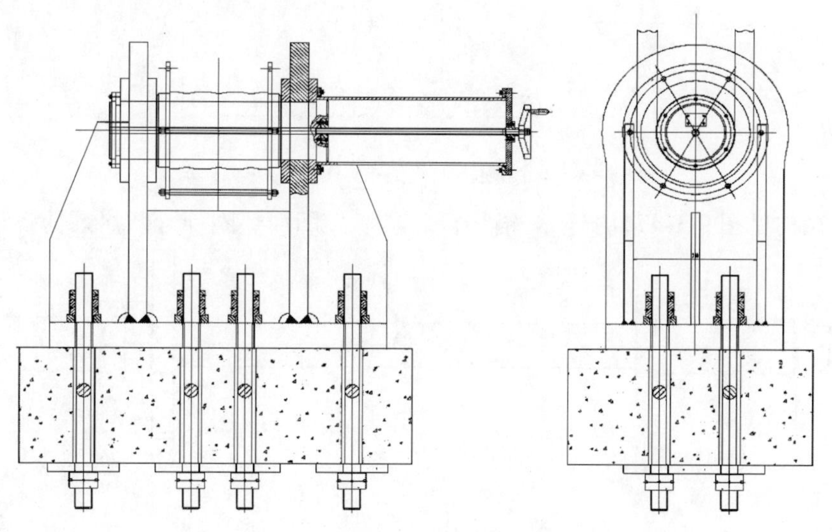

图9-3-45　单个吊点结构图

单个吊点采用8根钢拉杆进行吊装(图9-3-45)。

4个吊点按3个吊点同时受力计算考虑,总荷载30000kN(单个预制构件最大质量为2854t,钢套箱质量约145t)。

每个吊点所受的荷载

$$F = \frac{30000}{3} = 10000\text{kN}$$

单条预埋钢拉杆所受荷载

$$F_1 = \frac{10000}{8} = 1250\text{kN}$$

钢拉杆采用等强合金钢钢拉杆，钢拉杆执行《钢拉杆》（GB/T 20934—2007）国家标准；钢拉杆强度等级为 GLG650。考虑 2.5 倍的安全系数（考虑材料设计强度的折减以及吊装动载系数），则计算荷载为：

$$F = 2.5 \times 1250 = 3125\text{kN}$$

则钢拉杆直径

$$D \geqslant \sqrt{\frac{3125 \times 10^3}{650 \times 10^6} \times \frac{4}{3.14}} = 0.078\text{m}$$

因此取钢拉杆直径为 80mm。

吊点平面布置如图 9-3-46 所示。

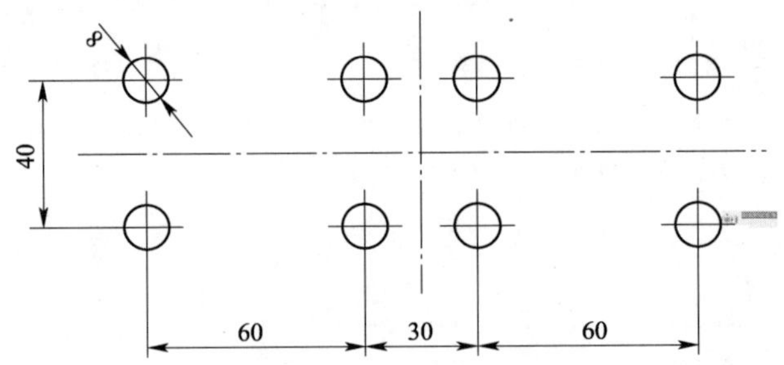

图 9-3-46　单个吊点拉杆平面布置图（尺寸单位：cm）

钢拉杆结构见图 9-3-47，由杆体、锚垫板、厚螺母、凹面垫圈、凸面螺母、薄螺母等组成。

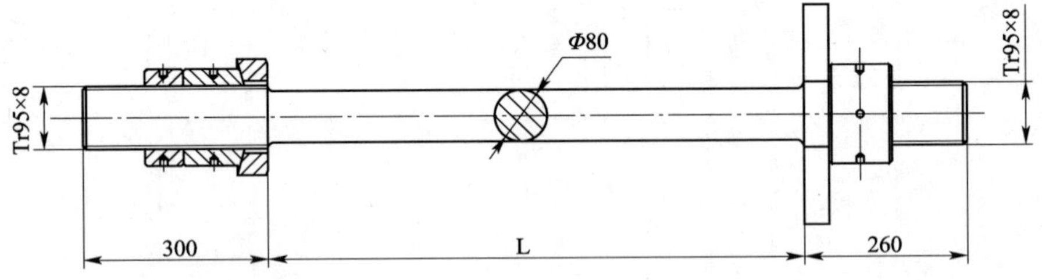

图 9-3-47　钢拉杆结构图（尺寸单位：mm）

钢拉杆下端锚固采用锚垫板 + 螺帽的形式，结构形式如图 9-3-48 所示，锚垫板平面布置如图 9-3-49 所示，锚垫板厚度为 50mm。

钢拉杆杆体中部直径为 80mm，端部直径为 95mm，预留孔采用塑钢波纹管，孔内径为 ϕ120mm。为保证混凝土耐久性，保护层范围内的波纹管在承台拆模后拔出。

由于拉杆孔与外部海水环境连通，为防止施工过程中海水进入承台内部，因此专门进行止水设计，止水装置如图 9-3-50 所示。止水装置主要由预埋件、密封罩、螺母防护罩及相应的连接螺栓、止水橡胶组成。

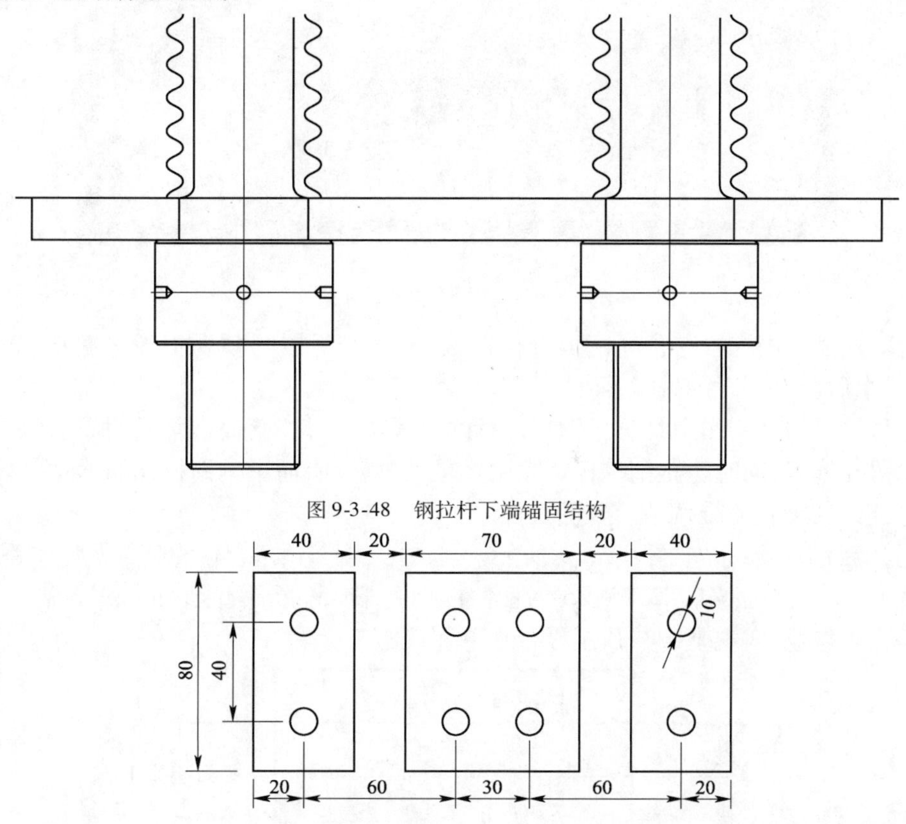

图 9-3-48　钢拉杆下端锚固结构

图 9-3-49　锚垫板平面图(尺寸单位:cm)

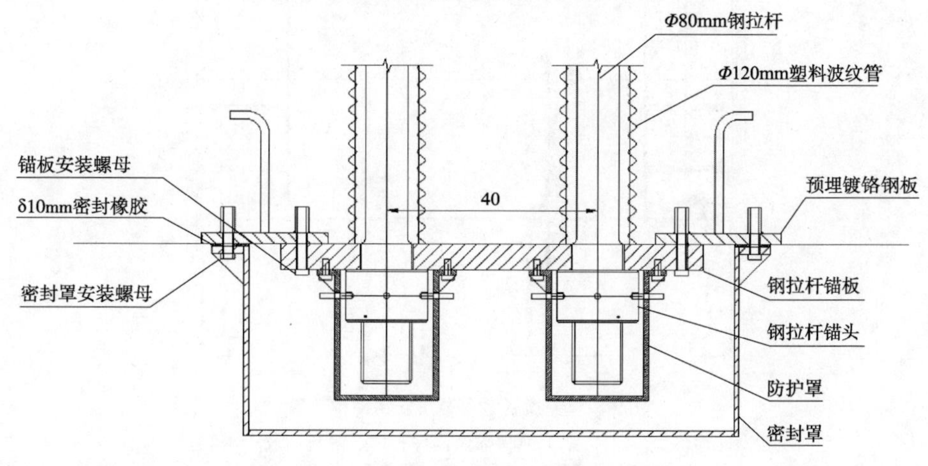

图 9-3-50　止水装置设计结构图(尺寸单位:mm)

为保证结构的耐久性，预埋件采用镀铬结构，如图 9-3-51 所示。

镀铬 $\Phi16$ 钢筋用于锚固预埋钢板，图 9-3-51 中外侧套筒用于固定密封罩，内侧套筒用于固定锚垫板，防止钢拉杆拆除过程中锚垫板掉落而破坏密封罩，造成漏水，影响承台预留孔施工。

图 9-3-51　预埋件结构断面图

密封罩通过紧固螺栓与预埋钢板进行连接，同时密封罩与预埋钢板之间垫 10mm 膨胀止水条，遇水后会发生轻微碰撞，而使缝隙填满。

螺母防护罩的主要作用是防止钢拉杆拆除过程中螺母掉落而破坏密封罩，造成漏水，影响承台预留孔施工；同时防止钢拉杆拆除中螺母发生转动，而影响钢拉杆的拆除。

8）悬挂式装配化三维调节装置的设计

预制墩台结构体系如图 9-3-52 所示。通过大型浮吊整体吊装，吊具体系支撑在图 9-3-53所示的复合桩 Z1、Z2、Z5、Z6 钢管替打段上，随后进行墩台平面位置及高程调节，再完成后续止水作业，实现基础与预制墩台水下连接施工。

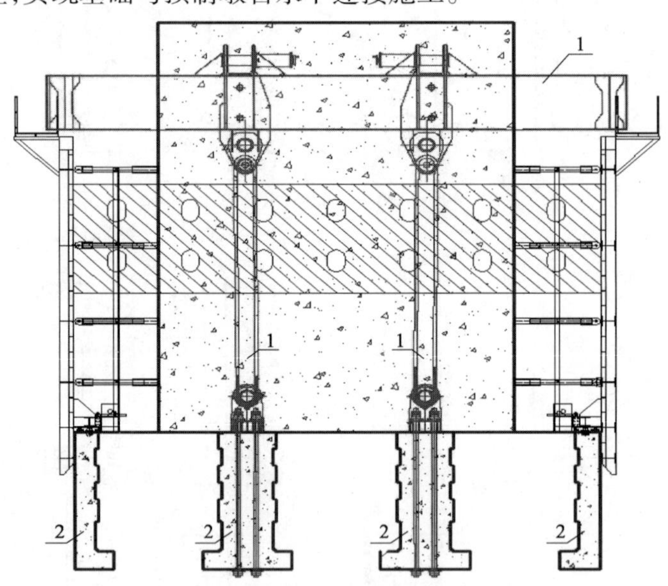

图 9-3-52　预制墩台湿法安装结构体系

1-吊具及锚固体系；2-预制墩台构件；其余-钢套箱及止水装置

综合考虑装配化施工要求及海洋环境作业资源消耗及施工周期，为满足重载预制墩台构件湿法安装工艺要求，设计了通用型装配式三维调节装置，其结构示意如图 9-3-54 所示。该装置主要包括顶盖；底座；顶盖与底座之间设双层滑移结构三维千斤顶，由滑移底座（安装有 X 侧向推移 3 油缸和滑移不锈钢板）、下滑移座（安装有 Y 向顶推油缸和滑移不锈钢板及铜镍金滑移板）、Z 向竖向顶升油缸（底部安装有铜镍金滑移板）组成。装置垂直顶升能力为

1200t,水平顶升能力为 200t。顶盖与底座之间通过拉杆连接。

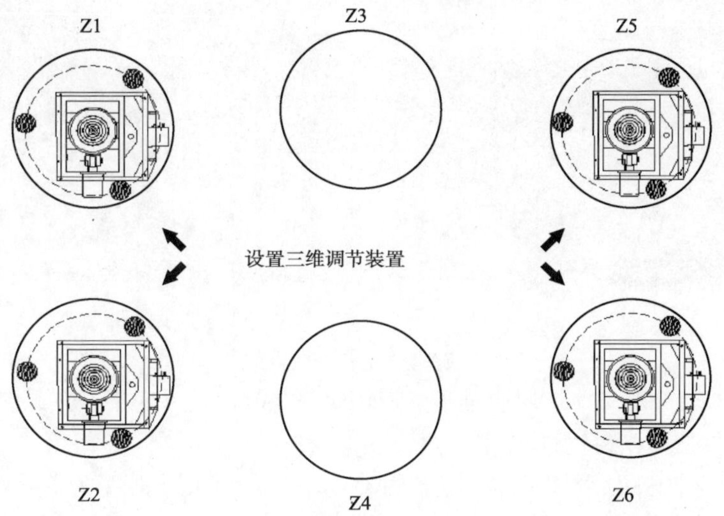

图 9-3-53　桩基础布置及支撑部位设计

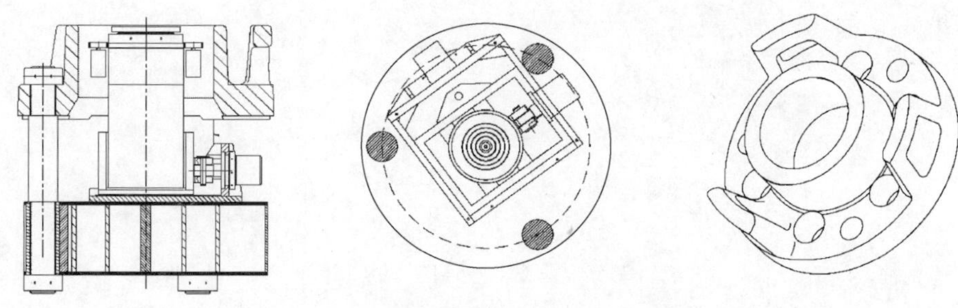

图 9-3-54　装配式三维调节装置结构图

顶盖(顶盖设有放置同步顶升止水托盘用千斤顶预留孔)、底板及拉杆系统取消了常规支撑牛腿焊接工序,顶盖下边缘槽口直径与复合桩钢管直径相匹配,直接吊装悬挂于钢护筒壁上(图 9-3-55)。由于基础采用变直径设计,该装置可以通过更换顶盖来实现周转施工,无需重新购置设备,可节约成本。

a)

b)

图 9-3-55　三维调节装置实体及装配安装

采用 UG 高级仿真系统对三维调节系统装配化装置进行受力分析验算(图 9-3-56)。

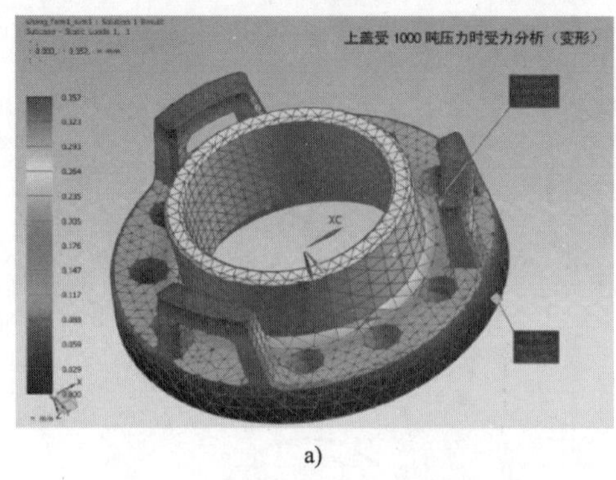

a)

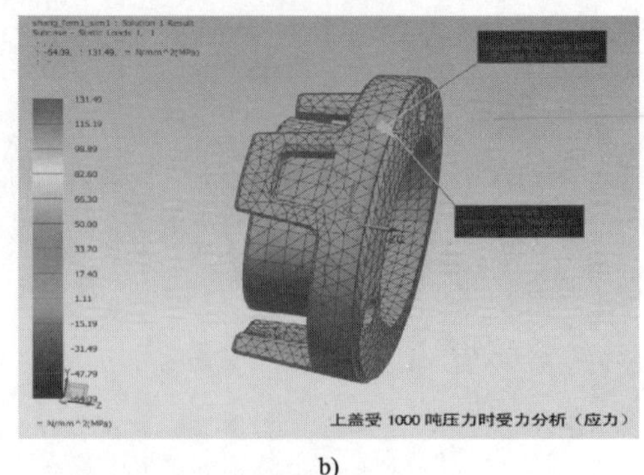

b)

图 9-3-56　顶盖受力分析(额定载荷 1200 吨)

顶盖选用 ZG35SiMn 材质,屈服强度 460MPa-690MPa(正火 + 回火),屈服强度随截面尺寸变大而变大,经验算该铸钢件设计合理。

整个装置底座材料力学性能最弱,选用 Q345b 材质,屈服强度为 345MPa,抗拉强度为 470-630MPa,满足受力要求(图 9-3-57)。

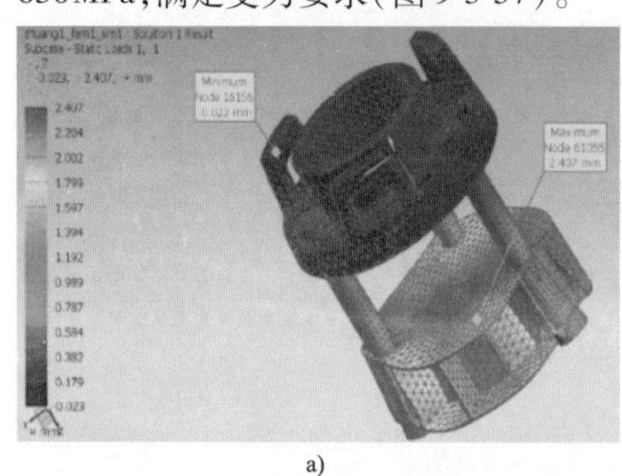

a)

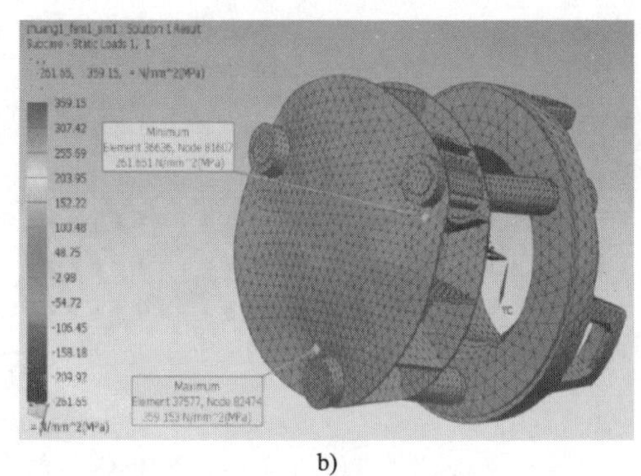

b)

图 9-3-57　底座受力分析(额定载荷 12000kN)

开发了采用智能数字步进控制方式的 BII-04 智能液压同步位移系统(图 9-3-58),该系统每一个控制模块都可以作为独立的四同步位置控制模块使用,系统只有一级网络,各模块可分可合,结构简洁可靠。网络间采用回访应答机制,网络中任何一台泵站或者千斤顶出现故障,整个系统的工作都会在步进下一步前暂停工作,直到故障排除。

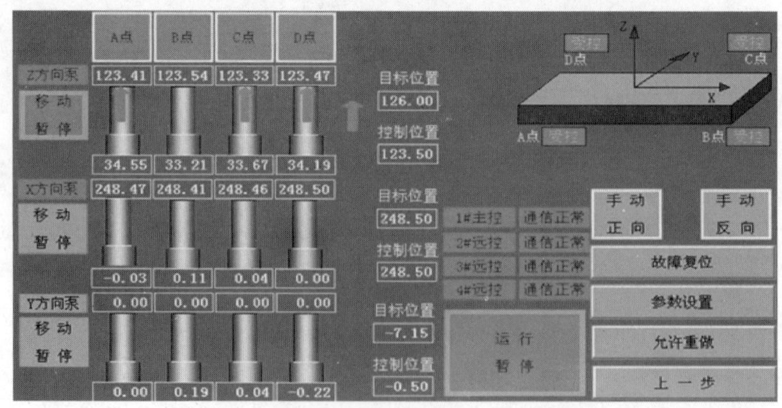

图 9-3-58　BII-04 智能液压同步位移系统

系统可以实现预制墩台安装结构体系三维六自由度调节,如图9-3-59所示。

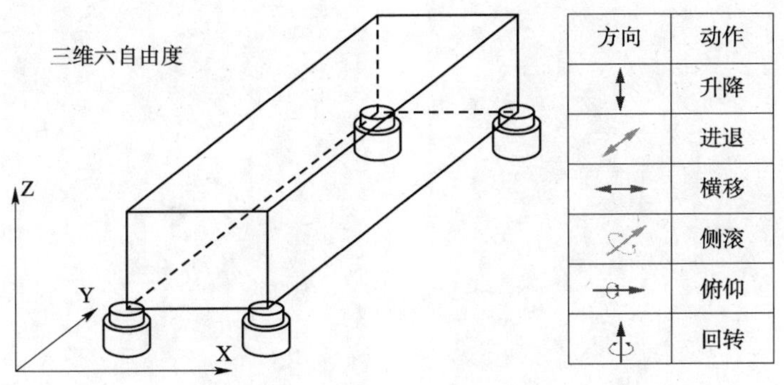

方向	动作
↕	升降
↗	进退
↔	横移
	侧滚
	俯仰
	回转

图9-3-59 系统可调节自由度

使用X,Y线性平移油缸及独特的双层滑移结构,可以简单快捷地实现三维系统的回转动作。当构件需要回转时,PLC电控可将任何一个顶升缸设置为回转中心,此时用无泄漏阀把该三维顶X、Y方向两组平移油缸锁定。PLC控制另三个油缸不同的推移方向(图9-3-60),使构件围绕回转中心来回旋转。现场实际操作中回转是常用的调节操作。

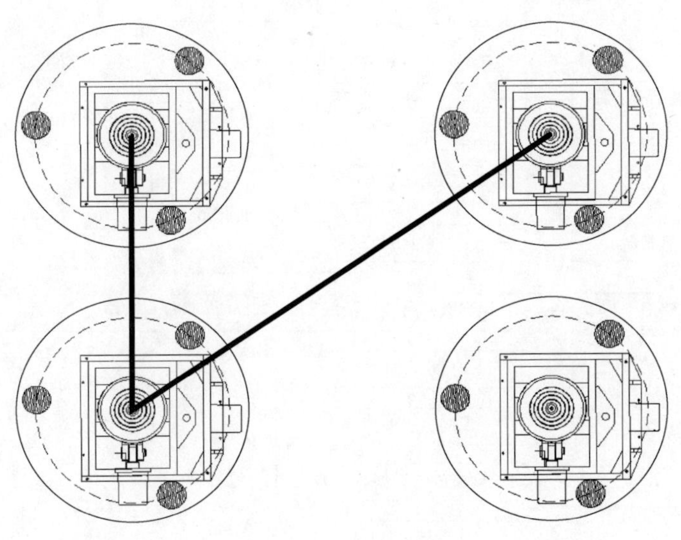

图9-3-60 回转自由度的控制方法

经现场施工验证,墩台调节精度均达到《港珠澳大桥质量验收标准》要求:竖向倾斜度偏差不大于H/3000,且不大于30mm;墩顶面高程偏差不大于10mm;轴线偏位不大于10mm。

为确保三维调节系统装置的可靠性,在厂家进行了静载试验,并布置了位移传感器进行位移测量,如图9-3-61所示,试验表明该结构完全能满足要求。

a)

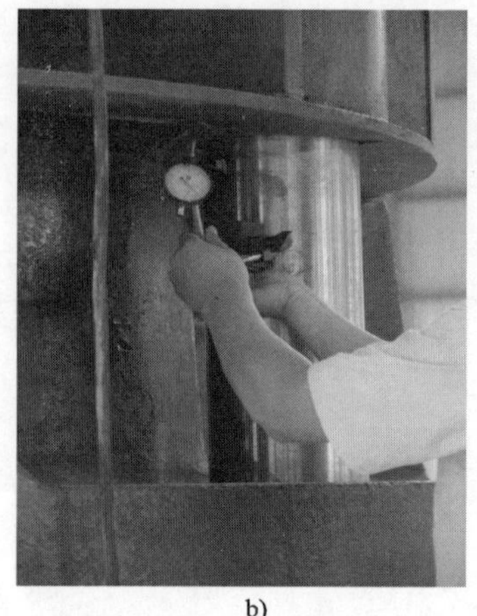

b)

图 9-3-61　三维千斤顶静载试验

第 4 节　施工工艺及改进措施

9.4.1　工艺流程图

预制墩台安装工艺流程如图 9-4-1 所示。

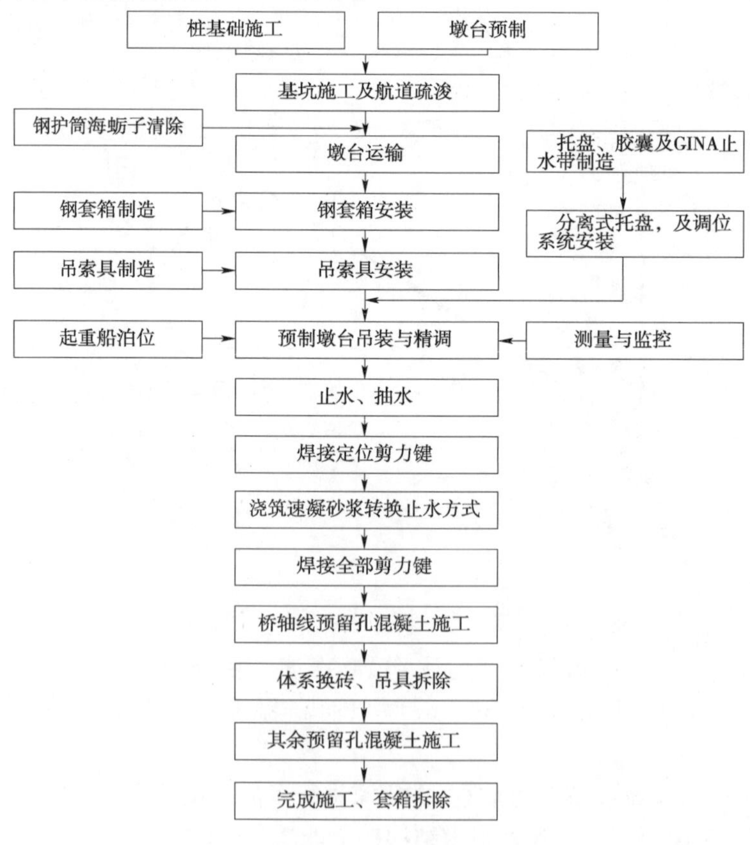

图 9-4-1　工艺流程图

9.4.2　施工准备

施工准备主要事项如图9-4-2所示。

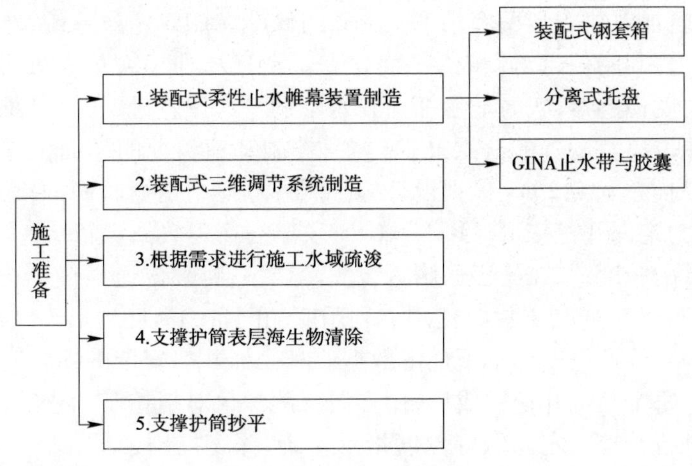

图9-4-2　施工准备事项

1)航道疏浚与基坑开挖

根据施工水域水深情况,对起重船吊装水域基床进行扫测,确保水深测值大于起重船最大吊重状态下的吃水深度,并有足够的富余量;对不满足上述条件的区域进行基床清淤。

底部平面比承台平面大2m,超挖深度为2.5m,放坡顺桥向两侧1:3,横桥向两侧1:3。

基坑开挖施工工艺流程如图9-4-3所示。

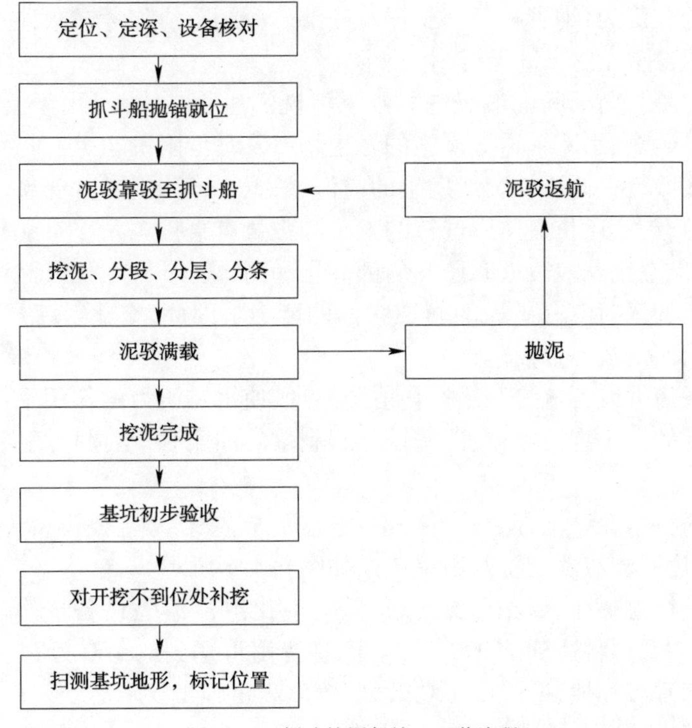

图9-4-3　抓斗挖泥船施工工艺流程

分层阶梯开挖，层厚2m，按照“下超上欠，超欠平衡”的原则，初挖后扰动土在重力作用下自然坍塌成1:1边坡，后局部找坡，最后形成设计边坡。最后进行扫浅施工，以保证基坑断面尺寸及底部的平整度。

精度控制措施：抓斗船安装两套精度≤5cm的RTK－GPS定位系统，疏浚监控系统中实时显示开挖计划位置和船位，以此控制平面位置。依据抓斗吊臂最高处设置的RTK－GPS和吊斗钢索上的角度传感器，实时显示抓斗在水下的平面位置，操作人员根据系统主界面窗口显示的船位和斗位以及设置的分层开挖位置，控制基槽精挖的平面位置。通过试验验证采用该方法施工平均超宽为2m。依据设计施工图计算每个精挖断面的设计开挖深度，输入疏浚监控系统，作为定深开挖依据。RTK－GPS采集的高程数据，通过计算机处理后实时显示抓斗在基准面下的深度；并在施工区附近设立潮位站，将潮位遥报仪发送的潮位信号输入疏浚监控系统，在GPS信号受干扰时使用。利用船舶配备的海底地形声纳实时探知系统，实时监控和显示每一斗开挖深度等水下地形数据。利用抓斗船安装的抓斗定深系统和平挖系统控制开挖精度。每个基坑开挖完成后，用多波束测深仪对精挖基槽进行全覆盖监测，发现欠挖和漏挖及时进行补挖。定期做好深度指示系统、深度控制系统、疏浚监控系统、抓斗船定深平挖系统等的校核、校正，以保证系统误差在规定值之内。

对于钢管桩周边局部位置，挖泥船可能未开挖到位，且难以量测，可由潜水员在清海蛎子的过程中进行检查及射水开挖。

2）钢护筒表层海生物清理

桩基施工过程中，钢护筒长期处于海洋环境，其表面将生长质地坚硬的贝类生物，将对柔性止水结构产生破坏性的影响，故需在预制墩台安装前期清理钢护筒表层海生物。

钢管桩清理的范围为：钢管桩顶部至托盘底部。海蛎子清除考虑两种方案进行清除：

（1）采用“空化射流技术”进行海蛎子清除。

空化射流技术是目前国际上最先进的水下清洗海生物技术，可用于清洗不同类型的舰船、海上石油平台、码头、水下管道等设施的海生物以及其他附着物。

空化是水流或液流在低压处突然发生的空泡（汽化或气化空穴）现象，空化的初生不仅与流体的汽化压力有关，还与液体中气核的大小和数量有直接关系。空化技术的基本原理，一是形成空穴，二是空化气泡溃灭时诱发局部高压和高温。具有空化气泡的水射流，冲击物面时便会比无空化的水射流有更大的剥蚀物面的能力。因此，空化射流技术被广泛应用于海上水下结构物表面清洁等方面。

空化射流水下清洗设备就是利用空化射流原理，使水在压力的作用下产生空化射流，清除各种成分和厚度的海生物污垢，在清洗锈迹和剥落的油漆时，不损坏底层油漆和清漆防垢防腐涂层。

为了验证该新技术在该工程上的可行性，进行了工艺试验，主要设备为空化射流清洗设备、潜水设备。空化射流清洗设备及清理效果如图9-4-4所示。

采用该技术进行海蛎子清除效果较好，但是空化射流清除设备成本较高，每台约100万，单根钢管桩清理费用将达到15000元，全桥总费用将达到约500万，且由于施工水域海水较浅、水流急、海水较浑浊，造成施工功效低，难以满足施工要求。

（2）采用“人工铲除”方式进行海蛎子清除。

图9-4-4　空化射流清洗设备及清理效果图

在钢管桩外侧悬挂一个环形吊篮，潜水员在吊篮内采用铁铲进行海蛎子清除；逐步下放吊篮，直至设定高程。人工铲除海蛎子如图9-4-5所示。

抽水后对钢管桩表面进行观察，结果表明，人工铲除海蛎子也能达到效果，且成本较低，约5000元/根，施工功效可达到2根/天，因此选用该方案进行海蛎子清除。

3）钢护筒抄平

按照设计高程对钢护筒抄平，需控制钢护筒抄平面平整，以确保三维调节系统与护筒顶面接触面压实无缝隙；另需控制护筒壁无毛刺，以免刺伤胶囊导致止水失效。

图9-4-5　人工铲除海蛎子

4）墩台出运

预制构件通过轮轨式移运台车移运上船（图9-4-6）。

a)

b)

图9-4-6　构件移运上船

9.4.3　分离式托盘及三维调节系统安装

如第二节的图9-2-1所示，在外围四根支撑钢管上安装带有三维调节系统的分离式托盘装置，在桥轴线钢管上安装带有吊架的分离式托盘装置（图9-4-7）。托盘可通过桩顶托盘吊架位置设置的同步顶升千斤顶同步提升及下放。张拉杆采用单根Φ15.2钢绞线，每个环形托盘设置 6 根张拉杆;单根钢绞线的张拉力为 90kN。下端采用挤压头锚固,在托盘内预埋两根 M24 螺栓,通过 U 形盖板将其固定(图 9-4-8),控制分离式托盘顶面至承台底面距离 10cm。

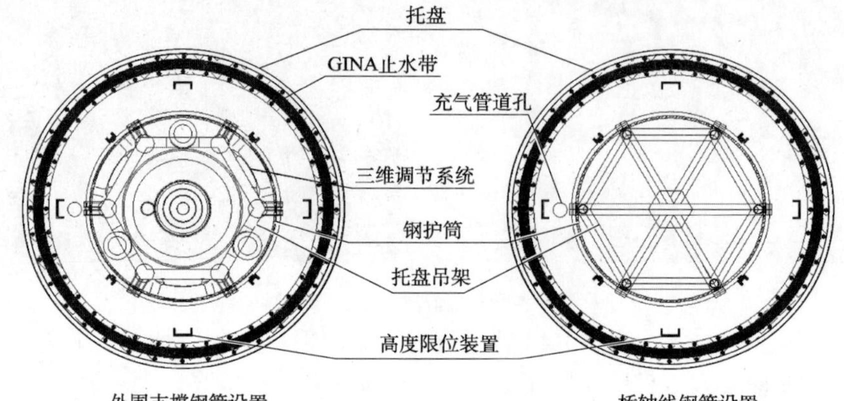

a)分离式托盘及三维调节系统安装平面图

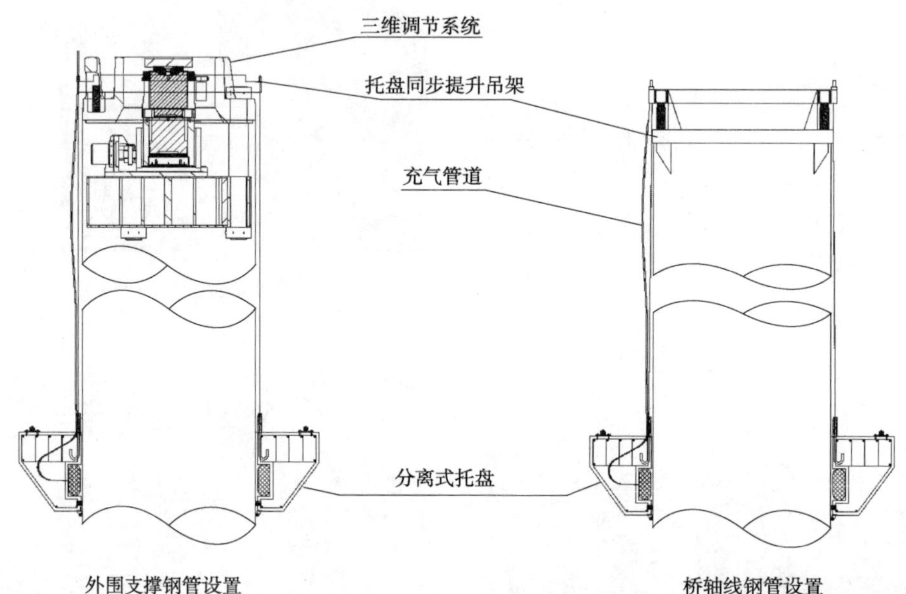

b)分离式托盘及三维调节系统安装立面图

c)分离式托盘及三维调节系统安装效果图

图 9-4-7　分离式托盘及三维调节系统安装示意图

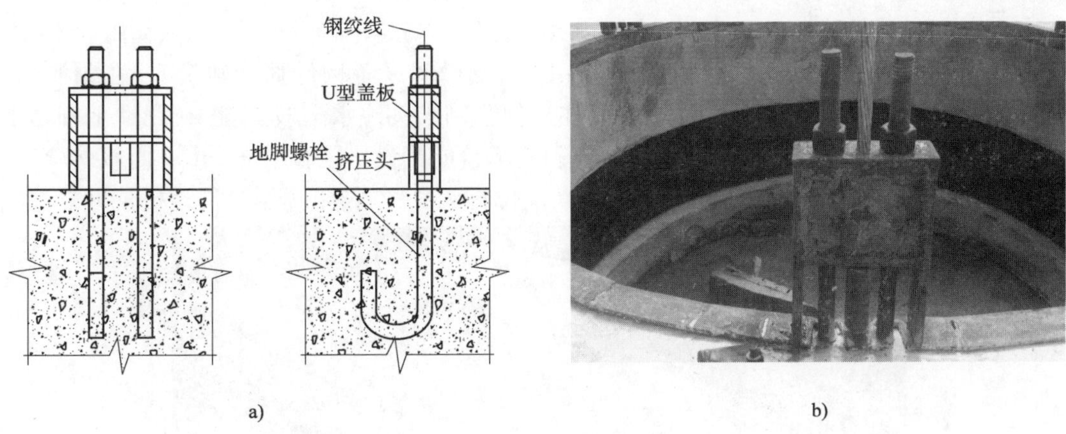

图9-4-8　分离式托盘提升系统锚固装置

9.4.4　吊点安装

墩台出运之前安装吊点，采用汽车吊安装吊点钢拉杆。吊点处需进行止水密封设计，预制墩台底部钢拉杆锚固位置安装有预埋镀铬钢板，用于安装钢拉杆锚板及密封罩。钢拉杆锚固端设有止旋螺母，便于钢拉杆拆卸周转。单个锚头外围均设有防护罩。密封罩与预埋镀铬钢板间设有厚度 δ = 5mm 的密封橡胶带，实现罩内形成密闭空腔（图 9-4-9 和图 9-4-10）。

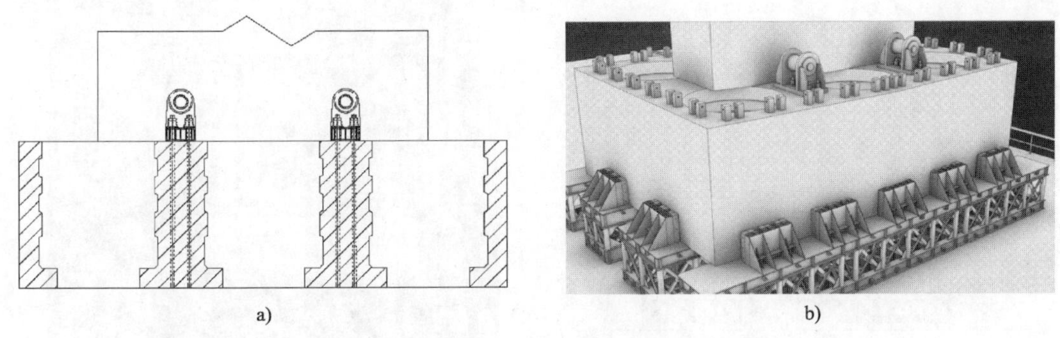

图9-4-9　吊点安装示意图

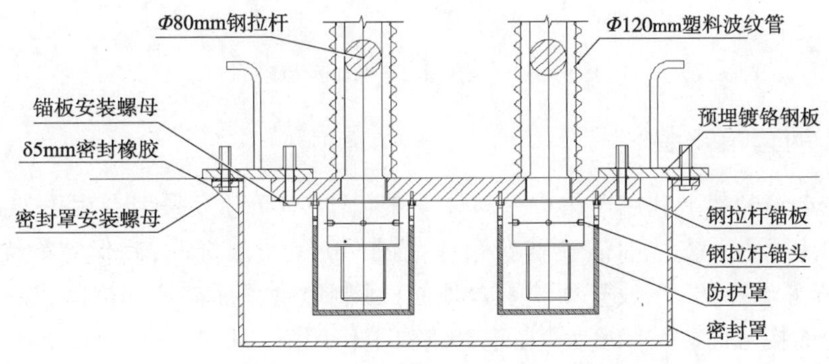

图9-4-10　吊点锚固端止水密封装置

9.4.5 墩台运输

运输船甲板需设置支墩，其布置见图9-4-11，支墩间设置构件移运轨道，并在预制墩台底部密封罩位置预留相应空间。运输驳船在构件预制码头注水坐驳，支撑在刚性基础之上；构件通过移运台车移运装船。在支墩顶面，预制承台周围设置限位装置，并设揽风设施进行加固，如图9-4-12所示。完成加固后，选择高潮位排水离驳，拖带预制构件至桥位处。

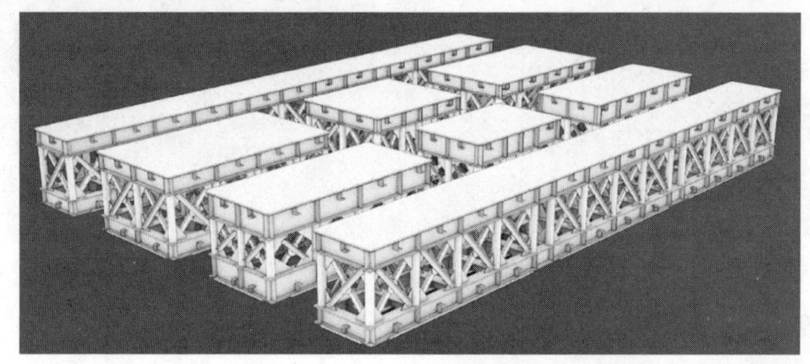

图9-4-11 运输驳船支墩设置

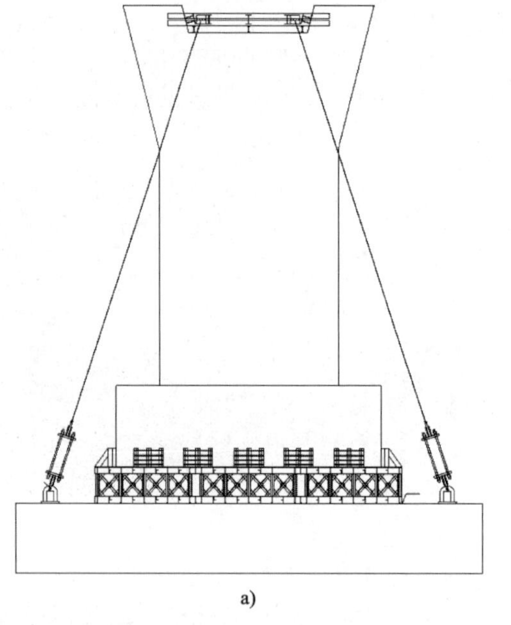

a)

b)

图9-4-12 预制墩台运输加固示意图

9.4.6 钢套箱安装

钢套箱在运输驳船上利用浮吊进行整体安装（图9-4-13）。采用专用吊架进行吊装，吊点设置在竖向主梁上。安装前需检查套箱底面的GINA止水橡胶，确保完好无损后方可起吊钢套箱，移至承台上方，下放至预制承台顶面（预制墩台顶面需清理洁净，保证GINA止水带与预制承台面接触面黏结紧密）。在钢套箱自重作用下，GINA止水橡胶受压变形，填充套箱钢板与承台顶面间的空隙实现柔性止水。

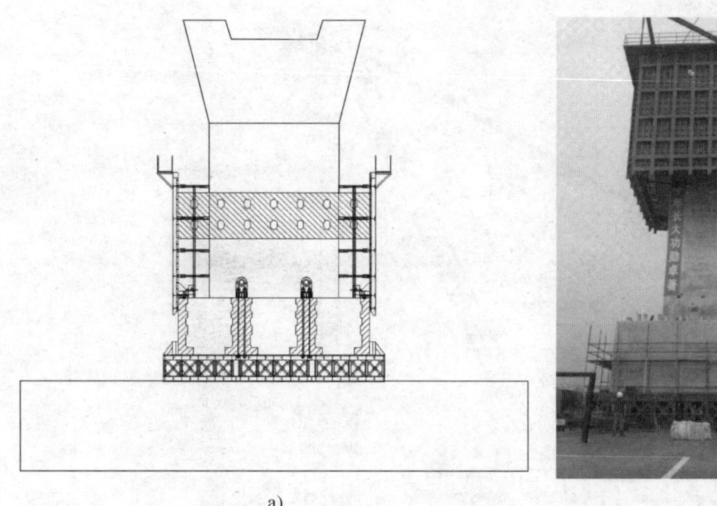
a)

b)

图9-4-13　钢套箱安装示意图

吊装到位后，分层依次向上调整内撑上的粗螺杆，使内撑顶紧预制墩身，固定套箱结构。安装钢套箱底部与预制墩台之间的收预紧装置。

9.4.7　船舶系泊位

在相应吊装墩位处进行船舶泊位，船舶系泊位顺序为：起重船→运输驳船。

9.4.8　吊具安装

船舶系泊位完成后，进行吊具与吊点的连接（图9-4-14），接着进行吊点钢拉杆的张拉，各钢拉杆张拉力之和应大于预制墩台自重。吊点连接完成后，需逐一检查各销轴，确保紧固无松脱。

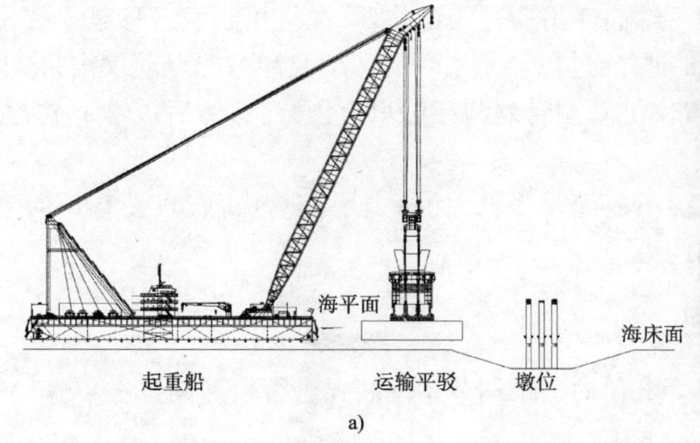

a)

b)

图9-4-14　吊具安装

9.4.9　墩台吊装

吊点连接完成后，起重船开始加载，起吊预制墩台使之脱离运输驳船甲板10cm，静置5min，检查浮吊、吊具、吊点等结构的工作状态，确认正常后，起吊墩台。起吊过程要缓慢，防止墩身与承台发生较大的摆动（图9-4-15）。

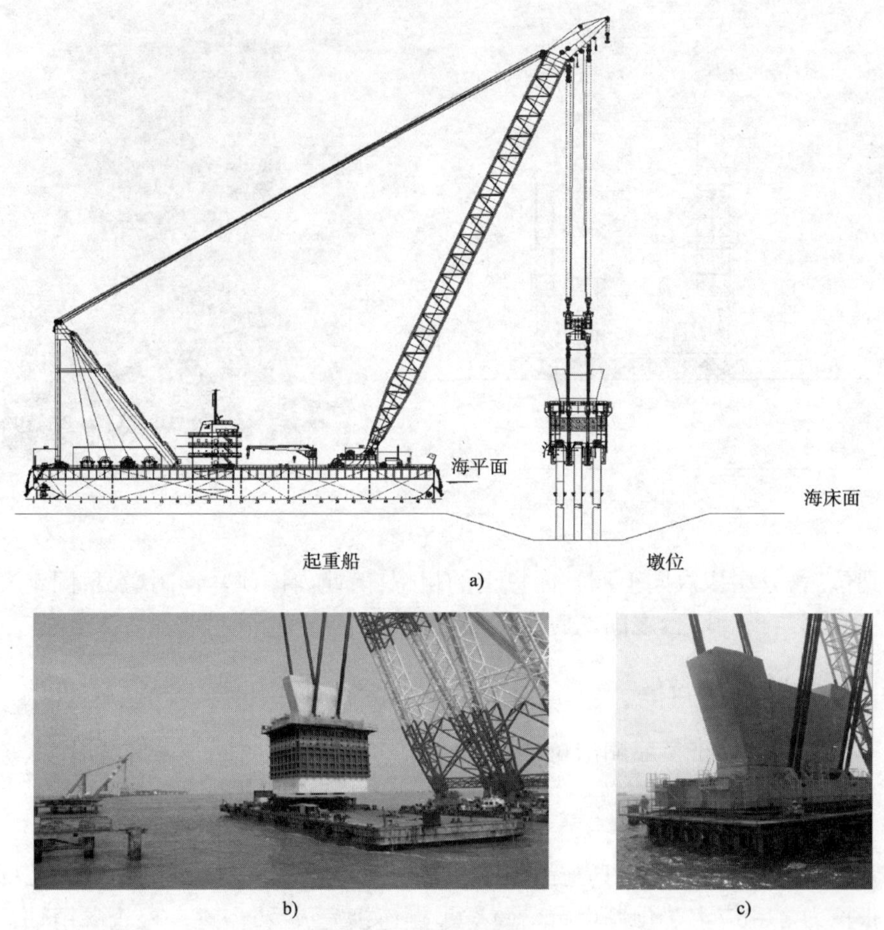

图 9-4-15　墩台吊装

起吊到一定高度后，移出运输平驳。继而浮吊通过绞锚前移，在将预制墩台移至安装位置上方、距桩帽上导向装置顶面约 50cm 时，通过以浮吊吊臂的移动及浮吊的点动绞锚，将承台预留孔对准桩基钢管。通过导向装置使桩基钢管顺利穿过承台预留孔，然后缓慢下放，直至吊具支撑在三维千斤顶顶板上。

检查钢管顶支撑均牢固稳定后，缓缓下放浮吊吊钩，使吊索呈松弛状态，静置 10min，观测无异常情况后，解除上下吊具之间的约束。

9.4.10　位置调节与体系加固

承台与墩身下放到位以后，利用钢管桩顶的三维调节系统装置进行精确调整。

1）水下千斤顶加固

预制墩台平面位置及高程调节到位后，连接预先焊接在预留孔剪力键预埋板处的 12 个额定荷载 100t（锁定后承载力 400t）的双向作用千斤顶的油管，并施压抱紧桩基钢管（图 9-4-16）。

2）平面连接系加固

在水面以上焊接如图 9-4-17 所示的平联钢管，对体系进行加固，减弱结构体系受风、浪、流作用下的振动。

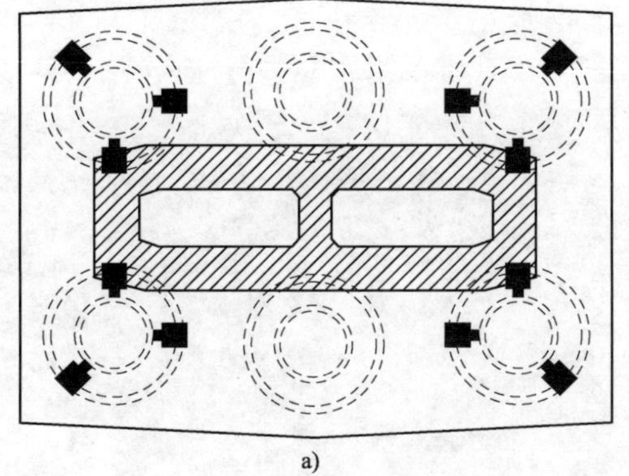

a)

b)

图9-4-16　水下千斤顶布置

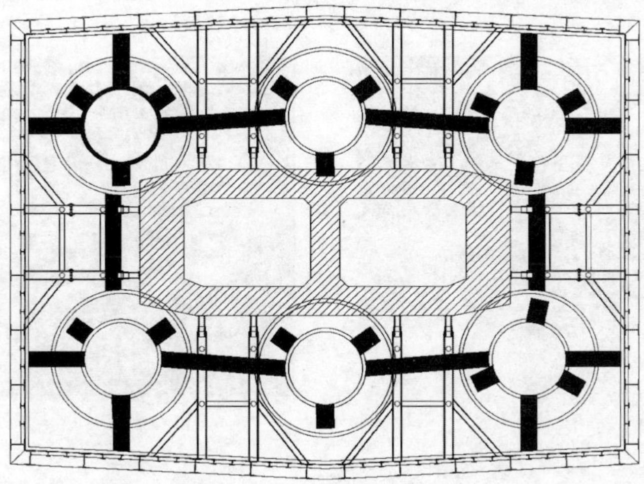

图9-4-17　平面连接系加固

9.4.11　抗浮反压装置安装

安装图9-4-18所示的抗浮反压装置，抵消由于套箱内抽水造成的上浮力的影响。

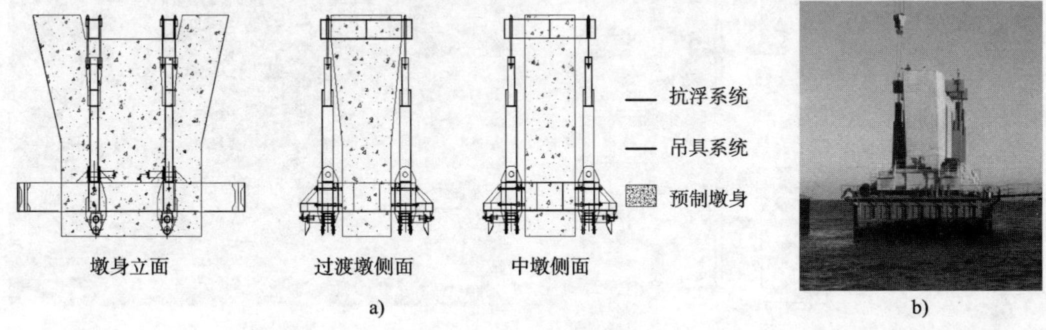

a)

b)

图9-4-18　抗浮反压装置安装

9.4.12　止水与抽水

完成体系加固后，顶升同步千斤顶张拉钢绞线，使GINA止水带压缩，实现环形托盘与承台底之间的水平止水；然后向胶囊中充气，胶囊膨胀，实现环形托盘与钢管复合桩之间的竖向止水。

利用水泵进行抽水，采用4台流量≥100m^3/h、扬程≥30m的潜水泵进行抽水（图9-4-19）。

a) b) c) d)

图9-4-19 止水与抽水

9.4.13 临时定位剪力键焊接

抽水作业完成后，在每个预留孔内焊接3个剪力键对体系进一步加固，如图9-4-20所示。

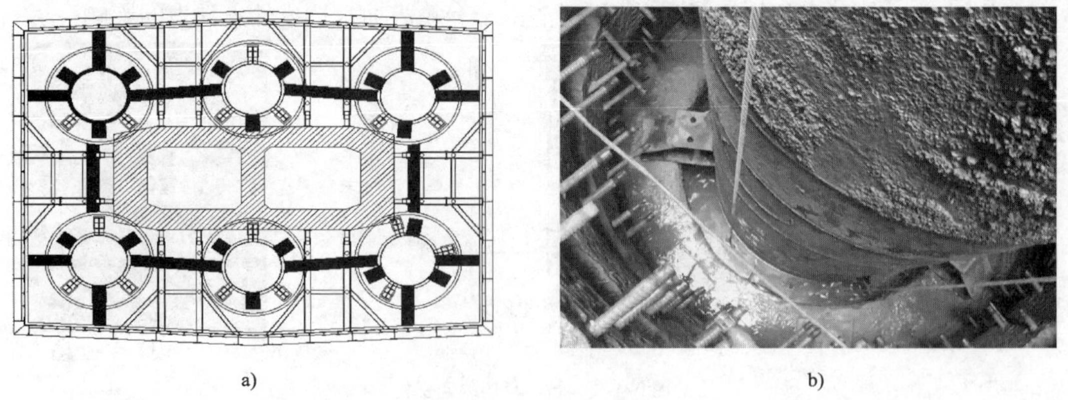

a) b)

图9-4-20 临时定位剪力键焊接示意图

9.4.14 速凝砂浆浇筑

完成上述作业后，采用高速搅拌机进行速凝砂浆（M50以上）的拌制，砂浆严格按配合比配制。采用料斗将砂浆吊至预留孔上方，通过料斗下放的三根软管输送至预留孔处，进行速凝砂浆的浇筑，对局部位置可人工找平（图 9-4-21）。

a)

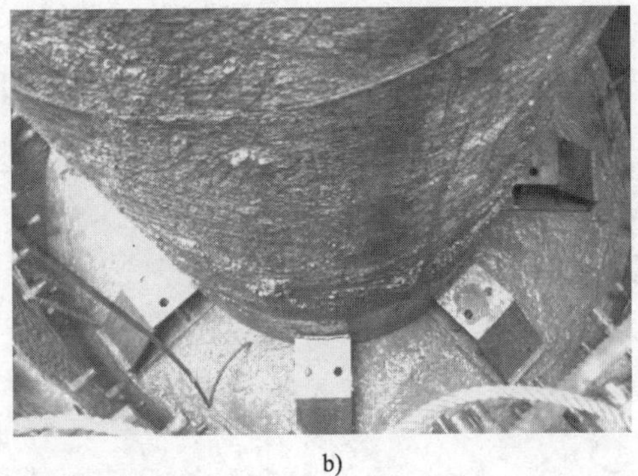

b)

图 9-4-21　浇筑速凝砂浆

9.4.15　剪力键焊接

速凝砂浆达到设计强度后，将底板预埋钢板清理干净，在承台底板预埋钢板与桩基钢管之间对称焊接剪力键（图 9-4-22），完成后在钢管外壁焊接剪力环。焊缝等级为一级。焊接完成后，对焊缝处进行 100% 无损检测，保证焊缝质量。

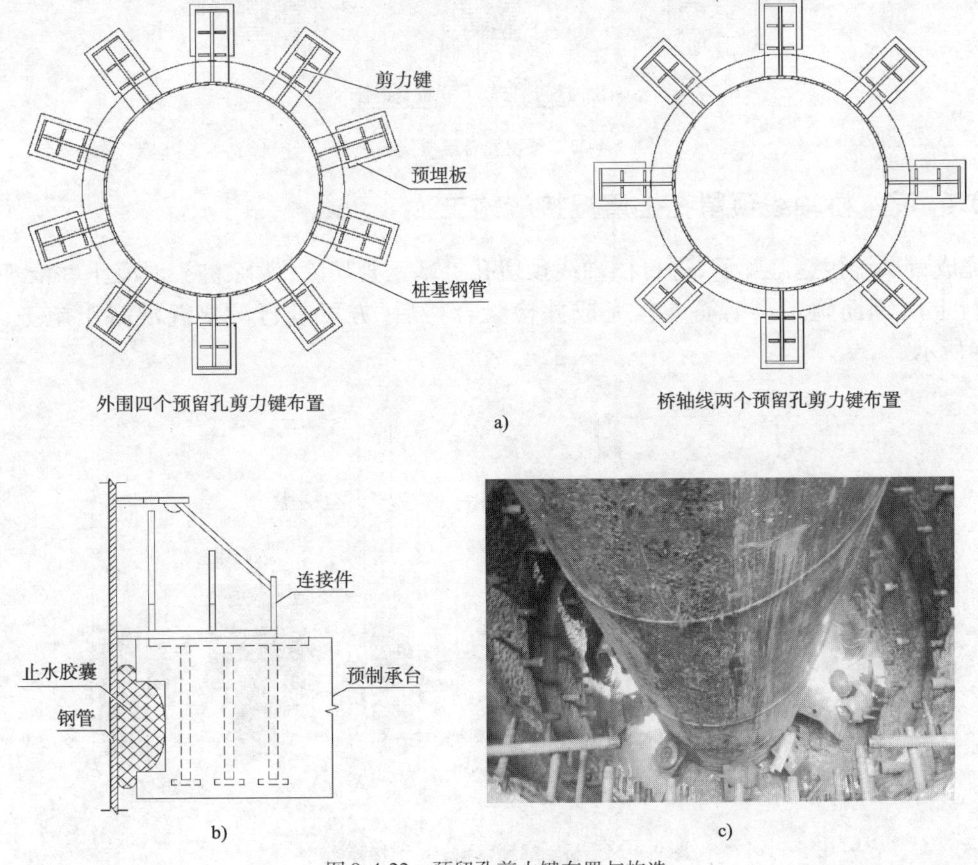

图 9-4-22　预留孔剪力键布置与构造

9.4.16 预留孔首层湿接缝施工

剪力键焊接完成后，分三次进行预制承台预留孔湿接缝施工。首先施工承台6个预留孔底层混凝土，混凝土高程面为设计桩基础顶高程(图9-4-23)。

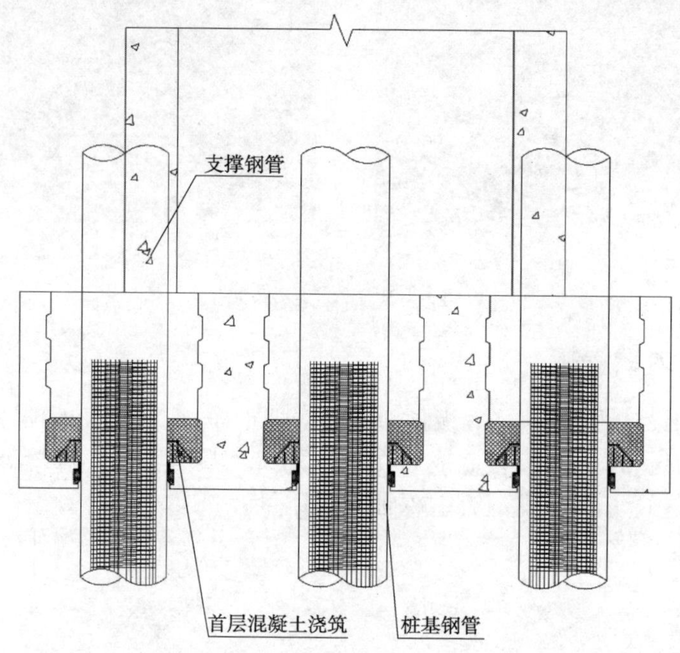

图9-4-23 预留孔首层湿接缝施工

9.4.17 桥轴线预留孔上层湿接缝施工

完成首层湿接缝施工后，进行桥轴线预留孔桩基钢管切除，凿除桩头混凝土并清理完成后进行上层钢筋施工。钢筋连接完成并检验合格后，方可进行湿接缝混凝土施工，如图9-4-24所示。

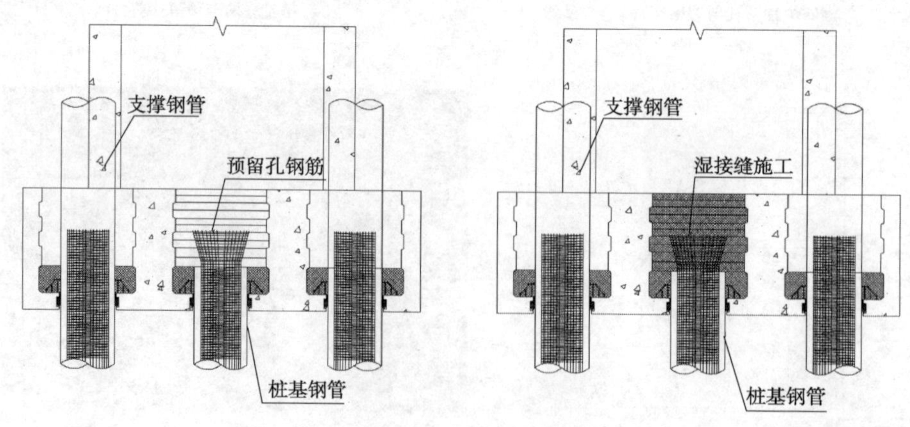

图9-4-24 桥轴线预留孔上层湿接缝施工

9.4.18　体系转换

待浇筑部分混凝土强度达到设计强度 80% 以后，逐级放松千斤顶，拆除吊具悬挂系统，完成体系转换(图 9-4-25)。在转换过程中，千斤顶放松要逐级进行，且注意观察结构有无变动及声响。全部放松后暂不拆除千斤顶及悬挂系统，待稳定 2 小时以上再拆除。

9.4.19　外围四个预留孔湿接缝施工

体系转换后，进行外围 4 个预留孔上层湿接缝施工，工艺方法同上(图 9-4-26)。

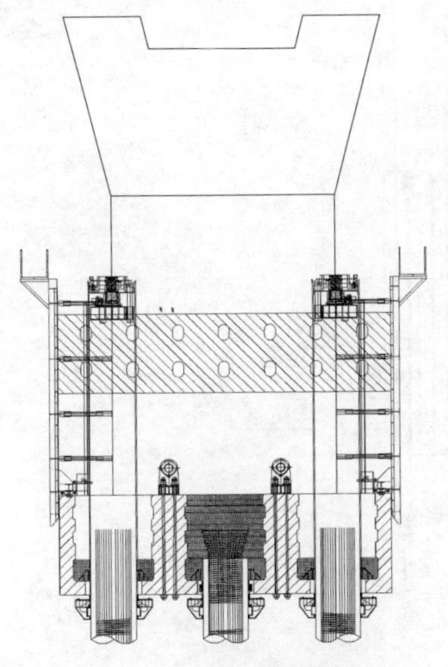

图 9-4-25　体系转换后状态

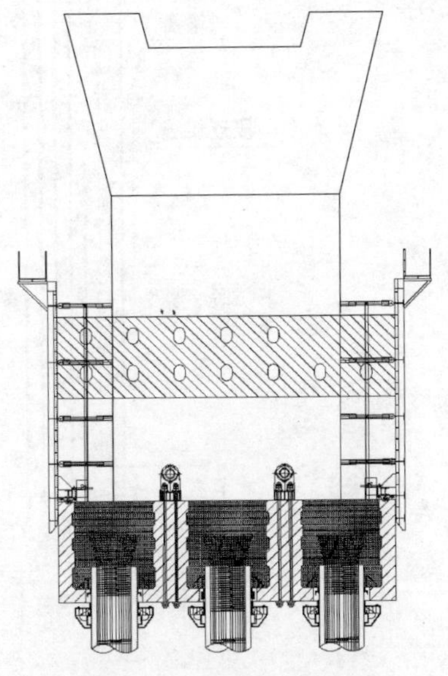

图 9-4-26　全部预留孔施工完成后状态

9.4.20　吊点底座及钢套箱拆除

卸载并拆除吊座及钢拉杆，并封闭钢拉杆管道孔。待龄期达到设计要求后拆除套箱；首先解除钢套箱预紧装置，向套箱内注水，逐层松脱套箱内撑，采用浮吊整体拆除钢套箱(图 9-4-27)。

图 9-4-27　钢套箱拆除

第5节　上节墩身安装施工

预制墩身安装接缝常见于湿接缝,湿接缝连接工艺较为复杂,接缝处钢筋密集,作业空间狭窄,接缝混凝土养护难度较大导致接缝处易形成裂纹,影响结构耐久性。预应力高强螺纹钢筋干接缝连接技术(图9-5-1)属国内首例,该工艺技术安装预制墩身操作简便。

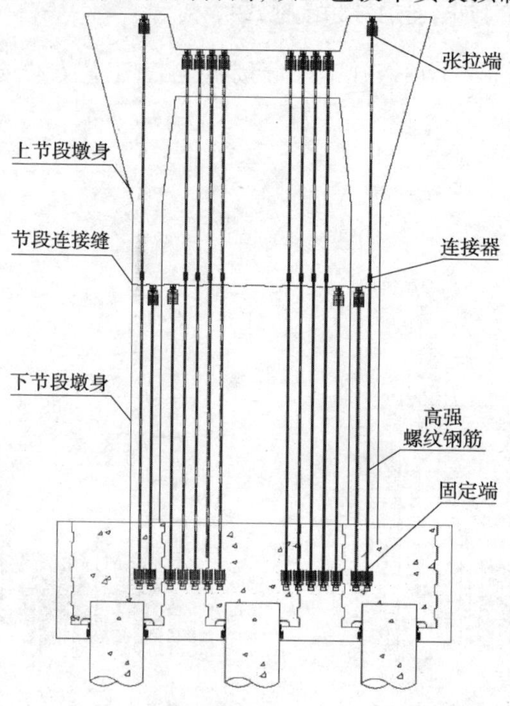

图9-5-1　分节预制墩身干接缝结构设计

分节预制墩身上下节段通过剪力键和预应力高强螺纹钢筋连接,下节段顶部剪力键和上节段底部的剪力槽匹配预制(图9-5-2),现场涂抹环氧树脂后拼装为整体。下节段墩身内部设有数根公称直径D75mm的高强螺纹钢筋,墩身接缝处张拉锚固部分高强螺纹钢筋,其余部分通过连接器与上节墩身内部高强螺纹钢筋连接接长,在墩顶张拉锚固。

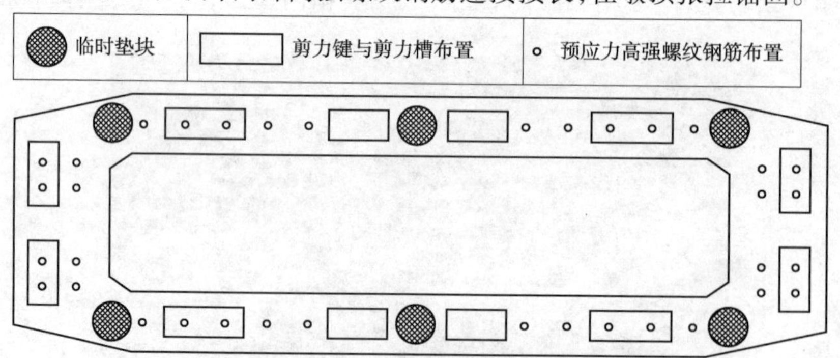

图9-5-2　分节墩身接缝处构造及临时垫块布置

预应力高强螺纹钢筋设计公称直径为75mm,张拉控制应力为$0.9f_{pk}=747\text{MPa}$,K22 +

083～K27+253，K28+247～K29+237里程段高强螺纹钢筋由欧维姆OVM提供，其包括锚具及其连接器在内的性能参数如表9-5-1所示。

公称直径75mm高强螺纹钢筋及其锚具与连接器组件技术指标　　表9-5-1

高强螺纹钢筋性能指标			
项目	屈服强度 R_{cl}(MPa)	抗拉强度 R_m(MPa)	断后伸长率 A(%)
标准值	≥830	≥1030	≥6
锚具与连接器组件性能指标			
项目	实测极限拉力时总应变 ε_{apu}(%)	锚具效率系数 η_a	
标准值	≥2.0	≥0.95	

9.5.1　分节预制墩身足尺模型匹配试验研究

上下节段连接缝部位设有剪力键与剪力槽，为确保节段预制墩身能够精确匹配，在墩台预制前期进行了足尺模型匹配试验研究(图9-5-3)。

a)

b)

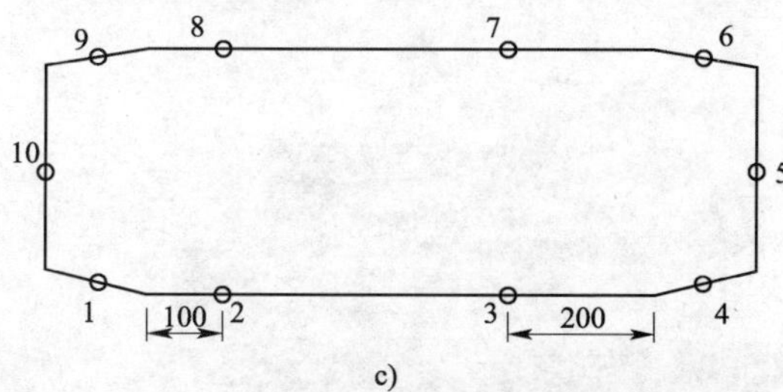

c)

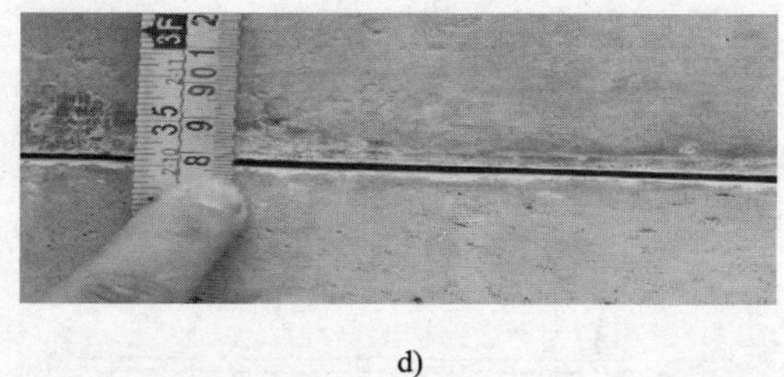

d)

图9-5-3　分节预制墩身节段匹配足尺模型试验(尺寸单位:cm)

制作图9-5-3a)所示的上节墩身模型，吊装至图9-5-3b)所示的下节墩身模型进行匹配，设置图9-5-3c)所示10个测点，对接缝匹配宽度进行逐一监测。图9-5-4给出了各测点所对应的匹配缝宽度值，结果显示，测点匹配缝宽度均控制在5mm以内，匹配结果良好。

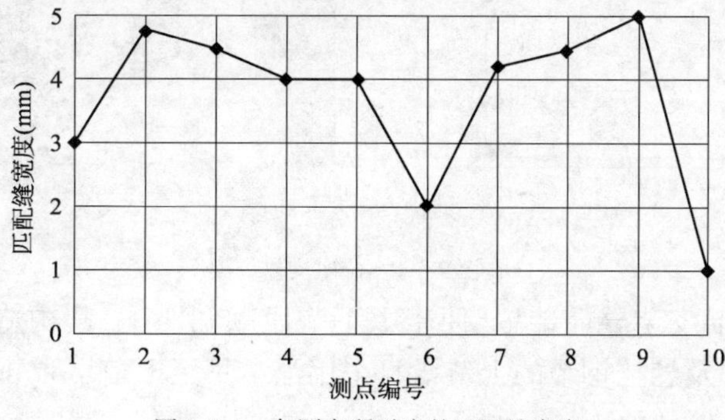

图9-5-4　各测点所对应的匹配缝宽度

匹配完后起吊上节模型，观测到剪力键根部位置有部分压痕，剪力键与剪力槽未完全拟合。这是由于设计剪力键与剪力槽没有配合公差，而实际施工存在不可避免的误差，建议设计考虑5mm施工公差。

9.5.2 分节墩身吊装及高强螺纹钢筋施工技术

如图9-5-5所示，下节墩身施工完成后，在其顶部安装接缝作业平台与临时垫块。接缝作业平台设计为可伸缩牛腿，悬挂于上节墩身顶部。按图9-5-2的平面位置布置临时垫块（图9-5-6），其高度75cm，顶部设1cm厚橡胶垫。单个垫块分为3块，单块质量约85kg，可人工拆卸；单块间用$\Phi 16$螺栓连接，保证其稳定性。

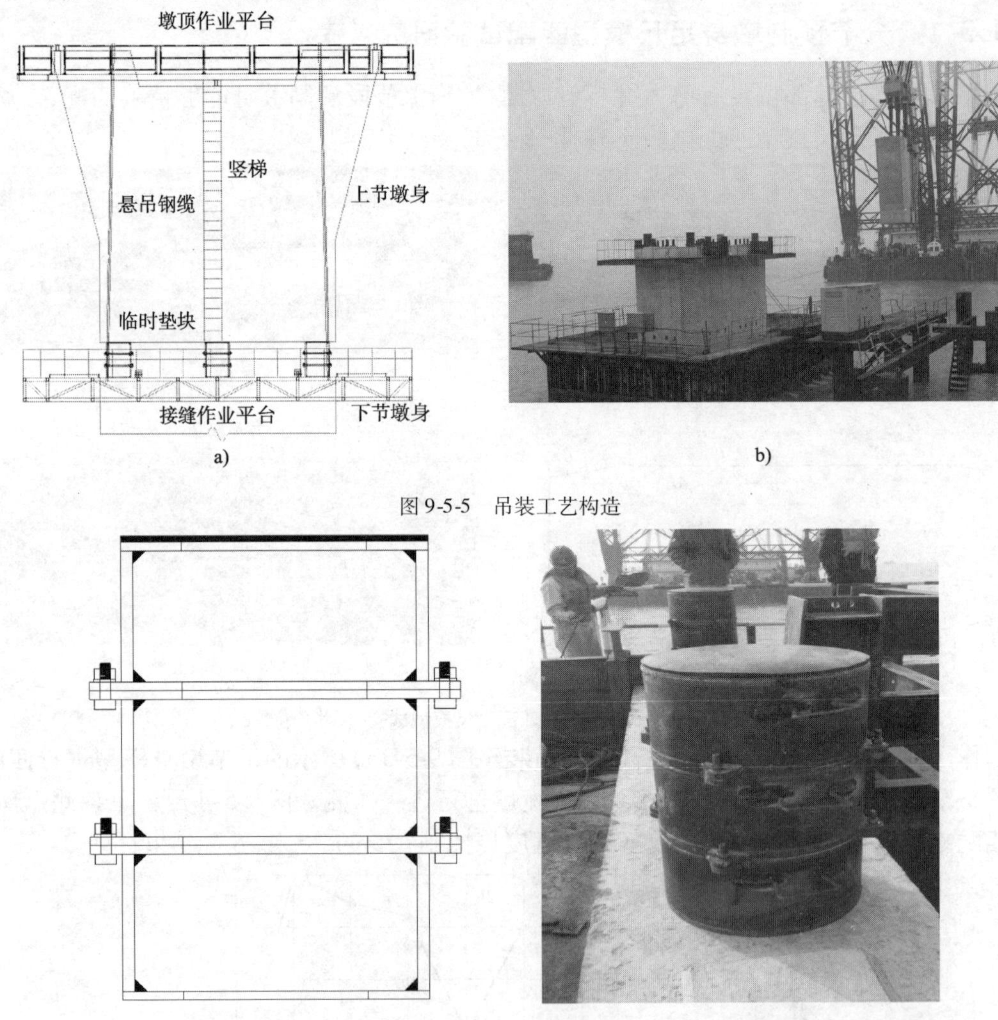

图9-5-5　吊装工艺构造

图9-5-6　临时支垫

下节墩身内壁植筋安装导向装置，便于上下节段顺利匹配，其构造见图9-5-7。将安装好墩顶作业平台、竖梯及悬挂钢缆的上节墩身采用浮吊吊至下节墩顶正上方，顺导向装置缓慢，将其自重转换至临时垫块上。

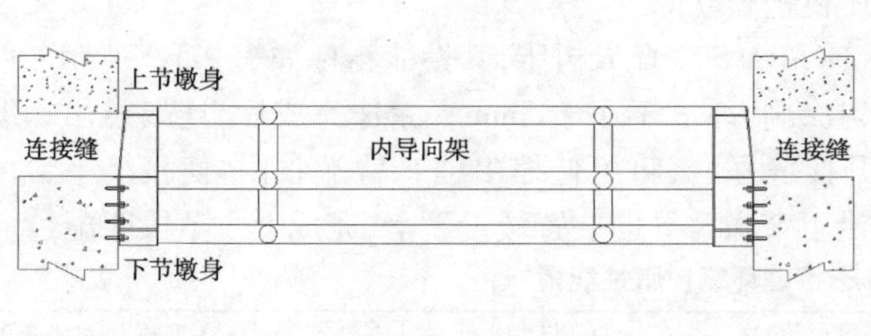

图 9-5-7　墩身匹配导向装置

完成节段初定位后进行高强螺纹钢筋的对接（上节墩身预应力高强螺纹钢筋已在预制厂安装入管道，张拉端临时锚固，随上节墩身整体吊装），在上节预制墩身顶部高强螺纹钢筋对应孔位安装门架，采用手拉葫芦提升和下放高强螺纹钢筋进行对接作业。对接部位设有橡胶圈，旨在使上下预应力孔道形成密闭空间，保证孔道压浆密实（图 9-5-8）。连接前需在高强螺纹钢筋上以红油漆作出标记，确定需套入连接器的长度。

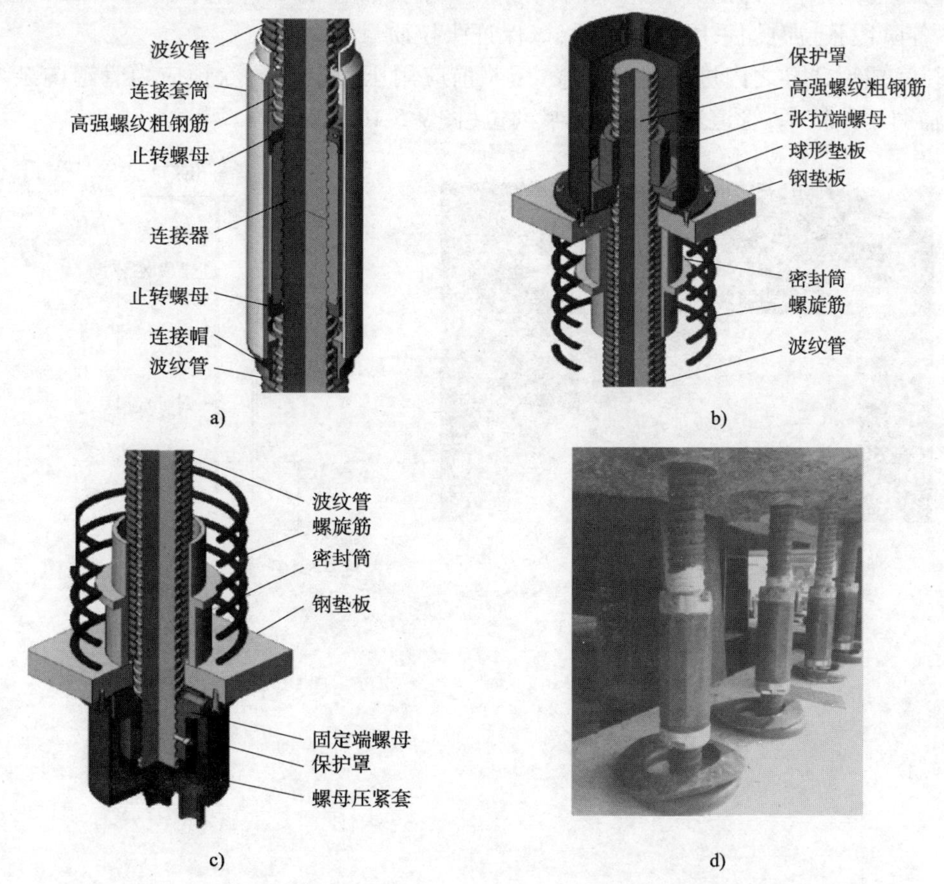

图 9-5-8　预应力高强螺纹钢筋对接、张拉端及锚固端示意图

高强螺纹钢筋连接完成后，将构件提起约30cm，拆卸2层临时垫块，在接缝处涂抹环氧树脂（图9-5-9）。涂刷前确保无油污、浮灰、分离剂，或者可能影响环氧材料与混凝土表面黏结的其他材料；对表面灰尘采用空压机进行吹除。

选用A\B组分的西卡Sikadur 31 SBA S02环氧树脂，其性能指标如表9-5-2所示。两组分混合高速搅拌匀质，随后快速均匀涂刷，厚度不小于5mm。涂抹完成后，连接悬吊钢缆到接缝平台上，利用10t手拉葫芦提升接缝平台，将可伸缩牛腿悬臂端收回，使接缝平台由钢缆悬吊（图9-5-5），随后起吊墩身，沿下节墩身导向装置缓慢下落，完成上下节段匹配。

干接缝环氧树脂性能指标 表9-5-2

项目	抗压强度（MPa）		抗剪强度（MPa）（倾斜柱面测试）	拉伸强度（MPa）	压缩弹性模量（MPa）	湿热老化测试（GB 50367—2006）
性能指标	12h	≥40	≥15	≥12	≥8000	A级胶
	1d	≥70				
	7d	≥80				

完成上述作业后进行预应力高强螺纹钢筋张拉施工，张拉程序为：0→初应力$0.1\sigma_{con}$（标记）→$1.05\sigma_{con}$（持荷5min）→$1.05\sigma_{con}$（锚固）→（28d复张拉）→$1.05\sigma_{con}$（持荷5min）→$1.05\sigma_{con}$（锚固）。采用2台400t千斤顶进行对称张拉，张拉后机械切除墩顶上缘露出的粗钢筋，并保证张拉螺母外的外露粗钢筋长度不少于其直径的1.5倍（112.5mm），且不小于25mm。各阶段张拉时均采用测力扳手，以保证张拉质量。

复拉完成后24h之内进行孔道压浆，压浆前应用压缩空气清除预应力管道内杂质。采用真空辅助压浆技术，管道逐一一次压浆到位（图9-5-10）。

图9-5-9 环氧树脂涂刷

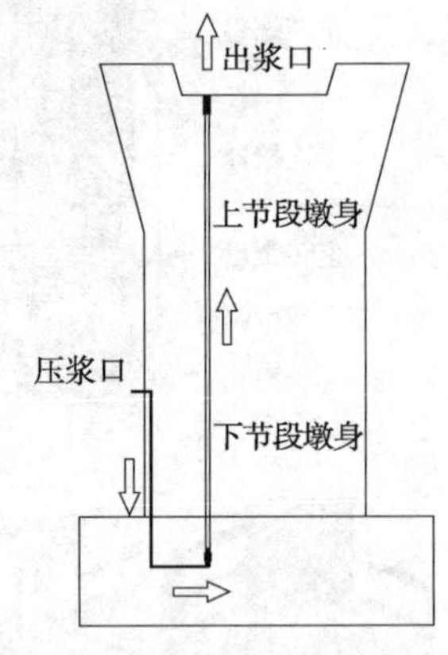

图9-5-10 预应力管道压浆示意图

第 10 章　预制墩台安装过程振动监测与限值分析

第 1 节　概　　述

混凝土是当代土木工程中应用最广的建筑材料之一。它是以水泥为主要胶结材料，拌和一定比例的砂、石和水，经过搅拌、注模、振捣、养护等工序后，逐渐凝固硬化而成的人工混合材料。各组合材料的成分、性质和比例，以及制备和硬化过程中的各种条件和环境因素，都对混凝土的力学性能有不同程度的影响，因此混凝土与金属等均值材料有着截然不同的内在结构和力学性质。混凝土是由硬化水泥和粗、细骨料等构成的多向复合材料，这一特点决定了它的非均质性和物理性态的复杂性。这种非均质的多向复合结构使得混凝土在承受外载之前，由于干缩、泌水等原因，已存在大量的微孔隙和界面裂缝，且这些缺陷的分布完全是随机的。当混凝土受到外界作用以后，弥散在材料内部的微裂缝开始逐渐长大，并随着荷载的变化，在部分区域出现贯通，直至形成宏观大裂缝。

在复杂的海洋环境中施工，海洋波浪力的作用会对新浇筑的湿接缝混凝土产生扰动，其影响机理与控制措施是急需解决的工程问题。

针对上述问题，开展了系列的研究，主要研究内容有：

(1)基于无线传输、自动采集的现场实测系统搭建

通过现场布设加速度及速度传感器，采用自动采集系统以及数据无线传输方式，建立海浪作用下墩身及承台的振动监测系统(承台墩身及桩基钢护筒的加速度与速度响应监测)；基于现场数据采集，反馈及修正理论分析结果，提出结构的预警信息。

(2)预制墩身空间有限元模型的建立

基于空间有限元理论，采用有限元软件 ANSYS10.0 对预制墩身进行模拟，建立模拟新、旧混凝土的精细化数值模型，研究海浪作用下结构的变形以及连接部位的受力机理。

(3)扰动对新浇筑混凝土的影响及其限值分析

基于墩身及承台新、旧混凝土的精细化模型分析结果，研究扰动效应对新浇筑混凝土性能的影响；基于其影响程度，提出海浪作用下扰动的限值结果。

第 2 节　基于无线传输的振动监测系统

10.2.1　振动监测系统

根据施工现场的实际条件，需要建立基于无线传输的远程监测系统，其监测系统的基本

工作原理如图 10-2-1 所示。

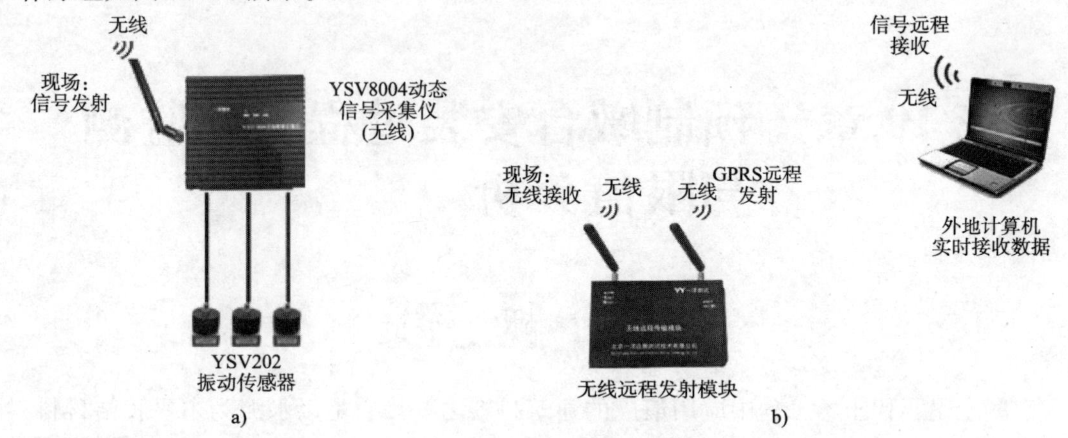

图 10-2-1　振动远程监测系统示意图

10.2.2　振动监测仪器设备

振动监测所采用的仪器设备如表 10-2-1 所示。

振动监测仪器设备　　表 10-2-1

No.	仪器型号	仪器名称	仪器说明
1	YSV 分析软件平台	应变分析平台软件	无线动态采集仪配套远程监控分析软件 信号示波采样、储存、远程监控计算机固定 IP 地址、远程数据传输、远程数据实时显示、实时存储、数据时域分析、频谱分析存图、自动生成测试报告、数据导出等十几项分析功能
2	无线网关	无线网关	负责无线采集仪的组网,可以将一台或者多台采集仪组成一个整体网络,并负责将信号向远端发送
3	YSV8004	4 通道无线采集仪	4 通道信号采集系统,4 通道,最高采样速率 200Hz,每通道独立 AD,所有通道并行。电压测量:土工类振动传感器(如 891)等类型可直接接入,测量结构振动、固有频率、模态测试等
4	YSV202	低频振动传感器	水平向,0.1-100Hz,低频结构振动拾振器,分 4 个档位,加速度、小速度、中速度、大速度,根据不同情况进行选取,测量结构的自振频率和模态分析
5	H-LINE-2BNC	屏蔽电缆线	传感器振动测试用电缆线,50m 长,一端连接低频振动传感器,一端连接采集仪
6	YSV-BOX	仪器专用箱	特制,铝合金,INV 硬件用

各设备的性能参数,分别如下:

1) YSV8004 无线数据采集仪

本方案中采用的 YSV8004 无线数据采集仪如图 10-2-2 所示。

YSV8004 无线数据采集仪采用模块化设计,可根据测试要求选配不同的测量模块,并使用软件进行切换,真正做到一机多用,可方便地完成速度、加速度、位移、力、压力、应变等物理量的信号采集。同时数据采集系统拥有多种数据传输方式供选择,为现场测试和实验室测试人员提供了高性能的测试解决方案，可根据用户的不同需求，方便地组建数据采集网络。无线采集仪使用简单方便，极大节约了反复布线而浪费的时间；数据采用无线的传输方式，很大程度上消除了电缆传输带来的噪声干扰。

采集仪自带休眠功能，当不需要采集数据时，可以把仪器设置到休眠状态，节约功耗。采集的数据可以实时发送到与接收仪相连的电脑中，也可以保存到仪器内部的存储器中。当无线信号中断时，采集仪可以实时保存采集的数据；信号恢复后，采集仪可以断点续传，继续从中断点传输采集的数据。

YSV8004 无线数据采集仪每通道均有独立的 A/D 转换器，最高转换精度达 24 位，4 或 8 通道并行，最高采样频率达 200Hz。多台采集仪同时工作时，采用无线同步技术实现采集仪间精确同步。YSV8004 无线数据采集仪体积小、方便携带，而且采用智能化电源管理，标准电池供电，功耗低，可连续工作 12h 以上，方便施工现场及户外测试。可现场接入市电或提供太阳能供电方式。

4 通道信号采集系统，4 通道，最高采样速率 200Hz，每通道独立 AD，所有通道并行。电压测量：土工类振动传感器（如 YSV202，891-2）等类型可直接接入，测量结构振动、固有频率、模态测试等。

2）无线网关（无线远程传输模块）

本方案中采用的无线远程数据传输模块如图 10-2-3 所示。

图 10-2-2　YSV8004 无线数据采集仪

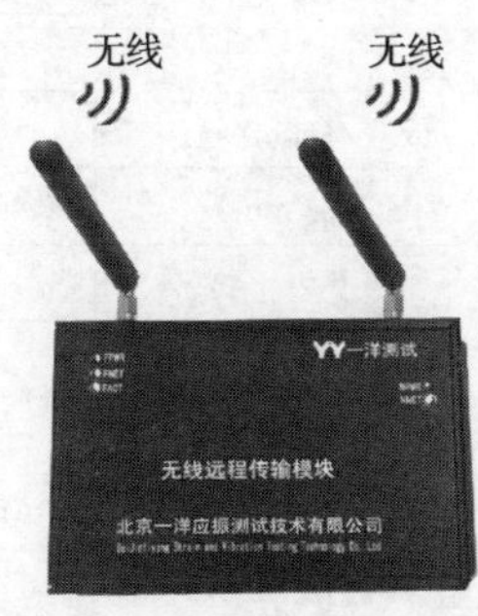

图 10-2-3　无线远程发射模块

无线网关拥有多种灵活的数据传输方式来满足不同的工程需要，包括局域无线数据传输、GPRS、3G 远程无线传输、短消息传输及 10/100M 以太网等数据传输方式。

无线网关与无线数据采集仪之间能够通过多种方式进行通信。无线网关也可以单独通过以太网口和网桥相连接，通过 GPRS/3G 实现数据的远程传输。

3）YSV 数据采集系统采集分析软件

YSV 数据采集系统采集分析软件负责采集参数的设定和采集数据的整理，控制系统的运行，对系统采集的数据进行存储并可进行相应的处理（如傅里叶变换等）。数据采集系统软件具有卓越的数据采集和数据管理功能，能够管理及控制各种型号的动静态采集仪，实时存储显示每一台采集仪的数据。主界面如图 10-2-4所示。

4）YSV202 振动加速度、速度传感器

本方案中采用的振动加速度、速度传感器如图 10-2-5 所示。

振动传感器的工作特点：具有极低的低频响应及极高的灵敏度；密封性能好，适合桥梁野外检测和监测；在桥梁安全测试，大地脉动测试上有显著效果；无源伺服，不需要供电，直接测量桥梁振动速度（或加速度）信号；安装方便，可靠性高。

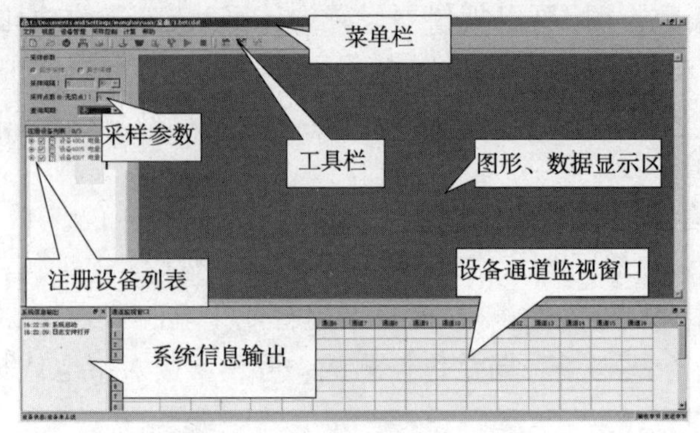

图 10-2-4　YSV 数据采集系统采集分析软件

图 10-2-5　振动加速度、速度传感器

技术指标：振动监测传感器共分为 4 个档位，其中 0 档测量加速度；1、2、3 档位测量速度。传感器灵敏度及精度等性能指标如表 10-2-2 所示。

振动监测传感器的性能指标　　表 10-2-2

档位		0	1	2	3
		加速度	小速度	中速度	大速度
灵敏度 mV/(mm/s^2) 或 V/(mm/s)		~0.3	~20	~4	~0.3
最大量程	位移(mm)		20	200	500
	速度(m/s)		0.125	0.3	0.6
	加速度(m/s^2)	20			
分辨率	速度(m/s)	3×10^{-6}	1×10^{-8}	4×10^{-7}	3×10^{-6}
频带(Hz)(+1dB ~ -3dB)		0.25 ~ 100	1 ~ 100	0.5 ~ 100	0.17 ~ 80
输出负荷电阻(MΩ)		10			
质量(kg)		0.8			
尺寸(mm)		63 × 63 × 63			
使用温度(℃)		−10 ~ +50			

10.2.3　振动监测的现场实现

以 122 号预制墩台安装为例，在其墩身及桩基钢护筒上安装加速度、速度传感器（图 10-2-6），传感器的安装高度为承台顶以上 2m，无线采集及传输系统如图 10-2-7 所示。

预制墩台安装施工过程中，通过墩台和桩基在海浪作用下的加速度、速度响应的同步实时监测，进行积分得到其绝对位移响应，即可反映出湿接缝混凝土浇筑过程中所受的扰动。通过理论分析对湿接缝的性能及质量做出评价。

由于采用自动采集及数据无线传输的方式，监测的时间段可贯穿于整个墩身的施工过程；同时重点的监测时间段选取为首层现浇湿接缝的浇筑全过程，工况为外部环境如台风、浪潮作用。

a)墩身处

b)钢护筒处

图 10-2-6　传感器安装

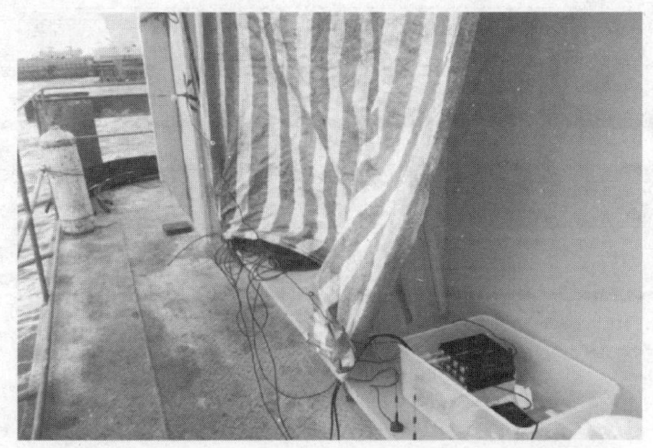
图 10-2-7　自动采集及无线传输系统现场搭建

1)加速度监测

122 号预制墩台施工过程中,加速度响应的典型监测结果如图 10-2-8 所示。

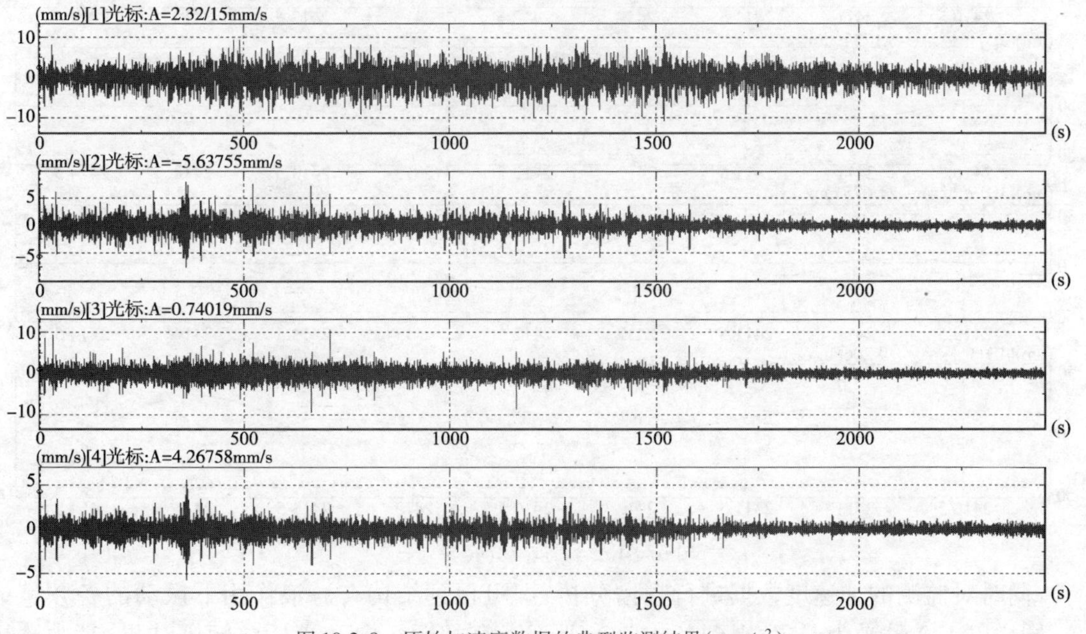

图 10-2-8　原始加速度数据的典型监测结果(mm/s^2)

其中从上到下为 1 ~ 4 通道，分别为桥墩横桥向、桥墩顺桥向、桩基横桥向、桩基顺桥向的监测结果。

对加速度响应进行积分运算(现有的积分技术已较为成熟，能有效解决积分过程中的漂移问题等)，进一步得到位移的时程响应如图 10-2-9 和图 10-2-10 所示。

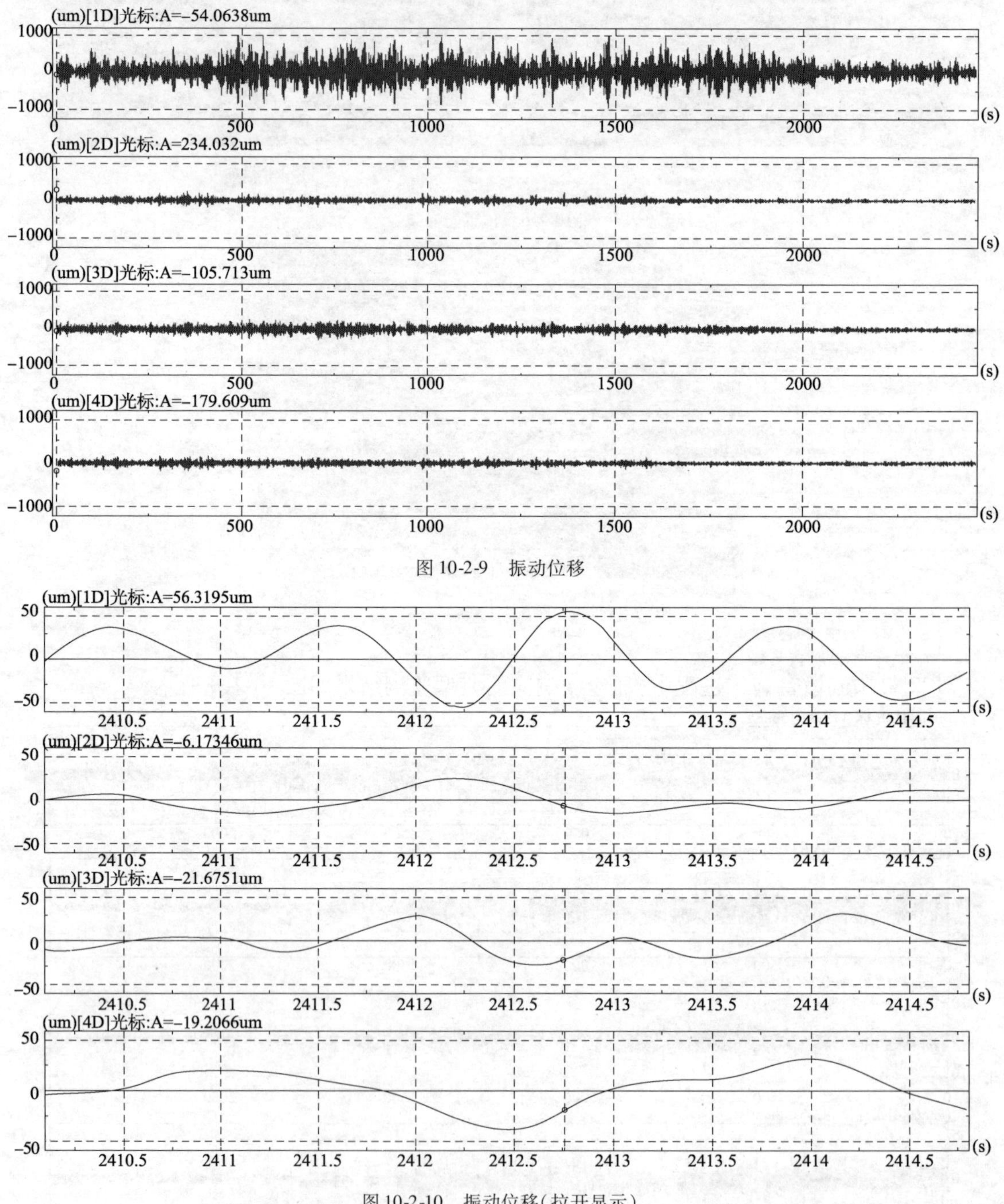

图 10-2-9　振动位移

图 10-2-10　振动位移(拉开显示)

同时对监测的加速度数据进行频谱分析，即可得到结构在海浪作用下振动的各频域成分，同样以 122 号墩为对象，得到各施工工况下墩身的顺桥向及横桥向频谱结果，其中顺桥向的频谱结果分别如图 10-2-11 ~ 图 10-2-14 所示。

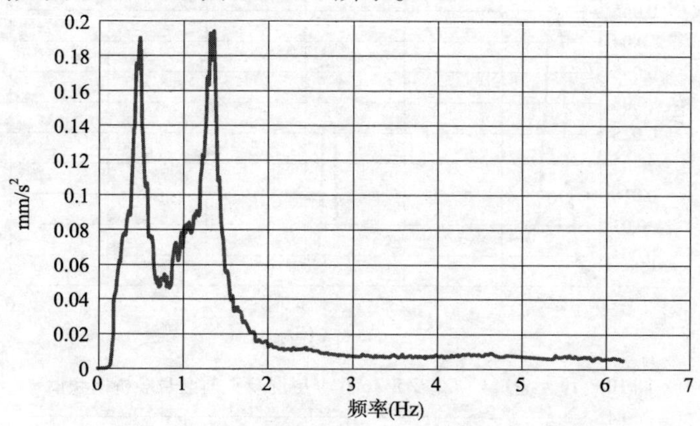

图 10-2-11　止水砂浆浇筑,剪力键焊接前墩身顺桥向频谱

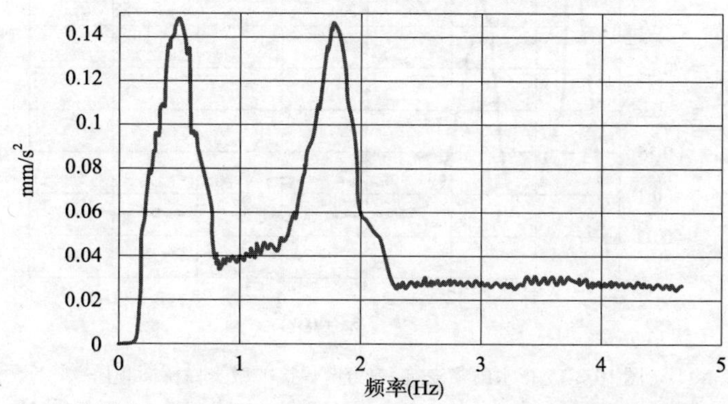

图 10-2-12　剪力键焊接完,浇筑 Z1-Z6 下层 1m 混凝土前墩身顺桥向频谱

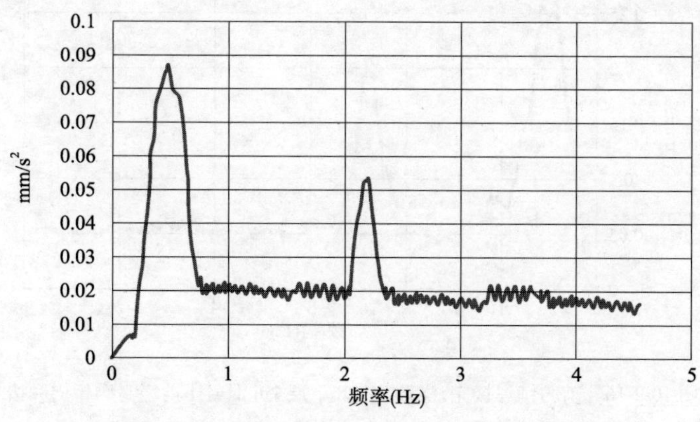

图 10-2-13　浇筑 Z3/Z4 孔上层混凝土前墩身顺桥向频谱

同样地,墩身横桥向的频谱结果分别如图 10-2-15 ~ 图 10-2-18 所示。

由频谱分析结果可见,墩身的振动在频域内主要由两部分组成,一部分为外部的海浪波动频率 0.3 ~ 0.5Hz(海浪周期大概在 2 ~ 4 秒钟左右);另一部分为墩身的自身振动频率,同时随着施工过程的进展,结构的刚度越来越大,其自身振动频率亦不断提高(顺桥向频率从 1.4Hz 到 2.8Hz,横桥向频率从 1.6Hz 到 4.9Hz)。

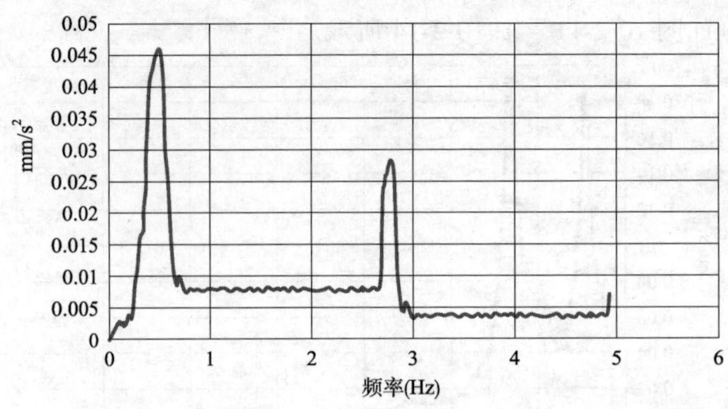

图 10-2-14　浇筑 Z1/Z2/Z5/Z6 孔上层混凝土前墩身顺桥向频谱

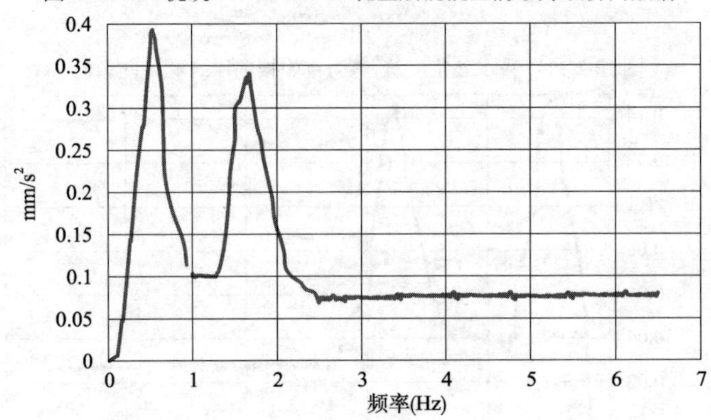

图 10-2-15 止水砂浆浇筑，剪力键焊接前墩身横桥向频谱

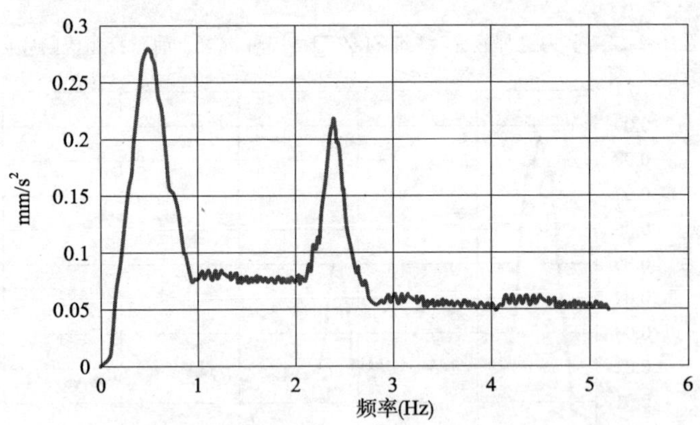

图 10-2-16　剪力键焊接完，浇筑 Z1-Z6 下层 1m 混凝土前墩身顺桥向频谱

2）振动监测

在整个施工过程中，浇筑止水砂浆的施工阶段，墩身及桩基础的振动效应为最大，随着剪力键的焊接完成，其振动效应则越来越小。

CB04 合同段通过各预制墩身处安装的振动监测系统，对墩身各施工阶段的振动信息进行了采集（其采样频率设置为 50Hz）。122 号墩在各不同施工阶段的监测结果分别如图 10-2-19 ~ 图 10-2-26 所示。

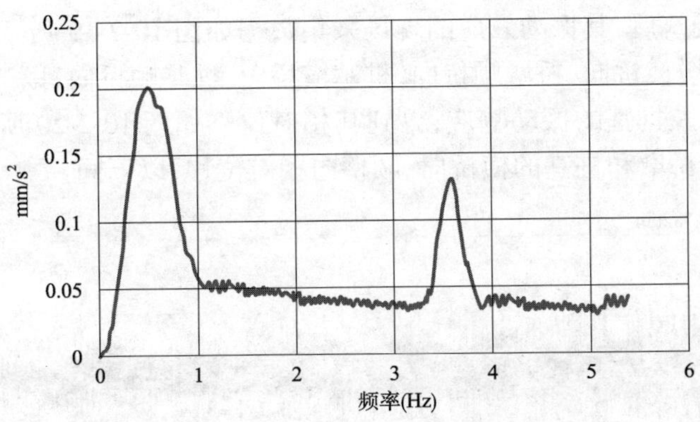

图 10-2-17　浇筑 Z3/Z4 孔上层混凝土前墩身顺桥向频谱

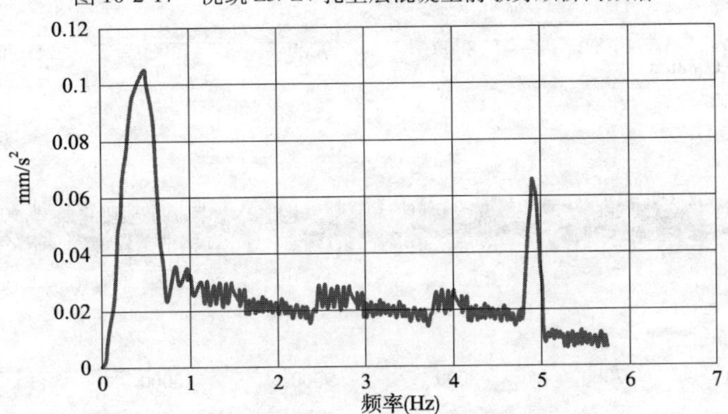

图 10-2-18　浇筑 Z1/Z2/Z5/Z6 孔上层混凝土前墩身顺桥向频谱

(1)止水砂浆浇筑后，剪力键焊接前的监测结果

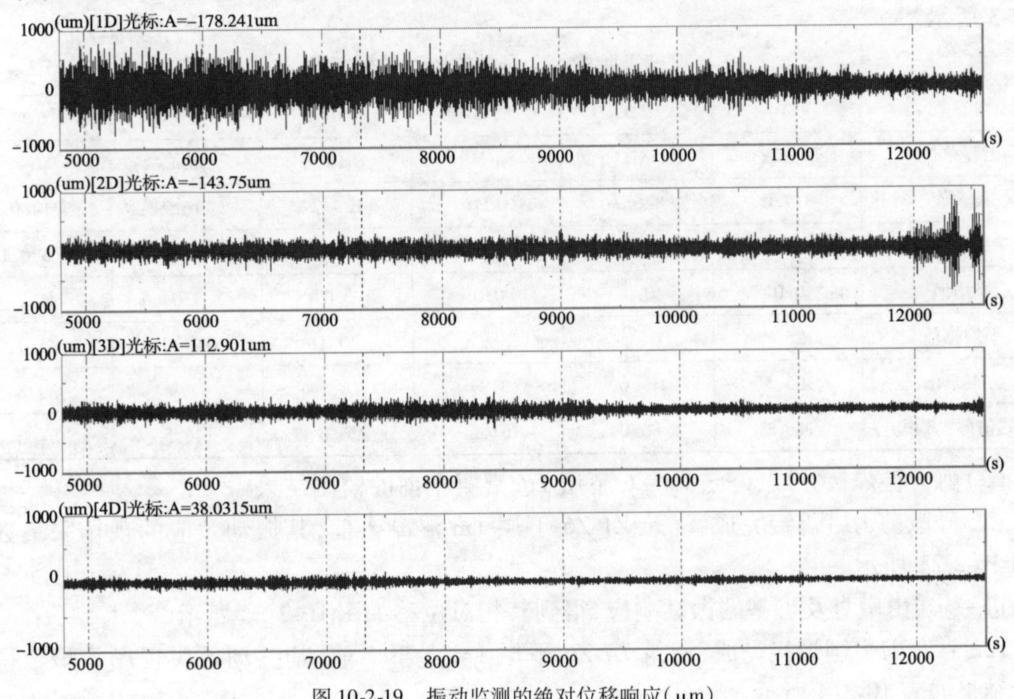

图 10-2-19　振动监测的绝对位移响应(μm)

122 号墩砂浆浇筑后，其振动效应的现场采集数据如图 10-2-19 所示。其中从上到下的 1～4 通道依次为桥墩横桥向、桥墩顺桥向、桩基横桥向、桩基顺桥向，以下同。

进一步，由墩身及桩基的振动响应，得到其相对位移如图 10-2-20 所示。其中从上到下的 5～6 通道依次为桥墩和桩基的横桥向、顺桥向相对位移，以下同。

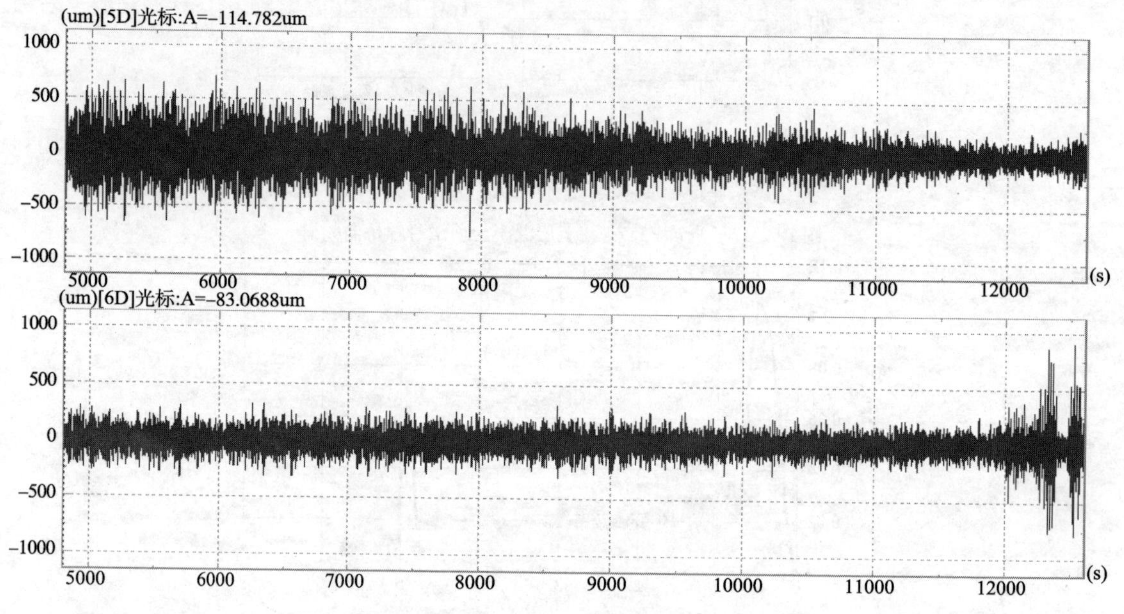

图 10-2-20　振动监测的相对位移响应(μm)

122 号墩砂浆浇筑后，剪力键焊接前，其振动初始值的现场采集数据的统计结果如表 10-2-3 所示。

当前施工阶段 122 号墩的监测数据统计　　表 10-2-3

指标	1D	2D	3D	4D	5D	6D
工程单位	μm	μm	μm	μm	μm	μm
最大值	817.0	826.3	312.6	139.7	716.2	714.9
最小值	-811.1	-819.5	-296.5	-141.9	-776.2	-680.1
平均值	0.0	0.0	0.0	0.0	0.0	0.0
平均幅值	125.7	64.5	38.7	20.1	111.0	45.7
方根幅值	103.5	53.6	31.7	16.5	91.4	39.8
有效值(均方根)	166.1	86.0	51.6	26.6	146.5	64.0

(2)剪力键焊接完成，浇筑 Z1-Z6 下层 1m 混凝土前的监测结果

122 号墩剪力键焊接完成，浇筑 Z1-Z6 下层 1m 混凝土前，其振动效应的现场采集数据如图 10-2-21 所示。

进一步，由墩身及桩基的振动响应，得到其相对位移如图 10-2-22 所示。

122 号墩剪力键焊接完成，浇筑 Z1-Z6 下层 1m 混凝土前，其振动效应现场采集数据的统计结果如表 10-2-4 所示。

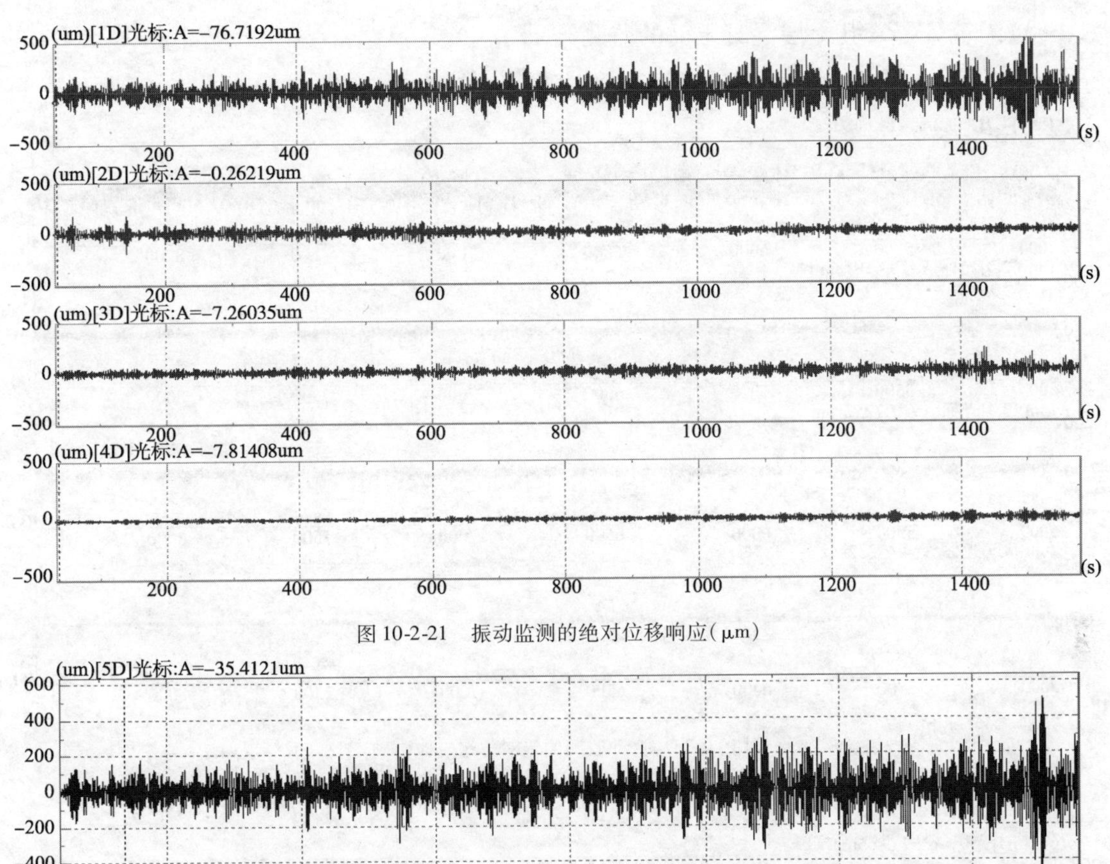

图 10-2-21　振动监测的绝对位移响应(μm)

图 10-2-22　振动监测的相对位移响应(μm)

当前施工阶段 122 号墩的监测数据统计　　表 10-2-4

指标	1D	2D	3D	4D	5D	6D
工程单位	μm	μm	μm	μm	μm	μm
最大值	630.3	179.0	213.9	66.5	421.2	165.3
最小值	-600.6	-194.8	-156.1	-67.5	-459.8	-170.2
平均值	0.1	0.0	0.0	0.0	0.0	0.0
平均幅值	83.0	23.1	23.6	10.3	72.4	16.0
方根幅值	68.8	19.1	19.7	8.4	60.1	13.8
有效值(均方根)	109.2	30.5	30.8	13.9	94.4	18.5

(3)浇筑 Z3/Z4 孔上层混凝土前的监测结果

122 号墩浇筑 Z3/Z4 孔上层混凝土,其振动效应的现场采集数据如图 10-2-23 所示。

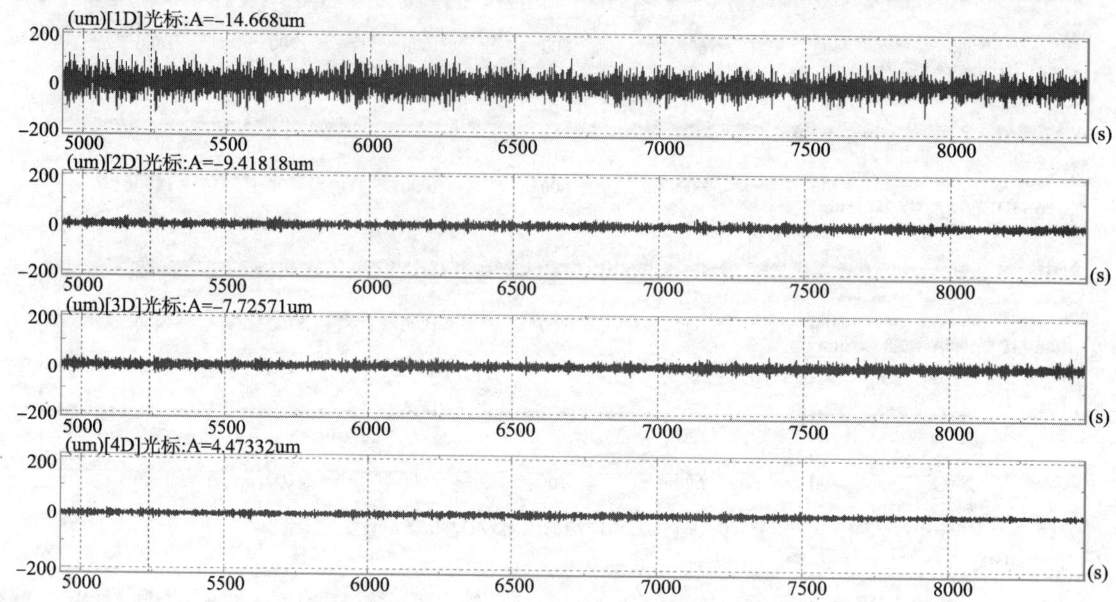

图 10-2-23 振动监测的绝对位移响应(μm)

进一步,由墩身及桩基的振动响应,得到其相对位移如图 10-2-24 所示。

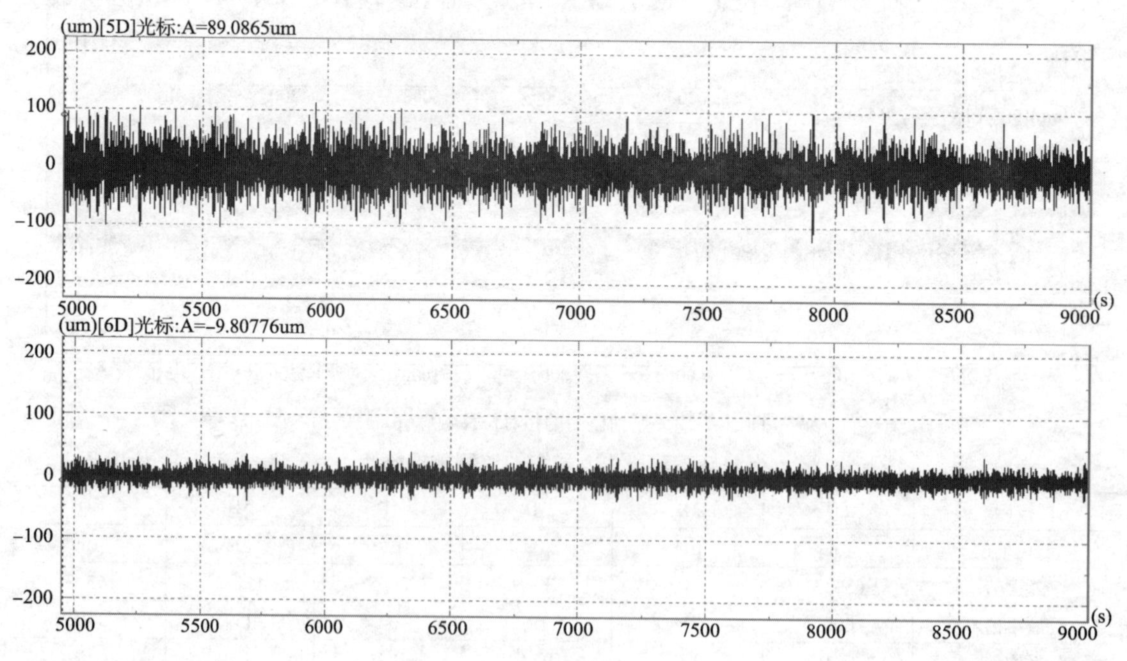

图 10-2-24 振动监测的相对位移响应(μm)

122 号墩浇筑 Z3/Z4 孔上层混凝土前,其振动效应现场采集数据的统计结果如表 10-2-5 所示。

当前施工阶段 **122** 号墩的监测数据统计　　表 10-2-5

指标	1D	2D	3D	4D	5D	6D
工程单位	μm	μm	μm	μm	μm	μm
最大值	129.7	35.2	52.1	23.3	113.8	30.4
最小值	-128.7	-38.0	-49.4	-23.7	-122.9	-30.6
平均值	0.0	0.0	0.0	0.0	0.0	0.0
平均幅值	25.0	7.0	8.1	4.1	22.0	6.1
方根幅值	21.0	5.9	6.8	3.4	18.5	4.8
有效值(均方根)	31.7	10.8	10.4	5.3	27.9	8.2

(4)浇筑 Z1/Z2/Z5/Z6 孔上层混凝土前的监测结果

122 号墩浇筑 Z1/Z2/Z5/Z6 孔上层混凝土施工过程前,其振动效应的现场采集数据如图 10-2-25 所示。

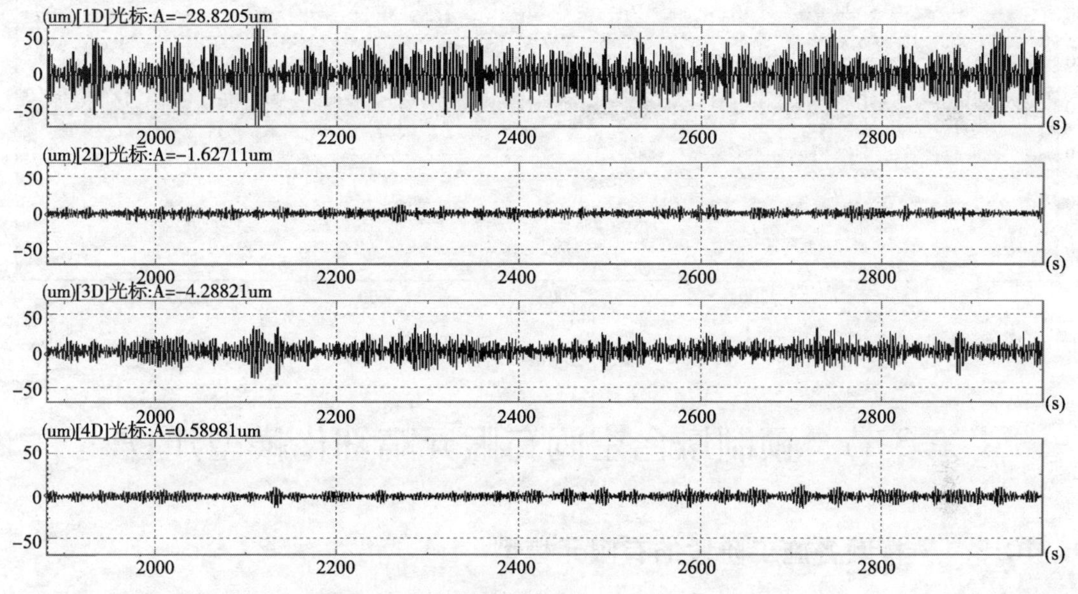

图 10-2-25　振动监测的绝对位移响应(μm)

由墩身及桩基的振动响应,得到其相对位移如图 10-2-26 所示。

122 号墩浇筑 Z1/Z2/Z5/Z6 孔上层混凝土前,其振动效应现场采集数据的统计结果如表 10-2-6 所示。

当前施工阶段 **122** 号墩的监测数据统计　　表 10-2-6

指标	1D	2D	3D	4D	5D	6D
工程单位	μm	μm	μm	μm	μm	μm
最大值	72.6	19.8	36.3	20.6	58.0	21.3
最小值	-68.0	-12.4	-39.6	-23.9	-53.7	-23.3
平均值	0.0	0.0	0.0	0.0	0.0	0.0
平均幅值	16.2	2.8	7.5	5.2	13.0	3.0
方根幅值	13.7	2.3	6.4	4.4	11.0	3.1
有效值(均方根)	20.3	3.5	9.5	5.5	16.4	4.5

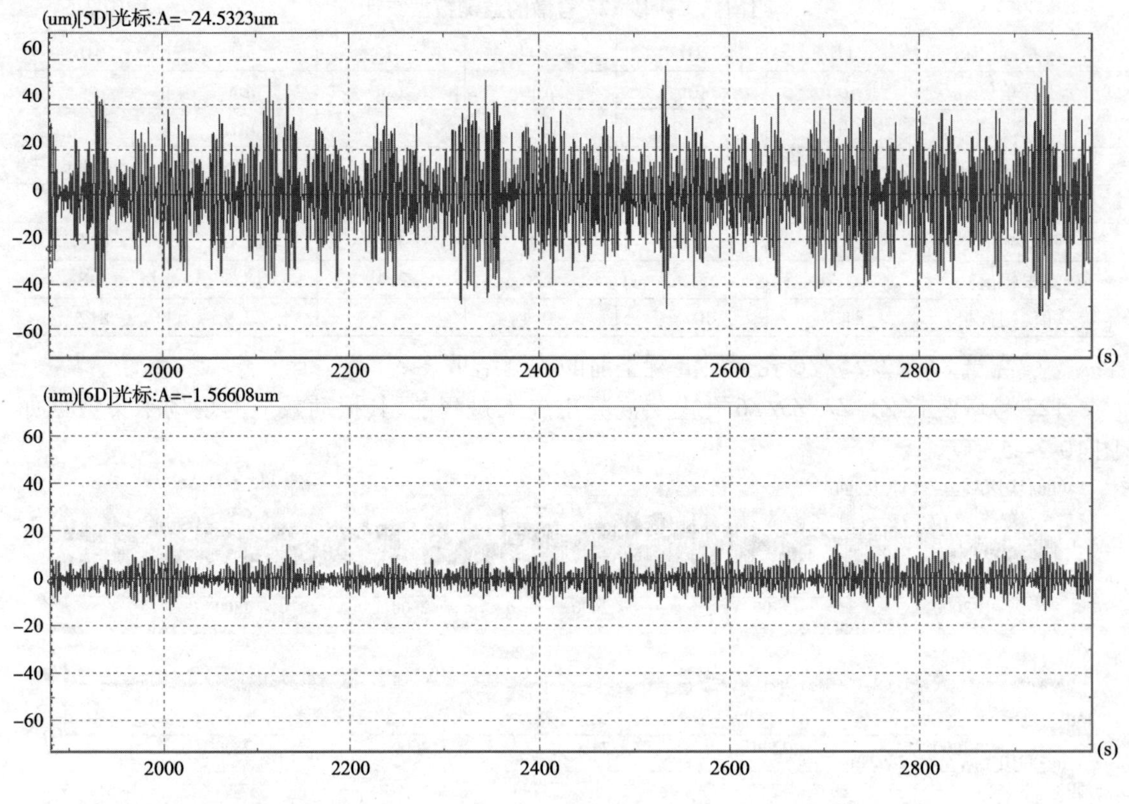

图 10-2-26　振动监测的相对位移响应(μm)

第 3 节　预制墩台空间有限元精细化模型建立

10.3.1　桥墩各施工阶段的有限元模型

桥墩采用空间有限元软件 ANSYS10.0 建立。运用自顶向下的建模方式,先建下段钢筋混凝土桩,再建立上段钢管复合桩。桩为 6 根,横向 6 排,横向中心距为 5.5m,顺桥向中心距为 6.4m。桩均采用实体单元 solid95 进行模拟,并定义混凝土桩和钢管复合桩的不同材料属性。接着建立承台模型,承台为六边形,边缘顺桥向宽为 12.2m,中心顺桥向宽为 12m,高 5m。在桩基对应位置设有预留后浇孔,预留孔直径为 3.8m,预留孔底板厚 0.6m,底板开孔直径为 2.33m。承台采用实体单元 solid95,并定义材料属性。墩身采用薄壁空心墩,分为上下两节段。下节段墩身高 14m,上节段为变截面墩身。墩均采用实体单元 solid95 模拟,并定义材料属性。承台与桩的湿接缝连接采用环体模拟,根据不同的施工阶段决定环体的高度。桩基础处于不同的地质环境之中,采用弹簧单元模拟土体对桩身的弹性约束,位于岩石层的桩身采用固结约束。最后进行网格划分,对不用的构件采用不同的网格划分等级,同时对于湿接缝的网格划分采用高等级的精细化模拟,网格单元形状采用四面体单元。桥墩下部结构的有限元模型如图 10-3-1 所示。

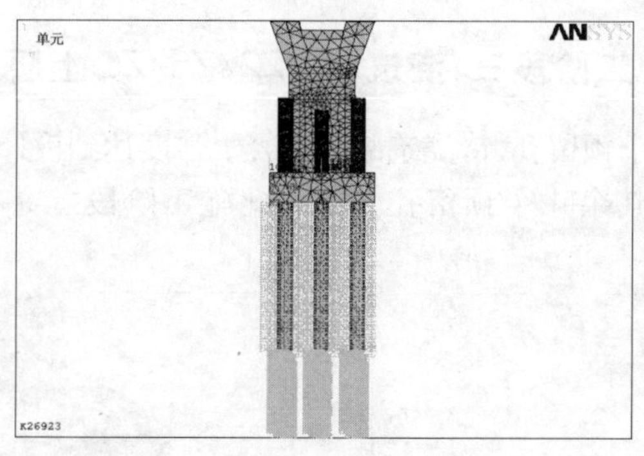

图 10-3-1　桥墩下部结构的有限元模型图

10.3.2　预留孔施工阶段一：浇筑 Z1-Z6 下层 1m 混凝土

浇筑速凝砂浆后，在承台底板预埋钢板与钢管桩之间焊接剪力键，完成后在钢管外壁焊接剪力环，浇筑预留孔洞 Z1～Z6 下层 1m 混凝土。针对此施工阶段建立有限元模型，其中剪力键在模型中通过共节点来模拟。此阶段有限元模型如图 10-3-2 所示。

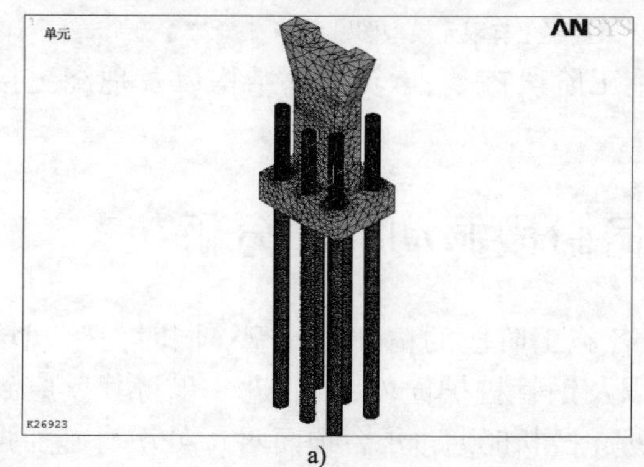

a)

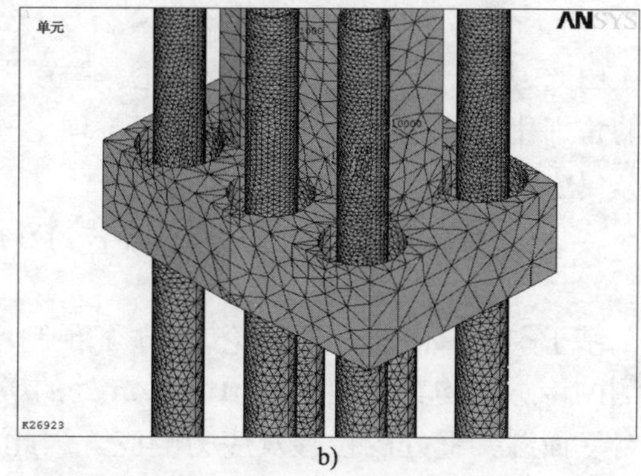

b)

图 10-3-2　浇筑 Z3/Z4 下层 1m 混凝土有限元模型图

10.3.3　预留孔施工阶段二：浇筑 Z3/Z4 上层混凝土

Z3/Z4 下层 1m 混凝土浇筑完成后，浇筑 Z3/Z4 上层混凝土，针对此施工阶段建立有限元模型如图 10-3-3 所示。

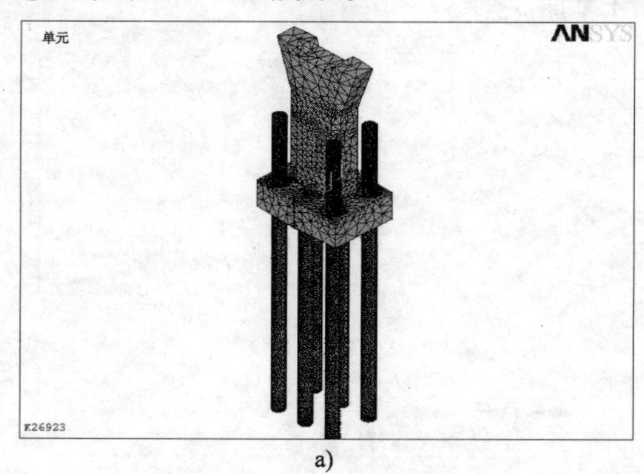

a)

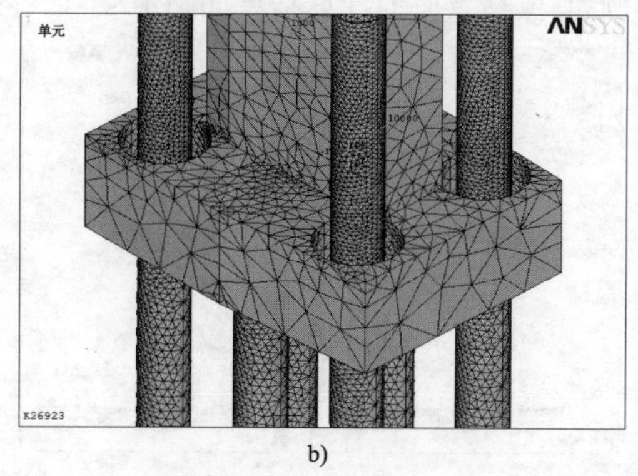

b)

图 10-3-3　浇筑 Z3/Z4 上层混凝土有限元模型图

10.3.4 预留孔施工阶段三:浇筑 Z1/Z2/Z5/Z6 上层混凝土

首先施工承台中间两个预留孔,待浇筑部分混凝土强度达到设计强度80%以后,进行体系转换,拆除吊架系统,施工其余4个预留孔。针对此施工阶段建立有限元模型,如图10-3-4所示。

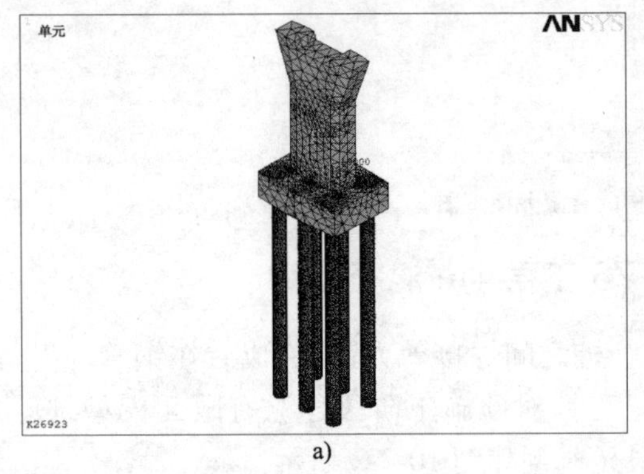

a)

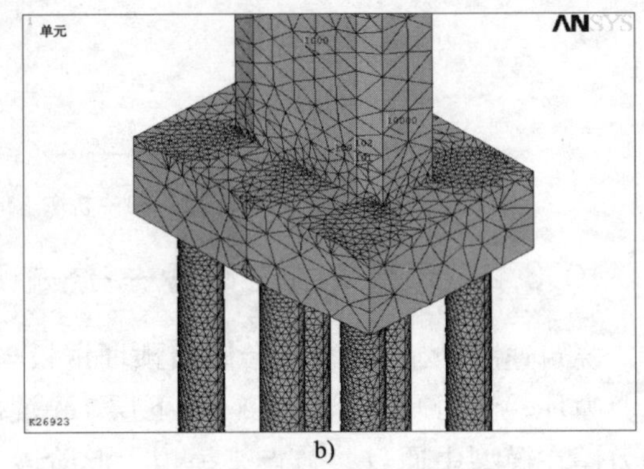

b)

图10-3-4 浇注 Z1/Z2/Z5/Z6 上层混凝土有限元模型图

由此,基于有限元空间分析理论,建立了各施工阶段桩基、承台上部结构以及现浇湿接缝的精细化模型,为后续的分析奠定了理论基础。

第4节 预制墩台过程各阶段振动限值分析

基于空间有限元分析理论,建立了预制墩身各施工阶段的精细化模型。同时由于现场监测的传感器均布置在承台顶面两m处的墩身以及钢管桩护筒处,需要进一步将其反应到承台底面湿接缝处的位移及应力响应。因此,在理论分析时通过承台顶面两m处墩身施加强迫位移的方法,进一步分析得到承台底面湿接缝混凝土的位移及应力响应。计算各施工阶段分别在150μm、300μm、450μm及600μm强迫位移工况下湿接缝混凝土的位移及应力响应。

10.4.1 各施工阶段的位移及应力相应计算

仅以浇筑Z1-Z6下层1m混凝土施工阶段时承台顶两米处横桥向施加150μm强迫位移为例,其位移及应力计算结果如图10-4-1~图10-4-3所示。

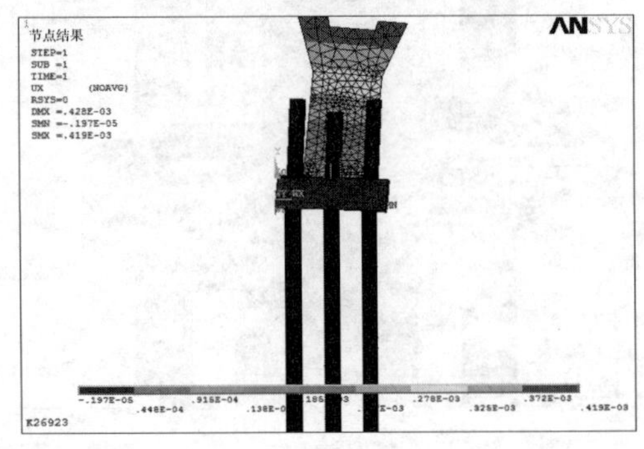

图10-4-1 位移响应图

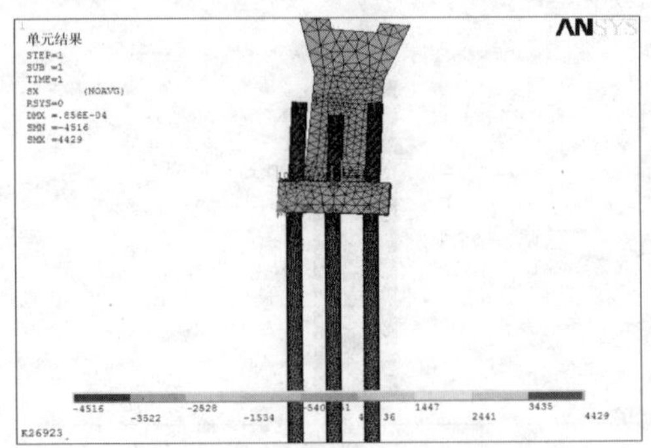

图10-4-2 应力响应正面图

由位移的计算结果可得，在承台顶面 2m 处墩身施加 150μm 的强迫位移时，承台底面湿接缝的位移为 28μm。

由应力的计算结果可得，在承台顶面 2m 处墩身施加 150μm 的强迫位移，承台底面湿接缝的最大压应力为 0.038MPa、最大拉应力为 0.036MPa。

按上述方法，分别计算各施工阶段在不同强迫位移工况下其位移、应力如表 10-4-1 ~ 表 10-4-3 所示。

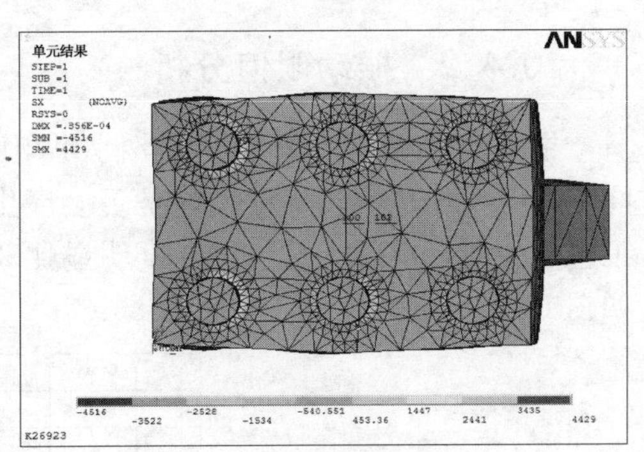

图 10-4-3　应力响应底面图

浇筑 Z1-Z6 下层混凝土阶段在各工况作用下位移及应力表　　表 10-4-1

承台顶面 2m 处强迫位移	横桥向 150μm	横桥向 300μm	横桥向 450μm	横桥向 600μm
湿接缝处最大位移(μm)	28	55	83	110
湿接缝最大压应力(MPa)	0.038	0.074	0.111	0.147
湿接缝最大拉应力(MPa)	0.036	0.07	0.106	0.140
承台顶面 2 米处强迫位移	顺桥向 150μm	顺桥向 300μm	顺桥向 450μm	顺桥向 600μm
湿接缝处最大位移(μm)	21	41	62	83
湿接缝最大压应力(MPa)	0.028	0.055	0.083	0.111
湿接缝最大拉应力(MPa)	0.027	0.052	0.080	0.106

浇筑 Z3/Z4 上层混凝土阶段在各工况作用下位移及应力表　　表 10-4-2

承台顶面 2m 处强迫位移	横桥向 150μm	横桥向 300μm	横桥向 450μm	横桥向 600μm
湿接缝处最大位移(μm)	18	36	54	72
湿接缝最大压应力(MPa)	0.025	0.050	0.075	0.100
湿接缝最大拉应力(MPa)	0.024	0.048	0.072	0.096
承台顶面 2m 处强迫位移	顺桥 150μm	顺桥向 300μm	顺桥向 450μm	顺桥 600μm
湿接缝处最大位移(μm)	15	30	45	60
湿接缝最大压应力(MPa)	0.020	0.040	0.061	0.081
湿接缝最大拉应力(MPa)	0.019	0.038	0.058	0.077

浇筑 Z1/Z2/Z5/Z6 上层混凝土阶段在各工况作用下位移及应力表　　表 10-4-3

承台顶面 2m 处强迫位移	横桥向 150μm	横桥向 300μm	横桥向 450μm	横桥向 600μm
湿接缝处最大位移(μm)	13	27	40	54
湿接缝最大压应力(MPa)	0.018	0.037	0.054	0.072
湿接缝最大拉应力(MPa)	0.017	0.035	0.051	0.069
承台顶面 2m 处强迫位移	顺桥向 150μm	顺桥向 300μm	顺桥向 450μm	顺桥向 600μm
湿接缝处最大位移(μm)	7	14	22	29
湿接缝最大压应力(MPa)	0.009	0.019	0.028	0.039
湿接缝最大拉应力(MPa)	0.009	0.018	0.027	0.037

10.4.2 振动限值分析

根据上述理论计算可知，在外界海浪等作用下的扰动会对现浇湿接缝产生应力作用。同时在应力作用下现浇湿接缝是否会产生裂缝与混凝土的抗拉强度有着密切的关系，在施工过程中前期混凝土的抗拉强度明显比28d混凝土设计强度低，混凝土的强度随时间发展如图10-4-4所示。

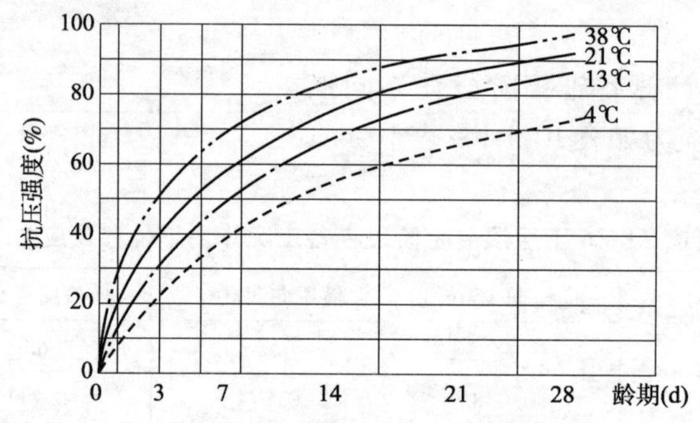

图10-4-4 混凝土强度随时间发展图

对于本桥的湿接缝混凝土而言，其采用坍落度185mm的大流动性混凝土。混凝土在初凝后即失去塑性，按《普通混凝土拌和物性能试验方法标准》(GB T50080—2002)，初凝时混凝土的贯入阻力f_{pr}(式10-4-1)取为3.5MPa。

$$f_{pr}=\frac{P}{A} \tag{10-4-1}$$

式中：f_{pr}——贯入阻力(MPa)；

P——贯入压力(N)；

A——测针面积(mm^2)。

按混凝土初期，其初凝贯入阻力3.5MPa为标准进行分析。同时混凝土的抗拉强度与抗压强度之间存在式10-4-2的经验关系：

$$F_{tk}=0.23f_{cu,k}^{2/3} \tag{10-4-2}$$

式中：F_{tk}——混凝土立方体抗拉强度标准值(MPa)；

$f_{cu,k}$——混凝土立方体抗压强度标准值(MPa)。

由式(10.4.2)可得到，对于C45混凝土而言，其抗压强度为抗拉强度的16倍；同时根据《公路钢筋混凝土及预应力混凝土桥涵设计规范》，C45混凝土的抗压强度为抗拉强度的12倍。由此，可以偏安全地取抗拉强度为抗压的强度1/16。

基于上述的分析，以混凝土初凝的贯入阻力3.5MPa作为初期的承压抗力，以及C45混凝土抗拉强度与抗压强度的比例关系，得到混凝土初期的承拉抗力限值为0.22MPa，偏安全取为0.2MPa。

根据表10-4-1～表10-4-3的计算结果，新浇筑混凝土的拉应力与预制墩台和钢护筒的相对位移基本呈线性关系。同时在相同的强迫位移作用下横桥向的拉应力大于顺桥向，为保证在施工过程中新浇筑混凝土初期的拉应力小于0.2Mpa，各施工阶段浇筑混凝土初期的振动临界值(承台顶面2m处墩身及桩基钢护筒监测部位位移相对值)如表10-4-4所示。

各施工阶段浇筑混凝土初期的振动临界值　　表 10-4-4

施工阶段	浇筑 Z1-Z6 下层混凝土	浇筑 Z3/Z4 上层混凝土	浇筑 Z1/Z2/Z5/Z6 上层混凝土
临界值	830μm	1250μm	1760μm

根据理论分析和监测预警值的设定,结合现场实测数据分析,现浇湿接缝最大拉应力均小于的混凝土初期抗拉强度值 0.2MPa。因此,在桥墩施工过程中,现浇湿接缝施工阶段是安全的。

第11章　非通航孔桥长线钢箱梁架设施工技术

第1节　概　　述

CB04合同段非通航孔桥钢箱梁共56跨，按宽度可分为两部分：

等宽钢箱连续梁桥：89～131号墩，采用7×(6×110m)跨径组合；147～151号墩，采用4×110m跨径组合，共计46跨。

变宽段：131～136号墩与142～147号墩，跨径组合均为5×110m，共计10跨。

钢箱梁标准梁宽33.1m，高4.5m，钢箱梁标准横断面如图11-1-1所示。

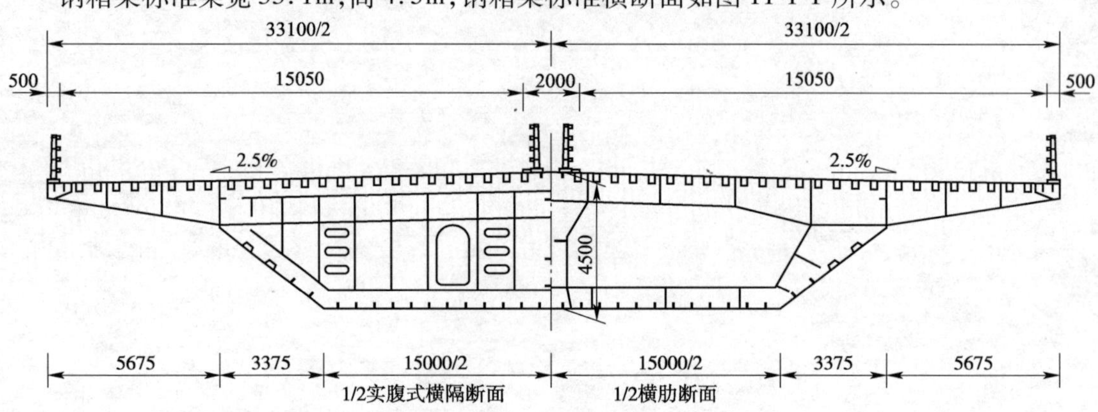

图11-1-1　钢箱梁标准横断面图(尺寸单位：mm)

安装梁段的设计最大吊重为2591t，最小吊重为1614.3t；数量及重量如表11-1-1所示。

非通航孔钢箱梁统计表　　表11-1-1

梁段编号		长度(m)	单块重(t)	数量(块)	备　注
等宽钢箱梁段	1号跨(边跨)	132.6	2592.9	8	4跨1联等宽钢箱梁保持边跨和次边跨不变，相应减少两跨中跨
	2号跨(次边跨)	110	1978.7	8	
	3号、4号跨(中跨)	110	1968.4	14	
	5号跨(次边跨)	110	2052.6	8	
	6号跨(边跨)	86.6	1634.6	8	
变宽钢箱梁段	1号跨(边跨)	132.6	2605.5	2	
	2号跨(次边跨)	110	2076.6	2	
	3号跨(中跨)	111.25	2251.8	2	
	4号跨(次边跨)	110	2384.3	2	
	5号跨(边跨)	84.58	1837.6	2	

钢箱梁在场内制作并运输到桥位后，每联首跨及变宽段第三第四跨采用 1 艘 3200t 和 1 艘 2200t 起重船抬吊安装，其余梁段采用 3200t 起重船独立起吊安装。

首跨梁段直接利用双浮吊吊装至墩顶临时支座上方，并精确调位；中跨及尾跨梁段施工时一端利用梁端临时牛腿挂设于已架梁段悬臂端，另一端支撑于墩顶临时支座上方，并利用牛腿与墩顶处的调位装置精确调位。相邻节段之间钢箱梁完成焊接连接后，再施工下一跨梁段（图 11-1-2）。

图 11-1-2　标准钢箱梁起吊示意图

单联吊装施工节段划分（以 6 × 110m 为例）如图 11-1-3 所示。

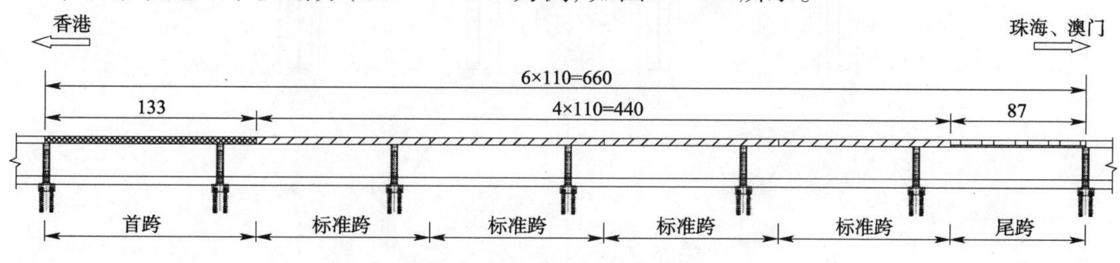

图 11-1-3　单联吊装施工节段划分布置图（尺寸单位：m）

第 2 节　吊装设备选择

11.2.1　起重设备选择

单独吊装钢箱梁段采用“长大海升”3200t 变幅式浮吊，其船长 110m，宽 48m，起重能力 3200t，主钩起升高度水线以上约 100m。抬吊吊装梁段采用“长大海升”3200t 变幅式浮吊和一艘“正力”2200t 浮吊共同完成。“正力”2200 船长 94m，宽 40m，起重能力 2200t，主钩起升高度水面线以上约 85m（图 11-2-1）。

11.2.2　吊具设计

吊具分为一级吊具和二级吊具，其中“长大海升”用一级吊具重 175t，“正力”用一级吊具 116t，二级吊具 497t，主要包括：桁架梁、水平支撑桁架梁、过渡梁、平衡梁钢结构等。吊具计算书将以单独的方案另行上报。过渡梁通过销轴刚性连接。为适应钢箱梁变宽段吊装要求，吊具下吊点设计成可移动式结构，方便吊点在宽度方向调整。

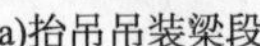

a)抬吊吊装梁段

b)单独吊装梁段

图 11-2-1 钢箱梁吊装

二级吊具主结构采用偏吊点桁架梁，由两组长 27930mm × 宽 3350mm × 高 6700mm、两组长 30000mm × 宽 3350mm × 高 6700mm 的主结构和两组长 47070mm × 宽 3000 mm × 高 4100mm 的水平支撑以及用于水平连接支撑的独立杆件构成。每一联首片钢箱梁采用抬吊进行安装，二级吊具与钢箱梁的连接采用串联滑轮连接，保证吊点受力均匀，不需对某一吊点单独调节，连接示意如图 11-2-2 所示。

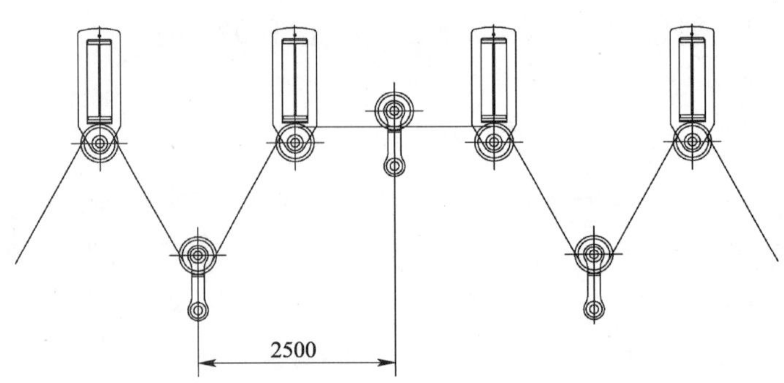

图 11-2-2 吊具吊点布置图(尺寸单位:mm)

抬吊时两台浮吊与二级吊具分别通过两个一级吊具进行连接，“长大海升”用一级吊具顺桥向 24m，横桥向 5.4m，“正力”用一级吊具顺桥向 6.7m，横桥向 13.7m。“长大海升”用两条直径 168mm，长 20m 无接头绳圈及两条直径 168mm，长 14m 无接头绳圈与一级吊具连接，一级吊具通过 4 条直径 108mm，长 351m 的浇筑索具钢丝绳绕八道与二级吊具连接，“正力”用四条直径 168mm，长 50m 无接头绳圈与一级吊具连接，一级吊具通过 4 条直径 108mm，长 93m 的浇筑索具钢丝绳绕六道与二级吊具连接，连接示意如图 11-2-3 所示。

通过具体计算，考虑到吊具的受力性能，除首联的首跨钢箱梁以外，其余需抬吊钢箱梁都对钢箱梁的吊点位置作了相应的变更。二级吊具也是拆除了中间的 17.5m 可拆卸部分，其余需抬吊钢箱梁吊具结构图如图 11-2-4 所示。

其余跨采用“长大海升”单独吊装，单吊时“长大海升”与二级吊具直接通过一级吊具进行连接，“长大海升”用两条直径 168mm，长 20m 无接头绳圈及两条直径 168mm，长 14m 无接头绳圈与一级吊具连接，一级吊具通过 4 条直径 108mm，长 351m 的浇筑索具钢丝绳绕 8 道与二级吊具连接，连接示意如图 11-2-5 所示。

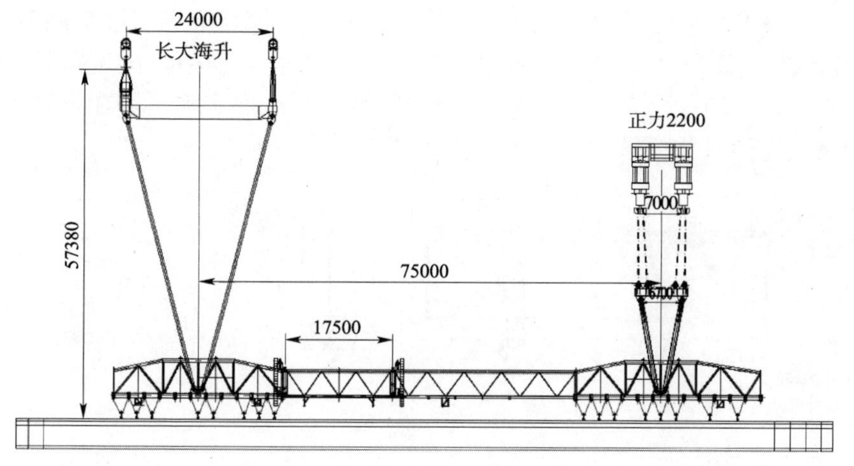

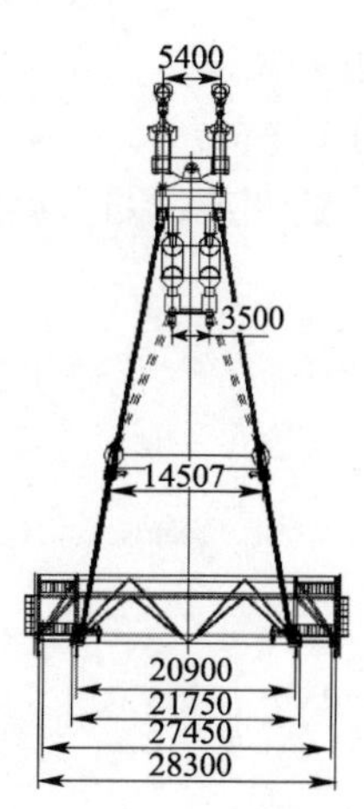

图 11-2-3　首件抬吊吊具结构图(一)(尺寸单位:mm)

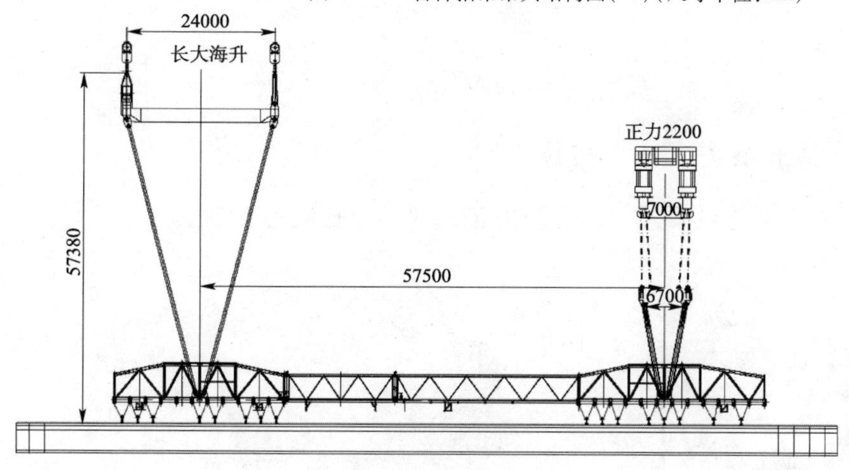

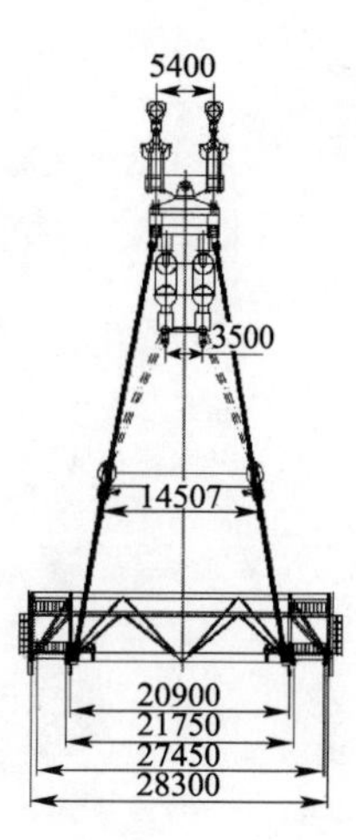

图 11-2-4　抬吊吊具结构图(二)(尺寸单位:mm)

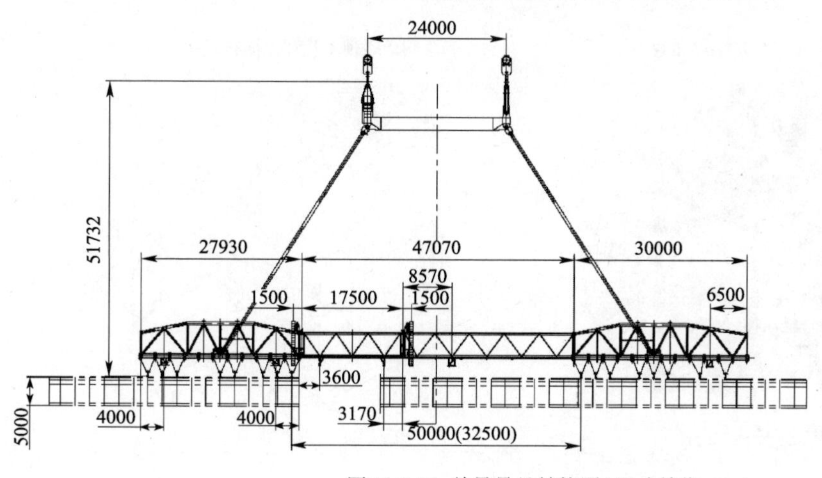

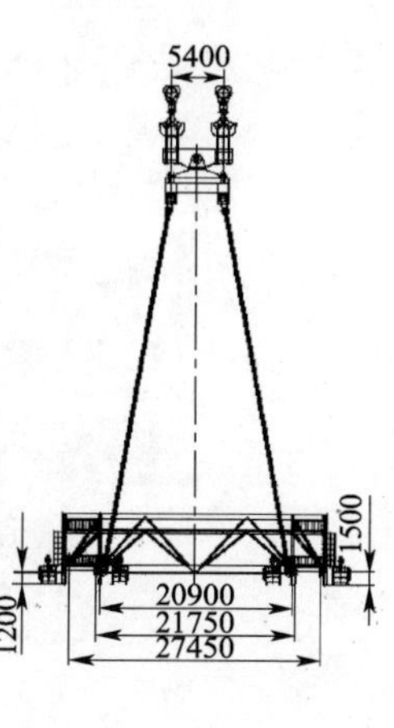

图 11-2-5　单吊吊具结构图(尺寸单位:mm)

由于变宽段钢箱梁吊耳的横向位置有变化，吊具在横向也必须根据相应宽度进行调节，吊具宽度采用滑动吊耳调节。如图 11-2-6 所示，在两桁架梁下弦杆间设连接梁，固定滑轮套在连接梁上，可沿梁左右移动。通过手轮带动丝杆调节动滑轮位置，从而实现吊点在宽度方向的调节，以适应钢箱梁变宽段吊装要求。

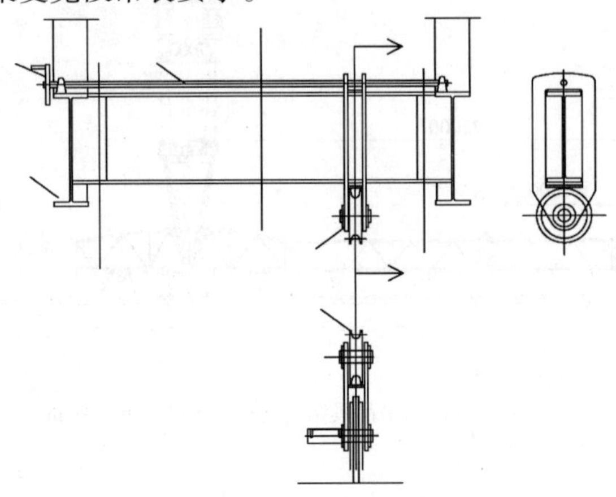

图 11-2-6　吊具宽度调节示意图

11.2.3　钢箱梁调节系统设计与布置

调节系统由三维千斤顶（图 11-2-7）、临时支座、液压泵站及控制系统组成。

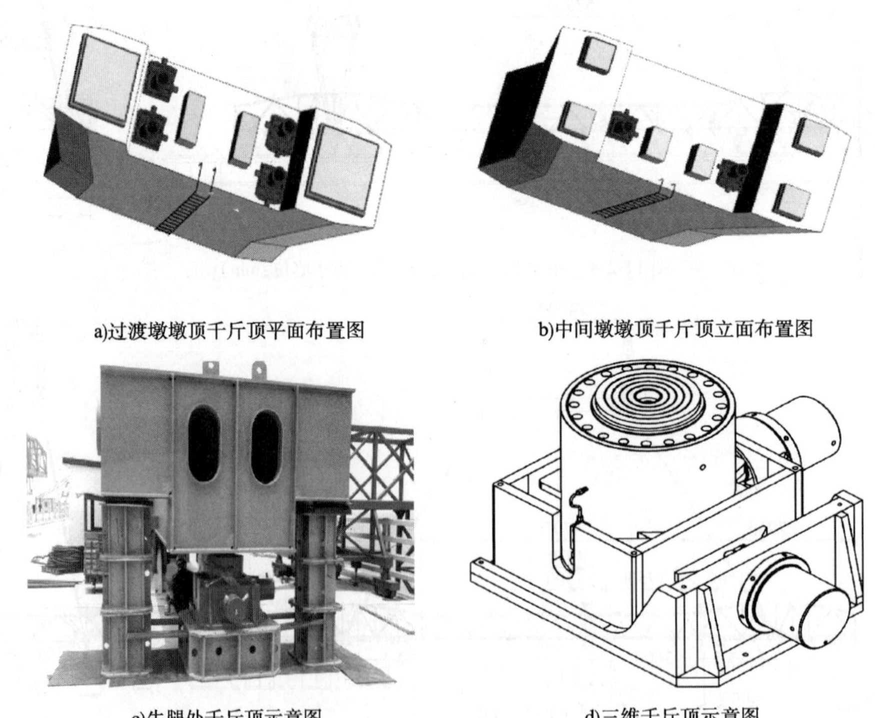

a)过渡墩墩顶千斤顶平面布置图　b)中间墩墩顶千斤顶立面布置图

c)牛腿处千斤顶示意图　d)三维千斤顶示意图

图 11-2-7　调节系统设计与布置

千斤顶配置的如下：

过渡墩：1000t 三维千斤顶(竖向行程 200mm，水平行程 60mm)2 台，具体布置见图 11-2-7a)。

中间墩：1000t 三维千斤顶(竖向行程 200mm，水平行程 60mm)4 台，具体布置见图 11-2-7b)。

牛腿处：650t 三维千斤顶(竖向行程 200mm，水平行程 60mm)3 台，具体布置见图 11-2-7c)。

液压泵站及控制系统有 2 套(首跨每个墩顶 1 套，中间跨及尾跨墩顶 1 套，梁面 1 套)。

首跨钢箱梁调位系统由过渡墩千斤顶加中间墩千斤顶及液压系统，控制系统构成，具体立面示意如图 11-2-8 所示。

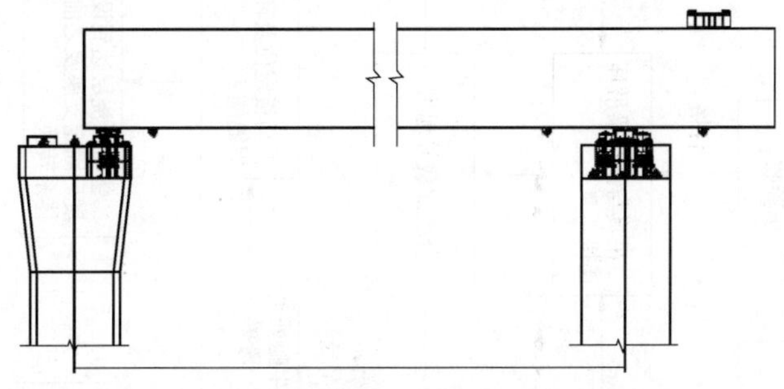

图 11-2-8　首跨调位系统立面布置图

中间跨钢箱梁调位系统由牛腿处千斤顶加中间墩千斤顶及液压系统，控制系统构成，具体立面示意如图 11-2-9 所示。

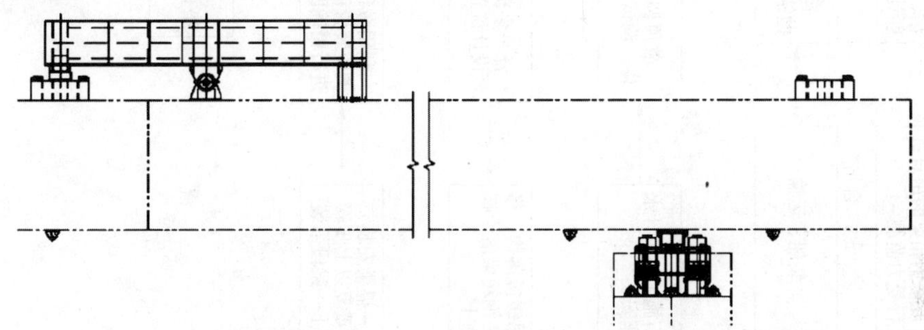

图 11-2-9　中间跨调位系统立面布置图

尾跨钢箱梁调位系统由牛腿处千斤顶加过渡墩千斤顶及液压系统，控制系统构成。

第 3 节　施 工 工 艺

11.3.1　施工工艺流程图

钢箱梁安装施工工艺流程如图 11-3-1 所示。

11.3.2　施工准备

1)航道疏浚

本标段非通航孔桥桩号范围为 K22 + 193 ~ K27 + 143(90 号墩 ~ 136 号墩)、K28 + 357 ~ K29 + 237(142 号墩 ~ 151 号墩)，对应海床面高程为 -5.91 ~ -4.72m，设计施工低水位为 -0.78m，设计施工高水位为 1.65m，则水深为 3.94 ~ 7.56m。

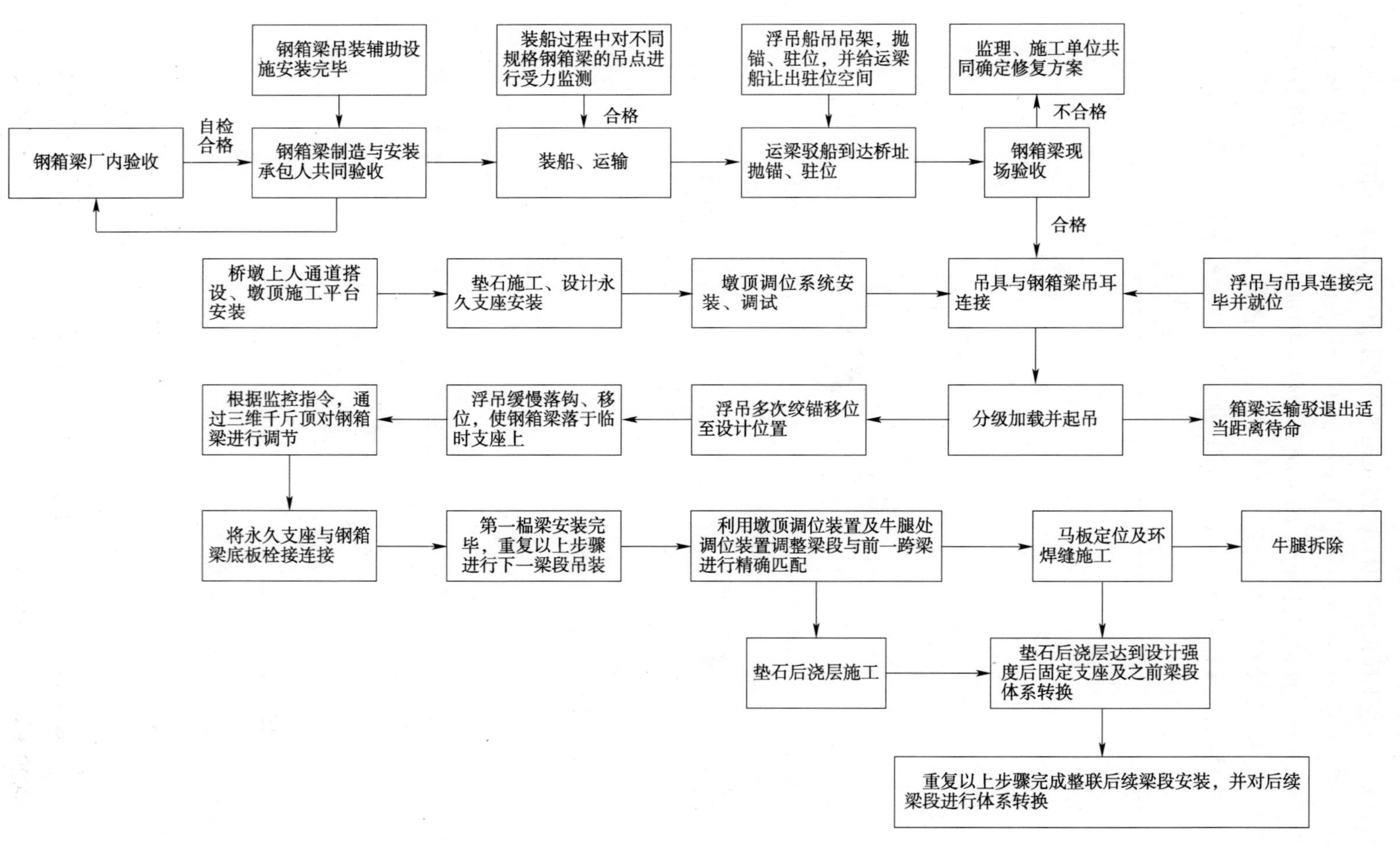

图 11-3-1 首联钢箱梁安装施工流程图

“长大海升”设计吃水深度为 4.5m，吊装 3200t 重物时前端吃水深度约为 6.8m；“正力”最大吃水深度为 6.8m，因此，需疏浚深度至 −8.0m 高程，考虑波浪的影响，预留 40cm 为富余水深。

钢箱梁运输平驳宽度为 30m，平驳距钢箱梁桥面外侧为 10m，平驳与浮吊之间预留 25 ~ 30m，浮吊后部与疏浚边缘预留 20m 回旋余地。综上，疏浚区域定于桥轴线南侧，宽度定为 180m。

挖泥作业需在箱梁吊装开工前进行，以利于吊装作业顺利开展；考虑到淤泥的回滞效应，每一段的挖泥作业应在该段吊装作业前适当时间内进行，避免淤泥回滞效应。横桥向挖泥以 20m 左右宽度分段进行，按从桥墩由近至远的顺序进行开挖，相临两条施工时应重叠 2m，以防漏挖，挖泥时边坡应设置阶梯形，总斜度按 1∶3 控制（图 11-3-2）。

图 11-3-2　抓斗式挖泥船

2）操作平台及楼梯安装

操作平台在加工场整体加工制作，钢箱梁吊装前由货船运输至桥墩，采用浮吊整体吊装至墩顶就位，并在墩顶临时固定。

挂梯直接悬挂在操作平台之上，与墩身连接，接触处采用 1cm 厚的橡胶垫块隔离缓冲，防止挂梯摩擦墩身损伤墩身的混凝土。

3）临时支座及调位设施就位

过渡墩上布置 2 台 1000t 三维千斤顶，分布于 2 个临时支座外侧；中间墩布置 4 台 1000t 三维千斤顶，分布 2 个临时支座外侧；每条牛腿下方各布置一台 650t 三维千斤顶，布置于牛腿下方两个临时支座之间；钢箱梁发运前，将三维千斤顶及临时支座提前安装到位。

临时支座附加垫板上垫 5cm 厚橡胶快，以缓冲落梁，同时保证压缩后需具备一定的高度，确保落梁时，钢箱梁底与固定支座间存在一定的富余高度。

4）永久支座就位

永久支座提前吊至墩顶支座垫石上，地脚螺栓伸入垫石预留孔内（图 11-3-3）。为避免钢箱梁碰撞永久支座与钢箱梁连接用的双头螺柱，双头螺柱在钢箱梁调节到位后安装。此工况下垫石后浇层未施工，支座顶面比箱梁底低 3 ~ 5cm，不影响箱梁安装。永久支座安装前需仔细核对设计图纸，分清楚支座预偏的方向，确保永久支座安装位置准确。

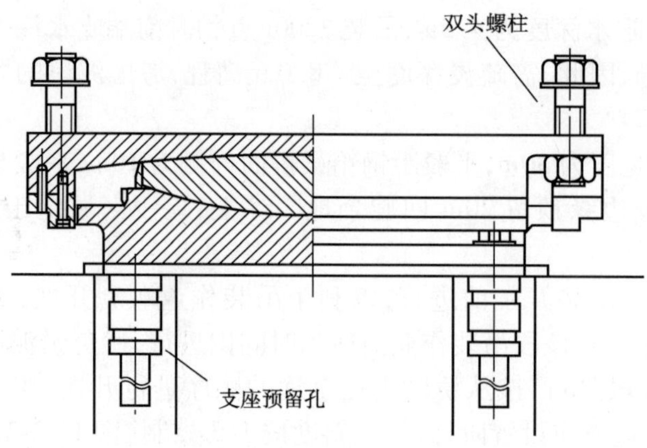

图 11-3-3　永久支座安装示意图

5)钢箱梁验收

钢箱梁制造与钢箱梁安装接口涉及 CB02 合同段与 CB04 合同段,各关键施工工序须完成相关验收及交接手续,以确保钢箱梁安装施工顺利进行。

(1)钢箱梁运抵吊装现场前,CB02 标段应提前告知我方进行现场验收、交接。

(2)钢箱梁运抵吊装现场后 24 小时内,我方与监理方共同完成对钢箱梁的现场验收工作。

(3)钢箱梁验收合格后,我方及时组织人员、设备完成钢箱梁吊装及精确定位工作,并通过 CB02 标段与其监理方共同组织的验收,验收合格后,由 CB02 标段完成桥位环焊缝的焊接及后续的涂装工作。

11.3.3　钢箱梁起吊

1)作业条件

钢箱梁吊装施工位于海上,浮吊受风、浪、涌等环境因素影响大,为保证吊装安全,明确吊装作业环境条件要求:

风力不超过 5 级,流速 <1.5m/s,波高 <0.8m,水深 >7m。

2)浮吊就位

(1)每联需抬吊钢箱梁吊装浮吊就位

钢箱梁运输到桥位前,将“长大海升”及“正力”安装好一级吊具及二级吊具,两船之间通过带缆调节固定两船的相对距离,除了吊装 147-148 号的钢箱梁采用两船净间距 35m 以外,其余钢箱梁抬吊两船之间的净间距设为 17.5m,然后将浮吊移至安装桥位以南空出 120m 的空间供“幸运海”(钢箱梁运输驳)进位,两船就位完毕以后的示意如图 11-3-4 所示。

(2)每联余跨吊装浮吊就位

钢箱梁运输到桥位前,将“长大海升”安装好一级吊具及二级吊具,然后将浮吊移至安装桥位以南空出 120m 的空间供“幸运海”(钢箱梁运输驳)进位(图 11-3-5)。

(3)运梁平驳运输钢箱梁到位

①每联需抬吊跨运梁平驳运输钢箱梁到位

吊具安装完毕以后,运梁驳船在拖轮的配合下先下一工作锚;进位后在锚艇配合下依次将艏艉工作锚抛掷到位，同时"长大海升"、"正力"缓慢向前移船，分别将各自两条稳索绞车带到驳船上；驳船、"长大海升"、"正力"全部就位后，调整"长大海升"、"正力"之间的缆绳松紧度，缓慢移船准备与钢箱梁进行吊点连接；

图 11-3-4　首跨钢箱梁抬吊浮吊就位示意图

图 11-3-5　3200T 浮吊布锚方案示意图

②每联余跨运梁平驳运输钢箱梁到位

与抬吊进位方式类似，吊具安装完毕以后，运梁驳船在拖轮的配合下先下一工作锚；进位后在锚艇配合下依次将艏艉工作锚抛掷到位，同时"长大海升"缓慢向前移船，将稳索绞车带到驳船上；缓慢移船准备与钢箱梁进行吊点连接；

3）连接吊具并起吊

（1）每联需抬吊跨连接吊具并起吊

抬吊时两台浮吊同步前移，吊臂伸至钢箱梁上端，将吊具吊索与钢箱梁上的吊耳连接好，并对吊具以及连接进行再次检查，无异常方可进行起吊（图 11-3-6）。

吊索与吊耳的连接安排固定人员进行，起吊前的各项检查由专人负责，并留有签名记录。

在进行起吊前各项检查无异常后，开始进行钢箱梁的起吊。

首片钢箱梁采用一台 3200t 浮吊和一台 2200t 浮吊抬吊。起吊时，先吊起 20cm，然后静置 5min，检查吊具系统、吊索与钢箱梁的连接、浮吊的机械状况、钢箱梁的线形、接缝等均无异常后，方可继续吊起，起升过程中控制两台浮吊的起升速度，务必做到同步起升。

图 11-3-6　每联首跨钢箱梁吊装

起吊至一定高度后，运输驳船移出；浮吊绞锚前移，至安装位置上方。

浮吊前移过程需缓慢，需要专人通过对讲机指挥其同步前移及水平起升，确保起重机械的同步动作。两台吊车联合作业的总指挥，指定由“长大海升”号起重总监负责。两台起重机械的起升过程中，使作用在起重机械上力的方向和大小变化保持到最小，同时采取措施使各种不均衡降至最小，以保持动作协调、平稳。实施抬吊作业时，监控设备用于监控载荷的角度和每根起重绳稳定地通过起升操作的垂直度和作用力，监控设备的使用有助于将起重机上的载荷控制在规定值之内。对起升操作的监督，规定有被授权人员参加并全面管理两台浮吊机的联合起升操作，只有该人员才能发出作业指令。如果从一个位置无法观察到全部所需的观测点，安排在其他地点的观察人员应把有关情况及时向指派人员报告。作业前进行详细交底，定人定岗定责，各作业点指派专人全程监督安全作业。保证两艘浮吊同时缓慢移船向前；仔细观察，移船过程中应注意相对位置，及时调整偏差；到达安装位置后，初步调整钢箱梁的位置，逐渐下放至墩顶支座 50cm 时，进行精确调整后下放到位。

(2)每联余跨连接吊具并起吊

每联余跨钢箱梁可以采用“长大海升”单独进行起吊就位(图 11-3-7)，钢箱梁运输至吊装位置后，将吊具吊索与钢箱梁上的吊耳连接好，并对吊具以及连接进行再次检查，无异常方可进行起吊。

图 11-3-7　余跨钢箱梁吊装就位示意图

吊索与吊耳的连接安排固定人员进行，起吊前的各项检查由专人负责，并留有签名记录。

在进行起吊前各项检查无异常后，开始进行钢箱梁的起吊。

起吊时，先吊起 20cm，然后静置 5min，检查吊具系统、吊索与钢箱梁的连接、浮吊的机械状况、钢箱梁的线形、接缝等均无异常后，方可继续吊起，起升过程中控制浮吊的起升速度，务必做到各钩同步起升。

起吊至一定高度后，运输驳船移出；浮吊绞锚前移，至安装位置上方。

浮吊前移过程需缓慢，需要专人通过对讲机指挥其前移及水平起升，起重作业的总指挥，指定由“长大海升”号起重总监负责，由于其丰富的指挥经验，对吊装作业实施方案及安全操作规程十分熟悉，并能及时、正确地处理吊装作业过程中的异常情况，能保证整个吊装作业顺利进行。作业前进行详细交底，定人定岗定责，各作业点指派专人全程监督安全作业。保证钢箱梁精确吊装到位。

11.3.4　钢箱梁初定位

浮吊吊装钢箱梁，待钢箱梁临时制作加劲块与临时支座在横桥向距离约为 0.3m，纵桥向约 1m，高度方向约 1m 时，调整锚绳，微调定位、对位。在多次横向/纵向移船和高度方向落钩的操作下，将钢箱梁下放到临时支座内，下落钢箱梁时保证钢箱梁和理论位置偏差控制在：纵桥向 15cm，横桥向 15cm 以内。

对于每联首跨以后的钢箱梁，钢箱梁下落时为了避免梁段碰撞，可以在前榀梁端加垫五分板以缓冲撞击，将钢箱梁时保证钢箱梁和理论位置偏差控制在：纵桥向 15cm，横桥向 15cm 以内。

11.3.5　钢箱梁精确定位

竖向千斤顶顶升，将荷载从临时支座转移到三维千斤顶上面。利用竖向千斤顶调整钢箱梁的高程，使其底部高出永久支座约 2cm。

调节时，过渡墩上 2 台三维千斤顶需保持联动，中间墩上 4 台三维千斤顶需保持联动（联动高差精度要求 1mm），在竖向顶推作业时需同时进入工作状态。

高程调整完成后，锁定竖向千斤顶，进行水平方向的调位。

然后进行水平方向精确调位：先进行横桥向调位，再进行纵桥向调位，也可根据现场情况改变水平调位顺序，水平位置调整过程是反复逐渐进行的。

在多次竖向及水平方向调位时，选择在设计基准温度 22.7℃下，根据监控指令将钢箱梁调节到设计位置。锁定千斤顶进行临时固定。

过渡墩南侧需锁定纵横向千斤顶，北侧仅锁定纵向千斤顶。

中间墩南侧仅锁定横向千斤顶，北侧两个方向均不锁定。

调位详细步骤：

（1）启动控制系统、液压泵站，进入控制程序，先进行称重测试。称重时依据计算各千斤顶的顶升荷载，采用逐级加载的方式进行，同时用位移传感器进行测量钢箱梁位移变化，当钢箱梁整体离开临时支座约 2 ~ 5mm 时，记录下这时的各千斤顶的负荷，这就是各千斤顶顶升时荷载。

(2)试顶升。为了观察和考核整个顶升施工系统的工作状态以及对称重结果的校核,在正式顶升之前,应进行试顶升,试顶升高度 10mm,持荷时间约 30min。通过监测仪器对钢箱梁整体进行监测,提供整体姿态、结构位移等情况,如有问题则调整各千斤顶负荷,直至达到要求为止,为正式顶升提供依据。

(3)正式顶升。试顶升后,便进行正式顶升,千斤顶最大行程为 300mm,分级进行顶升,每一次顶升标准行程为 10mm,最大顶升速度 15mm/min。顶升同时用监测仪器对钢箱梁姿态进行监测,一旦钢箱梁位移和压力变化超出设定值,立即暂停,关闭液控单向阀,检查、分析原因。

(4)顶升到位后,关闭液压锁,以确保钢箱梁锁定在一定的高度上,同时进行系统监测,一旦钢箱梁位移和压力变化超出设定值范围,顶升系统再次启动,调整回设定值。如需要长期锁定时,旋转千斤顶自锁螺母锁紧活塞位置,锁定后泵站卸载压力,观察钢箱梁支承无问题后,液压泵站和控制系统可完全关闭。

(5)钢箱梁位置调整好后,进行同步下降操作,系统监控位移和压力变化,实时进行调整。如千斤顶已经锁紧活塞,则需要启动同步顶升程序,顶升高度约 2mm,让锁紧螺母离开油缸承压面,关闭液压锁,然后将锁紧螺母旋转回至高点,这时才能进行同步下降操作。

(6)整个顶升、下降过程应保持位置同步精度为 ±1mm,一旦位置误差大于 ±1mm 或任何一缸的压力误差大于设定值,控制系统立即关闭液控单向阀,以确保梁体安全。每一轮顶升、下降完成后,对计算机显示的各油缸的位移和千斤顶的压力情况,随时整理分析,如有异常,及时处理。

(7)钢箱梁下落到垫好的临时支座后,竖向千斤顶活塞回程到原位,程序切换到水平调节程序,进行水平位移调节。

(8)启动水平位移调节程序,进行钢箱梁水平位移调节。水平位移调节好后,安装好临时限位块把临时支座固定好。钢箱梁连接及永久支座安装。

11.3.6 支座安装,现场预偏及体系转换

每跨钢箱梁调节到位后,用手拉葫芦移动永久支座,使支座上座板与钢箱梁底板的双头螺柱孔对正,连接双头螺柱,顶升支座使支座上座板与钢箱梁梁底垫板密贴,旋紧双头螺柱的螺母,如图 11-3-8 所示。

由于钢箱梁通过牛腿搭接至上一节段以后,上一节段的钢箱梁梁长会缩短,为了保证钢箱梁安装以后支座偏位处于允许范围内,垫石后浇层浇筑需待下一片钢箱梁架设完毕,方可进行该梁的上一片梁段的垫石后浇层浇筑。

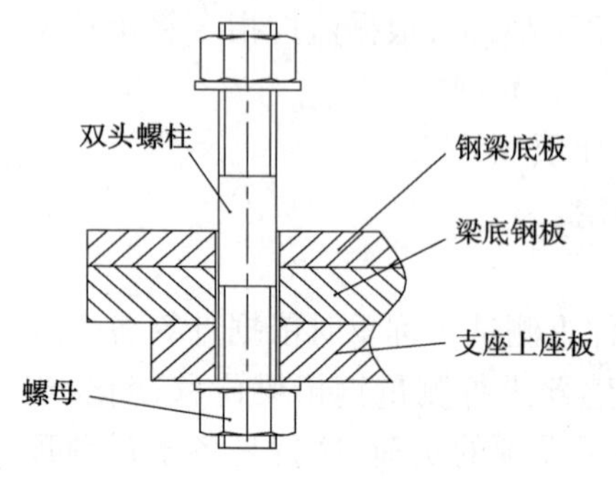

图 11-3-8　双头螺柱 + 螺母图

仔细检查支座的中心及高程后,用支座砂浆灌注锚栓预留孔及支座底面垫层。采用重力灌浆方式,灌注支座下部及锚栓孔间隙处,灌浆过程应从支座中心部位向四周注浆,直至从模板与支座底板周边间隙观察到灌浆材料全部灌满为止。同时,灌浆前,应初步计算所需的浆体体积,灌注使用浆体不应与计算值产生过大误差,

应防止中间缺浆。

支座安装及灌浆示意图如图 11-3-9 所示。

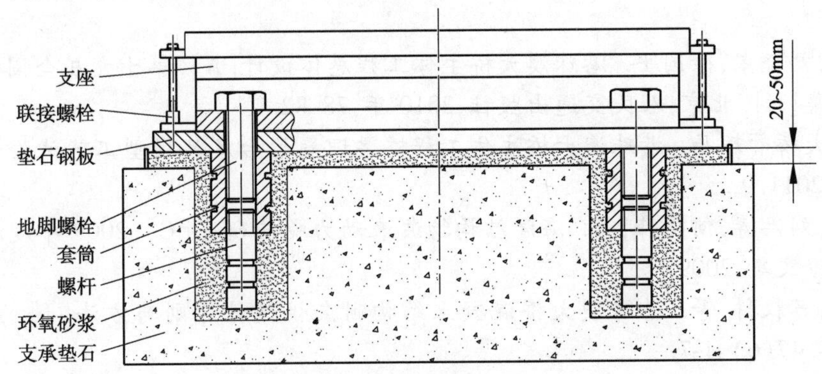

图 11-3-9　支座安装及灌浆示意图

灌注材料固化后，拆除模板，检查是否有漏浆处，必要时对漏浆处进行补浆，再旋紧地脚螺栓。

正常运行之前，拆除支座上、下支座板运输用连接螺栓，以防止约束梁体正常运动。待垫石混凝土具备硅烷涂刷条件，对垫石侧面进行硅烷喷涂处理，硅烷喷涂与桥墩表面硅烷喷涂要求相同。

钢箱梁架设至固定支座以后，待固定支座之前的垫石后浇层灌注材料强度达到设计要求以后按照监控要求可以进行至于支座预偏量的二次微调。先将达到强度的支座后浇层上的支座上螺母放松 5 ~ 10mm，拆除支座上、下支座板运输用连接螺栓，然后用三维千斤顶在各个墩顶将钢箱梁顶高 5 ~ 10mm，再按照监控指令将钢箱梁整体前后移动。

固定支座处的垫石后浇层强度达到设计要求以后可以进行已浇筑垫石后浇层的墩的体系转换。仔细检查各个支座上、下支座板运输用连接螺栓是否拆除，以免约束梁体正常运动。最后卸除三维千斤顶及临时支垫。

参考文献

[1] 孟凡超,刘晓东,徐国平. 港珠澳大桥主体工程总体设计[A].第十九届全国桥梁学术会议论文集[C].北京:人民交通出版社,2010 年:78-82.

[2] 港珠澳大桥管理局. 港珠澳大桥主体工程桥梁埋置承台足尺模型工艺试验专用技术标准[Z].2011.9.

[3] 袁玉杰,刘洪涛,何晓静,等. 海洋结构物波浪动力响应研究[C].2009 年度海洋工程学术会议论文集,2009.

[4] 王胜年,苏权科,等. 港珠澳大桥混凝土结构耐久性设计原则与方法[J]. 土木工程学报,2014.47(6):1-7.

[5] Flow resistance in the Great Belt, The Biggest strait between the North Sea and the Baltic Sea [J]. Estuarine, Coastal and Shelf Science. 2010,87(2):325-332.

[6] 潘言全,冯大鹏.国内桥梁的现状与应解决的问题[J]. 中国水运,2007,7(8)78-79.

[7] 朱治宝,刘英.跨海大桥大型预制墩柱的施工技术[J].桥梁建设,2004 (5):50-52.

[8] 张彦,李国平.海洋环境对桥梁下部结构的影响[J].海岸工程,2006,25(1):35-06.

[9] 孟令波 机械荷载与氯盐复合环境下混凝土结构耐久性研究[D].硕士论文,2012.

[10] 郑丹,李庆斌. 初始静荷载下的混凝土动力强度研究[J].水利与建筑工程学报.

[11] 蒋正武,肖鑫,李文婷. 车振耦合振动对混凝土早期性能影响研究 [J]. 混凝土世界,2015.

[12] 魏建军,邢娇秀,徐建成.早期振动对混凝土抗拉性能影响[J].公路交通科技,2011,01 96-99,

[13] 中交公路规划设计院有限公司联合体.港珠澳大桥初步设计[Z].2009.

[14] 李淑进.混凝土的渗透性与耐久性研究[D].青岛:青岛建筑工程学院,2002.

[15] 张鹏,赵铁军,郭平功.冻融环境作用对混凝土氯离子侵蚀的影响[J].东南大学学报,2006(11)增刊Ⅱ:238 ~242.

[16] G R Meira,C Andrade,C Alonso,J C Borba Jr,M Padilha Jr. Durability of concrete structures in marine atmosphere zones—The use of chloride deposition rate on the wet candle as an environmental indicator[J]. Cement & Concrete Composites,2010(32):427-435.

[17] Wei Chen,Hao Huang. Effect of fly ash on rheologieal properties of cement Paste[J]. Journal of Wuhan University of Teehnology,2010,32(17):744-756.

[18] 郭亮.矿物掺合料对混凝土渗透性影响的研究[D].哈尔滨:哈尔滨工业大学,2010.

[19] 李建永.RPC130 活性粉末混凝土配合比设计与应用研究[D].石家庄:石家庄铁道大学,2012.

[20] Hosam El-Din H Seleem,Alaa M Rashad,Basil A El-Sabbagh. Durability and strength evaluation of high-performance concrete in marine structures[J]. Construction and Building Materials,2010(24):878 ~884.

[21] 孟凡超,刘明虎,等. 港珠澳大桥设计理念及桥梁创新技术[J]. 中国工程科学,2015,(17):27-34.

[22] 叶华成. 上海长江大桥水上非通航孔桥墩身预制安装技术[J]. 桥梁建设,2007,(5):55-58.

[23] 王国华,庄正毅,等. 海上60m非通航段墩柱整体预制施工工艺[J]. 中国市政工程,2007,(3):35-37.

[24] 王昌将,张必准. 金塘大桥新型墩座的湿接头的研究[J]. 公路,2008,(4):110-113.

[25] 沈阳云. 东海大桥墩身节段预制安装的关键技术[J]. 公路,2005,(8):7-12.

[26] 陈儒发, 王中文,等. 预制承台与钻孔灌注桩水下连接的水密封装置[Z]. CN201410236803.7

[27] 陈儒发, 谭昱. 外海埋置式全预制桥梁墩台安装止水关键技术[C]. 中国公路学会桥梁和结构工程分会2014年全国桥梁学术会议论文集.

[28] Yonghuan Luo, Zhenglin Feng. The Structure and Properties Research for Sealing Capsule [J]. Advanced Materials Research,2015,Vols. 1065-1069: 1296-1299.

[29] 王辉. 南京长江三桥钢塔节段制造及整体预拼的三维仿形分析[D]. 北京:铁道部科学研究院, 2007.

[30] 张润文. 斜拉桥梭形钢塔柱安装施工技术研究[J]. 铁道技术监督, 2010, 38(06):48-51.

[31] 魏浩翰. 特大型桥梁钢索塔施工测量关键技术研究[D]. 南京:河海大学, 2005.

[32] 王辉, 方兴, 白玲,等. 斜拉桥和悬索桥钢塔的架设[J]. 铁道建筑, 2007, (7):4-6.

[33] 李宗平, 唐启, 张六一. 南京长江三桥钢塔柱施工[C]. 中国公路学会桥梁和结构工程分会2005年全国桥梁学术会议. 2005.

[34] 孙明,刘培林. 深海安装中多浮体作业的水动力分析[J]. 水动力学研究与进展,A辑,2011,26(3): 351-358.

[35] 周延东,雷震名. 涌浪基本理论研究综述[J]. 水道港口,2016,37(1): 1-7.

[36] 文圣常. 涌浪谱[J]. 山东海洋学院学报,1960(1):44-64.

[37] 王涛. 涌浪成长与消衰过程的初步探讨[J]. 海洋与湖沼,1964(4):331-349.

[38] 许鑫,杨建民. 海洋工程中多浮体系统的水动力研究综述 [J]. 中国海洋平台,2014,29(4): 1-8.

[39] 刘应中,缪国平. 船舶在波浪上运动理论[M]. 上海:上海交通大学出版社,1986.

[40] 戴遗山. 船舶在波浪中运动的频域和时域势流理论[M]. 北京:国防工业出版社,1998.

[41] 谢楠,郜焕秋. 波浪中两个浮体水动力相互作用的数值计算[J]. 船舶力学,1999,3(2):7- 15.

[42] 朱仁传,朱海荣. 具有小间隙的多浮体系统水动力共振现象[J]. 上海交通大学学报,2008,42(8):1238-1242.

[43] FALTINSEN OM. 船舶与海洋工程环境载荷[M]. 上海:上海交通大学出版社,2008:1-260.

[44] Ariane7 theoretical manual[S]. Bureau Veritas,2014:1-87.

[45] Hydrostar for experts user manual [S]. Bureau Veritas,2014:1-176.

[46] Rules for the classification of offshore units[S]. Bureau Veritas,2010:1-38.